普通高等学校新闻传播学类专业
全媒型人才培养新形态教材

编委会

总顾问
石长顺　华中科技大学

总主编
郭小平　华中科技大学

副总主编
韦　路　浙江传媒学院
李　伟　山西传媒学院

编　委（按姓氏拼音排序）

安　磊	西安欧亚学院	彭　松	华中科技大学
丁　洁	华中科技大学	秦　枫	安徽师范大学
方　艳	湖北第二师范学院	邵　晓	巢湖学院
何平华	华东师范大学	石永军	中南财经政法大学
何同亮	安徽师范大学	汪　让	华中科技大学
赫　爽	武汉大学	王　艺	广州大学
黄丽娜	贵州民族大学	温建梅	山西传媒学院
姜德锋	黑龙江大学	吴龙胜	湖北民族大学
靖　鸣	南京师范大学	夏　青	湖北经济学院
雷晓艳	湖南工业大学	熊铮铮	中原工学院
李　琦	湖南师范大学	徐明华	华中科技大学
李　欣	浙江传媒学院	徐　锐	中南财经政法大学
廖雪琴	南昌大学科学技术学院	张　超	河南大学
聂绛雯	新乡学院	张　萍	武昌首义学院
牛　静	华中科技大学	郑传洋	武昌首义学院

普通高等学校新闻传播学类专业
全媒型人才培养新形态教材

总顾问 石长顺 总主编 郭小平

智能媒体传播概论

Introduction to Intelligent Media and Communication

主 编 ◎ 靖 鸣 董 浩
参 编（按姓氏拼音排序）
曹金焰 付家豪 高文轩
张 争 宗 青

华中科技大学出版社
http://press.hust.edu.cn
中国·武汉

内容提要

这是一本深入探讨智能媒体发展演进、技术架构、传播特征及其对现代媒介生态影响的专业教材,旨在为读者提供一个全面理解智能媒体的视角。本书首先回顾了从万维网到智能网的发展、演变,以及人工智能技术如何推动媒体技术的演进,包括人工智能、大数据、物联网、5G、区块链和云计算等技术在智能媒体中的应用;接着详细讨论了智能媒体的传播特征,包括算法驱动、场景再造、人机协同等,并分析了智能媒体的理论解读与主要应用,如"智能+新闻""智能+广告""智能+舆论""智能+出版""智能+老年人"等,以及智能媒体传播的伦理危机与治理规制,并展望了智能媒体未来的发展图景与趋势。

本书既适合作为新闻传播学、媒体研究和相关专业的教材,也适合对智能媒体技术及其社会影响感兴趣的学者和业界人士阅读。通过丰富的案例分析和理论解读,本书旨在培养读者对智能媒体的深刻理解和批判性思维,为智能媒体时代的传播实践和研究提供坚实的理论基础。

图书在版编目(CIP)数据

智能媒体传播概论 / 靖鸣,董浩主编 . —— 武汉:华中科技大学出版社,2025.2. —— (普通高等学校新闻传播学类专业全媒型人才培养新形态教材). —— ISBN 978-7-5772-1606-5

Ⅰ. G206.2-39

中国国家版本馆 CIP 数据核字第 20257H9V34 号

智能媒体传播概论　　　　　　　　　　　　　　　　　　　靖　鸣　董　浩　主编
Zhineng Meiti Chuanbo Gailun

策划编辑:	周晓方　杨　玲　庹北麟
责任编辑:	林珍珍
封面设计:	原色设计
责任监印:	周治超
出版发行:	华中科技大学出版社(中国·武汉)　　电话:(027)81321913
	武汉市东湖新技术开发区华工科技园　　邮编:430223
录　　排:	华中科技大学出版社美编室
印　　刷:	武汉市洪林印务有限公司
开　　本:	787mm×1092mm　1/16
印　　张:	17.5
字　　数:	405千字
版　　次:	2025年2月第1版第1次印刷
定　　价:	59.80元

本书若有印装质量问题,请向出版社营销中心调换
全国免费服务热线:400-6679-118　竭诚为您服务
版权所有　侵权必究

总序
Introduction

　　党的二十大报告提出,要加强全媒体传播体系建设,塑造主流舆论新格局。这是适应媒体市场形态变化、占领舆论引导高地、推进文化自信自强的必然选择和重要路径。近年来,媒介技术的快速变革,特别是生成式人工智能的涌现,给人们的生活和工作带来了巨大的变化,既推动了数字艺术、数字经济等新业态的蓬勃发展,也为报纸、电台、电视等传统媒体注入了新的活力,同时造就了更加丰富和复杂的舆论场。数字化、网络化、平台化技术的发展,使数字世界越来越深入地嵌入直观的物理世界,使新闻传播活动几乎渗透在虚拟和现实、宏观和微观等人类所有层次的实践关系之中。这要求新闻传播工作者熟练地掌握各种媒介传播技术,对特定领域有专业和深刻的理解,并能创造性地开展整合传播策划,即要成为高素质的全媒型、专家型人才。

　　同时,面对世界百年未有之大变局和中华民族伟大复兴新征程,新时代的新闻传播工作者还应用国际化语言和方式讲好中国故事,让世界更好地认识新时代的中国。这更离不开一大批具有家国情怀、国际视野的高素质的全媒型、专家型新闻传播人才的工作。而培养全媒型、专家型人才,必须在坚持马克思主义新闻观指导地位的前提下,高度关注中国实践和中国经验,积极推进学科交叉与融合、学界与业界协同,以开放的视野和务实的态度推进中国新闻传播学自主知识体系的构建,不断提高中国话语国际传播效能,实现开放式、特色化发展。

华中科技大学出版社于2023年秋发起筹备"普通高等学校新闻传播学类专业全媒型人才培养新形态教材",并长期面向全国高校征集优秀作者,以集体智慧打造一套适应全媒体传播体系、贴合传媒业态实际、融合多领域创新成果的新闻传播学教材。本套教材以实践性、应用性为根本导向,一方面高度关注业界最新实践形态和方式,如网络直播、智能广告、虚拟演播、时尚传播等,使学生能够及时掌握传媒实践的前沿信息,更好地适应业界对人才的需求;另一方面在教材编写过程中,充分尊重各地新闻传播学院的教情和学情,鼓励学界和业界联合编写教材,突出关键技能和素质的培养,力求做到叙述简明、体例实用、讲解科学。

本套教材具有以下特点。

一是重视总结行业经验和中国经验。教材内容不能停留在"本本主义"上,而是要与现实世界共同呼吸,否则教材就是没有生命的。本套教材在撰写过程中,力图突破传统教学体系的桎梏,更多面向行业真实实践梳理课程培养内容,及时捕捉行业实践中的有益经验,深刻总结传媒实践中国经验,从而为我们讲好中国故事、在新闻传播之路上行稳致远提供坚实的基石。

二是注重人文性与技术性的结合。高素质的全媒型人才需要熟练掌握不同媒介的操作方式和传播逻辑,同时要具有深刻的人文情怀。这需要我们在人才培养过程中更加关注技术和人文的关系,使学生既有技术硬实力,在实际操作中不掉链子,又能坚持正确的价值导向,在形象传播中不掉里子。本套教材注重实操经验的介绍和思政案例的融入,可以很好地将人文性和技术性结合起来。

三是强调教学素材的多样化呈现。教材出版由于存在一定的工作周期,相对于其欲呈现的对象来说,注定是一项有所"滞后"的事业。传播的智能化趋向使我们生活的世界处在剧烈的变革之中,也使我们的教材更容易落后于现实。为了突破这一局限,本套教材配有及时更新的教学资源,同时部分教材还配套开发了数字教材,可以为教师教学提供更具有针对性的解决方案。

教材要编好绝非易事,要用好也不容易。本套教材的出版凝聚了众多编者的心血,我们期待它能为培养全媒型、专家型人才提供一定的助力。当然,其中的差错讹误在所难免,我们希望广大教师能够不吝赐教,提出修订意见,我们对此表示由衷的感谢,也期待更多教师可以加入我们的编写队伍。

2024 年 8 月

前言
Preface

在当今智能传播时代，随着人工智能技术的发展，智能媒体几乎成为当代人须臾难离的工具。从万维网的早期发展到智能互联网的兴起，从人工智能的早期探索到生成式人工智能的广泛应用，技术的演进不断推动着新闻媒介形态的演变。在这一过程中，智能媒体不仅仅是信息传播的工具，更是社会互动的平台，它连接着人与人、人与物、物与物，形成了一个全新的智能生态系统。这一生态系统的建构，从媒介的角度改变了人类的生存境遇。现在，人类面临的生存问题可能已不再是尼葛洛庞帝所说的数字化生存、媒介化生存问题，而是变成了智能化生存问题。如何面对算法、大数据、区块链、人工智能，尤其是最新的ChatGPT、Sora模型以及在此基础上形成的平台、平台化媒体，智能媒体带来了哪些传播问题，对于各行各业产生了什么样的影响等，都是需要我们深入思考的现实问题。

对业界而言，智能媒体的发展带来了新的传播工具和平台，以及新的商业模式和市场机会，但与此同时，也引发了一系列问题。业界从业者需要理解智能媒体的发展趋势，掌握智能媒体的传播技能，以适应这一变革。同时，他们也需要思考智能媒体的伦理和治理问题，以确保技术的健康发展。对学界而言，智能媒体的发展为教学内容和方法带来了新的挑战和机遇。教师需要适应智能媒体的发展趋势，更新教学内容，引入新的教学方法，以培养学生的创新能力和批判性思维，提高学生的算法素养、智能媒体素养。学生则需要学习智能媒体的基础知识和技能，以适应未来的职业需求。

我们编写这本《智能媒体传播概论》，旨在满足业界和学界的双重需求，为读者理解智能媒体的发展历程、技术基础、传播特征及其对社会文化、经济和伦理的深远影响提供一个全面而深入的视角。总的来讲，本书具有以下几方面的特点。第一，全面性。本书涵盖智能媒体的发展历程、技术基础、传播特征、伦理问题等多方面内容，对智能媒体的早期发展、当前的智能互联网、未来的智能生态，进行了详细阐述。第二，前瞻性。本书不仅回顾了智能媒体的发展历程，还展望了智能媒体的未来趋势，对智能媒体的未来发展进行了深入的分析和预测，能够帮助读者把握智能媒体未来的发展方向。第三，实践性。本书将大量案例分析和实践指导相结合，能够帮助读者将理论知识应用于实际工作中。其中的案例分析覆盖智能媒体在新闻、舆论、出版等多个领域的应用，为读者提供了丰富的实践参考。第四，互动性。本书设计了丰富的讨论题和思考题，鼓励读者参与互动，能够促进读者的主动学习和深入思考，帮助其更好地理解和掌握智能媒体的相关知识。

　　本书的读者群主要是大学生、高校教师、业界从业者，同时包括智能媒体传播的爱好者。因此，本书可以在以下几个方面提供帮助。一是学生学习。本书内容涵盖智能媒体的各个方面，为学生提供了一个全面的学习框架，可以作为新闻传播学专业学生的教材，帮助其系统学习智能媒体的基础知识和技能。二是教师教学。本书的案例分析和思考与练习等提供了丰富的教学素材和教学方法，可以作为教师的教学参考书，帮助他们设计和实施教学计划。三是学术研究。本书可以作为研究资料，提供理论框架和研究线索。书中的前瞻性分析和预测为研究者提供了新的研究视角和研究方向。四是业界发展指导。本书可以作为发展指导书，提供市场分析和策略建议。书中的案例分析和实践指导为业界从业者提供了宝贵的经验和启示，可以帮助他们制定和实施发展策略。

　　本书的面世离不开以靖鸣教授为核心的学术团队成员的共同努力。在具体写作分工方面，南京师范大学教授、南京传媒学院特聘教授靖鸣负责全书的设计、统筹，以及绪章与第三章的编写工作；南京传媒学院付家豪老师负责第一章的编写工作；南京传媒学院张争老师负责第二章、第十章的编写工作；南京传媒学院高文轩老师负责第四章、第六章的编写工作；南京林业大学人文社会科学学院董浩老师负责第五章、第九章的编写工作以及全书的统稿、协调工作；苏州科技大学曹金焰老师负责第七章的编写工作；南京传媒学院宗青老师负责第八章的编写工作。

　　在本书的编写过程中，我们得到了许多同行和专家的帮助和支持。在此，我们要特别感谢华中科技大学出版社人文分社领导的信任及对本书的写作安排，感谢参与本书相关工作的策划编辑庹北麟和审校团队，他们的专业精神和辛勤工作保证了本书的质量和水准。我们也要感谢那些为我们提供案例和数据的业界伙伴，他们的实践经验为本书增添了生动的素材。此外，我们还要感谢那些在背后默默支持我们的家人和朋友，他们的理解和支持是我们完成本书的动力。

　　由于水平有限，本书必然存在一定的错谬之处，欢迎读者提出宝贵的意见。

靖鸣

2024 年 10 月 28 日

目录 Contents

/1 **绪章 智能媒体的发展演进与媒介生态重构**

/1   第一节 从万维网到智能网：智能媒体的形态演变
/4   第二节 智能媒体的技术演进
/8   第三节 从单点智能到全局智能：全领域智能场景的工业互联网

/12 **第一章 智能媒体概述、传播特征与形态**

/12   第一节 智能媒体概述
/19   第二节 智能媒体的传播特征
/26   第三节 智能媒体的主要形态

/45 **第二章 智能媒体的底层技术与前沿科技概况**

/46   第一节 智能媒体底层技术概述
/58   第二节 智能媒体前沿科技概述

/76 **第三章 智能媒体的传播理论解读及哲学启示**

/76   第一节 智能媒体的传播理论解读
/82   第二节 智能媒体的传播技术哲学启示

第四章　智能媒体在新闻行业的革新与发展 /88

- 第一节　智能自动化推动新闻业务迭代更新 /89
- 第二节　智能场景拓展新闻品类与用户体验形态 /97
- 第三节　大数据催生新闻数据智能采集与可视化呈现 /103

第五章　生成式AI舆论的生成、演化与风险治理 /110

- 第一节　生成式AI舆论在舆论家族谱系中的历史位置 /111
- 第二节　AIGC时代生成式AI舆论的产生 /114
- 第三节　AIGC时代生成式AI舆论的类型演化 /116
- 第四节　AIGC时代生成式AI舆论传播的风险 /117
- 第五节　应对生成式AI舆论风险的策略 /119

第六章　智能营销的发展与创新 /123

- 第一节　算法推荐：智能营销的精准推送和受众匹配 /124
- 第二节　垂直分发：智能广告的信息分发与内容生产 /130
- 第三节　智能直播、智能大屏与场景营销 /137

第七章　智能出版的应用发展和业务创新 /144

- 第一节　智能编辑室：人工智能环境下的编辑出版流程再造与业务革新 /145
- 第二节　智能合约：区块链信誉机制建构数字版权交易管理新模式 /150
- 第三节　"数字藏书"：NFT本土化的元宇宙数字出版藏品新形态 /155
- 第四节　有声读物：智能语音合成技术结合出版物的数字阅读新产品 /159

第八章　智能媒体传播的伦理危机与治理规制　/164

　　第一节　算法黑箱：智媒传播的算法操控和意识控制　/165
　　第二节　算法"投喂"：智媒传播的信息茧房与过滤气泡　/174
　　第三节　深度造假：人工智能支配下的媒介技术假象　/181
　　第四节　"信息疫情"：数据泄露隐忧下的隐私权利让渡　/190

第九章　智媒时代老年人的数字突围与自我价值再实现　/203

　　第一节　媒介化时代"桑榆非晚"命题的凸显　/204
　　第二节　"银发网红"的特质解析　/206
　　第三节　"银发网红"的短视频实践与自我价值再实现　/210
　　第四节　以"银发网红"为代表的老年人数字突围的意义　/214
　　第五节　以"银发网红"为代表的老年人数字突围的不足　/216
　　第六节　弥补"银发网红"数字突围路径不足的方法　/218

第十章　智能媒体的下半场：智能生态和想象图景　/222

　　第一节　智能体生命：智能体发展与人机协同　/223
　　第二节　数字人永生：从镜像世界的数字衍生物到永恒生命　/239
　　第三节　元宇宙媒介：虚实结合与万物互联的终极智能媒介　/253

绪章

智能媒体的发展演进与媒介生态重构

◆ 学习目标

1. 理解智能媒体的形态演变历程。
2. 掌握生成式人工智能技术给社会带来的影响。
3. 掌握全局智能的技术基础。

在数字化浪潮的推动下，在人工智能技术"加持"下诞生的智能媒体正经历着前所未有的发展与变革。从万维网的诞生到今天的智能网络，智能媒体网络形态的每一次演进无不变革着信息传播的基本生态；从早期的人工智能到当前的生成式人工智能，智能媒体的技术网络体系不断完善；在工业互联网的全领域智能场景中，单点智能向全局智能的转变标志着智能媒体在生产、管理与服务等多方面实现升级。基于此，本章将从网络形态的演变、技术层面的突破、全领域智能场景的实现这三个基本维度出发，为读者提供理解智能媒体发展脉络的全新视角，为进一步勾勒智能媒体的生态图景打下坚实基础。

第一节 从万维网到智能网：智能媒体的形态演变

在人类信息传播的历史进程中，万维网的诞生标志着一个全新传播时代的开启。从早期仅仅实现了单向信息传播的万维网到今天实现了万物互联的智能网，我们见证了智能媒体底层网络形态的深刻演变。这一演变不仅重塑了信息传播的基本方式，也重构了整个媒介生态系统。

一、万维网的早期发展

万维网（World Wide Web）是一个由许多互相链接的超文本组成的系统，这些超文本通过互联网访问，构成了一个庞大的信息空间。万维网不仅是一个技术平台，更是一个全球性的信息共享和交流的基础设施，极大地促进了信息的自由流通和人们的相互连接。它由英国科学家蒂姆·伯纳斯-李（Tim Berners-Lee）在1989年提出，并在1990年瑞士日内瓦的欧洲核子研究组织（CERN）首次实现。万维网的出现是互联网发展中的里程碑，1994年4月20日，代表着平等、开放、互动、共享等精神的互联网正式进入我国[①]，极大地推动了信息时代的到来。

具体而言，万维网是建构在互联网之上的一个更为具体的系统，其由网页、网站和网页之间的超链接组成。万维网使用统一资源定位器（URL）来标识资源，并通过超文本传输协议（HTTP）来请求和传输网页数据。万维网使得人们可以通过点击链接来浏览和访问分布在全球各地的文档和资源。其具备超文本和超媒体能力，允许用户以一种非线性的交互的方式来浏览信息。万维网的内容不仅包括文本，还包括图片、视频、音频和应用程序，提供了丰富的用户体验。

在万维网的早期阶段，互联网作为一种新兴的信息传播手段，功能和形态都相对简单。信息传播的方式主要为静态且单向性较强，用户通过网页浏览器阅读文本、查看图片等，而这些内容通常以固定格式展示，缺乏动态交互性。在这种传播模式下，信息的发布者和接收者之间存在明显的界限，信息接收者仅仅是被动地接收信息，而非主动参与创造或互动。换句话讲，当时的万维网更多地延续了传统大众媒体"一对多"的传播模式，由专业媒体组织生产信息并传播给多数的、未知的受众。当时的万维网的网页设计很简单，通常由纯文本和基本的图像组成，缺乏视频、音频等多媒体元素，因此信息的表现力有限。此外，由于缺乏有效的搜索引擎和网页链接技术，用户在寻找和获取信息时面临诸多不便。早期的网页往往需要用户记住特定的URL（即网页地址）才能访问，而不能像现在这样通过搜索引擎方便地找到所需内容。

随着时间的推移，万维网逐步演进。网页设计开始引入表格布局、框架和Flash动画，使得网页内容更加丰富，具有了一定的动态性。然而，这种动态性局限于页面内部，用户与网页的互动非常有限。用户可以填写在线表单、提交信息，但这些互动通常是线性的、预设的，缺乏个性和实时性。此外，早期的万维网在信息共享方面也有限制。用户生成的内容（UGC）并不普遍，大多数网站由专业网站管理员或编辑创建和维护，用户之间的交流和内容共享主要通过电子邮件、论坛和聊天室等传统方式进行。

---

① 郭全中.新媒体环境下传统媒体转型战略研究[J].新闻爱好者，2018（11）：29-32.

然而，正是这些早期的局限性为后来的技术革新和智能媒体的发展奠定了基础。随着技术的进步，尤其是互联网技术的飞速发展，万维网开始向更加动态、互动的形态转变。进一步推动万维网实现转变的是Ajax（Asynchronous JavaScript and XML）技术的应用。Ajax技术的应用让网页实现了从静态到动态互动的重大飞跃。在Ajax出现之前，网页的交互性相对有限，用户与网页的交互通常需要重新加载整个页面，这不仅影响了用户体验，也限制了网页功能的丰富性。而Ajax技术允许网页在不重新加载的情况下与服务器交换数据并更新部分网页，从而提供了更加流畅的响应式用户体验。这种技术为Web 2.0革命奠定了基础。Web 2.0强调用户参与、内容共享和在线协作。通过Ajax技术，开发者能够创建更加丰富、更具互动性的网络应用，使用户能够在网络上进行更深层次的交流和创作。

二、从移动互联网到智能互联网

2004年以来，互联网开始了新一轮的变革，变革的核心特征就是调动用户参与的Web 2.0。"Web 2.0"这个术语最早出现于1999年，但它得到普遍认可和使用则始于2004年。蒂姆·奥莱利（Tim O'Reilly）创办的O'Reilly Media公司联合其他几家公司在2004年发起了首届Web 2.0大会，预示着Web 2.0应用的兴起与普及。[①]此时，出现了以Facebook（脸书）、Twitter（推特）、微博等为代表的社交媒体平台。

社交媒体平台的兴起标志着万维网进入了一个全新的互动时代。这些平台允许用户生成内容、分享信息，并与朋友、家人和更广泛的社交圈进行实时互动。它们以其独特的社交网络结构和即时通信功能，极大地推动了信息传播方式的变革。它们不仅提供了信息共享的空间，更是形成了信息生产和交流的生态系统，其中的每个用户都是社交媒体平台网络中的一个传播节点。具体而言，社交媒体平台的出现和发展为万维网带来了全新的变化。

首先，实现了信息流动的即时性。用户发布的状态、分享的链接、上传的图片和视频可以即时传送给其关注者，甚至通过转发和评论进一步扩散到更广泛的社交圈。这种即时性使得信息传播更加迅速，有时甚至能够影响全球范围内的公共话题和事件。

其次，实现了信息分发的个性化。Web 2.0时代虽然还未能像今天这样大范围应用人工智能、大数据以及算法技术，但是也可以通过后台实时记录的方式了解用户简单的社交图谱和行为数据，能够分析出用户的兴趣爱好和社交关系，进而提供个性化的信息交流，使得信息分发相比过去更加精准和有效。

最后，实现了信息生产与传播的互动。一方面，在传统媒体时代，信息的生产主要由媒体机构和专业人士控制，而在社交媒体平台中，普通用户也能轻松地生产和分享内容，用户不再像传统受众那样被动地接收信息，而是兼具信息消费和生产两重身份。此

[①] 彭兰.网络传播学概论[M].5版.北京：中国人民大学出版社，2023.

外，这种互动性也促进了用户与用户之间、用户与专业内容生产者之间的交流与讨论，用户可以对感兴趣的内容进行评论、点赞和分享，这些互动行为不仅增强了信息的可见度，也将信息带入了圈层传播这一新维度。

随着技术的进一步发展，我们正逐步进入一个更为智能的互联网时代。它融合了人工智能、大数据、物联网等前沿技术，不仅优化了信息的传播效率，还极大地丰富了信息传播的形式和内容。智能互联网的发展，使得传统万维网不断被智能技术改造，不论是形式还是内容都发生了极大的变化，出现了以智能媒体为代表的新型网络形态。其中，云计算、大数据、人工智能和物联网技术的发展为智能媒体网络形态提供了强大的技术支持。

云计算技术提供了强大的计算能力和存储空间，使得大规模的数据收集、处理和分析成为可能；大数据技术则使得从海量数据中提取有价值的信息和洞察变得更加高效，为智能媒体的个性化推荐和决策支持提供了基础。此外，人工智能技术的应用也成为关键。智能媒体通过机器学习、自然语言处理等技术，实现了对用户行为的深度分析和对内容的智能推荐。智能媒体除了涵盖"智能+新闻"这样的传统媒体形式，还包括许多新型智能媒体样态，其不再局限于传统新闻媒介，而是深入日常生活中常见的设备和物质之中。因此，物联网技术的应用就显得十分必要了。物联网技术使得各种设备、物质和传感器能够互联互通，实时将收集的信息数据共享给接入物联网技术的设备和物质之中，这为智能媒体提供了更加丰富的信息来源，也使得新闻媒体的信息传播突破人与社会的层面，进入一个人与物并存的崭新传播层面，从而使新闻媒体在信息传播以及提供社会服务方面更加智能化和精准化。例如，智能家居系统也称智能家庭局域网，其利用各种网络通信平台，采用集中式或分散式控制方法对家中电器、门窗等实现智能控制。[①]智能家居系统通过物联网技术，使家居服务与人的需求之间实现了精准匹配。智能家居系统能够根据用户的日常使用习惯，自动适配家居的各项参数，有效地满足了消费者的使用需求。

第二节 智能媒体的技术演进

人工智能（AI）作为智能媒体的技术基石，其发展经历了多个阶段。从最初的规则驱动系统到机器学习和深度学习的兴起，每一次的技术演进都为智能媒体带来了新的可能。人工智能技术在早期的科学探索中主要围绕一个问题进行，即如何让机器模拟人类的思维方式并辅助人类解决相应问题。在这一时期，随着计算机技术的初步成熟，人工智能的早期研究开始崭露头角。

---

① 芮海燕，高长春，章瑞，等.智能家居创意空间系统知识协同行为的博弈分析[J].运筹与管理，2022（3）：86-92.

一、人工智能的早期发展

早期的人工智能系统通过预设的逻辑规则来处理信息和执行任务，但这些系统往往缺乏灵活性和适应性。早期的人工智能系统能够识别简单的程序模式，这些程序通常基于一系列预定义的规则和启发式算法，能够执行基本的图像处理任务，如边缘检测、简单形状识别和基本的对象分类。也就是说，逻辑推理是早期人工智能发展的重要基础，但其不能有效解决符号系统与实体世界对应的问题。[①]例如，早期人工智能被训练来识别硬币或交通信号等标准化物体的图像。这些系统在处理简单、标准化的问题时效率和准确率都很高，但它们的应用范围受限于规则的覆盖面和复杂性。这是因为早期人工智能系统缺乏自我学习和适应新情况的能力，它们在面对未被预设规则涵盖的新问题时，往往无法有效应对。以早期的医疗诊断系统为例，这些系统可能被设计来根据一组预定义的症状和疾病模式提供诊断建议。然而，当面对不寻常或罕见病例时，这些系统可能无法提供准确的诊断建议，因为它们缺乏从新情况中学习和适应的能力。这种缺乏适应性和灵活性的问题促使科学家们开始探索新的人工智能技术，即能够从数据中学习并不断改进自身性能的技术。

随着时间的推移，机器学习技术的出现为人工智能的发展注入了新的活力。机器学习技术使计算机能够从数据中学习并不断优化自身性能，这极大地扩展了人工智能的应用范围，覆盖了语音识别、图像识别、自然语言处理等领域。这一技术进步为智能媒体带来了更高级的数据分析和预测能力，从而改善了个性化推荐系统和自动化决策过程。例如，在选举过程中，机器学习技术能够准确锁定目标群体并通过定制信息影响其选择偏好。[②]再如，YouTube视频平台的推荐系统利用机器学习模型来分析用户的观看习惯，预测用户可能感兴趣的视频，并据此向用户推荐个性化的视频内容。

进一步推动人工智能技术不断成熟的是深度学习技术。深度学习技术是一种特殊的机器学习技术，其通过使用类似于人脑的神经网络结构，极大地提高了计算机处理复杂数据的能力。这种技术在图像、语音识别、自然语言处理等领域取得了突破性进展。2016年，谷歌DeepMind的人工智能程序AlphaGo战胜了世界围棋冠军。围棋因其巨大的策略空间和复杂的战术考量，曾被认为对于人工智能来说是一个难以攻克的挑战。然而，AlphaGo利用深度神经网络技术学习了成千上万种围棋的棋局模式，并在此基础上进行自我对弈，不断提高围棋的策略水平。因此，我们能看到深度学习技术在处理高度复杂的问题和策略性问题上的巨大潜力。它不仅能够识别既有围棋策略的规律，还能够对围棋策略进行创造性探索和直觉式判断。在AlphaGo后续的进化演变中甚至不再需要依赖人类的棋局数据，而是完全通过自我对弈学习，进一步提升了其自我完善的能力。

---

① 梁迎丽，梁英豪.人工智能时代的智慧学习：原理、进展与趋势[J].中国电化教育，2019（2）：16-21.
② 刘杨钺.技术变革与网络空间安全治理：拥抱"不确定的时代"[J].社会科学，2020（9）：41-50.

二、生成式人工智能的发展演进

生成式人工智能则是智能媒体技术演进的另一个重要方向。传统的判别式人工智能专注于从给定的数据集中识别模式、分类或预测,例如识别图像中的物体或预测用户的行为。这些系统通常用于分类任务和归属问题,其核心在于区分不同类别的数据并做出相应的判断。生成式人工智能则突破了这些限制,实现了质的飞跃,它不仅能够识别和分类数据,还能够基于学习到的模式和结构创造出全新的数据实例。

生成式人工智能之所以具备这样的能力,是因为有生成对抗网络(GANs)这一模型架构的应用。生成对抗网络算法是由两个相互博弈的神经网络构成的,一个是生成器(generator),另一个是判别器(discriminator)。[①]它们在训练过程中相互竞争,推动彼此的能力达到新的高度。也就是说,生成对抗网络通过不断自我攻击发现漏洞,进而实现自我完善。

生成器的作用是接收随机噪声作为输入,然后利用这些噪声生成尽可能逼真的图像、声音或其他类型的数据。生成器的目标是模仿训练数据的分布,创造出可与真实数据媲美的假数据。生成器通常由多层神经网络构成,能够学习数据的复杂结构和模式。

判别器的任务则是区分生成器生成的假数据和真实数据集。判别器同样由多层神经网络构成,它的目的是识别并拒绝生成器的输出,同时接受真实的数据。判别器的性能直接影响生成器的训练效果,因为它提供了反馈信号,告诉生成器其生成的数据是否足够逼真。

在训练过程中,生成器和判别器会进行一场动态的对抗赛。生成器不断学习如何更好地"欺骗"判别器,而判别器则不断学习如何更准确地识别假数据。随着训练的进行,生成器生成的数据越来越难以被判别器区分,达到一个平衡点,生成器生成的数据便在视觉上几乎无法与真实数据区分。这种对抗性训练的优势在于能够迫使生成器学习到数据的精细细节和复杂结构,从而生成高质量的假数据。

由OpenAI开发的一种语言生成模型ChatGPT就基于生成对抗网络的原理,在预训练阶段通过与大量数据交互不断学习人类的语言模式和规律,从而生成富有细节的文本,实现像人类一样的聊天交流。在ChatGPT的训练过程中,模型首先接收一个文本序列作为输入,然后尝试预测下一个最可能的单词或短语。与此同时,模型还包含一个评估机制,类似于生成对抗网络中的判别器,它评估生成文本的质量和准确性。这种自我评估和迭代的过程迫使模型不断优化其生成文本的能力,从而学习到人类语言数据的复杂细节与结构。因此,ChatGPT生成的文本不仅在语法和句式上与真实人类写作习惯相似,而且在风格、语调和语境上也表现出高度的一致性和连贯性,能够在多种应用场景中发挥作用,如撰写文章、生成对话、回答问题等。

目前,生成式人工智能在艺术创作、新闻生产、数据增强等领域有广泛的应用前景。在艺术创作领域,生成式人工智能可以根据学习到的艺术风格和元素,创作出颇具创意

---

① 郭璐,王懂,周荣庭."SMPIC"模型:重塑5G时代智能化数字出版流程[J].中国出版,2020(2):38-42.

的绘画、音乐、视频等艺术作品。这些作品往往挑战了传统艺术创作的边界，为艺术创作带来了新的表现形式和灵感。在新闻生产领域，生成式人工智能可以根据用户的喜好和行为习惯生成专属于用户的新闻报道，不仅能提高新闻生产的效率，还能为用户提供个性化的新闻体验。数据增强也是生成式人工智能的重要应用领域。在机器学习和深度学习中，数据的质量和多样性对于模型的性能至关重要。传统的数据增强方法包括同义词替换、随机插入、随机交换和随机删除，但领域知识往往包含大量专业词汇，结构固定，因此传统数据增强方法并不适用。[①]比如医疗、金融等领域对数据的隐私性和专业性有特殊要求，所以往往难以获取这些领域的高质量数据。而生成式人工智能可以基于对现有数据的学习，不断创造额外的数据样本来解决数据不足的问题，从而提高数据的泛化拓展能力和准确性。

然而，生成式人工智能的发展也给社会带来了一系列挑战，主要包括侵犯版权、挑战伦理道德和违反新闻真实性等问题。

首先，生成式人工智能可以自动生成新颖的艺术作品和文本内容，这些作品的版权归属往往并不明确，版权问题尤为突出。例如，当生成式人工智能在学习了某个特定风格的原创艺术作品后，再基于它创作出新作品时，新作品在多大程度上属于创新或是抄袭？版权究竟归谁所有？这些问题如果不在法律层面予以及时观照，不仅会侵犯原创者的合法权益，还会阻碍生成式人工智能在艺术创作领域的发展。正如有学者所说的："我们在探讨人工智能版权这一民事属性极强的法律问题时，必须在版权法既定的规则范围内分析问题，而其中最为基础和核心的问题是人工智能与作品创作的关系、人工智能创作内容的可版权性及其版权归属。"[②]

其次，生成式人工智能在创作过程中可能缺乏对人类价值观和道德标准的考量。例如，自动生成的内容有可能包含歧视性、攻击性或不适当的元素，这不仅可能伤害特定群体的感情，也可能违背社会伦理道德。因此，如何确保生成式人工智能在创作过程中遵守伦理原则，是一个需要深入探讨的问题。不过值得注意的是，生成式人工智能目前需要学习大量既定价值模型才能精准地生成目标内容，如果人们给生成式人工智能"投喂"的材料本身就有问题，那么期望生成出来的文本内容能够达到预期目标也将是十分困难的。

再次，通过生成式人工智能生产出来的虚假新闻能够达到以假乱真的程度，如果不借助技术手段便难以核实，极易误导用户。生成式人工智能的这种能力来自深度伪造技术。深度伪造技术通过深度学习技术，尤其是前文提到的生成对抗网络来迫使生成器学习到数据的复杂细节与结构，从而生成高质量的假数据。其核心在于其捕捉到"仿造"对象的面部表情、声音特征和其他细节，然后以极高的精度合成到目标媒体中，这样就能够创造出几乎无法用肉眼区分真假的图像、视频或音频文件。运用深度伪造技术生产出来的虚假新闻不仅破坏了新闻媒体的公信力，还对社会信息安全构成了严重威胁。

---

① 钱玲飞，崔晓蕾.基于数据增强的领域知识图谱构建方法研究[J].现代情报，2022（3）：31-39.
② 丛立先.人工智能生成内容的可版权性与版权归属[J].中国出版，2019（1）：11-14.

最后，生成式人工智能的广泛应用还可能引发隐私泄露和数据安全问题。在基于既有数据生成新数据的过程中，需要使用大量相关主题的信息数据，包括图像、语音、行为模式等。这些数据的收集、存储和处理需要严格遵守隐私保护的法律法规，以防止数据被滥用或泄露。

对于生成式人工智能带来的挑战，我们必须严肃应对，确保技术进步与维护社会价值同频共振。其一，法律法规的出台与完善应及时与技术创新同步，要在法律层面上明确生成式人工智能创作作品的版权归属，保护原创者的权益。其二，提高公众有关生成式人工智能的技术素养，培养他们的批判性思维。其三，技术研发公司和监管机构应共同制定伦理准则，确保生成式人工智能的设计和应用符合社会伦理标准，避免产生歧视、侵犯隐私或误导用户的行为。其四，政府需要采取一系列强有力的数据保护措施，包括加密技术、匿名化处理和数据访问控制等，以防止数据泄露和滥用。

第三节　从单点智能到全局智能：全领域智能场景的工业互联网

在智能媒体的演进历程中，工业互联网的发展标志着从单点智能到全局智能的重大转变。这一转变不仅提高了生产效率和产品质量，也为工业全领域智能化铺平了道路。不同于传统工业中被动的信息采集方式，工业互联网通过将物联网、大数据、人工智能以及数据集成、边缘处理等多项技术融入工业生产过程，实现了工业生产网络的智能化与自动化。

一、单点智能的特点与局限

单点智能，顾名思义，指的是在特定领域或系统内部应用智能技术，实现单一任务或目标的自动化和智能化。在工业领域，这可能体现为单一机器自动化生产或生产线的单一环节实现自动化操作，如自动化装配线或机器人臂等。这些系统通常独立运行，仅仅能够优化整体生产系统中某个特定工作环节的效率，它们之间缺乏有效的信息交流与整体协同。正如有学者所言：传统的基于单点智能和集中智能的解决方案，难以应对复杂产品制造中的各种问题，导致复杂制造企业普遍存在群体融合差、分布协作难、适应能力弱等弊端，这也成为未来智能制造的开放性研究课题。①

具体而言，单点智能的特点是高度专业化和任务特定化。它们在执行特定任务时表现出色，但对外部变化的适应能力有限，且无法在整个生产系统中实现优化。由于这种专注性，单点智能系统在其职能范围内能够实现极高的精确度和可靠性，它们能够通过

---

① 郭斌.论智能物联与未来制造——拥抱人机物融合群智计算时代[J].人民论坛·学术前沿，2020（13）：32-42.

重复执行相同或相似的任务来不断提高效率。然而，单点智能系统的专业化也带来了一定的局限性。一方面，单点智能系统往往对其所处环境的变化反应不够灵敏。当生产需求或外部条件发生变化时，它们可能无法灵活调整其操作以适应新的条件。例如，如果生产线上引入了新的产品类型或设计变更，单点智能系统可能需要重新编程或调整，这可能导致生产中断或效率降低。另一方面，单点智能系统通常缺乏与其他系统或设备通信和协作的能力。这意味着它们无法在整个生产系统中实现优化，因为它们不能实时共享数据或协调其操作以响应整个生产流程的变化，从而限制了整个生产系统的灵活性和效率。

二、全局智能的技术逻辑

随着工业互联网和智能技术的发展，企业越来越意识到工业生产网络需要从单点智能向全局智能过渡。而人工智能凭借其强大的联结能力，在技术层面能够实现从单点智能向全局智能的转变，可以打破原有的社会规则、秩序和供给关系。[1]全局智能通过集成和分析整个生产系统中不同设备和传感器的数据，能够实现更加全面和动态化的信息数据优化与调整。全局智能不仅能够提高单个生产环节的效率，还能够在整个生产体系中实现更加灵活的生产调度和更加精确的资源分配。从单点智能到全局智能的转变在于企业主对更高效、更灵活生产系统的需求，以及对提高竞争力和快速响应市场变化的迫切需求。随着全球化和消费者需求的不断变化，企业需要快速适应新的市场条件，而全局智能提供了实现这一目标的技术基础。

全局智能的实现离不开物联网、大数据和云计算等技术的融合发展，这些技术的协同作用，为工业互联网提供了强大的数据收集、处理和分析能力，从而推动了从单点智能到全局智能的转变。

首先，物联网技术在全局智能中扮演着至关重要的角色，它使得不同生产设备之间能够相互连接和通信，形成一个完整的智能网络体系。物联网技术通过在设备和机器中嵌入传感器和智能控制器实现了设备的互联互通。这些设备能够实时监控自身的运行状态，收集操作数据，并将信息传输到中央系统或云平台。例如，工业机器人、机械加工机床，甚至生产线上的传送带，都可以通过传感器收集温度、速度、压力等关键参数，并将这些数据发送到控制中心，实现高效的智能调度。因此，全局智能通过物联网技术使得整个生产系统（包括设备、生产线、供应链等）乃至整个企业的所有运营环节都实现了互联互通，形成了智能化的网络体系。

其次，大数据技术负责处理和分析由物联网设备生成的海量数据。对于大数据技术来说，信息收集过程并不是核心内容，而是对数据的挖掘与应用。[2]此外，大数据技术不

---

[1] 顾小清，蔡慧英.预见人工智能的未来及其教育影响——以社会性科幻为载体的思想实验[J].教育研究，2021（5）：137-147.

[2] 潘建红，潘军.大数据时代个体数据理性化悖论与消解[J].甘肃社会科学，2018（2）：45-50.

仅能够处理和分析来自物联网设备的运行数据，还能处理和分析广泛的环境数值、供应链信息、市场需求等数据，从而构成了一个全面的数据分析体系。这为企业建构全局智能生产网络提供了强大的数据支撑，使得深层次的洞察和决策成为可能。一方面，通过对生产线上物联网设备收集的数据进行分析，企业可以识别生产过程中的瓶颈。例如，通过监测生产线上各个环节的产出速率，大数据技术可以帮助企业发现导致生产延迟的具体环节，从而针对性地进行优化。这种分析还可以预测设备故障，通过分析设备的使用模式和性能指标，预测潜在的故障和维护需求，实现预测性维护，降低意外停机的可能性。另一方面，大数据技术除了分析生产线上的运行数据，可以帮助企业实时监控库存水平和需求变化，优化库存管理。例如，亚马逊利用大数据技术对消费者行为、购买历史和市场趋势进行深入分析，能够实时调整库存和物流策略，满足不断变化的市场需求。

最后，云计算技术为全局智能提供了强大的计算资源和存储能力。这些资源和能力使得企业能够处理和分析前所未有的大量数据，而这些数据量在传统的本地系统上是难以管理的。通过云计算，企业不再需要投资昂贵的硬件设施，而是可以根据自身需求租用计算资源和存储空间，这种灵活性和可扩展性使得企业能够快速响应业务需求的变化。此外，在安全性方面，云计算平台提供了一系列先进的安全服务，包括数据加密、身份和访问管理、网络安全等。这些服务能够帮助企业保护其数据资产免受未授权访问和各种网络威胁的侵害。

全局智能为全领域智能场景的工业互联网带来了深远的影响。其一，全局智能使得生产过程更加透明化，让企业能够通过全局智能对整个生产体系进行实时监控，及时识别、分析与研判相应的问题。其二，通过数据分析和机器学习，企业能够合理布局生产资源配置，优化生产流程，提高产品质量。比如，在城市交通治理中，通过对人、车、路的全路径网络协同，从单点智能升级到全局智能，合理布局车流量与人流量，实现数据驱动下的精准交通治理目标，服务于每一位出行的市民，提升一座城市的安全感。[①]其三，全局智能通过数据分析和智能决策，促进了新的商业和服务模式。例如，相较于传统的"一刀切"的定价方式，汽车制造商可以通过物联网设备收集车辆的使用数据，根据车辆的实际行驶里程或使用时间来向车主收费，这种灵活的定价策略能够更好地满足客户的需求。

本章小结

从万维网到智能网，智能媒体的底层网络形态发生了剧烈的变化。这一变化不仅展现出了互联网技术和智能技术的巨大飞跃，也象征着人类社会生活的信息交互方式发生了根本转变。我们要加快适应以智能媒体为代表的新的传播

---

① 吕尚彬，刘奕夫.城市智能化发展及其形象传播优化[J].当代传播，2020（4）：21-25.

环境，共同开发智能媒体的发展潜力，努力营造更加开放、多元和健康的信息传播环境。

生成式人工智能技术的兴起与革新为智能媒体行业朝着高度精准、双向互动与动态生成等方向发展奠定了重要的技术基础。未来，智能媒体的发展、演变将继续与人工智能技术的演变紧密相连。我们期待其能够在促进信息传播、提高人们生活质量和推动社会进步方面发挥更大的作用。

从单点智能到全局智能的演进，标志着工业互联网的成熟和发展。这一演进不仅改变了工业生产的基本运作方式，也为智能媒体的发展提供了新的应用场景和创新实践。企业要认识到数据安全和隐私保护问题在全局智能发展中的重要性，并采取一些可持续性的措施，以实现全局智能工业互联网的健康发展。

总之，在绪章部分，我们对智能媒体发展演进带来的媒介生态变革进行了探讨，揭示了从万维网到智能网的形态演变历程，剖析了智能媒体底层技术的演进路径，并分析了从单点智能到全局智能的演进趋势，这为后续章节对智能传播理论与实践的探讨奠定了坚实的基础。未来，智能媒体的形态演变将紧紧围绕信息传播效率与用户体验这两个方面持续加以优化。

思考与练习

1. 请简要叙述单点智能的特点
2. 请简要叙述全局智能的技术基础
3. 全局智能为工业互联网带来了哪些影响？

推荐阅读文献

[1] 杨帅. 工业4.0与工业互联网：比较、启示与应对策略[J]. 当代财经，2015（8）：99-107.

[2] 延建林，孔德婧. 解析"工业互联网"与"工业4.0"及其对中国制造业发展的启示[J]. 中国工程科学，2015（7）：141-144.

[3] 彭兰. 新"个人门户"与智能平台：智能时代互联网发展的可能走向[J]. 新闻界，2023（9）：4-14，96.

[4] 叶蓁蓁. 开创研发应用新范式 探索"用AI治理AI"——探讨智能互联网时代AI应用和治理之道[J]. 传媒，2023（11）：12-13.

[5] 郭全中，郭凤娟. 智能传播：我国互联网媒体演化的最新传播方式[J]. 传媒评论，2017（1）：77-79.

第一章
智能媒体概述、传播特征与形态

◆ 学习目标

1. 理解智能媒体的定义。
2. 掌握智能媒体的传播特征。
3. 理解智能媒体的主要形态。

在人类文明的漫漫长河中,每一种技术的兴起与发展都成为独具特色的一抹亮点,在技术与文化、社会的交相呼应中产生了隶属于不同人类文明阶段的媒介形态。随着数字时代的到来,媒体行业经历了前所未有的变革。互联网的普及、移动设备的广泛使用以及社交媒体的兴起,共同推动了信息传播方式的根本性转变。随着智能技术的发展,智能媒体应运而生。它不仅是媒介技术进步的产物,更是媒体行业适应数字化、智能化趋势的必然选择。

第一节 智能媒体概述

随着人工智能技术的飞速发展,智能媒体已经从人类的想象中走向了现实世界。智能媒体是利用人工智能、大数据等先进技术,对传统媒体内容的选题、采集、写作、分发、消费、交互等生产环节与流程进行智能化改造的新型媒体形式。它不仅改变了新闻报道的生产和传播方式，也重塑了人们获取信息以及利用信息进行社会交往的基本形态与习惯。在这一背景下，本节将对智能媒体进行简要介绍，探讨智能媒体的概念界定、诞生与演变以及国内外智能媒体的发展现状，以较为完整地展现这一领域的基本面貌，从而帮助我们思考在智能媒体时代下人类发展的历史坐标。

一、智能媒体的概念界定

"智能媒体"显然已经成为当前传媒领域的热词，无论是学界的专家学者还是新闻媒体的实务工作人员都对其耳熟能详，都能够简单地为其下定义，并且能够结合自身的理论基础和实践经验展开一定的论述。但目前，对于智能媒体，人们尚未形成定论，人们从不同的角度出发，对智能媒体有不同的界定。相关研究表明，智能媒体相关研究成果主要集中于电信、计算机、人文艺术、科学技术、工程、教育六个领域。[①]

2008年，张雷在《从"地球村"到"地球脑"——智能媒体对生命的融合》一文中将智能媒体视为从"地球村"到"地球脑"的转折点。[②] 这是新闻传播领域最早提及"智能媒体"的论述。国内首次对智能媒体做出清晰界定的是王艳和高铭，他们从用户角度出发，将智能媒体定义为"将媒体智能化，使用户在使用过程中更趋于人性化、大众化、简单化、全球化，让用户的搜索结果更集中、多样以及全面地展示在用户面前"[③]，并强调媒体智能化之后能够为用户带来人性化的搜索体验。但是，以上这些研究要么从新闻传播领域出发简单地提及智能媒体，并未进行详细的概念界定，要么未能从新闻传播领域出发界定智能媒体。早期有关智能媒体的论述大多是在当时特定的社会历史情境下，基于对未来智能技术发展的想象建立起来的，并未有实质性的理论与实践突破。

2016年，有学者关注到了传媒智能化的发展趋势，并且认为传媒智能化的结果是逐步形成新的智能传媒。虽然智能传媒在表述上并不能等同于如今的智能媒体，但是作者显然关注到了新闻媒体行业的智能化趋势。他们指出，智能传媒是一种人工智能与人类智能协同的在线社会信息传播系统。从目前传媒资源重组的走向来看，传媒智能化将使得传播介质的界限完全消失，达到视频、音频、图像、文字等不同产品以数据信息流的形态在可穿戴设备、云终端、网站及相关社交媒介中的自由匹配与分享，以提供个性化、场景化、定制化的内容、社交、关系服务这样的程度，这就可能生成新型的智能传媒系统。[④]

2017年，胡正荣在《智能化：未来媒体的发展方向》一文中指出："技术的进步也

[①] 任锦鸾，曹文，刘丽华，等.基于技术与市场视角的智能媒体发展态势分析[J].现代传播（中国传媒大学学报），2017（10）：133-137.
[②] 张雷.从"地球村"到"地球脑"——智能媒体对生命的融合[J].当代传播，2008（6）：10-13.
[③] 王艳，高铭.混合式学习在智能媒体中的应用[J].黑龙江科技信息，2009（35）：290.
[④] 吕尚彬，刘奕夫.传媒智能化与智能传媒[J].当代传播，2016（4）：4-8.

正在推动媒体向更加智能化的方向发展，通过大数据、云计算、人工智能等技术，未来媒体将能以个性化和多样化的服务来对接由内容系统和平台渠道导入的用户。"①在这篇文章中，作者虽然并未明确地对智能媒体下定义，但是不难发现，他认为智能媒体的核心在于媒体运用了人工智能等先进的媒介技术，为用户提供更加个性化、便捷化的产品与服务。同年，喻国明等人也指出："未来传媒业的发展，很大程度上与人工智能技术的引入和应用关联在一起。人工智能技术不仅形塑了整个传媒业的业态面貌，也在微观上重塑了传媒产业的业务链。"②同时，他们还介绍了人工智能对新闻信息采集、编辑、分发等生产环节带来的影响以及用户在人工智能技术加持下新闻信息认知的全新体验。

2020年，程明和程阳对"智能媒体"进行了界定：智能媒体是以大数据为基础，以人工智能为核心，借助物联网技术全场景的数据采集、5G技术高速率和低延时的信息传播、云计算技术强大的算力和区块链技术独有的信任机制而逐步形成的具有强连通性和强交互性的智能化媒体系统。③罗自文等指出，智能媒体是指依托高速移动互联网、大数据、云计算、传感器等人工智能技术的支持，自主感知用户需求，针对特定的时空和场景，动态地向用户推送所需信息，从而实现技术驱动、人机协同、智能传播、精准高效的媒体形态；其本质是算法驱动的媒体形态。就其外延来看，最为典型的智能媒体是以抖音、快手、微信等为代表的智能技术平台；其次是以封面新闻、澎湃新闻、天目新闻等为代表的新媒体，其由于融入了较多的人工智能技术而逐步形成融合媒体形态；最后是以人民日报社、中央广播电视总台、新华社等为代表的传统媒体积极开发的智能化新闻应用，其未来有望形成智能媒体生态系统。④

在国外学术界，很难找到与中文语境相对应的"智能媒体"概念，较为相近的表述是"smart media"或"intelligent media"。前者的概念与"智能手机"相关，后者则更多的是在人工智能领域被提及。⑤相较于"智能媒体"的概念与特征，他们更关注相关智能媒体应用带来的社会影响。这些研究虽未统一概念，但它们所探讨的"智能媒体"并没有脱离"技术""需求""信息"等关键词，仍围绕着"在技术的助力下出现的更懂得人类需求的信息服务介质或机制"这一概念进行。⑥

无论不同国家或地区的学者如何表述与界定智能媒体，其核心要素应包括自动化、个性化、互动性和预测性。自动化指的是媒体在智能化技术的加持下能够由机器独立完成内容的生成与分析；个性化则是指智能媒体能够根据用户的行为和偏好提供定制化的内容；互动性强调的是用户与媒体内容之间能够充分地实现双向实时交流；预测性则指

---

① 胡正荣.智能化：未来媒体的发展方向[J].现代传媒（中国传媒大学学报），2017（6）：1-4.
② 喻国明，兰美娜，李玮.智能化:未来传播模式创新的核心逻辑——兼论"人工智能+媒体"的基本运作范式[J].新闻与写作，2017（3）：41-45.
③ 程明，程阳.论智能媒体的演进逻辑及未来发展——基于补偿性媒介理论视角[J].现代传媒（中国传媒大学学报），2020（9）：1-5.
④ 罗自文，熊庚彤，马娅萌.智能媒体的概念、特征、发展阶段与未来走向：一种媒介分析的视角[J].新闻与传播研究，2021（S1）：59-75.
⑤ 卿清.智能媒体：一个媒介社会学的概念[J].青年记者，2021（4）：29-30.
⑥ 卿清.智能媒体：一个媒介社会学的概念[J].青年记者，2021（4）：29-30.

智能媒体能够根据用户的行为数据推测其可能的信息与服务偏好，精准地分发用户所需的信息服务，进而预测市场趋势。

综上所述，"智能媒体"既不是一个一成不变的概念，也不是人工智能技术背景下的单向度概念，而是一个具有复杂且多维意义的持续生成性概念。本书认为，可以从微观与宏观两个层面来界定智能媒体。在微观层面，智能媒体指的是利用人工智能、大数据等先进媒介技术，对传统媒体内容的选题、采集、写作、分发、消费以及交互等生产环节与流程进行智能化改造的新型媒体形式。在宏观层面，智能媒体指的是在人工智能技术加持下形成的一种全新传媒生态。它不仅涵盖对新闻信息生产流程与环节的智能化改造，还通过对整个社会信息生态的形塑，深刻地影响社会结构、文化形态和人类行为，持续性地塑造着现代社会运转的底层逻辑。

二、智能媒体的诞生与演变

智能媒体的诞生与演变和信息技术发展紧密相连。经历口语媒介时代、印刷媒介时代、电子媒介时代之后，信息传播的时空限制进一步消解。互联网技术出现后，信息传播又经历了数字化转型，传统线下的信息交流与社会交往转移到了线上，信息传播的时效性进一步增强，人与人、人与物、国家与国家之间的联系更加紧密。随着智能技术的出现与发展，人类社会正在经历信息传播的智能化转型。这一过程的起点可以追溯到20世纪末，当时计算机科学和人工智能技术开始在媒体领域得到应用，人们开启了对智能媒体的初步探索。具体来说，以大数据和算法为核心的人工智能技术在新闻生产传播流程中的应用，迄今已经走过了四个阶段，这里我们用人类个体成长的四个时期来表示。[①]

第一个阶段是婴儿期。这个阶段的智能媒体就像人类婴儿一样，需要大量的信息输入和经验积累，也就是需要海量的数据来丰富既有的数据库，从而为后期的信息输出奠定基础。这也就意味着，在这一阶段，智能媒体需要以物联网技术为支撑。物联网通过将物理设备连接到互联网，使得这些设备能够收集、交换数据，进而实现智能化管理。物联网的应用能够为智能媒体带来数据采集的价值。物联网为智能媒体输入了广泛的信息素材。通过传感器和智能设备，新闻媒体机构能够实时收集环境数据、交通流量数据、公共安全信息数据等。这些数据可以转化为新闻故事，为公众提供更丰富、更及时的信息。例如，路透社利用气象传感器收集的数据，生成关于气候变化的报道，为公众提供了更深入的科学分析和实时的天气信息。因此，物联网技术的应用是新闻媒体实现智能化的重要基础，这个阶段的智能媒体聚焦于获取更多数据、更多信息、更多资源，虽然其本身还达不到类人化思考、分析和判断，但是能够通过大量的数据收集为智能化添砖加瓦。

第二个阶段是幼儿期。智能媒体发展的第二阶段将第一阶段的数据采集作为重要的

[①] 罗自文，熊庚彤，马娅萌.智能媒体的概念、特征、发展阶段与未来走向：一种媒介分析的视角[J].新闻与传播研究，2021（S1）：59-75.

数据基础，加上人工信息标注、审核和训练，将智能媒体的智能化与社会需要相结合，增强了智能化中的人性化色彩。在这一阶段，智能媒体系统能够根据预设的模板自动生成新闻报道，尽管内容和形式相对简单，但这标志着媒体内容生产向自动化和智能化迈出了第一步。如今，各种传感器设备可以实时记录相关数据，通过互联网分析这些设备收集的数据，新闻媒体机构能够自动生成新闻报道，提高新闻传播的效率。目前有关地震的第一时间的新闻报道，几乎都是各地媒体机构利用地震传感器收集到的数据，根据既有的地震报道模版，自动生成的。这些报道能够在地震发生后的最短时间内自动发布，大大缩短了新闻报道的时间，降低了新闻制作的成本。但这一阶段的自动化新闻只是停留在较为简单的数据和易学的新闻生成模版上，无法在新闻实践中大规模展开。

第三个阶段是学龄前期。这一阶段类似于人类的学龄前期，智能媒体初步具备了信息判断能力和简单的学习能力。在这一阶段，随着技术的不断进步，智能媒体开始涉及更复杂的内容分析和推荐算法，能够根据用户的行为和偏好来推荐新闻和信息，从而提高信息传播的效率和个性化水平。社交媒体平台的兴起进一步推动了智能媒体的发展，这些平台通过算法分析用户行为，实现个性化的内容推荐，极大地增强了用户的互动性和参与感。例如，今日头条通过分析用户的观看历史和地理位置信息，为用户提供定制化的新闻内容。具体而言，它的算法系统具有感知、理解和判断三大特征，结合用户的动作特征、环境特征以及社交特征，实现信息的个性化、精准化推送，为用户提供更加丰富的新闻体验。

第四个阶段是学龄期。这一阶段的智能媒体像是人类的学龄期。随着大数据和机器学习技术的发展，智能媒体开始进入一个新的阶段。在这一阶段，智能媒体不再仅仅是内容的自动生成和推荐，而是开始涉及更深层次的内容理解和情感分析。智能媒体开始能够理解用户的情感倾向，识别新闻事件的情感色彩，甚至能够创作具有一定情感表达能力的内容。随着近年来生成式人工智能的出现和发展，智能媒体开始展现出更加强大的能力。自然语言处理技术的进步使得智能媒体能够进行更加复杂的语言理解和生成，语音和关键词的识别技术以及视频自动生成技术则让智能媒体能够以语音、文字或视频的形式与用户进行交互。此外，虚拟现实技术和增强现实技术的应用，也为智能媒体提供了更加丰富的表现形式和交互体验。虚拟现实技术可以让用户身临其境地体验新闻事件，增强了新闻报道的真实感和紧迫感。[1]《纽约时报》曾推出一个名为"NYT VR"的应用，通过360度视频和VR技术，可以让用户"亲临"叙利亚战争的现场。这种沉浸式的体验使得新闻报道的影响力大大增强。增强现实技术则通过在用户的现实世界中叠加数字信息或图像，增强用户对现实世界的感知。例如，BBC的纪录片《文明》支持观众使用智能手机或平板电脑扫描特定图像，在AR技术的支持下，屏幕会展示与图像相关的三维模型和历史背景信息，使得观众能够更加直观地了解艺术作品和相关历史事件。

在弱人工智能时代，系统性思维与智能媒体演进相伴相生，可以说，目前智能媒体

---

[1] 吕尚彬，刘奕夫.城市智能化发展及其形象传播优化[J].当代传播，2020（4）：21-25.

演进正在系统复杂化递归的道路上不断前行。[1]智能媒体伴随着智能技术尤其是生成式人工智能技术的不断发展而持续演变，它不断与最新的媒介技术相结合，探索和拓展着媒体行业的边界。无论未来智能媒体将如何发展，都不应且不能离开这一关键点：不仅要发挥新闻信息生产与传播的基本职能，更要使之成为连接人与人、人与信息、人与服务、人与社会的桥梁，促进相关要素的连接与整合，以达成人类社会实现高度协作的美好愿景。

三、国内外智能媒体的发展现状

智能媒体受到人工智能技术的影响与制约，其凭借强大的数据收集、分析与处理能力，对信息内容进行自动生成、筛选、推荐和交互，不仅改变了新闻信息的生产和传播方式，提高了信息传播的效率和个性化水平，也极大地影响了人们的日常生活和社会运作，对社会文化、经济发展乃至政治生态产生了深远的影响。智能媒体在全球范围内呈现蓬勃发展的态势，成为全球新闻媒体行业的重要发展趋势。在国内外，智能媒体的发展呈现多元化和高度竞争的格局。

美国是目前智能媒体发展水平较高的国家之一。科技巨头如Goole（谷歌）、Facebook（现更名为Meta）、Amazon（亚马逊）等公司在智能媒体领域取得了显著的成就。谷歌通过其搜索引擎算法的不断优化，能够提供更加精准和个性化的搜索结果。例如，谷歌的RankBrain算法能够理解用户的搜索意图，提供更加相关的搜索结果，从而改善用户体验。Facebook则利用其庞大的用户基础和社交网络平台，通过先进的算法为用户提供定制化的内容流，增强用户的参与度和互动性。亚马逊则通过其云计算服务AWS，为智能媒体提供了强大的数据处理和分析能力，支持了智能媒体的快速发展。

在欧洲，智能媒体的发展同样活跃。欧盟通过"地平线2020"计划，支持了一系列智能媒体相关的研究项目，旨在推动媒体行业的创新和可持续发展。例如，欧盟资助的"EUscreen"项目旨在推进欧洲广播档案的数字化保存工作，通过智能媒体技术，使得这些珍贵的文化遗产能够得到更广泛的传播和利用。此外，一些欧洲国家十分重视对人工智能技术的政策支持和资金投入。如法国、英国和德国已经制定了人工智能发展战略，试图以有益于社会的、合乎道德的方式推动人工智能发展。例如，2018年，法国总统马克龙宣布实施法国人工智能战略——AI造福人类，明确提出有意义的人工智能理念[2]，并宣布未来五年投资15亿欧元用于人工智能研发。英国著名的公共广播公司（BBC）在利用人工智能技术方面表现尤为突出。例如，BBC运用人工智能技术推出了"实时文字页面"功能，其能够将正在发生的事件，如突发新闻或体育赛事，转化为实时的文字直播，为那些无法观看视频直播的用户提供及时的信息。在个性化内容推荐系统方面，BBC通过采用人工智能和机器学习技术，能够根据用户的观看历史、搜索行为、偏好设

---

[1] 吕尚彬，黄荣.论智能媒体演进的复杂性维度[J].山东社会科学，2022（2）：125-133.
[2] 王彦雨，高芳.主要国家人工智能技术发展路线图规划模式及启示[J].中国科技论坛，2022（1）：180-188.

置以及互动数据来分析和预测用户的兴趣和需求。

在亚洲,中国在智能媒体领域取得的成就同样令人瞩目,目前已经成为全球智能媒体领先发展的代表国家之一。中国三大科技公司——百度、阿里巴巴、腾讯(简称BAT)都在智能媒体领域进行了深入的探索和实践。百度的搜索算法和人工智能技术在中文互联网领域具有领先地位,其推出的"百家号"平台,通过智能推荐系统为用户提供个性化的内容推荐。阿里巴巴推出的淘宝电商平台通过智能推荐系统为用户提供个性化的购物体验,平台通过分析用户的购物历史和偏好,推荐相关商品,从而提高用户满意度和购买率。腾讯作为目前中国互联网用户活跃程度最高的商业科技公司,智能技术方面的应用十分广泛,在智能媒体领域表现突出。在内容推荐方面,腾讯新闻客户端利用机器学习算法,根据用户的阅读历史、兴趣偏好和社交行为等数据,为用户推荐个性化的新闻资讯,这种智能推荐系统不仅提升了用户体验,还提高了内容分发效率。此外,腾讯的社交平台微信和QQ也大量应用了智能技术。例如,微信的"看一看"功能通过分析用户的社交网络和阅读习惯,推送用户可能感兴趣的文章和视频。再如,微信的"搜一搜"功能利用自然语言处理技术,提供智能搜索服务,帮助用户快速找到所需信息。在游戏领域,腾讯通过人工智能技术优化玩家体验。例如,腾讯的"王者荣耀"游戏利用机器学习算法进行玩家匹配,确保玩家能够找到水平相近的队友和对手,提高游戏的公平性和趣味性。

总而言之,智能技术为智能媒体的发展提供了基本的技术保障,但是智能媒体的发展并不局限于技术层面,还涉及版权保护、伦理道德等多方面的公共议题。随着智能媒体得到越来越多的应用,新闻信息的生产和分发变得更加智能化和精准化,但与此同时,版权保护和伦理道德等公共议题也面临着严峻的挑战。

在版权保护方面,智能媒体运用自动化新闻生成技术可能会引发原创内容的版权归属问题。例如,当机器人将传感器收集的素材进行加工、整合并撰写成新闻报道广泛传播时,其版权归属和收益分配问题将变得异常复杂——版权到底归属于新闻素材来源方还是新闻生成方(也就是归属于机器这一主体)?

在伦理道德方面,智能媒体的算法推荐技术也存在一些问题,比如算法推荐技术的代码错误、算法推荐技术的应用违法等。[1]2016年美国总统选举期间,Facebook被网友指责"为假新闻的传播提供了温床"。这些假新闻通过精心设计的内容和吸引人的标题,在用户之间迅速传播,对选民的决策产生了潜在的影响。一些未经核实的新闻故事在网络上广泛流传,误导了公众对候选人的看法和对政策的理解。这不仅损害了新闻的真实性和公正性,也对民主选举的完整性构成了威胁。此外,智能媒体平台在收集和分析用户数据时,隐私保护问题也日益凸显。例如,2018年Facebook的"剑桥分析事件"揭露了用户数据被不当利用的事实,数百万用户的个人信息在用户不知情的情况下被第三方公司用于政治广告的定向投放,引发了全球范围内对个人隐私和数据安全的关注。

基于上述挑战,智能媒体在不断进行技术创新的同时,还要加强对原创内容的版

---

[1] 彭桂兵,叶晨鑫.论智媒时代算法言论传播真实性的证明标准[J].中州学刊,2022(3):166-172.

权保护，确保输出的内容真实、准确和公正，最大限度地维护公共利益，增进公共福祉。此外，还要加强对智能技术的开发和运用，用智能技术本身来引导和规制智能媒体的健康发展。例如，路透社的News Tracer项目就通过人工智能技术来识别和验证社交媒体上的新闻内容，以减少假新闻的传播。具体而言，News Tracer项目通过分析新闻内容的语言模式、来源可靠性以及用户互动情况等来评估信息的可信度。系统能够检查出新闻内容中的关键信息是否与其他可靠来源的报道一致，或者是否存在异常的用户行为，如异常高的转发速度或来自可疑账户的大量点赞等。此外，该项目还通过智能技术来识别经过人工智能技术自动编辑或操纵的媒体文件，如深度伪造（deepfakes）视频或图片。

智能媒体可以说已经在全球范围内遍地开花，取得了丰硕的成果。不同国家和地区的智能媒体结合自身的实际情况正在深刻地改变着当地的信息生产、传播与消费方式，对社会结构和文化形态也带来了重大影响。随着媒介技术的不断进步与创新，智能媒体将会为人类社会发展提供更加丰富的信息资源和更加便捷的社会服务。同时，我们也要警惕智能媒体带来的一系列挑战，呼吁全社会各主体共同应对。

第二节 智能媒体的传播特征

在智能媒体传播时代，媒体领域发生了颠覆性的形态转变，传播的基本特征也随之发生了巨大的变化。智能媒体利用人工智能、大数据等先进媒介技术，对新闻媒体的选题、采集、写作、分发、消费以及交互等传统生产环节与流程进行智能化改造，为媒体带来全新的传播图景。基于此，本节将对智能媒体的传播特征进行介绍，从算法驱动与精准传播、场景再造与万物互联、人机协同与高效生产三个方面探讨智能媒体的传播特征，尝试描绘智能媒体传播的全新面貌。

一、算法驱动与精准传播

智能媒体传播的核心特征之一便是算法驱动，算法的应用也是新闻媒体实现智能化的重要技术基础，这一特征深刻地体现了智能媒体在信息分发机制上的创新与变革。简单地说，算法就是可以高效率地解决特定问题的程序，是人工智能的核心技术。有学者认为，人工智能本身就是算法驱动型，如果没有数据，就很难用算法迭代。[1]新闻媒体引入算法技术，可以根据算法预先设定的程序进行自主运行，对信息数据进行自动采集、加工和研判，从而实现新闻文本的自动化生成、媒介产品的定向分发、新闻报道与用户

---

[1] 洪杰文，兰雪. 从技术困境到风险感知：对智媒热的冷思考[J]. 新闻与传播评论, 2019（1）：101-109.

之间的互动交流等功能。因此，运用算法技术驱动新闻报道是新闻媒体"智能"的重要判断标准。如果说算法是工具，那么数据就是材料。这里我们不得不提到智能媒体的重要数据来源——传感器。各个传播情境中的传感器能够自动化地收集新闻素材，当这些来源多样、形式各异的素材越来越多的时候，算法技术本身也会越来越精准，这也就成为新闻报道精准匹配用户的重要机制。

算法驱动指的是智能媒体利用先进的算法技术，对用户行为、偏好进行分析，从而实现内容的自动化推荐和个性化分发。这种传播方式不仅极大地提高了信息传播的效率，也使得用户能够接收到更加贴合个人兴趣和需求的内容。在算法驱动的传播模式下，智能媒体平台通过收集用户的浏览记录、搜索历史、点击行为等数据，描绘精准的用户画像，分析用户的兴趣点和偏好趋势，进而推送相关内容。例如，Facebook的News Feed算法就是根据用户的互动行为——包括点赞、评论和分享等——来决定用户看到的内容。这种算法的应用使得Facebook能够向用户展示他们最有可能感兴趣的帖子和新闻，从而提高用户的活跃度和黏度。

精准传播则是算法驱动传播模式的进一步延伸。精准传播的核心是"精"和"准"。[1]它不仅要求算法能够准确识别并推送用户感兴趣的内容，还要求这些内容的呈现形式能够契合用户精细化的情境需要。在国内，人们日常使用的小红书、抖音短视频等各类社交媒体平台，也充分展示出了精准传播的优势。不同于以往的用户主动寻找信息模式，这些社交媒体平台运用智能媒体技术根据用户的浏览习惯和地区、年龄等特征，通过数据收集与算法分析将各具特色的信息精准分发给各类目标人群，此时媒体的信息传播呈现出个性化、私人定制等特点，真正实现了点对点的精准传播。此外，这些社交媒体平台还能够通过详尽的大数据收集与分析，预测用户接下来可能的信息与服务需求，从而能够提前生成和准备相应的信息服务，第一时间满足用户的需要。

在国外，Google News是智能媒体的重要代表，其个性化新闻推荐系统是算法驱动与精准传播特征的集中体现。Google News通过分析用户的阅读习惯和搜索查询记录，提供定制化的新闻推荐。它不仅考虑用户的长期兴趣，还考虑当前的热点事件和用户的地理位置，以提供更加精准和及时的新闻内容。具体而言，首先，Google News追踪用户的阅读行为，包括用户在平台上阅读的文章类型、停留时间、点击率等，以此判断用户对特定主题或新闻类别的偏好。如果用户频繁阅读科技类的新闻，系统将识别这一偏好，并在未来推荐更多相关领域的新闻。其次，搜索查询记录是Google News分析用户兴趣的另一个重要维度。用户的搜索查询记录能够反映其即时的兴趣点或信息需求，Google News通过分析这些记录，能够提供与用户搜索查询内容相关的新闻报道，满足用户的信息获取需求。此外，Google News还考虑当前的热点事件，通过实时数据分析全球用户的兴趣焦点，并将这些热点事件融入推荐算法中。这样，即使用户没有特定搜索，也能够接收到与其兴趣相关的最新新闻动态。

然而，尽管算法驱动为新闻媒体实现精准传播提供了必要的技术保障，但算法技术

---

[1] 单凝，王丹，于洋，等.媒体融合时代下高校类科技期刊的传播力建设[J].编辑学报，2019（S1）：97-99.

的应用也带来了一系列的挑战和问题。首先，算法技术可能加剧"信息茧房"效应，即用户只接触与自己观点相似的信息，这可能限制了用户视野的广度和多样性。其次，算法驱动的传播模式可能引发用户对隐私保护的担忧，因为用户数据的收集和分析需要在尊重用户隐私的前提下进行，但是目前平台具有强大的资本控制能力，用户在隐私选项中的能动空间极小。最后，算法的透明度和公正性也是智能媒体需要面对的问题，用户有权了解算法是如何决定内容推送的。进一步讲，算法技术本身的程序性设置原则和标准应努力"去黑箱化"，技术应基于保障公共利益、增进公共福祉这一目的而被开发与应用。在人工智能技术规制的议题上，许多国际组织已经走在前列。比如，美国电气与电子工程师协会（IEEE）制定了《人工智能设计的伦理准则》，提出了人权、福祉、问责、透明、慎用五大总体原则，并且依据这些总体原则设立了伦理、透明、算法、隐私等十大标准工作组。①

算法驱动与精准传播是智能媒体传播的首要特征，其体现了智能媒体在提高信息传播效率和满足用户个性化需求方面的创新，也代表了未来新闻信息分发的重要趋势。然而，算法驱动背景下的智能媒体在实现精准传播的过程中也会对媒体伦理、隐私保护、算法透明度等带来新的挑战。未来的智能媒体需要在技术创新与承担社会责任之间找到一个平衡点，在促进新闻信息自由精准流动的同时保障个体的权益不受侵犯，从而增进社会的整体福祉。

二、场景再造与万物互联

在智能媒体传播中，如果说算法技术能够提升新闻信息分发的精准化水平，满足用户的个性化需求，那么场景再造则更进一步连接了用户的地理、心理甚至生理场景，重塑信息传播的基本逻辑。随着算法与内容产业深度融合，场景传播成为可能。基于算法的场景传播可以在更深层次上全方位地把握和分析用户需求。②这一传播特征将打破新闻媒体单向度向用户输出信息的模式，将用户所处的地理位置、周遭的物理空间以及个体此时此刻的心理、生理需求等关键要素全部纳入信息传播的考量范围，重新定义人与信息、人与环境，以及人与物质的互动关系。

具体而言，场景再造体现为智能媒体能够根据用户的实时场景动态化地调整和优化信息与服务内容。首先，用户的实时场景并不仅仅是用户所处的地理位置，而且包括特定地理空间和特定时刻人们的感官、感觉、神经、心理、生理等多方面的场景。其次，这种场景再造不是简单地根据用户的喜好推送信息，而是深入上述用户所处的具体场景之中，通过算法对用户的心理特征、行为模式、环境因素、生理状态等进行综合分析，从而提供与其场景高度匹配的信息和服务。例如，许多以提供社会信息服务为主导的社会化媒体在识别到用户正处于旅行的场景时，不仅能够推送与旅行地息息相关的新闻资

---

① 鲁传颖，约翰·马勒里.体制复合体理论视角下的人工智能全球治理进程[J].国际观察，2018（4）：67-83.
② 喻国明、耿晓梦.算法即媒介：算法范式对媒介逻辑的重构[J].编辑之友，2020（7）：45-51.

讯，还能够提供旅行目的地的天气、交通、文化习俗等信息，甚至能够根据用户特定的偏好推荐附近的餐饮、景点和活动。这种场景化的信息服务极大地增强了用户体验，使得信息传播与服务更加贴心和精准。

值得一提的是，智能媒体传播的场景再造特征在智能家居领域尤为突出。亚马逊Alexa语音助手面向用户推出"新闻简报"服务，用户可根据需要询问Alexa智能音箱获取相关新闻信息。[1] 除此之外，Alexa智能音箱通过与用户的语音交互，还能够与家中其他联网的家电或物质实现精准匹配与控制。例如，用户通过与音响的语音交互能够调控家中的灯光、温度等，能够将特定时空情境下的人与周遭的物理环境紧密连接，提升了智能媒体信息与服务的场景化适配水平。除了用户主动将需求"告知"Alexa智能音箱外，Alexa智能音箱还可以随时感知用户所在的具体场景，提前预判用户的所思所想所感，精准为用户提供其所需要的信息与服务。例如，当用户即将到家时，智能系统会自动识别相关场景并触发与之相匹配的一系列预设行为动作，这可能包括打开门锁、调整室内灯光、调节空调温度等，甚至还可以根据用户此前定制的个性化搭配自动进行相关操作。

随着时间的推移，Alexa智能音箱还可以不断学习用户的偏好和习惯，自动调整推荐内容和服务，为用户提供更加个性化和贴心化的体验。也就是说，智能媒体的场景再造除了可以根据用户的实际场景需求提供服务之外，还能够根据其内置的价值立场与标准不断调适提供给用户的信息与服务。例如，如果用户经常在晚上某个时间段阅读，智能照明系统不仅可以根据用户的阅读习惯自动打开电灯，还能够自动调整光线的强弱与模式，以减少光线对用户眼睛造成的疲劳并创造一个更为舒适的阅读环境。因此，Alexa智能音箱通过对用户所处场景的识别、分析与判断，不仅可以为用户提供高度互联互通与适配性极强的智能家居体验，还可以增强用户与其所处地理、心理，甚至是生理等诸要素之间的互动与联系，提高了智能媒体"卷入"用户日常生活的程度。就此而言，智能媒体能够根据用户既有的场景需求不断引领和再造新的场景。这种场景再造的特点不仅体现了智能媒体在技术层面的进步，也为智能媒体的未来发展提供了全新的动态增长空间。

如果说场景再造能够为用户提供更为精准与便捷的个性化服务，增强了新闻媒体与用户之间的联系，那么万物互联则更关注整体信息服务生态系统的建构与协同优化，其拓宽了智能媒体的基本范畴，实现了各种物质与设备之间的广泛连接，能够为个体、群体、组织甚至是社会的基本运转提供更加智能化的信息与服务。简单来说，万物互联即通过物联网技术实现设备间的智能连接和信息共享。在物联网技术的"加持"下，各种设备和传感器将连接成一个庞大的网络，实现数据的无缝流动和智能交互。因此，智能媒体不再局限于传统的信息传播媒介，而是扩展到了日常生活中的物质层面。这些多样化的物质接入物联网技术后，不仅能像传感器一样采集、保存并分析数据，还能通过互联网技术与其他传感器建立广泛的联系，实现信息的实时交换，进而形成一个庞大的"物质-信息"网络。在这个网络中，信息的生成与传播不再受时间和空间的限制，也不

---

[1] 梅凯、刘鸣筝.应用、变革与反思:智能语音加持下的新闻生产[J].青年记者，2021（3）：57-58.

再受设备的制约，用户可以在任何时间、任何地点，在任何接入物联网技术的物质设备中接收所需要的信息和服务，媒体进化呈现出"万物媒介化"和"人-媒介-物"三位一体化的趋势。①

例如，新加坡的智慧交通系统通过广泛的传感器网络、摄像头和通信技术，实现了对城市交通流量的实时监控和分析。这些设备收集的数据将被传输到中央处理系统，系统通过智能算法分析，可以优化交通流量、减少拥堵。例如，交通信号灯可以根据实时交通状况自动调整信号时长，而不仅仅是按照系统内置的统一程序标准操作。此外，智能公交车系统能够根据乘客数量和需求动态调整发车频率和路线。在这个系统中，每一辆车、每一个交通信号灯、每一段道路都不再是孤立的单元，而是整个网络中的一部分。新加坡的智慧交通系统已经具备了万物互联的基本特性，相关设备可以自动进行数据的采集、分析与处理，还能通过互联网技术实现车流与人流、道路与信号之间广泛的信息传输与共享，极大地提高了整个系统的信息流通效率，进而有效地维护与优化了城市交通的运行秩序，为市民提供了更加便捷和舒适的出行体验。

无论是场景再造还是万物互联，智能媒体都需要传感器的应用与普及。正如有学者所说的，物联网和5G时代也是万物互联的时代，但万物互联往往也意味着危险互联。②随着越来越多的物质与设备接入智能媒体网络，信息安全和隐私保护成为亟待解决的问题。用户的大量个人隐私数据在不同的设备和平台间流动，如何确保这些数据的安全，防止数据泄露和滥用，是智能媒体面对的一大挑战。此外，不同设备记录的多样化场景数据的使用主体以及使用目的等也是智能媒体需要考虑的问题。智能媒体可以尝试在技术层面加强数据安全和隐私保护机制，采用加密技术、访问控制以及限制权限等手段保障用户隐私，确保数据安全。

综上所述，与场景再造主要为用户提供个性化服务相比，万物互联使不同设备之间的智能连接成为可能，实现了数据的整合与分析，在社会上具有更广泛的应用价值。基于此，场景再造为万物互联提供了重要的应用依据，而万物互联则侧重于建构一个高效的"物质-信息"生态系统，通过系统的整合与优化提升智能媒体场景再造的能力与水平。总之，场景再造与万物互联是智能媒体传播图景中的重要组成部分，推动智能媒体不断创新发展。

三、人机协同与高效生产

在弱人工智能时代，人工智能技术应用于新闻生产活动的空间十分有限。那个时候的人工智能技术类似于早期计算机，与人们的工作和生活的联系并不紧密，可以帮助人们检查常见的错别字、计算简单数值、翻译主流语言等，主要是作为一种低等级的辅助

---

① 任锦鸾，曹文，刘丽华，等.基于技术与市场视角的智能媒体发展态势分析[J].现代传播（中国传媒大学学报），2017（10）：133-137.

② 仇保兴，姚永玲，刘治彦，等.构建面向未来的韧性城市[J].区域经济评论，2020（6）：1-11.

工具被人们使用。因此，在弱人工智能时代，人与机器是相互独立的，人与机器也是一种控制与被控制的关系。

虽然诸多学者对于强人工智能时代来临的大概时间存在不同的观点，但人类必将迎来强人工智能时代是科技界的共识。[①]目前，生成式人工智能的大语言模型已经能够为自动生成新闻文本提供强大的数据支持和基本的技术保障，机器介入新闻生产各个阶段的程度也随之加深。因此，在强人工智能时代，最根本的变化就是实现了人与机器的生产关系协同，原来人与机器的控制与被控制关系逐渐演变为更为平等的协作关系。

人机协同是指在智能媒体环境中，人工智能系统与人类专业人员协同工作，共同完成信息的采集、处理、编辑和分发等任务。这种协同工作模式不仅提升了生产效率，还确保了内容的准确性和深度。有研究者发现，在智能化时代，人机协同介入内容生产有四种方式，分别是信息采集、信息审核、作品创作以及内容分发。[②]

在信息采集方面，人机协同的生产机制可以通过传感器收集到的数据，快速识别新闻价值和热点，为记者提供信息采集的初步方向。过去记者无法及时发现的新闻素材或无法及时到场的新闻报道都可以借助传感器的力量来完成。比如，无人航拍器的应用可以极大地拓展记者的选题来源，也可以为记者在撰写新闻报道时提供来自新闻现场的实时素材。因此，人机协同显著提高了信息采集的效率，尤其是在面对大规模数据时，传感器能够迅速完成数据的初步筛选，而记者则可以专注于更深层次的内容分析和现场报道。

在信息审核方面，新闻媒体可以通过人工智能技术进行初步的内容筛查，利用自然语言处理（NLP）和计算机视觉等技术自动识别和过滤不符合平台规范的内容，如色情、暴力、仇恨言论等。之后，新闻媒体的编辑可以对机器标识的内容进行复审，人类审核的介入可以为处理复杂和边缘案例提供必要的灵活性和判断力，从而确保机器审核结果的准确性。值得一提的是，即便运用机器进行初审，机器的审查标准也是人工标注的结果。现在许多互联网公司的机器自动审核技术都体现了公司的价值立场以及人工标注者的价值判断。因此，人机协同下的内容审核不再是单一的技术判断（即对表象文本、数据的判断），而是机器技术判断与人工价值判断的有机结合。这种审核方式不仅提升了审核的精准度和公正性，还保障了新闻媒体的公信力和社会责任。基于此，有学者认为，我们要打破智能神话，强调人机协同发展，使机器完成机器擅长的，同时强调"人有人的用处"。[③]

在作品创作方面，许多技术公司开发出来的大语言模型技术可以为创作者提供丰富的素材和灵感。以ChatGPT为代表的生成式人工智能可以结合既有的大语言模型对用户所"投喂"的文本、图像、音频和视频等资料进行分析，为创作者提供创意启发和内容建议。例如，创作者可以将自己的身份、需求"投喂"给生成式人工智能，让其为创作者提供一些可选的选题和作品的风格指导，帮助他们创作更符合市场需求的作品。此外，

---

① 司伟攀.人工智能刑事责任主体地位及其分配[J].中国应用法学，2020（6）：172-186.
② 彭兰.智媒趋势下内容生产中的人机关系[J].上海交通大学学报（哲学社会科学版），2020（1）：31-40.
③ 龙耘，袁肖琨.智媒时代的主流价值引领：内涵、挑战及策略[J].新闻与写作，2020（12）：40-46.

现在的生成式人工智能技术不仅能够通过文生文、文生语言、文生图片等方式来提供创作思路和灵感，还能够通过文生视频技术直接提供完整的影片。由美国OpenAI公司开发的Sora能够通过其强大的文生视频技术，提供自动化的视频生成服务。它通过接收文本指令，生成具有逼真视觉效果并展现复杂场景和动态效果的影片。Sora极大地扩展了创作者在视频制作上的想象空间，使得原本受限于技术条件的创意得以实现，不仅为专业艺术家提供了强大的创作工具，也为普通用户开辟了表达创意的新途径。随着文生视频技术的不断进步与普及，以Sora为代表的生成式人工智能有望进一步推动人机协同在作品创作方面的崭新实践。

在内容分发方面，算法推荐可以说是人机协同生产模式最显著的一种应用形式。首先，如今许多社交媒体平台的内容分发都是利用算法技术对用户的阅读历史、搜索记录、互动行为等数据进行挖掘，从而描绘较为精准的用户画像，进行个性化的内容分发。这一分发模式提高了内容推荐的个性化程度，也提升了用户体验。其次，人工编辑还可以根据算法分发的效果进行策略调整。例如，人工编辑可以根据用户反馈和内容表现，调整推荐算法的参数，使得内容分发更加符合用户需求和市场趋势。最后，人机协同还能丰富内容分发的形式和渠道。机器可以将同一条信息在不同社交媒体、移动应用与智能设备之间进行灵活分发，打造新闻信息多平台、多渠道的内容分发模式；而人工编辑则负责跨平台内容的策划和协调，根据不同平台、应用与设备的用户特点和内容偏好定制内容推送，推动实现内容分发的智能化与精准化。

除了人机协同介入内容生产外，未来的人机协同会更多地体现在机器对人身体的改造和与人的融合方面。脑机接口可以细分为脑机接口（BCI）、机脑接口（CBI）、脑脑接口（BBI），是人机融合的一种形式。[1] 其中，BCI技术作为对人机协同模式的前沿探索，为人类与机器之间的直接通信提供了一种全新的交互方式。BCI技术通过解码大脑活动信号，实现对外部设备或计算机系统的直接控制，这种技术在医疗辅助技术、艺术创作等领域展现出巨大的应用潜力。

BCI技术能够捕捉到人脑发出的微弱电信号，通过高级的信号处理和机器学习算法，将这些信号转换为控制指令，从而实现对外部设备的操控。这种直接的脑机交互方式极大地拓展了人类的行动能力，特别是对于行动受限或残疾人群，BCI技术提供了一种恢复或增强其功能的可能性。在一个名为"ECoG Prosthetic Hand"（皮层电描记术义肢手）的项目中，研究人员利用脑电图（EEG）和皮层电描记术（ECoG）技术，开发了一种能够实时响应人脑信号的假肢。患者通过外科手术将电极植入大脑的皮层表面，这些电极能够捕捉到大脑发出的与手部运动相关的信号。随后，通过BCI技术解码这些信号，并将它们转换为控制指令，从而驱动假肢进行精确的动作。

此外，BCI技术还可以应用于艺术创作、音乐制作等领域。艺术家可以通过思考来创作作品，他们可以利用BCI技术捕捉大脑中的创意信号，并将其转化为可视化的艺术作品或音乐，这为艺术创作提供了全新的表现形式。例如，一些音乐家和作曲家利用

---

[1] 张寅生.新一代人工智能计算模型的创新及其哲学意义[J].学术界，2021（5）：59-69.

BCI技术捕捉大脑活动,将思考和情感状态实时转换为音乐作品。这些音乐作品能够随着创作者的心理状态变化而变化,为音乐创作提供了一种全新的互动方式。

西班牙艺术家米格尔·谢瓦利埃(Miguel Chevalier)与神经科学家合作创作了一个交互式艺术装置"交互式花园"(Interactive Garden)。在这个项目中,头戴设备能够实时捕捉参观者大脑中的信号,BCI技术系统会对这些信号进行分析,并将脑电波的活动转化为花朵在数字画布上的生长和变化轨迹。随着参观者集中或放松注意力,他们的脑电波模式会发生变化,从而影响屏幕上花朵的颜色、形状和运动方式。这样,每位参观者都能够通过自己的思维状态直接影响艺术作品的形态,拥有独一无二的视觉体验。

总之,脑机接口技术在人身体器官、感官感觉等方面的应用前景十分广阔。它作为人机协同生产模式的重要组成部分,不仅为人类与机器之间的交互提供了新的可能性,也为智能媒体的发展带来了新的视角。不过也有学者认为,由于自主意识的核心是自愿行动与结果之间的联系,当使用脑机接口时,有可能难以区分是本人还是设备对使用者的感觉或行为负责,此时就很难判断脑机接口是支持还是破坏了人的自主感。[1]

综上,在人工智能技术日益成熟的趋势下,智能媒体的人机协同生产模式将会越发完善。可以预料的是,在未来人与媒体可以通过内置芯片,借助互联网进行实时连接,无须进行时间等待与空间转移也能够展开实时对话。具体而言,人脑将会被植入芯片,人的所思所想所感都会被芯片读取,并通过编码传输到机器程序中,在经历解码和译码的程序之后,智能媒体将会直接进行全自动的一系列操作。此时,机器与人的协同程度可以说达到了巅峰,甚至人与机器实现了完全共融与共生。在这种语境下,人人都将拥有自己的机器助手,未来的信息与服务生态将会更加人性化。在新闻生产中,机器便成为人们的新同事,人与机器一同从事数据抓取、新闻写作、内容分发等工作,在人机共生的平等状态下完成全流程的新闻生产工作。

第三节 智能媒体的主要形态

智能媒体作为人工智能技术应用于新闻领域的产物,改变了人们生产、加工和传播信息的方式,并且以其独特的形态和功能深刻影响着新闻传播的格局。智能媒体融合了人工智能、物联网、大数据等多种前沿技术,不仅极大地提高了内容生产的效率和分发的精准度,还为受众带来了前所未有的互动体验。本节将深入探讨智能媒体的主要形态,包括"智能+新闻""智能+物质"及其风险形态,旨在揭示智能媒体的重要组成部分及应用前景。

---

[1] 肖峰.脑机接口中的自我认同问题[J].天津社会科学,2022(3):23-32.

在"智能+新闻"部分,将会介绍写作机器人、社交机器人与虚拟主播的应用现状。在"智能+物质"部分,将会介绍智能媒体在可穿戴设备、智能家居、智慧屏等领域的融合应用。智能媒体已不再局限于传统形态。此外,还会介绍智能媒体的两种风险形态:数字欺诈与恶意营销。本节将概述这些形态的应用情况,反思其给社会带来的潜在挑战与风险,并试图提供一些可能的应对思路,以增强读者对智能媒体的理解。

一、"智能+新闻":写作机器人、社交机器人、虚拟主播

"智能+新闻"是智能媒体最主要、最基本的形态,也是人工智能技术与新闻行业深度融合后产生的最直接的形态。这一融合态势不仅改变了新闻内容的生产方式,还重塑了整个新闻传播的基本生态和受众的信息接收体验。"智能+新闻"形态在不同层面涵盖许多不同的技术应用形式,每一种具体的技术应用形式都以其独特的功能和应用场景为新闻行业带来了重大的创新与变革。在这一部分,我们将重点介绍三种具有代表性的技术形式,即写作机器人、社交机器人与虚拟主播,探讨在人工智能技术"加持"下新闻行业的全新生态图景。

(一)写作机器人

写作机器人也称内容自动生成系统,其利用自然语言生成(NLG)技术,将信息数据转换为自然语言文本。通过机器学习算法,这些系统能够学习不同的写作风格和语言模式,从而根据结构化或非结构化数据输入,自动生成新闻报道、博客文章、商业报告等文本内容。如封面新闻客户端机器人"小封"、今日头条新闻写作机器人"张小明"、科学新闻写作机器人"小柯"等写作机器人极大地节省了人力成本,提升了传播效果。[1]

在写作机器人的底层技术中,一些核心技术的融合至关重要,它们共同构成了写作机器人在新闻生产领域应用的技术基础,直接影响了新闻报道自动生成的性能和质量。

首先,最核心的便是自然语言处理(NLP)技术。自然语言处理技术使得机器人能够理解和生成自然语言文本。关键词提取作为自然语言处理的核心技术之一,对自然语言处理技术的应用有重要的作用。[2]通过这项技术,写作机器人可以分析语言结构,提取关键信息,并建构语义理解,从而生成连贯的、语法正确的文本。例如,彭博新闻社自动新闻写作Cyborg系统就利用自然语言处理技术来分析和理解金融市场的数据和新闻稿,通过预设的算法程序提取其中的关键词与关键句,进而自动生成有关公司财报和市场动态的新闻报道。

---

[1] 罗自文,熊庚彤,马娅萌.智能媒体的概念、特征、发展阶段与未来走向:一种媒介分析的视角[J].新闻与传播研究,2021(S1):59-75,127.
[2] 余本功,张宏梅,曹雨蒙.基于多元特征加权改进的TextRank关键词提取方法[J].数字图书馆论坛,2020(3):41-50.

其次是传感器技术。传感器作为数据采集的前端设备,能够实时监测并收集现实环境中存在的各种信息,如温度、湿度、光照强度、声音、图像等。这些数据对于写作机器人自动生成新闻报道至关重要。例如,在自然灾害类新闻报道中,传感器可以实时监测灾害现场的实况数据,在这些数据被即时传递给写作机器人后,系统便根据这些数据快速生成新闻稿件,并交由编辑进一步审核与发布。写作机器人不仅加快了新闻报道的响应速度,也确保了报道的准确性和时效性。但正所谓"巧妇难为无米之炊",如果缺少传感器的数据采集或采集到的数据在数量、质量方面不达标,那么即便写作机器人能够通过自然语言处理技术自动生成自然语言文本,也无法完整、准确地呈现新闻事实。

最后是深度学习技术。正如有学者所说的:"没有深度学习技术,机器就谈不上'智能',就没有思考能力。"[①]深度学习技术通过模拟人脑神经网络的结构,使写作机器人能够处理更加复杂的语言模式、生成更加自然的语言文本。换句话讲,写作机器人可以凭借深度学习技术在一次又一次与人进行新闻报道交互的生成实践中获得更为丰富的经验数据,能够显著提升理解和生成文本能力。

写作机器人的核心特征是自动化和智能化。自动化指的是写作机器人无须人为干预,就能独立完成从数据采集到文本生成的全过程。这种自动化能力极大地提高了内容生产的效率,尤其是在处理大量标准化和重复性的文本任务时。例如,在财经新闻等结构化数据突出的新闻报道中,写作机器人可以按照其预设的程序自动抓取相关数据,自动填补新闻报道模版相应的空缺,生成完整的新闻文本,而无须记者手动撰写。这种自动化不仅减少了人力成本,也缩短了新闻从发生到报道的时间差,确保了信息的时效性。

智能化则体现在写作机器人对数据的理解和处理能力上。智能化的写作机器人不是简单地模板化输出,而是对输入的数据进行深入分析,理解其背后的含义,并据此生成具有逻辑性和可读性的文本。因此,智能化的前提就是上述提到的自然语言处理技术与深度学习技术。写作机器人运用自然语言处理技术来解析语言结构,运用深度学习技术来不断优化生成文本的质量。具体而言,写作机器人能够识别不同的写作风格,适应不同的内容格式,并在一定程度上进行自我学习和进化,以适应不断变化的内容需求和用户偏好。

在具体的新闻生产过程中,写作机器人能够根据预设的模板或模式,快速生成结构化和标准化的文本内容。它们通常包括数据采集模块、内容分析模块、文本生成模块和编辑优化模块。数据采集模块负责收集相关的数据和信息;内容分析模块对数据进行处理,提取关键信息;文本生成模块根据分析结果生成初步文本;编辑优化模块则对生成的文本进行润色和校对,以提高文本的可读性和准确性。

总的来说,写作机器人在新闻生产中有其独特的优势,但也出现了一些不可忽视的问题。写作机器人在以下两个方面具有显著的优势:第一,生成的新闻产品以事实性信

---

① 刘建平.文艺批评:人工智能及其挑战[J].学术界,2021(5):70-80.

息的客观呈现为主，准确度高；第二，发布效率极高，事实性信息出现错误的概率相较于传统新闻生产大大降低，特别是在自然灾害等突发应急事件的报道中，机器人可以瞬时完成新闻写作和发布两个环节，让用户在第一时间获知危情信息，起到社会预警的效果，尽可能减少社会生产的损失。

但是，随着写作机器人在新闻生产中的深入应用，也出现了不少问题。一方面，写作机器人生成的新闻产品往往具有较为明显的模板痕迹，缺少人类的人文情感和温度；另一方面，就目前的技术水平而言，机器人新闻写作仍然无法取代新闻记者在深度报道、通讯、评论、非虚构等新闻体裁写作中的地位，也很难适应社交媒体环境下多元化的新闻样态呈现需要。不过，有学者同样强调，写作机器人也是人类智慧的产物，其内在的程序、算法均是由人类设置的。这启示我们要充分发挥人的主体性作用，为写作机器人赋予价值判断。[①]

写作机器人作为智能媒体"智能+新闻"形态中的重要组成部分，极大地改变了新闻生产的基本方式，为新闻行业带来了巨大的变革。随着人工智能技术的不断进步与完善，数据采集的来源将更加多元，质量将更为上乘，算法的程序设计也将更加符合公共价值，写作机器人也将变得更加智能与灵活，能够更好地理解和适应不同的写作风格和语境，更加贴合新闻工作的实际需要。

（二）社交机器人

社交机器人（social bots）是指在社交网络中扮演人的角色、拥有不同程度人格属性，且与人进行互动的虚拟AI形象。简单地说，社交机器人特指由算法生成的承担一定任务、发布特定信息，并与人类进行互动的社交媒体账号。当下，社交媒体生态正在从完全由"人"主导变为"人+社交机器人"的共生状态，社交机器人逐渐消解了人类用户在社交媒体中的唯一主体地位，成为信息内容生产、观念传播和意义表达的重要参与者。早在2014年，一项研究就已经表明，推特（Twitter）上大约有2300万社交机器人，脸书（Facebook）上大约有1.4亿社交机器人，照片墙（Instagram）上大约有2700万社交机器人。[②]可见，社交机器人已经深深地嵌入全球各大社交媒体平台。

社交机器人涵盖一系列旨在模拟人类社交行为和交流模式的自动化系统。这些系统不仅能理解和生成自然语言，还能在社交网络、论坛、聊天室等平台上与人类或其他社交机器人进行互动。社交机器人的基本技术涉及自然语言处理技术、机器学习技术、情感分析与判断技术等。

自然语言处理技术赋予社交机器人理解和生成自然语言的能力，使其能够解析语言结构、提取关键信息，并进行语言输出。机器学习技术则让社交机器人能够从交互数据中学习，不断优化其行为和响应策略。情感分析与判断技术使社交机器人能够识别用户

[①] 尹珊珊.智媒时代假新闻泛滥原因剖析及规制[J].青年记者，2020（8）：30-31.
[②] 张洪忠，何康，段泽宁，等.中美特定网民群体看待社交机器人的差异——基于技术接受视角的比较分析[J].西南民族大学学报（人文社会科学版），2021（5）：160-166.

的情感状态，并据此调整交流方式，实现更自然和富有同理心的互动，确保社交机器人的行为设计符合人类的社交规范和期望。

社交机器人由于其自动化和智能化特点，已经成为塑造和影响新闻舆论生态的强大工具。它们能够参与社交媒体上的讨论，传播信息，甚至可以在某些情况下引导公众意见。在新闻生产领域，社交机器人的应用表现出显著优势。一方面，社交机器人可以被用来快速传播新闻事件和重要信息，提高新闻报道的覆盖率和时效性。传统新闻信息的生产与传播都需要人工操作，如今社交机器人结合写作机器人的某些功能可以实现新闻信息的自动生成、编辑与分发，还能精准分析用户的态度与情绪，通过自动回复用户评论，解答其疑问，与之进行实时对话与讨论，提供更加个性化的服务。因此，社交机器人能够通过模拟人类社交行为模式在不知不觉中帮助新闻媒体实现议程设置、舆论引导等功能。例如，在突发新闻事件中，社交机器人可以运用写作机器人在第一时间自动生成新闻报道，随即在多元平台中自动发布与之适配的新闻报道，同时与特定平台用户展开对话和讨论，甚至还能自动发布私信，与新闻报道一起向用户展现其人格化的一面，从而增强新闻媒体的影响力。

然而，社交机器人的出现给舆论环境带来了新的挑战。它不仅影响新闻报道的分发与反馈模式，还对网络信息环境以及国家安全带来深远影响。

首先，社交机器人除了能够被主流媒体用来发布新闻、引导舆论，也能够被许多传媒公司或个人拿来发布一些不符合实际的新闻。由于社交机器人能够伪装成普通用户，它们发布的一些误导性、虚假性信息往往难以被迅速识别和制止，这使得它们成为传播谣言和不实信息的有效工具。有学者认为，社交机器人常和虚假新闻、计算宣传联系在一起，利用社交机器人传播虚假信息是开展计算宣传的基本方式。[1]例如，2016年美国总统选举期间，有报道称大量社交机器人被用来传播特定候选人的负面信息，这些机器人通过自动化账户在Twitter（推特）等社交平台上发布误导性内容，影响了公众对候选人的看法。有研究显示，通过对受众端的调查，人类确实能识别出一些具有政治倾向的社交机器人，但是人的党派倾向会削弱其识别社交机器人的能力。[2]

社交机器人在俄乌冲突中的应用最为典型。现代国家的战争，除了真枪实弹的炮火战争之外，舆论战也是其重要的组成部分。在俄乌冲突中，社交机器人通过技术手段制造并传播虚假信息，以达到混淆视听、误导公众、破坏敌方士气等目的。除了社交机器人，还有视频合成技术和深度伪造技术被用于传播虚假信息。例如，曾有一段关于"基辅幽灵"的视频在社交平台上广泛传播，其声称一名乌克兰空军飞行员在冲突爆发后不久击落了大量俄军战机，但后来被证实该视频实际上来自一款名为"数字战斗模拟世界"的电脑游戏，该游戏通过视频合成技术进行拼接处理。[3]此外，深度伪造技术也被用于制

---

[1] 赵蓓，张洪忠.有关北京冬奥会的社交机器人叙事与立场偏向——基于Twitter数据的结构主题模型分析[J].新闻界，2022（5）：62-70.
[2] 师文，陈昌凤.信息个人化与作为传播者的智能实体——2020年智能传播研究综述[J].新闻记者，2021（1）：90-96.
[3] 卞学勤，于德山.俄乌冲突中社交网络传播的伦理失范及反思[J].传媒观察，2022（4）：16-22.

造虚假视频,如有关普京和泽连斯基的虚假视频一度在社交平台上疯传。这些视频中,普京声称将与乌克兰达成和平协议,乌克兰与顿涅茨克和卢甘斯克接壤并签署了五年路线图,以及泽连斯基呼吁乌克兰士兵放下武器。然而,这些内容实际上是通过深度学习算法制作的,普京和泽连斯基从未发表过这样的言论。

其次,社交机器人的使用还可能导致舆论的失衡。由于社交机器人可以通过编程来支持特定观点或议程,它们可能会在社交媒体上创造一种虚假的共识,使得某些观点看起来好像得到了广泛的支持。这种现象其实可以用传播学中的经典理论"沉默的螺旋"来解释。该理论强调,电视媒介具有遍在性优势,出现在电视中的观点会被人们当作优势意见来认知,人们为了避免群体孤立,会在很大概率上选择采取电视中出现的优势意见作为自己的观点,从而放弃表达自己真实想法的机会。在今天,互联网社交媒体平台其实就充当了过去电视媒介的角色,社交机器人通过伪造逼真的社交账号发布带有特定倾向的观点,以数量上的优势让人们产生一种信息压力,人们为了避免被孤立会将社交媒体中的多数意见当成优势或主流意见。因此,我们在社交媒体平台中看到的优势意见也许并不符合现实本身,社交机器人通过制造优势意见来强化特定群体、利益方的既有观点,从而抑制不同意见的表达空间,这影响了公共议题讨论中话语表达的客观性与多元性。

最后,社交机器人还可能被用于网络攻击和骚扰行为。它们可以被用来发起有组织的网络暴力,对特定个人或群体进行诽谤和恐吓。乌克兰国家安全局在2022年3月28日发现并关闭了拥有超过10万个社交平台账户的社交机器人系统。这些社交机器人的主要目的是通过散布虚假信息来制造恐慌,影响当地局势的稳定。这种行为不仅侵犯了个人的名誉权、隐私权,危害了个人的信息安全,还对社会公共安全和国家安全构成了严重威胁。基于此,社交机器人及其相关技术手段在现代社会尤其是在信息环境的塑造方面发挥着越来越重要的作用,它们能够以前所未有的速度和规模影响公众意见和认知。因此,防范这类技术的滥用对于维护良好的信息生态与社会稳定具有重要的意义。

综上,社交机器人对既有可能被用于提高信息传播效果,促进公众参与主流议题讨论,也有可能成为破坏舆论生态和操纵公众意见的工具。正如有学者所言,社交机器人到底是"欺骗"还是"向善"取决于我们对待社交机器人的态度和分析社交机器人伦理的角度。[①]因此,我们需要警惕其潜在的风险,并采取一些可能的措施来应对,比如:社交媒体平台应承担起监管的主体责任,研究和开发更先进的技术来识别和过滤机器人账户;公众要加强自身的人工智能素养,提高识别和应对虚假信息的能力;在外部监管层面,政府和相关部门应健全相关法律法规对社交机器人的身份、权利和责任的界定,约束社交机器人行业的发展,同时对滥用社交机器人开展恶意活动的相关主体予以惩处。[②]

---

① 王亮.基于情境体验的社交机器人伦理:从"欺骗"到"向善"[J].自然辩证法研究,2021(10):55-60.
② 朱贺.情感补偿机制下的社交机器人伦理问题[J].青年记者,2021(10):119-120.

（三）虚拟主播

虚拟主播是指由计算机图形学和人工智能技术创造的，运用虚拟仿真技术，借助表情与动作捕捉软件在视频、直播等平台进行主持、解说或表演的虚拟人物。[①]虚拟主播不仅拥有逼真的外观和流畅的动画，还具备与观众实时互动的能力，为用户提供了全新的观看体验。

虚拟主播的技术基础较为复杂。首先，三维建模技术使得虚拟主播能够拥有逼真的外观，这种技术通过复杂的几何和纹理映射，创造出具有高度细节和真实感的虚拟形象。其次，动作捕捉技术通过捕捉真人的动作并将其映射到虚拟形象上，赋予虚拟主播自然流畅的动作。最后，自然语言处理和语音合成技术的应用，使得虚拟主播能够流畅地进行语言交流，甚至根据不同的信息传播语境和交流对象调整语调和语气。[②]

新闻领域是虚拟主播目前的主要应用场景之一。虚拟主播能够以高度逼真的主持人或播音员形象出现在新闻节目中播报新闻、分析事件，甚至进行访谈交流。新华社在2018年推出了全球首个AI合成主播"新小浩"，随后又推出了站立式AI合成主播"新小萌"和跨语种俄语AI合成主播"丽莎"。这些AI主播不仅在形象上接近真人，而且在语言表达和情感传递上也日益自然，能够根据不同的新闻内容调整播报风格。新华社的AI主播在全国两会等具有重大新闻价值的事件报道中发挥了重要作用，提供了全新的新闻播报体验。在全国两会期间，新华社的AI主播实时分析大量数据和信息，快速生成新闻稿件，并以高度自然的语言和表情进行播报。这种快速响应和高效生成的能力，使得AI主播在报道复杂、多变的政治事件时，能够及时准确地传达关键信息，满足公众对即时新闻的需求。虚拟主播的出现给新闻领域带来了一系列变革。

首先，虚拟主播能够高度逼真地还原真人主播形象。新华社的AI主播运用了先进的语音合成、面部捕捉和深度学习等技术，高度还原了真人主播的形象，实现了自然流畅的语言表现。从目前人工智能技术的发展情况来看，无论是语音智能机器人还是虚拟主播，都可以很好地完成播音员、主持人在职业初始时期的任务，它们播音准确、吐字清晰、反应也较为迅速，对真人主播的音色、语气、停顿、连贯、重音等都能模拟得很好。[③]这些技术的应用，不仅提升了AI主播的逼真度，也使得AI主播能够更加生动地呈现新闻内容，增强了新闻的吸引力和感染力。

其次，虚拟主播可以24小时不间断地工作，不受时间和空间的限制，这极大地提高了新闻生产的效率和响应速度。在突发事件报道中，虚拟主播能够迅速传递信息，为公众实时提供有关事件的最新进展。未来，虚拟主播将继续应用于各类播报场景，使得"自主发现新闻热点—AI组稿—人工审核—AI虚拟演播室录制—智能发布"的全流程AI

---

① 郭小平，彭媛.从技术可供到技术赋能：新型主流媒体两会报道的融合创新[J].电视研究，2022（4）：9-13.
② 吴锋，刘昭希.人工智能主播历史沿革、应用现状及行业影响[J].西南民族大学学报（人文社会科学版），2021（5）：174-183.
③ 毛馨.人工智能语境下播音主持面临的挑战与应对[J].青年记者，2020（27）：83-84.

制作模式成为可能，实现全天候不间断的内容输出。①

再次，虚拟主播的应用降低了新闻制作的成本。传统新闻报道作业高度依赖人力，需要有人进行采访、播报等工作。但在今天，传感器技术可以源源不断地自动为新闻媒体提供大量新闻素材，而虚拟主播则可以在很大程度上替代传统现场报道中记者的角色，能够根据预设的文本内容与程序进行自主新闻播报，减少对真人出镜记者的依赖。

最后，虚拟主播还能够提供多样化的播报风格和语言，满足不同受众群体的需求。它们可以轻松切换不同的语言和方言，为不同地区的观众提供定制化新闻服务。同时，虚拟主播的应用也拓展了新闻节目的表现形式，通过动画和视觉效果的结合，为观众带来更加丰富和生动的视觉体验。

然而，虚拟主播的应用也引发了一些争议。首先，在按照预设内容进行自动播报的活动中出现伦理和法律方面的问题的风险较小，即便出现也可以很快确定责任归属的主体，但是在虚拟主播越过预设内容，基于深度学习和生成式人工智能技术展开互动讨论时，责任归属就难以判断了。其次，虚拟主播毕竟不是真人，并不具备人类的基本社会常识，在超出规定内容的范围后，播报内容的真实性和可信度也受到质疑，它们的表现完全依赖于背后的算法和数据。最后，新闻播报活动毕竟不是简单的信息接收活动，它还具有人类情绪情感、价值立场等目前机器所不能及的内涵。有学者指出，"虚拟主播破坏了传播的仪式感。虚拟画面切断了观众与主播之间的联系，破坏了固有的符号系统和传播仪式"②。

总而言之，虚拟主播作为人工智能技术催生的新型技术形式，正在逐渐改变信息传播与交互的基本格局。虚拟主播的发展不仅需要技术的不断进步，还需要行业规范、伦理法律以及社会接受度的共同支持。未来，虚拟主播的发展方向可能会更加多元化。一方面，虚拟主播可能会更加智能化。随着技术的不断优化与完善，虚拟主播能够更好地理解和适应不同语境和用户需求，其话语表达形式、内容也更接近真人。另一方面，虚拟主播的形象和表现也会变得更加多样化，其除了可以应用于新闻播报，还可以满足包括电商、教育以及娱乐在内的不同行业领域的实际需要。同时，虚拟主播与增强现实（AR）、虚拟现实（VR）等技术的结合，也将为用户带来更加沉浸和互动的体验。

二、"智能+物质"：可穿戴设备、智能家居、智慧屏

在物联网、人工智能技术的推动下，一个万物皆媒的泛媒时代正在到来。媒介的概念与内涵不断扩大，任何事物都可能成为媒介体系的组成元素。在万物皆媒的时代背景下，物质本身也成为智能媒体的崭新形态，人工智能技术与实体物质的结合创造出了能够与人类进行智能交互的新型物质形态。

---

① 曾祥敏，刘思琦.视频化传播为核心的深度融合探索——2022年总台全国两会报道的创新实践思考[J].电视研究，2022（4）：4-8.

② 栾轶玫.人机融合情境下媒介智能机器生产研究[J].上海师范大学学报（哲学社会科学版），2021（1）：116-124.

事实上，智能媒体的信息数据所服务或所能服务的领域不再仅仅是新闻业，其功能也不再局限于媒体职能框架。随着人工智能技术的发展与普及，智能媒体的服务对象将从新闻业拓展至其他社会系统，智能媒体的功能将从单一的媒体发展为信息基础设施乃至人类生存的基础设施。这些"智能+物质"所提供的信息数据实际上是一种稀缺的社会资源，社会系统能够通过掌握和分析这些社会资源提升自身协调、决策和管理能力，以更好地维护社会稳定，推动社会发展。接下来，我们就来探讨"智能+物质"这一新型智能媒体形态的应用，更为确切地把握智能媒体的生态图景。

（一）可穿戴设备

可穿戴设备是指那些设计出来穿戴在用户身上的电子设备，它们通过与用户的身体直接接触，提供一种全新的人机交互方式。其核心特征在于便携性、实时性和互联性。这些设备通常配备有先进的传感器，能够实时监测和记录用户的生理参数，如心率、血压、睡眠质量等，并将这些数据传输到智能手机或云端服务器进行分析。就目前而言，可穿戴设备作为智能媒体"智能+物质"的一个重要分支，已经渗透到健康、运动、娱乐、时尚等多个领域。

在健康领域，可穿戴设备通过监测用户的生理指标，如心率、血压和睡眠质量，为用户提供实时的健康反馈和建议。例如，苹果公司的Apple Watch就是一款集成了健康监测功能的智能手表，它不仅能追踪用户的日常活动，还能通过其心率监测功能，追踪用户的心脏健康，并在检测到异常时提醒用户。除此之外，Apple Watch还能够记录用户的运动、睡眠等数据，帮助用户更好地监测自己的健康状况。为此，有学者总结道："可穿戴设备作为自我量化的重要媒介，不仅反映了个体自我管理的理性化，也在一定程度上表现出了科技对于自我的'赋魅'。"[1]

在运动领域，可穿戴设备为用户提供了运动追踪和健身指导的功能。在中国，小米公司推出的小米手环系列产品以其高性价比在可穿戴设备市场中占据了重要的位置。在运动追踪方面，小米手环提供了多种运动模式，如跑步、骑行、游泳等，满足了不同运动爱好者的需求。小米手环能够记录用户在运动过程中的心率变化、卡路里消耗等关键数据，帮助用户更好地了解自己的运动状态和效果。

在娱乐领域，可穿戴设备的发展开辟了全新的体验方式，这些设备通常具备屏幕显示、音频输出、传感器和互联网连接等功能，能够将用户与数字内容紧密连接，为用户提供沉浸式和互动式的娱乐体验。美国的Magic Leap公司开发的AR眼镜，通过先进的光场技术，创造出与现实世界无缝连接的虚拟图像，为用户提供了前所未有的视觉体验。用户可以通过这种设备观看电影、玩游戏，甚至参与虚拟社交活动，感受虚拟与现实交织的奇妙世界。此外，虚拟现实（VR）头戴设备也是可穿戴设备在娱乐领域的重要应用，其通过提供360度全景视图和立体音效，让用户置身于一个完全虚拟的世界。在

---

[1] 封钰.现代媒介与传统艺术创新[J].江苏社会科学，2020（6）：202-209.

VR环境中,用户可以体验各种刺激的过山车、惊险的飞行模拟或是身临其境的战争游戏。

在时尚领域,可穿戴设备开始与传统的配饰相结合,成为时尚与科技结合的产物。比如,华为的智能手表不仅具备健康监测、运动追踪等智能功能,其设计也融合了中国传统美学元素,如陶瓷表圈、真皮表带等,将科技与时尚完美结合。另外,一些奢侈品牌也开始尝试将科技元素融入其产品。比如,路易威登(Louis Vuitton)推出了一款集成无线充电功能的智能手袋,用户可以将手机放入手袋中充电,同时手袋的外观保持了品牌的奢华风格。在未来,可穿戴设备与时尚艺术领域的融合程度将会更高,将成为人们日常生活中不可或缺的一部分。

随着传感器的更新、可穿戴设备的进化,身体与设备、环境的界限越发模糊,机器更加隐蔽地融入物理环境、生理环境,人类获得了更多"逼真"的生活和情感体验。[①]然而,可穿戴设备带来的隐私问题是制约其进一步发展的重要因素。由于可穿戴设备需要收集用户的大量个人数据,如何确保这些个人数据的安全,防止数据泄露和滥用,是可穿戴设备研发公司需要解决的问题。还有一个不容忽视的安全性问题,可穿戴设备作为直接接触人体的物品,其电磁辐射、电池安全等问题也引起了人们的关注。相关新闻报道显示,有一部分消费者在长期佩戴智能手表后,佩戴区域的皮肤明显发生了变化。此外,随着可穿戴设备的普及,如何避免人们依赖可穿戴设备收集的数据过度量化自我也是值得思考的问题。

综上,可穿戴设备作为智能媒体中"智能+物质"的重要组成部分,其应用前景十分广阔,但同时面临隐私保护、设备安全性等挑战。在未来的发展中,我们需要在享受可穿戴设备带来的便利的同时,不断探索应对这些挑战的举措,实现可持续的健康发展。

(二)智能家居

智能家居作为人工智能技术与日常生活深度融合的产物,不仅重新定义了家庭的居住空间,更引领了一场现代科技与生活方式相互交融的重大革命。智能家居是指通过先进的信息技术(以物联网、人工智能技术为主导),实现家庭居住环境的自动化、智能化管理与控制。智能家居通过建构高效的住宅设施与家庭日常事务的管理系统,提升家居安全性、便利性、舒适性、艺术性,并实现环保节能的居住环境。[②]智能家居这一概念具体包括从智能照明、温控系统到安全监控、娱乐设备等一系列可以远程操控或自动调节的家居产品。

智能家居的基本特征体现在互联性、自动化和个性化上。智能家居通过物联网技术,将家里的各种设备连接到一起,实现自动化管理和远程控制,从而提升人们居住的舒适性、便利性和安全性。现今,用户如果实现了家居的品牌统一(即使用了某个品牌旗下

---

① 骆正林.空间理论与大数据时代网络空间的建构[J].现代传播(中国传媒大学学报),2019(1):49-56.
② 裴庆祺.以万物互联为核心的边缘计算时代正在开启[J].人民论坛·学术前沿,2020(9):26-32.

的所有家居产品），通常就能够享受该品牌带来的专属生态系统。智能手机、平板与电脑能够与所有的家居实现互联互通，不同设备之间采集的数据能够进行实时共享，用户可以通过智能手机、平板电脑或其他智能设备远程操控家中的智能系统，无论是调节开关、室内温度，查看监控状况，还是管理家庭娱乐系统，都能实现一键控制。

此外，智能家居还能根据其内置的算法程序，自动进行相应的操作以更好地适配使用情境的需要。比如，安装了传感器的智能空调能够实时采集室内温度数据，并通过算法程序进行分析与研判，从而输出相应的操作信息。再如，智能空调能根据使用者的操作方式和习惯，在晚间进行自动开启睡眠模式等人性化操作。因此，智能家居能够通过深度学习技术不断适应用户的使用情境，提升其个性化服务水平，满足用户的实际需要。

智能家居的应用目前呈现多元化趋势。例如，亚马逊的 Echo Show 是一款集成了 Alexa 虚拟语音助手功能的智能显示屏，用户可以通过它控制家中的智能设备，如灯光、恒温器、安全摄像头等。此外，Echo Show 还能播放音乐、显示新闻更新、进行视频通话等。在中国，智能家居的应用也非常广泛。比如，小米的智能家居生态系统以丰富的产品线和高性价比得到了市场的认可。小米的智能家居套装包括智能灯泡、智能插座、空气净化器等，用户可以通过米家 App 实现对设备的远程控制和设备间的互联互通。此外，华为的 HiLink 智能家居平台通过统一的通信协议，连接各种智能设备，包括智能灯具、扫地机器人、智能门锁等，用户可以通过华为智能家居 App 进行集中管理和控制。

值得一提的是，近些年来智能家居在安防上的应用逐渐受到关注。在国内，海康威视通过传感器、物联网等技术提供了一整套智能安防解决方案，包括智能门锁、门窗传感器、烟雾报警器等，为家庭安全提供了全方位的保障。海康威视的智能门锁能够与家庭中的其他智能设备联动，如在用户开门时自动开启室内灯光或调整空调温度，提升了家居的智能化水平。同时，门窗传感器能够实时监测门窗的开关状态，一旦检测到异常情况，如非法入侵，系统会立即向用户的手机发送报警信息，并触发整个智能家居系统的安防措施，如启动摄像头录制、开启照明系统、向有关部门实时传输画面等。此外，海康威视的烟雾报警器具备高灵敏度的烟雾检测能力，能够在火灾初期及时发出警报，将报警信息推送到用户的手机上，并提供相应的求救报警选项，能够让用户及时采取措施。

智能家居、深度物联网在给人们的生活带来极大便利的同时，也使用户成为"透明人"，带来了一些问题。[①]首先，隐私和安全问题。智能家居设备收集的大量个人数据如果被不当使用或遭受黑客攻击，将严重威胁用户的隐私安全。其次，兼容性问题。不同厂商的智能家居产品无法实现互联互通，限制了智能家居系统的灵活性。再次，随着智能技术的不断进步，特定的智能家居产品可能很快就会过时，这就需要消费者不断更新换代，这不仅造成了经济上的浪费，也可能引发电子垃圾问题。最后，对智能家居的过度依赖可能会削弱人们的自主生活能力，反而使得人们忽视了自己的实际

---

① 李延舜.科技异化对隐私安全的危害及隐私权立法的回应性发展[J].中州学刊，2021（8）：55-61.

需要。总之，我们在享受智能家居给自身日常生活带来的便利的同时，也要审慎地考虑其挑战和风险，以确保智能家居技术健康发展。未来，智能家居企业需要不断加强技术研发，提高产品的智能化水平和用户体验，不断朝着建构更加智能、安全、可持续的居住环境迈进。

（三）智慧屏

近年来，智能家居逐渐向场景化发展。作为新终端的智慧屏推动家庭场景进入一个无处不在的屏幕世界。[1]智慧屏作为智能媒体"智能+物质"形态下的又一创新技术成果，正在逐步改变人们获取信息和娱乐的方式。这一技术成果融合了高清显示、人工智能、物联网等前沿技术，为用户提供了互动性极强的视觉体验。与传统显示屏相比，智慧屏能够连接互联网，实现语音识别、图像识别、自然语言处理等智能功能。它不仅能够呈现图像和视频，更是一个智能交互中心。它接入了物联网技术，实现了与其他设备和物质的连接，还接入了互联网，实现了人与人、人与信息的连接。因此，智慧屏建构了一个人与信息、物质之间复杂的互动生态。它本身可以作为一种媒介，同时也是其他媒介的"媒介"。

具体而言，智慧屏具有互联性和智能化等特点。互联性体现在智慧屏可以与其他智能设备相互连接，形成一个智能家居生态系统。智能化则是指智慧屏具备一定的自主处理能力，能够根据每个用户的需求和喜好，提供定制化的内容和服务。智慧屏通过收集用户的观看习惯、搜索历史和互动数据，利用算法技术，描绘详细的用户画像。基于这些信息，智慧屏能够预测用户的喜好，自动推荐电视节目、电影、新闻或应用程序内容，极大地提升了内容推荐的准确性和个性化程度。例如，如果用户经常在晚上观看体育赛事，智能化的智慧屏会识别这一模式，并在晚间向该用户自动推送体育相关的内容。此外，智慧屏还能根据用户的观看时间、评分反馈甚至情绪反应来调整推荐算法，不断优化个性化服务。

智慧屏的应用十分广泛。在家庭娱乐领域，智慧屏可以作为家庭影院的中心，提供高清的视频播放和游戏娱乐。用户可以通过语音命令或手势控制来操作智慧屏，实现与智能电视、智能音箱等设备的无缝连接。在商业应用方面，智慧屏可用于广告展示、信息发布、互动营销等场景，为商家提供更加精准和高效的营销工具。在中国，智慧屏的发展尤为迅速，小米、华为等公司都推出了自己的智慧屏产品，这些产品不仅具备高清显示效果，还集成了智能语音助手、智能家居控制等功能。

小米智慧屏提供了4K超高清显示功能，还搭载了小米的小爱同学语音助手，用户可以通过语音命令控制电视，进行内容搜索、播放控制等操作。此外，小米智慧屏还能作为家庭的智能控制中心，与米家生态中的其他智能设备如灯具、空气净化器、扫地机器人等进行联动，实现家居自动化。

---

[1] 马娅斌，胡倩倩.5G时代电视节目融合传播的关键指向[J].青年记者，2022（2）：85-87.

华为则推出了搭载鸿蒙操作系统的华为智慧屏,这一系统具有低延迟、高安全性的特点。华为智慧屏采用了高质量的显示技术,提供了影院级观影体验。同时,华为智慧屏集成了华为 HiAI 智能语音助手功能,用户可以通过语音与智慧屏进行交互,获取信息、控制设备。华为智慧屏还具有一碰投屏功能,用户只需用华为手机轻触智慧屏,即可将手机上的内容快速投射到大屏幕上,极大地方便了用户在不同设备之间进行跨屏互动体验。网易文创与华为智慧屏合作,以创意实验的形式,兼顾内容趣味性和信息高密度,使用2880颗专业灯珠做了一台模拟小电视,并编写出一套测试程序,凸显了华为智慧屏的产品技术优势。①

尽管智慧屏为用户带来了便利,增强了用户在接收信息和享受服务过程中的趣味性,但它也面临着一些挑战和风险。首先是隐私保护问题。智慧屏需要收集用户的语音、图像等数据,如何确保这些数据的安全,防止被滥用,是一个亟待解决的问题。其次是技术标准的统一问题。目前,智慧屏的操作系统、接口协议等缺乏统一的标准,不同技术公司的设置、规格和程序都不尽相同,想要真正通过智慧屏实现互联互通必须凑齐特定品牌的整套智能产品,这对智慧屏的未来发展形成了一定的阻碍。最后是智慧屏的普及对传统电视业带来了冲击。许多消费者如今不会选择购买传统的电视媒介作为家庭信息交互中心,而是选择购买智慧屏。传统电视产业如何应对智慧屏的冲击、实现创新发展,是一个需要考虑的问题。当然,如今许多智慧屏与电视机实现了一定程度上的融合,如何把握两者融合的程度也有待进一步观察和探索。

总体来看,智慧屏市场的发展态势良好。无论是在家居场景中,还是在办公、营销等场景中,其都是未来发展的一大趋势。随着智能技术的不断进步和用户需求的日益增长,智慧屏有望在未来的智慧生活中扮演更加重要的角色,为用户提供更加智能化、个性化的生活体验。

三、风险形态:数字欺诈与恶意营销

在智能媒体时代,智能技术的飞速发展极大地推动了社会的进步和经济的繁荣。然而,正如一枚硬币有正反两面,智能技术进步在带来便利和机遇的同时,也催生了一系列新型风险。在众多智能媒体技术引发的风险中,数字欺诈和恶意营销尤为突出,它们不仅对个体消费者造成了直接损害,还对整个数字经济的健康发展构成了威胁。

数字欺诈和恶意营销是网络世界的风险"双生子",它们利用数字技术的隐蔽性和复杂性,以前所未有的速度和规模进行传播。数字欺诈通常涉及身份盗窃、网络钓鱼、虚假广告等行为,其目的是直接获取经济利益或敏感信息。而恶意营销则更加隐蔽,它通过一些有违伦理道德和法律法规的营销方式,操纵消费者的心理和行为,误导消费者的判断与决策。

---

① 周岑漪.网易文创:内容共创,让国货从网红到长红[J].传媒,2022(2):25-26.

接下来，我们将探讨数字欺诈和恶意营销背后的运作逻辑及其对社会的影响，还将提供一些可能的应对策略，以帮助消费者维护自身权益，免受欺诈和误导。

（一）数字欺诈

数字欺诈是随着互联网技术的不断发展而出现的新型犯罪形态。目前，随着人工智能技术的发展，数字欺诈已经从简单的网络诱骗或身份冒充演变为一种高度智能化和自动化的犯罪行为。人工智能技术的应用为数字欺诈提供了新的工具和手段。借助AI技术，诈骗者能够更加精准地识别目标、模仿人类行为，甚至自动执行复杂的欺诈流程。在这一背景下，数字欺诈的手法变得更加狡猾和隐蔽。

首先，数字欺诈运用了深度伪造技术，通过深度学习算法来创建或操纵音频和视频内容，使其达到令人难以置信的真实度。正如有学者所言，深度伪造技术的结果是真相的"终结"。[1]跟传统预设算法程序不一样的是，深度学习算法能够在每一次与用户交互之后，将这次的交互经验积累到算法数据库内，再利用人工智能技术不断完善与优化算法程序，不断使其贴合用户真实的形象或其所思所想所感，达到了算法程序不断自我生成的阶段。这种利用人工智能生成的伪造音频和视频，使得欺诈内容看起来异常真实，十分接近真人。诈骗者可以制作一个深度伪造视频，其中包含某个公众人物或政治领袖发表虚假声明或做出不当行为的内容，从而影响公众舆论、股市价格或选举结果。在商业领域，深度伪造技术也可能被用来损害竞争对手的声誉或施行诈骗。有报道显示，一些诈骗者利用深度伪造技术制作音频，模仿公司高管的声音，指示财务人员进行大额转账，从而成功实施了诈骗。

其次，诈骗者在进行数字欺诈时不断提升钓鱼技术。在实施钓鱼攻击时，攻击者会利用各种渠道收集目标的信息，包括社交媒体、公司网站、员工公开发表的文章或演讲，甚至是行业内部的新闻报道。通过这些信息，攻击者能够创建高度可信的"诱饵"，例如模仿公司高层的电子邮件地址、使用公司的标志和语言风格、在邮件中提及内部项目和专有名词等。除此之外，诈骗者还会使用域名伪装、网站克隆、SSL证书滥用（为了增加可信度，钓鱼网站可能会使用有效的SSL证书，使得网址栏显示安全锁标志，误导用户认为网站是安全的）等技术形式来施行诈骗活动，不断增强诈骗行为的可信度。

最后，诈骗者还通过人工智能技术定制欺诈手段。通过分析用户数据，人工智能技术可以帮助诈骗者定制个性化的欺诈策略以提高欺诈成功率。具体而言，诈骗者借助人工智能技术、算法技术收集并分析大量用户数据，包括社交媒体行为、购物习惯、搜索历史等，识别潜在受害者并预测他们的反应，进而定制高度个性化的钓鱼邮件或信息，使得这些信息在外人看来就是来自真实的网站或机构。例如，诈骗者可能使用人工智能技术分析某公司员工的电子邮件往来，学习他们的写作风格、常用术语和交流模式，然后利用这些信息伪造一封看似合法的电子邮件，欺骗收件人点击恶意链接或提供敏感信

---

[1] 罗昕.计算宣传：人工智能时代的公共舆论新形态[J].人民论坛·学术前沿，2020（15）：25-37.

息。这种类型的攻击被称为"鱼叉式网络钓鱼"（Spear Phishing），它针对特定的个人或小团体，而不是随意地向大量接收者发送通用的钓鱼邮件。由于深度伪造识别技术尚不成熟且通过技术合作的方式识别深度伪造技术会增加网络平台的运营成本，所以真正能使用深度伪造识别技术并对深度伪造技术的内容进行实质审查的仅限于少数互联网头部平台。[①]因此，这类数字欺诈就显得十分隐蔽和狡猾，一般情况下，人们不借助相应的技术手段是无法识别的。

"京东白条"诈骗案是目前数字欺诈的一个典型案例。诈骗者首先建立了一个外观与真实京东网站极为相似的假冒网站。这个假冒网站在视觉上几乎可以乱真，包括京东的Logo、色彩方案、字体和布局等元素都被精确复制。接着，诈骗者利用各种渠道散布钓鱼链接，主要通过短信、社交媒体私信或电子邮件发送。这些链接通常会附带紧急性或诱惑性的语言，比如通知用户"京东白条"账户存在风险、有待领取的优惠券或现金返还等，诱使用户点击。当用户点击这些链接后，会被重定向到假冒的京东白条登录页面。在这里，如果用户输入了自己的账号和密码，这些敏感信息就会被诈骗者捕获。随后，诈骗者利用这些信息登录用户的真实账户，进行非法交易或直接盗取账户内的资金。此外，为了增强诈骗的可信度，假冒网站可能会进一步要求用户提供更多的个人信息，如身份证号、银行卡号等，以便进行更深层次的诈骗活动。在某些情况下，诈骗者甚至可能利用这些信息进行身份盗窃或申请贷款。

综上所述，数字欺诈作为一种新型犯罪形态，随着智能技术的发展日益猖獗。它不仅损害了个人的经济利益，也对企业乃至整个社会的经济秩序构成了严重威胁。为了有效应对和解决数字欺诈问题，我们尝试提出一些可能的应对措施。首先，加强公众教育和提高个人防范意识是基础。通过教育和宣传活动，提高公众对数字欺诈的认识，使其能够识别并避免常见的欺诈手段。例如，中国人民银行和中国人民银行金融消费权益保护局联合中国人民银行数字货币研究所推出了数字人民币"打假"图文详解，有效地提高了公众对数字金融诈骗的风险防范意识。其次，技术手段的运用是关键。利用人工智能、大数据分析等先进技术，有效地识别和预防欺诈行为。例如，平安银行借助大数据、云计算、人脸识别、人工智能等科技手段，建立了平安银行"SAFE"智能反欺诈系统，通过机器学习模型不断学习数据模式，让每日千万级的金融交易在毫秒内实现极速决策响应，提高欺诈风险预测的准确性。最后，法律法规的建设和完善是保障。通过制定和实施相关法律法规，为打击数字欺诈提供法律依据和支持。同时，还要加强国际合作，共同应对数字欺诈等跨国犯罪行为。

（二）恶意营销

恶意营销即企业或个人为了获得商业利益，选择在特定时机利用煽动性话语刺激公

---

① 李腾."深度伪造"技术的刑法规制体系构建[J].中州学刊，2020（10）：53-62.

众情绪、博取舆论关注,从而吸引流量变现盈利。①恶意营销作为一种特殊的数字欺诈行为,其核心在于利用不正当的手段,通过互联网平台进行虚假宣传、误导消费者,以获取不正当利益。这种行为不仅损害了消费者权益,也扰乱了市场秩序,对社会经济的健康发展构成了威胁。与传统的数字欺诈相比,恶意营销更侧重于通过虚假或误导性信息影响消费者决策,而非直接窃取个人信息或财产。与传统的数字欺诈相比,恶意营销往往更加难以识别,其对消费者权益和市场秩序的破坏也更为深远。正如腾讯相关负责人就"恶意营销的根源之所在"所说的:"(恶意营销的)根本原因还是利益的驱使,对粉丝、流量的追求。"②

恶意营销的一大显著特征是高度个性化与定制化。一些恶意营销者通过人工智能与算法技术收集和分析用户数据,描绘详细的消费画像,从而设计出针对性极强的营销策略。例如,某在线教育平台被曝使用人工智能技术分析学生在平台上的学习行为,收集学生的学习数据,并运用算法技术对这些数据进行分析,掌握学生的学习状况和消费能力,再通过平台推送个性化的课程广告。此外,更为恶劣的是,一些恶意营销者大肆煽动情绪,进行所谓"戳痛点""揭伤疤"式的炒作,社会负面效应极为明显。③这些广告往往夸大了课程效果,利用学生和家长想要快速提分的心理,诱骗其购买与学习需求并不相符的课程套餐。

此外,恶意营销还具有欺骗性和隐蔽性。一些营销公司精心设计营销手段,通过发布虚假广告、刷单炒信、恶意发帖等方式制造虚假的口碑或销量,误导消费者做出对这些公司有利的购买决策。恶意营销形成"集体狂欢",抽象化、情绪化的表达符号削弱了信息的客观表达,选择性披露和偏向性误导使得信息的负面效应被放大,掩盖了信息本应呈现的整体事实,对社会秩序产生了负面影响。④在这一过程中,营销者往往利用网络"水军"来达到其恶意营销的目的。

网络"水军"是指被雇用的大量网络写手,他们在网络上发布虚假评论和评分,或恶意攻击竞品,或美化自己品牌以提升产品或服务的声誉。早在2005年就有了网络"水军",一些执行"灌水"任务的"临时工"被认为是网络"水军"的雏形。⑤现阶段,在大众点评等消费性社交媒体平台,有一些商家雇用"水军"发布虚假好评。这些好评大多模仿真实用户的语气和行为模式,使用了真人表达的话语方式和文案内容,从而影响了消费者的购买决策。如今通过网络"水军"生成的文本内容已不再局限于文字,而是图片、视频甚至直播齐上阵,再加上其运用了人工智能、深度伪造等技术,能够根据不同平台特点、不同用户偏好和不同商业需求自动生成极具欺骗性和隐蔽性的内容,消费者如果不借助一些工具或手段往往难以辨别评论的真假,极易受到误导。对此,我们需要通过观察、对比普通用户与网络"水军"之间的差异,建构网络"水军"检测模型,

---

① 简承渊,冯思潮.新媒体环境中的网络诚信与生态自净[J].新闻爱好者,2021(10):33-35.
② 皇甫博媛."算法游戏":平台家长主义的话语建构与运作机制[J].国际新闻界,2021(11):111-129.
③ 郝雨,李娟.自媒体恶意营销放大舆情风险的防范与治理[J].新闻爱好者,2021(3):27-32.
④ 陈世华.以假乱真与去伪存真:自媒体欺骗行为的表征及其治理[J].学习与实践,2022(6):132-140.
⑤ 荣婷.机器人水军的演进、问题与治理研究[J].中国出版,2021(13):72-75.

有效识别网络"水军",对其账号进行有针对性的标记和管理。在此基础之上,在法律层面进一步完善网络"水军"的定义,加强对不同类型网络"水军"及其行为的管理。[①]

此外,恶意营销还常常涉及操纵网络搜索结果,误导消费者。一些网站通过不正当的方式利用搜索引擎优化(SEO)技术,提高特定虚假信息的可见度,使其在搜索结果页面上呈现更靠前的位次,使消费者在搜索特定信息或服务时,更容易接触到这些虚假或夸大的网站信息,从而误导消费者的判断与决策。这些手段主要集中在两个方面:一方面是重复关键词,即在网页内容中过度重复搜索关键词,从而提升网页与搜索关键词之间的适配度,增加网页在搜索引擎中的可见度;另一方面是增加网站的超链接比例,即在网页中与其他同类网站之间建立相互链接,提高网站页面的"链接权重",从而在形式上提升网站建设的完整度,增加其在搜索页面上的曝光机会。

在社会上轰动一时的"魏则西事件"就是某些不良商家为了经济利益操纵网络搜索结果导致的。魏则西是一名患有罕见癌症的大学生,他通过百度搜索找到了一家名为"武警北京市总队第二医院"的医疗机构,并接受了其非法医治。不幸的是,这些治疗并没有使其疾病得到缓解,反而贻误了最佳治疗时机,最终魏则西因病去世。在这一事件中,百度搜索引擎的搜索结果前几位都被该医院广告占据。具体而言,百度搜索引擎运用付费搜索排名模式与莆田系等医疗承包商合作,通过设定关键词等方式,让某些高额付费的医疗机构的广告能够呈现在搜索页面的前列,使其虚假性的内容能够被百度用户第一时间看到,误导了患者和家属的判断与决策。"魏则西事件"折射出了搜索引擎竞价排名带来的伦理与法律挑战。此事件发生后,百度和其他搜索引擎提供商也加强了对医疗广告的审核和监管,不断优化搜索结果以追求公正性和透明性,保护消费者免受虚假信息的侵害。

一些自媒体账号套用传统的"煽情路线",并进一步扩大和滥用虚构与合理想象的成分,通过组织化、集团化的造假方式,全方位收割流量,进行恶意营销。[②]基于此,恶意营销不仅损害了消费者的合法权益,还破坏了市场的公平竞争环境,降低了消费者对整个数字经济市场的信任度。因此,如何有效防范和打击恶意营销,已成为全社会必须面对的问题。市场监管机构需要不断加强对数字营销活动的监督和管控,对疑似非法的营销行为予以及时打击与取缔,制订常态化针对恶意营销的专项打击工作计划,促进经济市场的平稳运行。企业需要加强自我约束,遵守商业道德,提供真实准确的商品信息。消费者需要提高自我保护意识,学会识别和抵制虚假营销信息。另外,技术的发展也为打击恶意营销提供了新的手段。通过使用更先进的人工智能技术和算法,人们可以更有效地识别和过滤虚假广告和欺诈内容。

总之,恶意营销作为结合了人工智能技术的一种新型数字欺诈行为,其危害性不容忽视,目前已经成为我国数字经济发展中的一大阻碍。随着技术的发展与法律的完善,我们期待更加公正、透明的数字经济环境的到来。

---

① 陈昌凤.商业性网络水军的全链条治理[J].人民论坛,2019(32):120-122.
② 年度传媒伦理研究课题组,刘鹏,方师师,等.2020年传媒伦理问题研究报告[J].新闻记者,2021(1):3-22.

本章小结

在这一章中，我们系统梳理了智能媒体的概念界定、演变阶段与发展现状，也探讨了智能媒体的传播特征及其主要表现形态，旨在为学习者理解智能传播的底层逻辑与前沿实践构建基础理论框架。

基于对智能媒体的回顾与反思，我们认为未来的智能媒体将不再只是简单的信息提供者，而是通过建构一个庞大的"传播共同体"，将用户的能动性和参与感充分调动起来，使智能媒体与社会的融合更加深入。我们需要分析中国智能传播研究的内生障碍与未来进路，阐释智能传播研究与媒介化、智能化、中国式现代化的关系，增强中国智能传播研究的实质性理论进展及其对现实问题的解决能力。

未来的新闻媒介将会借助人工智能技术在政治、经济、文化等领域发挥着更大的作用。在新的智能技术推动下，智能媒体的部分生产与运营环节将会被更为智能的技术形式替代，届时或将引发新一轮的智能媒体形态革命。我们在充分享受技术理性的同时，也需要给智能媒体注入价值理性。随着对智能媒体主要形态的探讨，我们对智能媒体的生态图景有了更为完整的认识。从"智能+新闻"到"智能+物质"，再到数字欺诈与恶意营销的两大风险形态，智能媒体的多面性与复杂性逐渐显现。

总之，我们应当充分认识到，智能媒体的发展是一个不断演进的过程。随着人工智能技术的不断进步和完善，智能媒体将继续扩展其技术形态和功能。智能媒体未来对社会的影响取决于现在的我们如何理解人工智能技术、如何应对人工智能带来的挑战。具体而言，我们要在技术创新与承担责任之间寻找平衡点，确保技术的发展能够服务于社会的整体利益。同时，我们也应加强有关人工智能技术的跨学科研究与合作，并制定有效的政策和规范，引导其健康、有序地发展，确保其在促进社会发展、增进人类福祉方面发挥积极作用。让我们以开放的心态和审慎的行动，共同迎接智能媒体带来的新机遇和新挑战！

思考与练习

1. 请简要阐述"智能+新闻"背景下的智能媒体形态。
2. 请简要阐述"智能+物质"背景下的智能媒体形态。
3. 智能媒体有哪些潜在的风险形态？我们应如何应对？

推荐阅读文献

[1] 郑满宁. 人工智能技术下的新闻业：嬗变、转向与应对——基于ChatGPT带来的新思考[J]. 中国编辑，2023（4）：35-40.

[2] 赵蓓，张洪忠，任吴炯，等. 标签、账号与叙事：社交机器人在俄乌冲突中的舆论干预研究[J]. 新闻与写作，2022（9）：89-99.

[3] 彭兰. 场景：移动时代媒体的新要素[J]. 新闻记者，2015（3）：20-27.

[4] 郭全中，黄武锋. AI能力：虚拟主播的演进、关键与趋势[J]. 新闻爱好者，2022（7）：7-10.

[5] 胡泳. 未来的传播媒介：物联网与可穿戴设备[J]. 新闻与写作，2016（11）：11-14.

[6] 王佳炜，陈红. 人工智能营销传播的核心逻辑与发展挑战[J]. 当代传播，2020（1）：73-76.

第二章

智能媒体的底层技术与前沿科技概况

◆ 学习目标

1. 识别自动化内容生成技术和个性化推荐系统的应用及其在智能媒体中的作用。

2. 理解物联网与5G技术如何共同推动智能媒体内容的创新传播。

3. 理解区块链技术在版权保护中的应用及其对媒体内容分发的影响。

4. 探究云计算技术在媒体存储、处理和大规模并行内容分析中所扮演的关键角色。

数字化浪潮带来的诸多新特征,对各国积极适应数字化浪潮发展态势、妥善应对各种问题提出了新要求。[1]在数字化浪潮中,智能媒体技术正以其独有的速度和力量,重塑我们获取、处理及分发信息的方式。自动化内容生成技术让新闻报道能在数分钟内精准呈现;个性化推荐系统使我们的媒体消费体验前所未有地贴合个人喜好;而物联网与5G技术的结合,更是开启了高效通信的新纪元。此外,区块链和云计算技术的应用,为媒体内容的版权保护与安全分发提供了创新性解决方案。这一切,不仅仅是科技发展的足迹,更是智能媒体领域勇于创新、不断探索的生动证明。本章旨在深入探讨智能媒体的底层技术与前沿科技,揭示这些技术是如何影响智能媒体的传播及消费的。我们将详细

---

[1] 人民论坛"特别策划"组.全球数字化浪潮态势与应对[J].人民论坛,2022(4):12-13.

解析这些技术的工作原理、应用范围、面临的挑战，以及未来发展的趋势。我们试图通过细致入微的介绍和丰富的案例分析，激发读者的探索热情，引领读者预见智能媒体的发展前景。

第一节　智能媒体底层技术概述

一、人工智能与大数据技术在智能媒体传播中的应用

在当今数字化时代，智能媒体正变得日益重要。它不仅改变了我们获取信息的方式，还重新定义了内容的创作与分发。在这一过程中，人工智能（AI）和大数据技术发挥着不可或缺的作用。本部分将探讨人工智能在智能媒体传播中的关键作用，特别是在自动化内容生成技术、个性化推荐系统，以及智能分发策略与用户行为分析等方面的应用。

（一）自动化内容生成技术

自动化内容生成技术是人工智能在智能媒体领域的一大突破。利用自然语言处理（NLP）技术，AI能够自动生成新闻报道、文章甚至诗歌。这一技术的应用减轻了传统内容创作者的负担，提高了内容生成的效率和速度。例如，一些新闻机构已开始使用AI工具自动撰写财经新闻和体育报道，这些内容基于最新的数据和统计信息。[①]自动化内容生成技术不仅提高了一些媒体机构的生产力，也为媒体机构提供了即时发布内容的能力，这在紧急新闻报道和即时事件覆盖中尤为重要。

1.自动化内容生成技术的优势

自动化内容生成技术能够快速处理和分析大量数据，并基于这些数据生成准确、及时的内容。这对于需要快速响应时事新闻的媒体机构而言尤为重要，特别是在财经和体育新闻领域，自动化工具能够在数据发布几分钟内，自动生成包含关键统计数据和趋势分析的报道，保证观众能够接收到最新信息。这种即时性在紧急新闻报道和即时事件覆盖中尤其关键，能够极大地提升媒体响应速度和报道的时效性。此外，自动化内容生成技术还提高了内容的个性化和定制化水平。AI系统可以根据特定用户偏好、历史行为和社交媒体活动，生成高度个性化的内容。这种能力使媒体机构能够为用户

---

① 付晓光，吴雨桐.论AI新闻写作的逻辑特征——基于Dreamwriter报道与人工报道的对比分析[J].现代出版，2021（1）：48-55.

提供更加定制化的阅读体验,从而增强用户黏性和参与度。例如,基于用户以往对特定主题的兴趣,系统可以自动生成相关的新闻摘要或专题文章,为用户提供更加丰富和深入的阅读材料。①

2.自动化内容生成技术的应用范围

自动化内容生成技术不仅应用于新闻报道和专业文章的撰写,也逐渐拓展到文学创作、音乐制作等领域。AI已被用来撰写诗歌、短篇小说甚至音乐作品,展现出与人类创作者截然不同的创新视角和表达方式。这些AI创作的作品往往能够触及人心,尽管它们还无法完全替代人类创作者的深度和情感复杂性,但为探索人工智能与人类创意之间的互动提供了一个有趣的平台。

3.面临的挑战和争议

尽管自动化内容生成技术带来了诸多好处,但它也引发了一系列问题,带来了一定的争议。内容的准确性和可靠性是人们普遍关心的问题。虽然AI能快速生成内容,但若无适当的监督和校对,生成的内容可能含有错误或偏差。此外,AI生成内容的版权、道德和法律责任问题也引起了广泛的讨论。AI创作内容的"作者"身份、AI生成的内容是否应受到版权保护等问题都亟待解决。

4.结论

自动化内容生成技术的出现标志着人工智能在智能媒体领域的重大进步。它不仅提高了内容生成的效率和速度,还为个性化内容提供和创新表达开辟了新途径。然而,随着这项技术的深入发展,它所带来的挑战和争议也需要通过持续的研究、讨论和政策制定来应对。未来,随着AI技术的进一步完善和应用,自动化内容生成技术有望在确保内容质量和创意表达的基础上,为媒体行业带来更多创新和变革。

(二)个性化推荐系统

在数字化时代,个性化推荐系统建构在消费者对内容的应用习惯上,可以满足消费者对个性化内容的需求。②个性化推荐系统已成为智能媒体领域的核心应用之一,其目的是在海量信息中为用户筛选出其最感兴趣的内容,从而提升用户体验并增强用户参与度。随着技术的进步和用户需求的多样化,个性化推荐系统正逐渐成为媒体平台不可或缺的一部分。

---

① 彭兰.增强与克制:智媒时代的新生产力[J].湖南师范大学社会科学学报,2019(4):132-142.
② 黎超.基于大数据的电商个性化推荐系统分析[J].商业经济研究,2019(2):69-72.

1. 个性化推荐系统的工作原理

个性化推荐系统通过分析用户的历史行为、浏览习惯、喜好以及社交网络等多种数据来源，运用机器学习算法来预测用户可能感兴趣的内容。这些算法包括协同过滤、内容基础推荐、混合推荐等。协同过滤通过分析用户间的相似性来推荐内容，内容基础推荐基于内容项之间的相似性来推荐内容，混合推荐则结合了这两者的优点，提供更加准确的推荐服务。

2. 用户体验的提升

个性化推荐系统极大地提升了用户体验。当用户感觉到内容与个人偏好高度相关时，更容易产生满意感和归属感。这不仅提高了用户的活跃度，也增加了用户在平台上的停留时间。长期而言，个性化推荐有助于提升用户忠诚度，促进用户回归。

3. 对内容生产者和媒体平台的影响

个性化推荐系统不仅改变了用户的消费习惯，也对内容生产者和媒体平台产生了深远的影响。对于内容生产者而言，了解用户的偏好可以帮助他们创作出更受欢迎的内容；而对于媒体平台而言，通过有效的推荐系统可以提高内容的曝光率，增加广告收入，并且能够吸引更多的用户加入。[①]

4. 面临的挑战和解决方案

尽管个性化推荐系统带来了诸多好处，但也面临一些挑战。数据隐私和安全是人们最大的关注点之一。用户数据的收集和分析需要在保护用户隐私的前提下进行。此外，过度的个性化推荐可能导致"信息茧房"效应，限制用户接触新鲜和多样化的内容。为了解决这些问题，媒体平台需要制定明确的数据使用规则，同时引入多样性和新颖性指标，确保推荐内容的广泛性和新颖性。

5. 未来发展趋势

随着人工智能技术的不断发展，个性化推荐系统将变得更加智能和精准。未来的推荐系统可能会结合更多类型的数据源，如情绪分析、场景识别等，以更全面地理解用户的需求和情境。此外，随着语音助手和智能家居设备的普及，个性化推荐系统将扩展到更多的应用场景之中，为用户提供更加丰富和便捷的内容消费体验。

---

① 孟笛，柳静，王雅婧.颠覆与重塑：人工智能时代的新闻生产[J].中国编辑，2021（4）：21-25.

(三）智能分发策略与用户行为分析

在当今信息爆炸的时代，智能分发策略与用户行为分析成为智能媒体传播不可或缺的组成部分。借助人工智能的强大能力，特别是深度学习和大数据分析技术，媒体平台能够精准地识别用户的消费习惯，并以此来优化内容分发机制。[1]这种技术的应用，使得媒体内容的推荐不仅仅是基于用户已表明的兴趣，还考虑到了用户消费该内容的具体时间、所用的设备以及其他相关的上下文环境。此外，深入的用户行为分析还揭示了消费内容的各种趋势和模式，这为内容创造和营销策略的制定提供了重要的数据支持。通过对用户行为的持续监测和分析，智能媒体平台能够不断调整和优化算法，以实现内容分发效果的持续提升。

1.智能分发策略的工作原理

智能分发策略的核心是通过AI技术，尤其是深度学习模型来分析大量的用户数据，包括但不限于浏览历史、点击偏好、观看时长等，从而建构每个用户的个性化兴趣模型。在此基础上，媒体平台可以在适当的时间，通过适当的渠道，将最合适的内容推送给用户。这种个性化推荐考虑了多种因素，包括内容的新颖性、用户的兴趣变化、内容的时效性，以及用户所处的具体场景等。

2.用户行为分析的深度挖掘

用户行为分析并不局限于收集基础的浏览数据，更重要的是通过这些数据深入挖掘用户行为背后的意图和偏好。例如，通过分析用户在不同时间段的活跃度，推测用户可能更喜欢在哪些时间段接收内容。同样地，通过分析用户与不同内容的互动情况（如点赞、评论、分享等），可以进一步细化用户兴趣的分类，实现更加精准的内容推荐。

3.技术挑战与解决方案

智能分发策略和用户行为分析虽然为媒体平台带来了巨大的好处，但在实践中也面临着诸多挑战。首先，数据隐私保护。用户数据的收集和分析必须严格遵守相关法律法规，确保用户的隐私安全。其次，算法的透明度和公正性也是一个重要的考虑点，错误的数据处理和分析可能会导致推荐结果有偏差，影响用户体验。为了应对这些挑战，媒体平台需要采取一系列措施，包括但不限于加强数据加密处理、匿名化用户数据、提高算法的透明度和可解释性、定期审查和调整推荐算法等。

---

[1] 张梦，陈昌凤.智媒研究综述：人工智能在新闻业中的应用及其伦理反思[J].全球传媒学刊，2021（1）：63-92.

4.未来发展趋势

随着AI技术的不断进步和用户需求的日益多样化，智能分发策略与用户行为分析的应用将越来越广泛。我们可以预见到更加精准的个性化推荐系统的出现，这些系统不仅能够基于用户的过去行为进行推荐，还能够预测用户的未来需求，甚至能够考虑到跨平台的用户行为，实现全方位的个性化内容分发。此外，随着隐私保护技术的不断发展，用户数据的收集和分析将变得更加安全，从而更好地保护用户隐私，同时提升推荐的准确性和用户体验。

二、物联网与5G技术在智能媒体传播中的应用

在这个快速发展的数字化时代，物联网（IoT）和5G技术日益成为推动智能媒体革新和传播的主要动力。这两种技术彻底改变了人们接收和消费媒体内容的习惯，让媒体行业发生了翻天覆地的变化。物联网使得各种设备能够互联互通，提供了更加个性化和智能化的媒体体验。而5G技术以超高速的传输能力和极短的延迟时间，使得大容量的媒体内容传输成为可能，极大地丰富了媒体内容的形式和互动性。"AIoT"即"AI+IoT"，指的是人工智能技术与物联网融合应用以实现万物智联。[①]在这一部分，我们将深入探索物联网和5G技术如何共同作用于智能媒体的发展，重点关注它们是如何改变媒体内容的创作、分发以及消费方式的。

（一）物联网在智能媒体中的实际应用场景

在当今社会，物联网技术的应用正在重新划定智能媒体传播的边界，为人们提供了多元化和个性化的媒体体验。物联网技术的核心在于使设备相互连接和通信，从而实现智能化的数据交换。这一技术的进步为智能媒体传播开辟了新的路径，特别是在智能家居与媒体内容的整合、可穿戴设备应用以及数据驱动的内容推荐方面。

1.智能家居与媒体内容的整合

物联网技术的快速发展推动了智能设备与媒体内容的深度整合，彻底改变了人们获取和消费媒体的方式。通过数据感知与智能算法，智能设备为用户带来了高度个性化、实时化的媒体体验。智能音箱能够根据用户的日常活动数据，如运动量、心率或情绪状态，动态推荐最适合的音乐、播客或有声读物，创造出与用户生活节奏高度契合的交互内容。智能可穿戴设备通过实时监测用户的健康数据，与流媒体平台联动，为晨跑、瑜伽、放松等不同情境推送精准的音视频内容。智能车载系统不仅可以为驾驶者提供精准

---

① 段淳林，任静.智能广告的程序化创意及其RECM模式研究[J].新闻大学，2020（2）：17-31，119，120.

导航服务,还能结合行驶路线和驾驶习惯为其推荐沿途相关的媒体内容,如实时新闻、当地旅游解说或热门音乐,丰富驾驶过程中的感官体验。

互动显示设备如智能镜子或冰箱屏幕更是将媒体体验融入日常生活场景,依托与家庭媒体库的无缝连接,为用户提供实用内容支持。例如,早餐时显示天气预报和新闻摘要,或者在烹饪时实时播放相关菜谱视频,实现生活服务与媒体内容的深度融合。多设备的协同工作不仅提升了媒体内容传播的效率,还极大地增强了用户的沉浸感和互动感。通过将内容推荐与场景化体验相结合,智能设备与媒体内容的整合突破了传统媒介传播的局限,重塑了媒体传播的边界,为用户创造了全新的、全方位的内容消费生态系统。

2.可穿戴设备的应用

自2014年以来,随着可穿戴设备谷歌眼镜进入市场,与用户使用可穿戴设备相关的研究成为学术界研究的热点之一。[①]可穿戴设备,如智能手表和健康追踪器,通过收集用户的生理和活动数据,为市场提供个性化媒体服务打开了新的大门。这些设备可以监测用户的健康状况、活动水平甚至情绪变化,然后将这些数据发送到媒体平台,以便推荐更加符合用户当前状态的媒体内容。例如,如果系统检测到用户完成了一次跑步活动,它可能会推荐一系列恢复运动的视频,或者在用户经历了压力大的一天后推荐放松音乐。这种个性化服务使得媒体内容的消费更加贴合用户的实际需求,极大地提升了用户满意度。

3.数据驱动的内容推荐

物联网设备生成的数据对媒体平台的内容推荐系统具有极大的影响力。通过分析从智能家居设备和可穿戴设备中收集来的数据,媒体平台能够描绘更加精准的用户画像,更好地理解用户的偏好和行为模式。这些信息使得平台能够进行高度个性化的内容推荐,从而吸引和保留用户。当然,数据分析的应用并不局限于推荐系统,它还能帮助内容创造者了解哪些类型的内容更受欢迎、哪些主题可能引起用户的兴趣,从而为内容创作方向提供指导。

4.结论

物联网技术与5G网络的结合正在推动智能媒体传播向前发展,为人们提供了前所未有的个性化体验。从智能设备与媒体内容的整合到可穿戴设备的健康数据应用,再到通过物联网设备数据驱动的内容推荐,这些进步不仅使媒体内容的消费更加个性化和便捷,也为媒体内容的创造和分发提供了新的思路。随着物联网技术的不断发展和应用,我们可以预见一个更加智能、互联和个性化的媒体消费未来。

---

① 王林,胡梦迪,朱文静.运动社交平台对用户使用智能手环行为的影响研究[J].信息资源管理学报,2017(3):5-14,44.

（二）5G技术推动的媒体传播革命

5G技术的推出标志着一个新时代的到来，尤其是在媒体传播领域，其高速度和低延迟特性为视频内容的创作、传输和消费提供了革命性的支持。[①]这项技术不仅改变了人们观看视频内容的方式，还推动了实时互动、直播技术，以及虚拟现实（VR）和增强现实（AR）内容的快速发展。

1.5G网络在视频内容传输中的优势

5G网络的最大特点是其高速传输能力，它能够实现4G网络十倍以上的速度，这为高清视频、4K甚至8K视频内容的流畅播放提供了可能。这种高速度使得用户在观看视频内容时几乎感受不到任何缓冲，极大地提升了观看体验。除了高速度，5G网络的低延迟特性也意味着在传输大文件时几乎不需要等待时间，这对于视频内容制作者和消费者而言都是福音。此外，5G网络的高带宽支持更多用户同时在线观看视频内容而不会造成网络拥堵，这为大规模的在线互动和社交化分享提供了技术基础，让用户在观看视频内容的同时，能够无缝地进行评论、分享和讨论，从而增强了视频内容的社区感和参与度。

2.实时互动与直播技术的发展

5G技术的低延迟对于实时互动和直播技术的发展具有深远的影响。在5G网络下，直播内容可以实现毫秒级的延迟[②]，这意味着观众和直播者之间的互动具有实时性，无论是在音乐会、体育赛事还是在线教育领域，这都大大提升了用户的参与感和体验感。这种实时互动的能力也为远程协作和虚拟事件的举办提供了可能。例如，在线游戏玩家可以拥有更加流畅的多人在线游戏体验，远程工作者能够通过虚拟会议更加高效地协作，大型虚拟活动和会议也能吸引来自世界各地的参与者，而无须担心网络延迟问题。

3.虚拟现实与增强现实内容的高速传播

5G技术为VR和AR内容的发展提供了强有力的支持。在5G网络的"加持"下，VR和AR内容的传输和加载变得更加迅速和流畅，极大地提升了用户体验。用户无须担心网络延迟，可以享受到高质量的VR和AR体验。无论是在游戏、教育领域还是电商领域，VR和AR技术都展现出了巨大的应用潜力。例如，在教育领域，借助5G技术，学生可以通过VR设备参加虚拟的历史课堂，身临其境地体验历史事件；在电商领域，消费者可以通过AR技术在自己的家中虚拟试穿衣服或摆放家具，从而做出更加明智的购买决定。这些创新应用不仅丰富了媒体内容的形式，也开创了新的消费模式。

---

① 程明，程阳.5G时代智能媒体发展逻辑再思考：从技术融合到人媒合一[J].现代传播（中国传媒大学学报），2021（11）：1-5.
② 李海峰，王炜.5G时代的在线协作学习形态：特征与模式[J].中国电化教育，2019（9）：31-37，47.

4.结论

通过提供高速度、低延迟的网络环境，5G技术不仅极大地提升了用户观看视频的体验，也推动了实时互动和直播技术的快速发展，同时为VR和AR内容的普及提供了强有力的技术支撑。随着5G技术的进一步成熟和普及，我们有理由相信，未来的媒体传播将更加丰富多彩，其互动性和沉浸感将达到前所未有的高度。

（三）物联网与5G技术的融合趋势

物联网与5G技术的融合不仅为用户带来了前所未有的媒体消费体验，还极大地推动了媒体产业的创新和发展。通过将物联网的广泛连接能力与5G网络的高速度和低延迟特性结合起来，媒体内容的传输、处理和体验与互动模式等正在经历根本性变革。

1.超高清视频内容的顺畅传输

物联网和5G技术的结合，使得超高清视频内容的传输和播放变得更加高效和流畅。5G网络的高带宽和低延迟特性保证了超高清视频内容能够在不同设备间实现快速、无缝的传输和播放，为用户提供了极致的观看体验。无论是在移动设备上观看直播体育赛事，还是在家中的智能电视上欣赏高清电影，5G网络都能保证高质量的视频内容传输，使得画面更加清晰，细节更加丰富。

2.边缘计算在媒体内容处理中的应用

物联网设备的广泛部署与5G网络的高速连接相结合，为边缘计算提供了广阔的应用空间。边缘计算是一种在网络边缘执行计算程序的新型计算模型：边缘计算中边缘的下行数据表示云服务，上行数据表示万物互联服务；边缘计算的边缘是指从数据源到云计算中心路径之间的任意计算和网络资源。[①]边缘计算通过在数据产生地（即网络边缘）进行数据处理，缩短了数据在网络中的传输距离，从而降低了延迟，提高了处理效率。这对于需要实时处理的媒体内容，如实时视频监控、直播等尤为重要。通过边缘计算，可以实现更快的内容处理和分发，为用户提供更加流畅和及时的媒体体验。

3.新型媒体体验与互动模式的创新

物联网和5G技术的融合还催生了新型媒体体验与互动模式。通过智能设备与5G网络的结合，用户可以享受到更具沉浸性和互动性的媒体体验。例如，VR和AR技术可以利用5G的高速度和低延迟特性，为用户提供更加真实的沉浸式虚拟体验。用户可以通过VR头盔观看全景直播，或者通过AR技术在现实世界中与虚拟信息互动，这些新型媒体

---

① 李卫东.5G时代的万物互联网：内涵、要素与构成[J].人民论坛·学术前沿，2020（9）：40-55.

体验正在逐渐成为可能。此外，智能家居、智能可穿戴设备等物联网设备可以根据用户的行为和偏好，自动调整媒体内容的推送和播放方式，实现更加个性化的媒体服务。例如，智能音箱可以根据用户的情绪和活动自动播放合适的音乐，智能电视可以根据用户的观看历史推荐相似的电视节目。

4. 结论

物联网与5G技术的融合正在以前所未有的速度推动媒体产业的发展。这一技术融合不仅为用户带来了更加高效、流畅的沉浸式媒体消费体验，也为媒体内容的创作、分发和互动提供了新的可能性。随着物联网设备的普及和5G网络的进一步部署，未来的媒体传播将更加智能化、多元化和互动化，媒体内容的创新将不断突破传统边界，为人们带来更加丰富和深刻的媒体体验。

三、区块链与云计算技术在智能媒体传播中的应用

随着数字化时代的到来，智能媒体传播面临前所未有的机遇与挑战。区块链与云计算技术作为当下最具革命性的技术之一，在智能媒体传播中的应用日益成熟，不仅为媒体内容版权保护、媒体内容存储与处理提供了创新性解决方案，还为媒体产业的发展开辟了新的道路。

（一）区块链技术在媒体内容版权保护中的作用

在数字化时代，媒体内容版权保护成为创作者、发行商及内容平台面临的重大挑战。版权盗用不仅侵犯了原创者的权益，也扰乱了内容市场的正常运作。面对这一挑战，区块链技术以其独特的不可篡改和去中心化特性，提供了一个革命性的解决方案。

1. 内容版权的区块链登记与追踪

区块链技术能够为媒体内容的创作、发布和分发提供时间戳和身份验证，确保作品的版权信息得到明确记录和保护。这种技术应用的核心在于，一旦信息被记录在区块链上，就无法被删除或修改，这为版权信息的真实性和完整性提供了坚实保障。对于版权所有者而言，这意味着他们可以轻松地证明内容所有权，也可以快速追踪潜在的侵权行为。

2. 去中心化的内容分发网络

传统的内容分发依赖于中心化的服务器，不仅容易成为审查和封锁的目标，也使得内容分发成本高昂。区块链技术具有去中心性，这主要体现在网络的去中心化、权利的

去中心化和数据的去中心化等方面。①区块链技术能够建构去中心化的内容分发网络，通过网络中的每一个节点共同参与内容的存储和传播，大大降低了成本，提高了分发效率。更重要的是，去中心化的特性使得内容分发更加自由和开放，保障了信息的自由流通，为用户提供了更加丰富和多元的内容选择。

3.数字版权管理的新模式

区块链技术的另一个创新应用是通过智能合约实现自动执行的数字版权管理。智能合约是一种自动执行、无须第三方介入的合约执行机制，其能够在满足特定条件时自动执行合约条款。在媒体内容版权管理中，这意味着一旦用户支付了版权费用，系统就可以根据智能合约自动授权用户访问内容。这种方式不但大大提高了版权交易的效率，而且降低了交易成本，减少了版权纠纷，为内容创造者和消费者提供了便利。

4.扩展应用和挑战

尽管区块链技术在媒体内容版权保护方面展现出了巨大的潜力，但其应用仍面临一些挑战。例如，如何确保区块链上所记录版权信息的准确性和完整性、如何处理区块链技术与现有版权法律体系之间的关系等。此外，去中心化网络的建设和维护、智能合约的设计和执行也需要克服技术和法律上的难题。

5.结论

区块链技术为媒体内容版权保护提供了新的视角和工具，其不可篡改、去中心化和智能合约等特性，为解决版权盗用问题、建构自由开放的内容分发网络、实现高效的数字版权管理提供了可能。随着技术的不断成熟和应用案例的增多，区块链有望在智能媒体传播领域发挥更加重要的作用。

（二）云计算技术在媒体内容存储与处理中所扮演的关键角色

在快速发展的数字媒体时代，云计算技术已经成为媒体内容存储与处理的核心力量，为媒体行业带来了翻天覆地的变化。它通过提供高效、灵活、可扩展的解决方案，极大地提高了媒体内容管理的效率和质量，为媒体行业的创新和发展提供了新的可能性。

1.云端媒体资料库的建构

随着数字媒体内容的爆炸式增长，传统的本地存储方式已经无法满足日益增长的存储需求。云计算技术的出现，为媒体内容的存储提供了新的解决方案。云端媒体资料库

---

① 张允，张韵秋.区块链背景下学术期刊编辑流程创新驱动研究[J].中国编辑，2020（4）：9-14.

具有成本效益高、易于扩展、数据安全性强等显著优势，能够帮助媒体机构高效地管理海量媒体资料。通过将媒体内容存储在云端，媒体机构可以摆脱物理存储设备的限制，随时随地访问和管理自己的数据。同时，云服务提供商通常会提供多重数据备份和灾难恢复服务，确保数据的安全和稳定，大大降低了数据丢失的风险。

2.弹性计算资源在媒体处理中的应用

媒体内容的处理，尤其是高清视频、大型图像和复杂音频的处理，需要大量的计算资源。云计算提供了按需分配的弹性计算资源，使媒体机构能够根据实际需求动态调整计算能力，从而保证处理任务的高效执行。这种弹性计算资源的应用，不仅可以大幅度缩短媒体内容的处理时间，还可以根据项目需求灵活调整资源，避免了资源闲置和浪费，极大地降低了计算成本。此外，云计算平台通常还提供了一系列高级的媒体处理工具和服务，如视频编码、图像识别和音频处理等，进一步提高了媒体内容处理的效率和质量。

3.云服务支持的大规模并行内容分析

借助云计算的强大计算能力，媒体机构可以对海量媒体内容进行深入分析，挖掘内容价值和用户偏好。通过机器学习和数据分析技术，云计算可以帮助媒体机构从大数据中识别模式和趋势，优化内容推荐算法，提升个性化服务的水平。大规模并行内容分析不仅可以为用户提供更加精准、个性化的内容推荐，增强用户体验，还可以帮助媒体机构更好地理解用户行为和市场需求，更好地进行内容创作和产品开发，提高内容的吸引力和市场竞争力。

4.结论

云计算技术在媒体存储与处理中扮演着不可或缺的角色，它通过提供高效、灵活、可扩展的计算资源和服务，极大地推动了媒体行业的数字化转型。随着云计算技术的不断进步和应用的深化，未来媒体行业将实现更加高效的内容管理、更加精准的用户服务和更具创新性的业务模式，为用户带来更加丰富多彩的媒体消费体验。

（三）区块链与云计算技术的整合应用

在数字化时代，媒体内容的安全、高效传输与用户体验的优化成为行业发展的关键。区块链与云计算技术的整合应用，为解决这些问题提供了新的思路和方案。这种技术融合不仅保障了媒体内容的安全性和隐私性，还大大提高了内容的交易和分发效率，同时为用户带来了更加丰富和个性化的媒体消费体验。[1]

---

[1] 贾翱.区块链信息服务监管对象研究——以《区块链信息服务管理规定》第二条为中心[J].大连理工大学学报（社会科学版），2020（2）：57-62.

1. 确保媒体内容的安全与隐私

区块链技术的不可篡改性和透明性,加上云计算的强大数据加密和备份能力,为媒体内容的安全与隐私提供了前所未有的双重保障。区块链技术可以确保每一笔交易和每一次内容传输都被加密并记录在链上,这些记录对所有参与者开放,但又因加密技术而无法被未授权的第三方访问或篡改。这种机制极大地增强了数据的安全性和信任度。云计算技术的加入,进一步增强了数据保护的层次。通过云服务提供的动态数据加密、多重认证和持续的安全监控,可以确保媒体内容在存储和传输过程中的安全性。此外,云计算还支持数据的远程备份和灾难恢复,即使是在数据中心发生故障的情况下,也能快速恢复数据,保证媒体服务的连续性和稳定性。

2. 加速媒体交易与分发过程

通过区块链技术,媒体内容的版权交易和分发过程得以加速。区块链上的智能合约能够自动执行交易协议,一旦满足合约条件,如用户支付了相应的费用,系统便自动授权用户访问内容,这个过程不需要中介机构的参与,大大提高了交易的效率和透明度。与此同时,云计算技术的应用使得媒体内容的存储和分发更加高效。云平台提供的内容分发网络可以将内容缓存至全球各地的节点,用户访问媒体内容时,系统会自动选择最近的节点进行数据传输,大大缩短了加载时间,增强了用户体验。这种分布式的内容分发机制,不仅加速了媒体内容的传播,也降低了带宽成本,提高了分发效率。

3. 增强用户信任度与参与感

区块链技术的应用,使得用户能够直接查验媒体内容的版权信息和交易记录,这极大地提升了用户对媒体内容的信任水平。用户明确知道自己所消费的内容是正版,且版权所有者得到了应有的报酬,这种信任感使用户更愿意为高质量的媒体内容付费。同时,云计算技术支持的个性化内容推荐和高效的互动体验,进一步提升了用户的参与感。基于用户行为和偏好的大数据分析,云平台可以向用户推荐更加精准、更贴合其兴趣的内容。此外,通过云服务支持的社交功能和实时反馈机制,用户可以与内容创作者和其他观众进行互动,拥有更加丰富和动态的媒体消费体验。

4. 结论

区块链与云计算技术的整合应用,为媒体内容的安全保护、高效交易和分发以及用户体验的提升提供了强有力的技术支持。随着这两项技术的不断进步和融合,未来媒体行业将迎来更加安全、高效和个性化的新纪元。

第二节　智能媒体前沿科技概述

随着技术的不断进步，智能媒体的传播方式也在持续革新。本节将深入探讨几项前沿科技在智能媒体传播中的应用，包括云原生技术、量子计算技术、人脑接口技术以及第三代半导体技术。这些技术不仅推动了媒体行业的发展，也为用户带来了全新的体验。

一、云原生技术在智能媒体传播中的应用

云原生技术以其高效、灵活的特点，正在重新定义媒体内容的创作、存储、分发和消费方式。通过容器化技术、微服务架构、持续集成和持续部署等，云原生技术使得媒体应用开发和运营更加高效和可靠[①]，从而让媒体机构能够快速响应市场变化，轻松实现应用的扩展和迭代，同时确保内容的安全性和稳定性。此外，云原生技术支持弹性伸缩，可以根据用户访问量动态调整资源，有效应对流量高峰，提升用户体验。

（一）云原生技术的核心优势

云原生技术的核心优势在于其容器化技术、微服务架构、持续集成和持续部署能力。这些技术或能力共同建构了更加灵活、可靠的媒体应用开发和运营环境。其中：容器化技术保证了应用的快速部署和高效运行；微服务架构确保了系统的灵活性和可扩展性；持续集成和持续部署能力大大加快了产品迭代的速度。这些技术或能力的融合，使得云原生技术成为媒体行业创新发展的强大动力。

1. 容器化技术

容器化技术是云原生技术的基石，它通过将应用及其所有依赖项打包在容器内的方式，实现了应用的快速部署、一致性运行和跨环境的可移植性。对于媒体行业而言，这就意味着无论是新闻发布系统、内容管理平台还是用户分析工具，几乎所有应用都能在任何环境中快速启动和稳定运行，这极大地提高了媒体产品上市的速度和运营的灵活性。

2. 微服务架构

微服务架构将复杂的应用拆分为一组小型服务来运行，每个服务围绕特定业务功能

---

① 刘圣婴，王丽华，刘炜，等.数字人文的研究范式与平台建设[J].图书情报知识，2022（1）：6-29.

建构，并通过轻量级的通信机制相互协作。这一架构不仅提升了系统的灵活性和可扩展性，也使得媒体机构能够更快地响应市场变化，针对特定功能进行快速迭代和优化，从而更好地满足用户需求、顺应市场趋势。

3. 持续集成和持续部署能力

持续集成和持续部署能力是云原生技术中不可或缺的一部分，其通过自动化方式加快软件的建构、测试和部署过程。在媒体行业，内容和用户需求的快速变化要求产品能够迅速迭代更新，持续集成和持续部署流程能够确保新功能能够快速、频繁且安全地发布，从而保持媒体产品的竞争力和吸引力。

4. 实践案例与应用场景

一是新闻内容快速发布系统。通过利用容器化技术和微服务架构，媒体机构能够实现对新闻内容的快速编辑、审批和发布，同时保障系统具有较强的可用性和扩展性。

二是个性化内容推荐平台。利用微服务架构，媒体机构能够灵活地整合不同的数据源和算法模型，提供更精准的用户内容推荐，增强用户体验。

三是多平台内容分发系统。借助持续集成和持续部署流程，媒体机构能够快速将内容更新推送至网站、移动应用和社交媒体等多个平台，实现内容的广泛覆盖和快速传播。

5. 面临的挑战与前景展望

虽然云原生技术为媒体行业带来了诸多便利，但在实际应用中也面临技术转型难度大、安全性挑战、人才缺乏等问题。面对这些问题，媒体行业需要在技术、管理和文化层面进行深度融合和创新，以充分发挥云原生技术的潜力。展望未来，随着技术的不断成熟和生态系统的日益丰富，云原生技术将在媒体行业中扮演更加关键的角色，推动媒体内容的创新发展和高质量传播。通过这一技术，媒体机构不仅能提升运营效率，还能探索新的商业模式和用户互动方式，书写媒体行业新篇章。

（二）云原生技术在媒体内容处理中的应用

云原生技术极大地提升了媒体内容处理的效率和质量。在内容创作方面，云原生技术支持开发者快速建构和部署应用，使得新的媒体形式和内容可以快速推向市场。在内容存储和分发方面，云原生技术通过其自动伸缩特性，能够根据实时用户访问量动态调整资源，确保高峰时段的流畅访问。此外，微服务架构还允许媒体机构灵活地更新和维护各个服务模块，而不影响整体系统的稳定性，从而保证了内容的持续更新和高质量传输。

1. 加速内容创作与部署

在云原生环境下，开发者可以利用容器化技术和微服务架构等快速建构和部署应用。这极大地缩短了从内容创意到产品上线的周期，使得媒体机构能够迅速响应市场需求，推出新的内容形式和媒体产品。例如，对于一个新的新闻报道平台，通过云原生技术，开发团队可以在几天内完成原型的建构、测试和部署，迅速将新闻内容推送给公众。云原生技术的微服务架构允许媒体机构灵活地更新和维护应用的各个部分。这意味着对系统的微小改动不会影响到整体服务的稳定性，从而确保用户能够不间断地接收到最新内容。这在快节奏的媒体行业中尤为重要，使得新闻更新、节目调整、广告更替等操作可以实时进行，保持内容的新鲜度和相关性。

2. 优化内容存储与分发

云原生技术能够根据实时用户访问量动态调整资源，这对于处理高峰时段的流量具有重要意义。例如，在大型体育赛事直播或重大新闻事件报道期间，系统能自动增配服务器资源，确保所有用户都能够顺畅地访问内容。这不仅提升了用户体验，也减轻了后端服务器的压力，避免了潜在的系统崩溃风险。利用云原生技术，媒体机构能够更高效地建构和管理内容分发网络。通过使用在全球范围内分布的服务器缓存内容，媒体机构可以确保用户能够从最近的节点快速获取数据，大大提高了内容加载速度，缩短了系统响应时间。此外，云原生技术的持续集成和持续部署能力，也使得内容分发网络的维护和优化变得更加简单高效，能够为用户提供更加稳定和快速的访问体验。

3. 拓展应用场景

云原生技术的高度灵活性和可扩展性使得开发复杂应用成为可能。无论是对于需要大量计算资源的人工智能分析，还是对于需要高并发处理的在线直播服务，云原生技术都能提供强大的支持。这为媒体内容的多样化探索和创新提供了技术基础，使媒体行业能够不断推出新的应用和服务，满足了用户多元化的媒体消费需求。云原生技术还促进了媒体内容跨平台的整合和共享。通过标准化的API（应用程序编程接口）和服务接口，不同平台和应用之间的内容交换和整合变得更加容易。这使得用户可以在不同设备和平台上无缝接入自己感兴趣的内容，无论是文字新闻、娱乐视频还是社交媒体，都能实现一致的体验和互动，极大地丰富了媒体生态系统。

4. 结论

云原生技术正成为推动媒体内容处理效率和质量提升的关键力量。通过优化内容创作、存储和分发过程，云原生技术不仅加速了媒体产品的迭代更新过程，也为用户带来了更加丰富和流畅的媒体消费体验。随着云原生技术的不断进步及其应用的深化，未来媒体行业将迎来更多创新和变革，能够为全球用户提供更加高质量和多样化的内容服务。

（三）云原生技术提升用户体验

云原生技术不仅优化了媒体内容的后端处理流程，还直接提升了前端用户的体验感，让用户可以拥有更加流畅和稳定的媒体消费体验，无论是视频播放、在线直播还是互动媒体应用，都能实现更快速的响应和更高质量的内容。此外，云原生环境支持的快速迭代和持续部署能力，使得媒体产品能够快速响应用户反馈，不断优化和改进服务，进一步提高用户满意度和忠诚度。

1.无缝的媒体消费体验

云原生技术能够确保应用在用户访问高峰期自动增加资源，从而保持应用的快速响应和加载。这对于视频播放和在线直播尤为重要，用户不会因为加载缓慢而错过重要时刻，保障了观看的连续性和完整性。高可用性是云原生技术的一大特点，其在多个数据中心部署相同的服务实例，这样即使某一节点发生故障，用户的访问也能被自动切换到其他正常的节点，从而减少服务中断的可能性。这种稳定性对于维持用户体验至关重要，尤其是在观看重大直播事件或参与在线互动时。

2.持续优化的服务体验

云原生环境支持的快速迭代和持续部署能力，意味着媒体产品能够更快地响应市场变化和用户反馈。开发团队可以在短时间内推出新功能、修复bug（系统缺陷）或调整用户界面，让用户总能体验到最新最优的服务。这种能力不仅提升了用户满意度，也提升了用户对品牌的忠诚度。在云原生技术支持下，用户反馈可以通过自动化工具快速收集和分析，开发团队能根据这些反馈及时优化产品。无论是对用户界面的小幅度调整，还是对功能的重大更新，都能迅速实施，确保用户需求得到满足，进一步提升用户体验。

3.个性化的媒体服务

云原生技术支持的大数据分析和机器学习算法，能够对用户行为进行深入分析，提供精准的内容推荐服务。这不仅使用户能更快地找到自己感兴趣的内容，还为用户发现新兴趣和信息提供了可能，大大丰富了用户的媒体消费体验。随着多种智能设备的普及，用户希望在不同设备间切换时能保持一致的体验。云原生技术使得应用的状态和数据在云端统一管理，无论用户是在手机上观看视频还是在平板上继续阅读，都能实现无缝切换，增强了使用的便捷性和舒适度。

4.结论

云原生技术在提升媒体内容处理流程的同时，也对前端用户体验产生了显著的直接提升效果。通过确保应用的高效运行、快速迭代以及持续优化，云原生技术为用户提供了流畅、稳定且不断进步的媒体消费体验。随着技术的进一步成熟和应用的深化，未来云原生技术会在提升用户体验方面发挥更大的作用，推动整个媒体行业进一步朝着用户中心和技术驱动的方向发展。

二、量子计算技术在智能媒体传播中的应用

量子计算技术以其超强的计算能力和高效的信息处理能力，让智能媒体传播发生了革命性的变化。在数据加密和解密、大数据处理、复杂算法运算等方面，量子计算技术展现出了巨大的潜力。对于媒体行业而言，量子计算技术能够帮助人们处理和分析庞大的用户数据，提高个性化推荐的准确性和效率。同时，量子计算技术在加强内容安全保护、提升内容分发效率方面也发挥着重要的作用。

（一）加密技术与内容安全

在数字化时代，媒体内容的安全成为一个重要议题。量子计算技术在数据加密和解密领域的应用，为保护媒体内容提供了更为坚固的防线。利用量子计算技术中的量子加密技术，可以生成几乎不可能被破解的密钥，极大地增强了数据传输的安全性。对于媒体行业而言，这意味着无论是新闻报道、影视作品还是数字音乐，所有形式的内容都能在传播过程中获得更高级别的保护，从而有效防止版权侵犯和内容盗窃等。

1.量子加密技术的原理与优势

量子加密技术是一种把量子力学与加密技术结合的信息加密技术。信息发送方把信息加密之后发给接收方，接收方对信息进行解密之后才能使用。在密文传输过程中，如果发现有窃听者窃取信息，加密信息的量子状态就会改变，且改变之后永不复原；信息的发送方和接收方都可以轻易地检测到信息是否遭到窃取。[①]在量子纠缠中，任意两个或多个量子态可以在相隔很远的地方瞬间影响彼此的状态，而量子叠加态则使得量子比特可以同时处于多个状态。这两个量子力学特性的结合，为量子密钥分发（QKD）提供了理论基础，使得在两端共享的密钥的安全性得到了根本保障。

---

① 聂云霞，方璐，曾松.数字档案信息安全风险与防范策略探讨[J].档案与建设，2017（4）：4-8.

2.量子加密技术在媒体内容保护中的应用

在媒体行业，无论是新闻报道、影视作品还是数字音乐、电子书籍等，其内容都面临被非法复制和传播的风险。量子加密技术的应用，使得这些内容在生产、传输和消费的每个环节都得到了坚实的保护。对于时效性强、含有敏感信息的新闻报道而言，量子加密技术能确保其在传输过程中不被窃取或篡改，保障信息的真实性和安全性。对于影视作品、数字音乐而言，利用量子加密技术，制作公司能够确保其作品在分发过程中得到加密保护，有效防止未授权的访问和盗版问题，维护版权利益。出版社可以利用量子加密技术来保护电子书籍的版权，防止非法复制和传播，确保作者的知识产权得到尊重和保护。

3.面临的挑战

尽管量子加密技术在理论上提供了几乎无法破解的安全性，但在实际应用中仍然面临一系列挑战。首先是技术复杂性。量子加密技术的实现需要高度复杂的技术设备和精确的操作，这对技术门槛和成本都提出了不小的挑战。其次是兼容性问题。如何将量子加密技术与现有的数字媒体生产和传播系统有效集成，是需要考虑的问题。最后是法律与规范方面的问题。量子加密技术的应用需要相关法律和行业规范的支持，以确保技术的健康发展和应用的公平性。

4.前景展望

随着量子计算技术的不断进步和量子加密技术的日益成熟，其在媒体行业中的应用前景十分广阔。量子加密技术不仅可以为媒体内容的安全提供更加坚固的防线，还可以推动媒体行业在版权保护、内容传播等方面的创新发展。未来，量子加密技术有望成为媒体行业的"标配"，为媒体内容的安全传播提供强有力的支撑，也会为用户带来更加安全可靠的数字媒体消费体验。在这个过程中，媒体行业、技术提供商、政策制定者以及用户群体需要共同努力，共同应对技术和应用上的挑战，共同推动量子加密技术在媒体行业的健康发展和广泛应用。

（二）大数据处理与个性化推荐

量子计算技术的一个显著优势在于其处理大规模数据集的能力。在媒体传播领域，人们利用量子计算技术能够快速处理和分析海量用户数据，为个性化内容推荐提供强有力的技术支持。通过高效的数据分析，量子计算技术可以帮助媒体平台深入理解用户的偏好和行为模式，从而实现更准确、更个性化的内容推荐。这不仅能够提升用户的满意度和忠诚度，也为媒体机构带来了更高的用户参与度和更好的经济效益。

1.量子计算技术与大数据处理

量子计算技术之所以在大数据处理方面展现出巨大的潜力，主要得益于其超越传统计算模式的处理能力。量子比特的使用，使得量子计算机能够并行处理大量数据，实现在复杂数据分析和模式识别任务中的量级提升。对于媒体行业来说，这意味着可以在更短的时间内，处理和分析从社交媒体、新闻平台、视频网站等渠道收集来的海量用户数据。量子算法的优势在于，能够快速识别和分析大数据中的模式和趋势。这对于理解用户行为、偏好及其变化具有重要意义。通过量子计算，媒体平台可以更精确地预测用户兴趣，甚至在用户意识到自己的需求之前，就向其推荐相应的内容。

2.实现个性化的内容推荐

量子计算技术通过高效的数据分析，帮助媒体平台深入挖掘用户的偏好和行为模式。不同于传统的推荐算法，量子计算技术可以在处理用户交互数据、浏览历史、内容偏好等复杂信息时，更加准确地捕捉到用户的细微差别，从而实现高度个性化的内容推荐。个性化内容推荐的精准度直接影响用户的满意度和忠诚度。通过量子计算技术，媒体平台能够为用户提供更加贴合其个人兴趣和需求的内容，极大地增强用户体验。这种个性化服务不仅能够吸引新用户，还能提升现有用户的活跃度，提高用户留存率。量子计算技术在个性化内容推荐方面的应用，还会为媒体机构带来显著的经济效益。通过提供更加符合用户兴趣的内容，媒体平台可以有效地提升用户的参与度，增加页面浏览量和观看时间，从而直接或间接地增加广告收入和订阅收益。

3.面临的挑战与未来发展方向

尽管量子计算技术在大数据处理和个性化的内容推荐方面展现出巨大的潜力，但要将这一技术广泛应用于媒体行业，仍面临不少挑战。其中，量子计算机的研发和商用化进程、大规模量子数据的存储和处理问题、量子算法的开发和优化等，都是需要解决的关键问题。未来，随着量子计算技术的进步和成熟，以及相关算法和应用模式的不断创新，其有望在媒体传播领域发挥更加重要的作用。从提升内容推荐的精准度和效率，到开发新的媒体服务模式，量子计算技术将为媒体行业带来前所未有的变革和机遇，能够实现内容生产、分发和消费的全链条优化和升级。

（三）内容分发的效率提升

随着媒体内容形式的多样化和数字化传播渠道的拓展，如何高效地分发内容成为媒体行业面临的另一个挑战。量子计算在提升内容分发效率方面展现出巨大的潜力。借助量子计算技术强大的处理能力，人们可以优化内容分发网络，实现资源的动态分配和负载均衡，从而加快内容的传输和下载速度，确保用户能够在任何时间、任何地点获得流畅的媒体消费体验。

1.优化内容分发网络

内容分发网络是为解决用户大量访问互联网导致的网络拥堵而提出的技术解决方案，即在传统网络中添加新的层次，也就是智能虚拟网络。[①]量子计算技术凭借其强大的处理能力，可以实现内容分发网络中资源的动态分配和优化。传统的内容分发网络系统在处理大量并发请求时，往往依赖于预设的规则和固定的资源分配模式，这在用户访问量激增时容易出现拥堵，影响内容的传输效率。而量子计算技术能够根据实时的网络状况和用户请求动态调整资源，实现负载均衡，优化数据的传输路径，从而大幅度提升内容的分发效率。借助量子计算技术，内容分发网络的算法得以优化，内容的传输和下载速度得到显著提升。特别是对于高清视频、大型在线游戏等数据量大的媒体内容，量子计算技术能够有效缩短数据的加载时间，减少缓冲，确保用户获得流畅的观看或游戏体验。

2.保障全球用户的访问体验

量子计算技术的应用，使得内容分发不再受地域限制，能够保障全球用户获得高效、稳定的访问体验。通过优化全球内容分发网络节点的资源配置和数据路由，量子计算有助于实现内容的快速分发，无论用户身处何地，都能够实时获取高质量的媒体内容。在新闻热点事件、大型体育赛事直播等高峰时段，用户的访问请求量会急剧增加，给内容分发网络带来巨大压力。量子计算技术能够预测并应对这种突发的流量高峰，通过智能调度系统中的资源，确保网络不因超载而崩溃，保证所有用户都能拥有稳定的媒体消费体验。

3.促进媒体行业的创新发展

量子计算技术在提升内容分发效率方面的应用，不仅能够解决当前媒体行业面临的技术挑战，更有助于推动整个行业的创新发展。随着内容分发效率的提升，媒体机构能够更加灵活地尝试新的内容形式和服务模式，探索更加多元化的商业模型，为用户带来更加丰富多样的媒体内容和更加优质的消费体验。

4.结论

随着量子计算技术的持续发展和应用拓展，其在媒体内容分发领域的巨大潜力将逐步释放，这为解决内容分发效率低下等问题提供了创新方案。通过优化内容分发网络、

---

① 张新新.新闻出版业5G技术应用原理与场景展望[J].中国出版，2019（18）：10-13.

实现资源的动态分配和负载均衡，量子计算技术将极大地加快内容的传输和下载速度，确保用户在全球任何地点都能获得流畅的媒体消费体验。未来，量子计算技术将在媒体行业的数字化转型中扮演更加重要的角色，推动媒体内容的高效分发和创新发展，满足全球用户日益增长的媒体消费需求。

三、人脑接口技术在智能媒体传播中的应用

人脑接口技术通过直接连接人脑和计算机系统，实现信息的直接交换，为智能媒体传播开辟了新的路径。[①]这项技术可以用于增强用户的媒体消费体验，例如，通过分析用户的脑电波反馈，实时调整媒体内容以适应用户的情绪和偏好。此外，人脑接口技术还有望实现更加直观的媒体交互方式，比如，使用思维直接控制媒体播放，或者通过脑电波实现虚拟现实环境中的交互，大大增强用户的沉浸感和参与感。

（一）增强用户的媒体消费体验

人脑接口技术能够直接读取用户的脑电波，通过分析这些信号，实时调整媒体内容以更好地适应用户的情绪和偏好。这种个性化的媒体体验，能够使用户在消费媒体内容时感到更加舒适和满意。例如，如果系统检测到用户感到紧张或焦虑，它可以自动播放一些轻松的音乐或视频以帮助用户放松。同样，如果系统发现用户对某种类型的内容特别感兴趣，它可以推荐更多类似的内容，以满足用户的个性化需求。

1.实时适应用户情绪

人脑接口技术的突出优势就在于，能够实时捕捉并分析用户的情绪状态。利用这一技术，媒体平台能够根据用户当前的情绪变化，动态调整播放的内容类型。例如，如果用户在观看内容时出现紧张或焦虑的情绪波动，系统可以自动切换到轻松愉悦的音乐或视频，以帮助用户放松。这种情绪感应能力，不仅能够增强用户的观看体验，还能在用户面对压力或产生情绪波动时提供及时的情绪疏导。

2.提供个性化内容推荐

人脑接口技术能根据用户的脑电波分析用户对不同类型内容的偏好，从而提供更加精准的个性化内容推荐。如果系统识别到用户对某一类型的内容表现出明显的兴趣，如科技、文学或艺术，它便能推荐更多相似或相关的内容。这种个性化推荐机制能够让用户发现更多可能感兴趣的新内容，从而提升用户的满意度，增强用户黏性。

---

① 郭炯，郝建江.人工智能环境下的学习发生机制[J].现代远程教育研究，2019（5）：32-38.

3.促进创新的互动模式

人脑接口技术并不局限于改善传统的内容消费模式,还开发了全新的互动方式。例如,在虚拟现实或增强现实体验中,用户可以通过思维来控制虚拟环境中的对象,实现与内容的直接互动。这种创新的互动模式,能够让用户更加深入地沉浸于媒体内容中,提供更加丰富和真实的体验。

4.面临的挑战

尽管人脑接口技术在提升媒体消费体验方面展现出巨大的潜力,但其应用仍然面临技术、伦理和隐私等方面的挑战。如何确保数据的安全性、保护用户隐私,如何处理和解释复杂的脑电波数据,以及如何突破当前技术实现方面的限制,都是需要进一步研究和解决的问题。[①]

5.结论

人脑接口技术为媒体消费体验的提升提供了新的可能。通过实时适应用户情绪、提供个性化内容推荐,以及促进创新的互动模式,人脑接口技术有望为用户带来前所未有的媒体体验。随着技术研究的深入和相关伦理、隐私问题的妥善解决,人脑接口技术未来在媒体行业的应用将越来越广泛,这不仅能够极大地丰富媒体内容的形式,加大媒体内容的深度,还能从根本上提升用户的媒体消费满意度和忠诚度。

(二) 实现直观的媒体交互方式

人脑接口技术为实现更加直观和自然的媒体交互方式提供了可能。用户可以不做出任何物理动作,仅通过思维直接控制媒体播放,实现对媒体内容的选择、播放和暂停等操作。这种无界面的交互方式,不仅提升了操作的便捷性,也为用户带来了前所未有的体验。此外,在虚拟现实环境中,人脑接口技术可以通过解读用户的脑电波信号来控制虚拟角色的行动或交互,大大增强了虚拟现实体验的沉浸感和真实感。

1.思维直接控制:无界面的媒体互动体验

人脑接口技术最引人注目的创新之一是实现了通过用户的思维直接控制媒体内容的播放、暂停、选择等操作。这种交互方式彻底摒弃了传统的物理设备控制方式,在操作便捷性上实现了质的飞跃。例如,当用户想要更换音乐或者调整视频播放进度时,只需

---

① 耿晓梦,喻国明.智能媒体伦理建构的基点与行动路线图——技术现实、伦理框架与价值调适[J].现代传播(中国传媒大学学报),2020(1):12-16.

要简单进行思维指示，系统便能精准响应用户的意图，这极大地提升了媒体消费的灵活性和个性化体验。

2.虚拟现实的深度沉浸式体验

在虚拟现实和增强现实等领域，人脑接口技术正在打造全新的互动模式。通过解析用户的脑电波信号，这项技术能够在没有任何物理设备介入的情况下，让用户通过思维控制虚拟环境中的对象或角色，产生前所未有的沉浸感和真实感。这种直接的脑机互动，不仅使得虚拟体验更加自然、流畅，还为教育、娱乐、远程操作等多个领域提供了广泛的应用可能，掀起了虚拟内容创新的浪潮。

3.个性化媒体内容的创新模式

人脑接口技术在提升媒体交互直观性的同时，也为媒体内容的个性化和创新提供了强有力的支持。利用这项技术，媒体平台能够实时捕捉用户的情绪和反应，根据用户的实时反馈动态调整内容展示方式，甚至生成贴合用户情绪和偏好的定制内容。这种高度个性化的交互方式不仅能够增强用户的满意度和忠诚度，也为内容创作者提供了全新的创作平台，激发创意和创新的无限可能。

4.技术发展面临的挑战

尽管人脑接口技术为媒体交互带来了巨大的潜力和机遇，但其发展同样面临诸多挑战，包括技术的精确性、用户隐私保护、伦理道德问题等。如何平衡技术创新与个人隐私保护的关系，确保技术应用的安全和道德，是人脑接口技术发展过程中需要重点关注和解决的问题。

5.总结

人脑接口技术正在引领智能媒体交互方式发生深刻变革。它不仅使媒体操作变得更加直观、自然，还为虚拟现实体验提供了更深层次的沉浸感，同时推动了媒体内容个性化和创新的发展。随着技术的不断进步，未来的媒体交互将变得更加丰富多彩，为用户带来更加个性化和沉浸式的新体验。然而，伴随技术发展而来的挑战也不容忽视，未来的探索将是技术创新与伦理道德考量的平衡之旅。

（三）推动媒体内容创新和多样化

人脑接口技术的应用，不仅能提升用户体验，还能推动媒体内容的创新和多样化。借助这项技术，创作者可以探索新的内容形式和表达方式。比如，根据用户的心理反应实时生成或调整音乐、影像等内容，使媒体作品能够更加贴合用户的情感和心理状态，提供更加丰富和深刻的情感体验。此外，人脑接口技术也为互动艺术、教育培训以及心理健康等领域的应用开辟了新的道路，拓展了智能媒体的应用范围和深度。

1. 为媒体创作带来新灵感

人脑接口技术通过直接与用户的大脑沟通，获取用户的即时心理反应和情感状态，为媒体创作者提供了前所未有的灵感来源。创作者可以利用这些信息，实时调整音乐旋律、影像色彩或故事情节，使作品更加贴近用户的内心世界。例如，当用户在观看一部电影或听一段音乐时，系统能够实时捕捉用户的情绪变化，创作者则可以据此调整内容，以更好地引起用户的共鸣。这种以用户为中心的创作模式，不仅能够提升作品的吸引力，也能够带给用户更加独特和个性化的媒体消费体验。

2. 拓展媒体内容的表现形式

随着人脑接口技术的发展，媒体内容的表现形式也在不断拓展。这项技术为创作者提供了更加多元的表达工具和平台，使他们能够探索新的艺术形式和创作方法。[1]在互动艺术领域，艺术家可以创建能够感知观众情绪并做出反应的作品，使艺术作品与观众之间建立起更加直接和深刻的情感连接。在教育培训领域，通过分析学习者的心理状态，实时调整教学内容，以适应学习者的认知和情绪需求，从而提高教学效果。此外，人脑接口技术还可以应用于心理健康领域，通过分析用户的心理状态，为用户提供个性化的放松或心理疏导内容，帮助用户缓解压力，提升心理健康水平。

3. 促进跨领域融合创新

人脑接口技术的应用促进了不同领域的融合与创新，尤其是科技与艺术的深度融合。科技的进步为艺术创作提供了新的可能性，艺术家可以利用人脑接口技术探索更加丰富和立体的艺术表达方式，而科技领域的研究者也可以通过艺术作品更好地理解人类的心理和情感。这种跨领域的合作不仅丰富了媒体内容的创新性和多样性，也推动了人类对心理、情感以及艺术表达的深入理解和探索。

4. 面临的挑战与机遇

尽管人脑接口技术为媒体内容的创新和多样化带来了更多的可能性，但其发展和应用也面临诸多挑战，包括技术精确性、用户隐私保护、伦理道德问题等。如何在尊重用户隐私和保障信息安全的前提下，充分发挥人脑接口技术的创新价值，是在其未来发展过程中需要重点关注的问题。

---

[1] 孙静.数字鸿沟视域下老年人接触和使用智能媒体的现状、问题与对策研究——基于湖州市老年人智能媒体接触和使用的调查[J].新闻爱好者，2021（4）：31-34.

5.总结

人脑接口技术正在推动媒体内容创作朝着更加个性化、互动化和多样化的方向发展，这为媒体行业发展带来了新的机遇。随着技术的不断成熟和社会对该技术应用的深入理解，人脑接口技术将在尊重和保护用户权益的基础上，为媒体领域带来更多创新成果和社会价值。

四、第三代半导体技术在智能媒体传播中的应用

第三代半导体材料，如碳化硅（SiC）和氮化镓（GaN），因其优异的电气性能和耐高温特性，正成为推动智能媒体传播技术发展的关键材料。这些材料能够支持更高效率、更小尺寸的电力转换和信号处理设备，为智能媒体设备提供强大的动力。在5G通信、超高清视频处理、移动设备和可穿戴设备等领域，第三代半导体技术的应用将极大地提高数据传输速率和处理能力，推动智能媒体内容的高质量传播。同时，我国正加紧布局第三代半导体材料产业，加大GaN、SiC衬底和器件的研发力度，一些涉及半导体材料的科技企业，如中国电子科技集团有限公司、华润微电子有限公司、闻泰科技股份有限公司等，产业竞争力不断增强。[①]

（一）提升智能媒体设备性能

第三代半导体材料使智能媒体设备的电力转换和信号处理更加高效和紧凑。与传统的硅材料相比，碳化硅和氮化镓可以在更高的频率下工作，同时提供更高的能效和更小的尺寸。这意味着使用这些材料的智能媒体设备，如智能手机、平板电脑和可穿戴设备，不仅能够实现更快的数据处理速度，还能拥有更长的电池寿命和更轻巧的设计。这些优势对于提升用户体验至关重要，特别是在需要长时间使用或高速数据处理的场景中。

1.高效电力转换的革命

碳化硅和氮化镓在电力转换效率方面的表现远超传统硅材料，让智能媒体设备发生了革命性的变化。这些材料可以在更高的频率下运作，使电力转换过程更加高效，从而显著减少了能量损耗。对于智能媒体设备而言，这意味着在更低的能耗下可以实现更强的性能，尤其是在处理大量数据和复杂算法时，设备仍能保持高效运作。这一特性对于延长设备电池续航能力、支持更加复杂的应用场景（如4K/8K视频播放、高级图形渲染等）具有重要意义。

---

① 杨道州，苗欣苑，邱祎杰.我国集成电路产业发展的竞争态势与对策研究[J].科研管理，2021（5）：47-56.

2. 设备小型化与设计创新

第三代半导体技术使得智能媒体设备的小型化设计成为可能。与传统硅基半导体相比，碳化硅和氮化镓能够在更小的尺寸下提供相同或更高的性能。这为智能手机、平板电脑、可穿戴设备乃至未来的微型智能设备提供了新的设计可能性，使得这些设备不仅性能强大，而且更加轻便、美观。例如，智能手表能够在保持轻薄设计的同时，提供更加强大的数据处理能力和更长的电池使用时间，满足用户对便携性与功能性的双重需求。

3. 加速数据处理与提高响应速度

在智能媒体的应用场景中，快速的数据处理和响应是提升用户体验的关键。碳化硅和氮化镓材料的高频特性意味着智能媒体设备能够更快地处理数据，无论是进行复杂的图像处理、视频解码，还是运行高负载的应用程序，都能实现更加流畅和迅速的响应。这一优势在高清视频播放、大型在线游戏、实时通信等对数据处理速度和设备响应有极高要求的场景中体现得尤其明显，为用户带来了无缝、高效的媒体消费体验。

4. 面临的挑战与未来展望

尽管第三代半导体技术让智能媒体设备实现了巨大的性能提升和使用体验改善，但在广泛应用这些新材料的过程中仍面临诸多挑战，如成本控制、生产工艺的完善、市场的广泛接受等。未来，随着技术的不断进步和成本的逐步降低，第三代半导体材料有望在智能媒体传播领域得到更广泛的应用，进一步推动智能设备朝着效能、环保、人性化的方向发展，为用户带来更加丰富多彩的媒体体验。

5. 总结

第三代半导体技术正引领智能媒体设备进入一个全新的发展阶段，其在提升设备性能、加速数据处理以及支持创新设计方面的潜力将不断被挖掘，为智能媒体的传播与消费带来深远的影响。随着这一技术的成熟与普及，我们有理由期待一个更加智能、高效和人性化的媒体世界。

（二）加速5G通信和超高清视频处理

第三代半导体技术在5G通信和超高清视频处理领域展现出了巨大的应用潜力。5G通信依赖于高频率的信号传输，而碳化硅和氮化镓材料的高频性能使它们成为5G基站和终端设备的理想选择。同样，这些材料的高效率和快速响应特性，也使得超高清视频的实时处理成为可能，极大地提高了视频内容的质量和传输速度。随着5G网络的广泛部署和4K/8K视频内容的增加，第三代半导体技术将在智能媒体传播中发挥越来越重要的作用。

1. 5G通信：开启高速网络新时代

5G通信技术以其高速率、低延迟和大连接数为核心特性，对半导体材料提出了更高的要求。碳化硅和氮化镓材料的出现，正好满足了5G对高频信号传输的需求，使得5G基站和终端设备能够实现更快的数据传输速度和更广的覆盖范围。碳化硅和氮化镓不仅能够在高频下工作，还具备极高的热导率和电力效率，这使得5G设备在处理大量数据时能够保持较低的能耗和较小的体积。在5G基站的部署上，这意味着能够实现更加紧凑、高效的设计，大大降低了运维成本并提升了网络服务的质量和稳定性。对于终端设备而言，使用第三代半导体材料能够延长电池寿命，提供更加流畅的5G网络体验。

2. 超高清视频处理：提升视觉体验的关键

随着4K、8K等超高清视频内容的普及，对视频处理能力的要求也随之提升。传统的半导体材料在处理大量数据时，往往会遇到瓶颈，无法满足低延迟、高效率的处理需求。第三代半导体材料的出现，为解决这一问题提供了有效方案。碳化硅和氮化镓材料的高效率和快速响应特性，使得超高清视频的实时处理成为可能。在视频编码、解码、传输和显示等环节，这些材料能够确保数据得到快速、准确的处理和传递，极大地提高了视频内容的质量和传输速度。特别是在直播、在线教育、远程会议等需要实时视频处理的应用场景中，第三代半导体技术的应用，能够提供更加清晰流畅的视觉体验，满足用户对高质量视频内容的需求。

3. 促进智能媒体内容的高质量传播

第三代半导体技术不仅加速了5G通信和超高清视频处理的发展，也为智能媒体内容的高质量传播奠定了基础。在5G网络的支持下，结合碳化硅和氮化镓材料的高效视频处理能力，用户可以随时随地观看高清晰度的视频内容，通过虚拟现实、增强现实或3D影像技术，获得更为丰富和真实的体验。这一技术进步，不仅增强了用户的媒体消费体验，也为内容创作者和媒体平台提供了更广阔的创新空间和更多的市场机会。

4. 总结

第三代半导体技术的发展和应用，为5G通信和超高清视频处理带来了颠覆性的变革，极大地提升了智能媒体传播的效率和质量。随着这些技术的不断成熟和广泛部署，未来的智能媒体传播将更加高速、智能和多样化，为用户带来更精彩和更高质量的媒体体验。同时，这也对半导体产业、媒体产业以及相关技术研发提出了新的挑战。我们期待，在不断的探索和创新中，能够充分发挥第三代半导体技术在智能媒体传播中的巨大潜力。

(三) 推动智能媒体内容的高质量传播

第三代半导体技术的应用,为智能媒体内容的高质量传播提供了强大的技术支持。这些材料的高性能使得智能媒体设备能够处理和传输大量的数据,无论是高清视频直播、大型在线游戏,还是复杂的虚拟现实应用,都能够让用户获得流畅和高质量的体验。此外,第三代半导体技术还支持更加高效的数据中心运营和云计算服务,确保了媒体内容的快速存储和分发,满足了用户对高速、高质量媒体内容的需求。

1.提升传输效率和质量

第三代半导体技术使得数据的处理和传输效率得到了极大的提升。对于高清视频直播来说,这意味着能够支持更高的分辨率和更低的延迟,让用户即使是在网络条件不佳的情况下也能拥有清晰流畅的观看体验。对于大型在线游戏,第三代半导体技术能够处理更复杂的图形和逻辑运算,确保游戏画面的高清晰度和高帧率,增强玩家的沉浸感。在虚拟现实应用中,这种技术支持更快的数据处理速度和更高的图像质量,为用户提供了更加逼真的虚拟体验。

2.优化数据中心和云计算服务

随着第三代半导体技术的应用,数据中心和云计算服务的运营效率也得到了显著提高。这些技术支持的数据中心能够以更低的能耗处理更多的数据,这不仅降低了运营成本,也减少了对环境的影响。云计算服务得益于第三代半导体技术的高效率和快速响应特性,其能够提供更加可靠和灵活的服务,支持从高清视频编辑到复杂科学计算的各类高负载应用。这为媒体内容的创作、编辑、存储和分发提供了强大的后端支持,确保内容创作者可以快速地将高质量内容呈现给用户。

3.满足用户对高速、高质量内容的需求

在数字时代,用户对媒体内容的需求日益增长,这不仅体现为数量上的增加,更重要的是体现为对内容质量和传播速度的高要求。第三代半导体技术的应用,使得媒体传播平台能够满足这些需求,无论是4K、8K的超高清视频,还是实时互动的虚拟现实应用,都能通过高效的数据处理和快速的信息传输技术,为用户提供高质量的媒体体验。此外,随着5G网络的普及,第三代半导体技术在端到端的高速数据传输中发挥着不可或缺的作用,它支持媒体内容以更快的速度和更高的质量传播给用户。

4.面临的挑战与未来发展

尽管第三代半导体技术在推动智能媒体内容高质量传播方面展现出巨大潜力,但在

实际应用过程中仍然面临成本、技术成熟度以及市场接受度等方面的挑战。未来的发展不仅需要技术的进一步突破和优化，还需要行业内外的广泛合作（包括材料供应商、设备制造商、内容创作者以及服务提供商等），共同推动第三代半导体技术在智能媒体领域的应用。

5. 结论

第三代半导体技术正成为推动智能媒体内容高质量传播的重要力量。通过提升数据处理和传输效率，优化数据中心和云计算服务，这项技术不仅满足了用户对高速、高质量媒体内容的需求，也为媒体行业的未来发展提供了新的可能。随着技术的不断进步和应用的深入，第三代半导体技术可以为智能媒体传播带来更多创新和变革，为全球用户带来更加丰富和精彩的媒体体验。

本章小结

在本章中，我们介绍了智能媒体技术的多个前沿领域，从自动化内容生成到个性化推荐系统，从物联网与5G技术的融合应用到区块链与云计算在版权保护和数据处理中的革命性作用。这些技术的进步不仅展示了智能媒体的现状，更为我们勾勒了充满无限可能的未来图景。自动化内容生成技术为我们提供了一种全新的内容创作方式，它使新闻报道、艺术作品的生成变得更加高效，但同时也引发了关于创作权归属和质量保证的讨论。个性化推荐系统通过深入分析用户行为，为用户呈现最合其口味的内容，极大地提升了媒体消费的个性化水平和用户满意度。物联网与5G技术的结合，不仅使媒体内容的传播更加高效，还为用户提供了更加丰富的互动体验。区块链技术在确保版权保护和内容分发透明度方面的应用，为解决长期以来的版权争议问题提供了一种创新的解决方案。云计算技术则以其强大的存储和处理能力，支撑起了海量媒体内容的高效管理和分析。

通过本章的学习，我们不仅对智能媒体的技术基础有了深入的了解，更重要的是，我们看到了科技革新如何推动媒体行业朝着更加智能化、个性化和互动化的方向发展。互联网将以往单向的信息传播模式转变为双向连接，传受二者的角色定位也不再是一成不变的，而是时常互相变换的。未来的媒体将不再是单向的信息传播，而是成为一个互动丰富、内容多样、体验个性化的生态系统。作为即将步入或已身处媒体行业的从业者，了解这些技术的发展趋势和应用场景，不仅能够帮助其更好地适应未来媒体环境的变化，更能够激发其在工作和生活中的创新思维。让我们充分利用这些技术，共同探索和塑造智能媒体的未来！

思考与练习

1. 你认为物联网、5G、区块链、云计算等技术将如何共同塑造未来的媒体产业？
2. 自动化内容生成技术能够提高内容生产的效率，但也引发了对创意质量的担忧。请阐述你如何看待这一矛盾，并提出可能的解决方案。
3. 讨论个性化推荐系统可能带来的社会影响，并思考如何设计推荐系统以避免这一问题。
4. 区块链技术在实际应用中面临哪些挑战？探讨这些挑战并提出可能的解决策略。

推荐阅读文献

[1]方兴东，顾烨烨，钟祥铭.ChatGPT的传播革命是如何发生的？——解析社交媒体主导权的终结与智能媒体的崛起[J].现代出版，2023（2）：33-50.

[2]彭兰，安孟瑶.智能时代的媒体与人——2022年智能传播研究综述与未来展望[J].全球传媒学刊，2023（1）：3-18.

[3]吕尚彬，李雅岚，侯佳.智媒体建设的三重逻辑：数据驱动、平台打造与生态构建[J].新闻界，2022（12）：13-24.

[4]吕尚彬，黄鸿业.权力的媒介：空间理论视域下的智能媒体与公众参与[J].湖北大学学报（哲学社会科学版），2022（5）：150-157.

[5]黄升民，刘珊.重新定义智能媒体[J].现代传播（中国传媒大学学报），2022（1）：126-135.

第三章

智能媒体的传播理论解读及哲学启示

◆ 学习目标

1. 能够区分麦克卢汉与德克霍夫的延伸思想。
2. 了解智能媒体具身传播的发展与演变。
3. 识别吉布森的可供性理论对智能空间的解释力。

在新闻传播学的发展史上，智能媒体的出现是一个重要的转折点。以算法、人工智能、大数据、云计算、ChatGPT等前沿技术为依托的智能媒体，正在重新定义信息的采集、处理和分发过程。它不仅改变了新闻内容的生产方式，还对受众的消费习惯和互动模式产生了深远的影响。本章旨在从传播理论与传播技术哲学的角度对智能媒体进行深入解读。

第一节 智能媒体的传播理论解读

在数字化浪潮的推动下，智能媒体作为新闻传播领域的新兴形态，正以其独特的技术优势和传播特性，重塑着信息生产与消费的全貌。智能媒体不仅仅是技术的升级，还代表了一种全新的传播理念，涉及数据挖掘、算法推荐、自动化内容生成等多个方面。

本节将从传播理论的角度对智能媒体进行深入解读，探讨其在现代社会中的运作机制及其对传统新闻传播实践与现代人社会生活带来的挑战和影响。

一、智能社会人机共生：后人类主义赛博格理论与具身传播

随着算法、人工智能、大数据、云计算、ChatGPT等智能技术的发展，人类进入智能社会，人与机器之间的关系也发生了翻天覆地的变化。在智能技术的赋能下，机器从过去作为人的工具的身份中开始了主体性的觉醒，甚至有发生"主奴关系"颠倒的危险，即作为人的工具的机器将人作为工具。在这一背景下，赛博格理论与具身传播为我们提供了一个理解和探讨人机共生现象的理论框架。

（一）智能媒体的崛起与人机共生

智能媒体的崛起标志着新闻传播行业进入了一个新时代。人工智能、机器学习、自然语言处理等技术的发展，使得媒体内容的生产、分发和消费变得更加智能化。智能媒体平台能够根据用户的行为和偏好，提供个性化的新闻和信息，从而增强用户的参与度和满意度。在智能媒体时代，人机共生的现象日益明显。用户与智能设备和平台进行互动，形成了一种新型的共生关系。这种关系不仅体现在信息的获取和消费上，也体现在内容的创造和分享上。用户通过智能设备表达自己的观点和情感，而智能设备则通过算法和数据分析，为用户提供反馈和建议。智能媒体中的赛博格身份是人机共生的一个重要表现。用户在智能媒体平台上的数字化身份，往往融合了个人特征和机器特性。这种身份不仅反映了用户的个人品位和兴趣，也受到了智能平台算法的影响。

（二）赛博格理论概述

赛博格（Cyborg）一词由cybernetics和organism组合而成，指的是计算机控制的混合生物体，其由生物体和机器组成。[①]在后人类主义的视角下，赛博格成为探索人机融合现象的重要概念。赛博格理论的核心在于探讨人类与技术之间的界限如何变得模糊。随着技术的发展，人类开始通过各种方式与机器融合，如使用假肢、植入芯片等。这种融合不仅改变了人类的身体，也影响了人类的身份认同和社会文化。在学术界，赛博格理论已经被广泛应用于多个领域，包括哲学、社会学、文化研究等。学者们用这一理论探讨技术如何影响人类的自我认识、社会关系和文化表达。

---

① ［美］唐娜·哈拉维.类人猿、赛博格和女人——自然的重塑[M].陈静，译.开封：河南大学出版社，2012.

（三）具身传播的智能化转型

具身传播强调身体在传播过程中的重要性。在智能媒体时代，具身传播经历了智能化转型。虚拟现实、增强现实和混合现实技术的应用，为用户提供了全新的具身体验。通过虚拟现实和增强现实技术，用户可以沉浸在虚拟环境中，体验到与现实世界完全不同的感受。这种技术不仅改变了用户获取信息的方式，也改变了用户与信息互动的方式。用户不再是被动接收信息的对象，而是可以主动探索和体验信息的参与者。情感计算是具身传播智能化转型的重要方面。智能系统可以通过分析用户的语音、表情和行为模式，识别用户的情感状态，并据此调整信息的呈现方式。这种技术使得信息传播更加个性化和情感化，增强了用户的参与感和满意度。

（四）人机共生面临的挑战与机遇

在智能媒体时代，人机共生虽然在很大程度上解放了人类，但也带了一些新问题。在伦理层面，隐私保护和数据安全成为亟待解决的问题。智能媒体平台在为用户提供个性化服务的同时，也可能侵犯用户的隐私。在社会层面，智能媒体可能导致信息泡沫和回音室效应，加剧社会分化和数字鸿沟。用户可能只接触到与自己观点相符的信息，从而限制了视野和认知。然而，智能媒体也为新闻传播行业带来了新的机遇。通过技术创新，媒体可以更好地满足用户的需求，提高信息的传播效率。同时，智能媒体也为民主政治的发展提供了新的平台和工具。智能媒体时代为人机共生提供了新的平台和可能性。后人类主义赛博格理论为我们理解这一现象提供了深刻的洞见。在具身传播领域，智能技术的应用正在改变我们的交流方式和体验。面对智能媒体带来的挑战和机遇，我们需要在技术创新和伦理责任之间找到平衡点。未来，新闻传播学的研究需要更加关注人机共生的发展，以形成更加健康和谐的信息传播环境。同时，我们也需要挖掘智能媒体在促进社会进步和民主参与方面的潜力。

综合以上内容，我们可以看到，智能媒体环境下的人机共生关系正在重塑我们的交流模式和认知结构。后人类主义赛博格理论为我们提供了理解和探索这一新现象的理论工具。通过深入研究智能媒体中的具身传播，我们可以更好地把握技术发展趋势，推动实现人机和谐共生的未来。

二、人的"智能延伸"：从麦克卢汉到德克霍夫的延伸思想

智能媒体作为最新的媒介形态，有着许多新特点，但无论媒介如何发展，在理解智能媒体的过程中，麦克卢汉的媒介延伸论及其后继者德克霍夫的数字延伸观都是绕不过去的学术奇点。

（一）麦克卢汉的媒介延伸论

麦克卢汉是媒介研究领域的先驱，他的理论至今对智能媒体的发展仍具有深远的影响。麦克卢汉在其著作《理解媒介：论人的延伸》中提出，媒介是人类感官和机能的延伸。他指出，媒介不仅仅是信息传递的工具，更是人类社会和文化变革的催化剂。与此同时，他还提出了两个对于理解媒介至关重要的观点。第一个观点为媒介即讯息。麦克卢汉认为，媒介本身对社会的影响远远超过了其传递的具体内容。媒介改变了人类的感知方式和社会结构。第二个观点为冷热媒介。他进一步区分了冷媒介和热媒介，认为热媒介提供具有高清晰度的信息，如电影、电视等，而冷媒介则要求受众参与其中，如阅读、演讲等。

（二）德克霍夫的数字延伸观

德克霍夫在《文化的肌肤》一书中，将麦克卢汉的理论扩展到数字时代。他提出，数字技术不仅是人类智能的延伸，更是对人类身份和存在方式的重塑。具体而言，德克霍夫认为，数字技术和智能手机、可穿戴设备等一样，已经成为人类智能的延伸。这些设备增强了人类的记忆力、计算能力和感知范围。通过增强现实技术，人们可以超越物理世界的局限，拥有更丰富的信息和感知体验。

（三）智能媒体作为智能延伸的实践

当今社会，智能媒体及其新实践促使麦克卢汉和德克霍夫的理论得到新的发展。一是算法推荐。智能媒体平台通过算法推荐系统，为用户提供个性化的内容，增强了用户的信息获取能力和决策能力。二是自动化新闻。自动化新闻生成技术，如机器人写作，正在改变新闻生产的方式，提高了新闻的时效性和可及性。三是虚拟现实与增强现实。虚拟现实与增强现实技术在新闻传播中的应用，为用户提供了沉浸式的新闻体验，扩展了用户的感知范围。

智能媒体作为人的智能延伸，不仅在技术层面具有重要意义，还在哲学层面提供了深刻的启示。首先，在人机关系方面，智能媒体的发展促使我们重新思考人与机器的关系。人类不再是单纯的信息接收者，而是与机器共同参与信息的创造和传播。其次，在认知扩展方面，智能媒体扩展了人类的认知边界，使得人类能够理解和处理更多的信息，推动了认知科学的发展。最后，在社会互动方面，智能媒体改变了社会互动的方式，使得人们可以打破时间和空间的限制，进行更加广泛和深入的交流。

通过对麦克卢汉和德克霍夫相关理论的探讨，我们可以看到智能媒体在现代社会中的角色和影响。智能媒体的发展不仅需要技术的推动，还需要哲学的指导和社会的适应。未来，新闻传播学的研究需要更加关注智能媒体的智能延伸现象，以促进更加健康、和谐的信息传播环境的形成。

三、揭示智能技术的本质：吉布森可供性理论视角下的智媒生态

在新闻传播学领域，智能媒体的迅猛发展要求我们深入理解其背后的技术本质。在这一方面，詹姆斯·吉布森的可供性理论为我们提供了一个独特的视角，能够帮助我们洞察智能媒体生态的特性和潜力。

（一）吉布森可供性理论

吉布森提出了"可供性"（affordance）这一概念，强调环境提供给生物的行动可能性。可供性不是物体的固有属性，而是物体与生物之间的关系。在智能媒体生态中，技术、内容与用户之间的互动构成了可供性的核心。技术可供性即智能技术提供了新的信息处理和传播方式，如算法推荐、自然语言处理等。内容可供性即内容的生产和分发变得更加个性化和智能化，满足了用户的多样化需求。用户可供性即用户与智能媒体的互动方式更加多样，包括定制新闻、参与式内容创作等。从吉布森的可供性理论视角来看，智能媒体的功能主要体现在信息获取渠道的优化、内容生产的智能化、用户互动的增强、社会参与的促进等方面。

（二）智能媒体生态的结构

智能媒体生态是由技术、内容、用户以及社会文化环境共同构成的复杂系统，具体包括技术层、内容层、用户层、社会文化层。最基础的是技术层，其包括人工智能、大数据、云计算等基础技术，为智能媒体的运行提供支持。接着是内容层，其涵盖新闻、信息、娱乐等多种形式，通过智能技术实现个性化生产和分发。之后是用户层，用户不仅是内容的消费者，也是内容的生产者和传播者，与智能媒体形成互动。最后是社会文化层，智能媒体生态受到社会文化背景的影响，同时对社会文化产生反作用。

（二）智能媒体生态存在的问题

智能媒体生态的发展带来了一系列挑战。一是信息泡沫和回音室效应。算法推荐可能导致用户只接触到与自己观点相符的信息，限制了视野。二是隐私和数据安全问题。智能媒体对用户数据的收集和使用引发了用户隐私和信息安全方面的担忧。三是新闻质量的保障。自动化新闻写作等技术的应用需要确保新闻的准确性和公正性。四是媒体伦理的重塑。智能媒体时代的伦理问题需要重新审视和定义。

吉布森的可供性理论为我们提供了理解和分析智能媒体生态的有力工具。智能媒体不仅是技术的集合体，而且是一个包含技术、内容、用户和社会文化等多个层面的生态

系统。在这一系统中,技术、内容和用户之间的互动关系构成了智能媒体的核心价值。智能媒体的发展要求我们重新思考新闻传播的实践,包括信息的获取、内容的生产、用户的互动以及社会参与等方面。同时,我们也需要面对智能媒体带来的挑战,如信息泡沫、隐私保护和新闻质量等问题。未来,新闻传播学的研究和实践需要更加关注智能媒体的可供性,探索如何利用智能技术优化信息传播过程,提高新闻质量,保护用户隐私,并促进健康的社会对话。

四、理解智能空间的传播:从哈维到索亚的空间传播理论解读

随着算法、大数据、人工智能、ChatGPT等智能技术的发展,智能媒体逐渐成为当代人生活的新空间。[1] 在这种情况下,清楚智能空间是如何形成、如何传播的,成为我们理解智能时代的关键。

(一)哈维与索亚的空间理论

大卫·哈维是当代西方地理学家中以思想见长并影响极大的一位学者,他在《后现代的状况》中提出了空间和时间的"压缩"概念。哈维认为,在资本主义的推动下,空间和时间被压缩,使得全球范围内的交流和交换变得更加迅速和频繁。哈维的时空压缩理论强调了现代通信技术缩短距离和加速信息流通,而智能媒体作为传播的新形式,正是时空压缩的体现,其改变了信息传播的方式和速度。

爱德华·索亚是美国著名城市地理学家和社会学家,他提出了"第三空间"的概念。索亚认为,除了物理空间和精神空间之外,还存在一个融合了现实和想象、经验和虚拟的第三空间。索亚的第三空间理论为人们理解智能媒体提供了新的视角。智能媒体建构了一个既非完全物理也非完全虚拟的传播空间。在智能媒体的第三空间中,信息传播不再受物理空间限制,同时融入了用户的个性化体验和互动。

(二)智能空间的传播特性与传播实践

智能空间是指由智能技术建构的,具有交互性、连通性和智能化特征的空间。交互性即智能空间允许用户与信息内容进行互动,如虚拟现实和增强现实技术的应用。连通性即智能空间通过互联网连接不同的用户和设备,实现了信息的顺畅流通。智能化即智能空间利用人工智能技术进行信息的自动处理和个性化推荐。

在智能空间的传播实践中,我们可以观察到以下几个方面的特点。一是个性化内容分发。智能算法根据用户的行为和偏好,提供个性化的内容推荐。二是社交互动的

---

[1] 骆正林.数字生活:网络空间生产对现实世界的复杂影响[J].江苏社会科学,2024(2):94-102.

增强。社交平台利用智能技术，增强了用户之间的互动和连接。三是虚拟世界与现实世界的融合。通过虚拟现实和增强现实技术，智能媒体模糊了虚拟世界和现实世界的界限。

总之，哈维和索亚的空间传播理论为我们提供了理解和分析智能空间传播的理论基础。智能媒体不仅是技术的集合体，而且是一个包含技术、内容、用户和社会文化等多个层面的生态系统。在这一系统中，空间的重构和第三空间的建构是智能媒体的核心价值。智能媒体的发展要求我们重新思考新闻传播的实践，包括信息的获取、内容的生产、用户的互动以及社会参与等方面。同时，我们也需要面对智能空间带来的挑战，如隐私保护、信息泡沫等。未来，新闻传播学的研究和实践需要更加关注智能空间的传播特性，探索如何利用智能技术优化信息传播过程，提高新闻质量，保护用户隐私，并促进健康的社会对话。通过深入理解智能空间的传播特性，我们可以更好地把握技术发展趋势，推动新闻传播行业的创新和发展。

第二节　智能媒体的传播技术哲学启示

在智能媒体背景下，技术哲学作为专门探讨技术的本质、发展及其对社会的影响的研究领域，为我们理解技术如何塑造传播实践提供了框架。与此同时，技术哲学也为我们应对智能媒体在发展过程中出现的一系列挑战提供了方法。

一、"房间里的大象"：智能社会的"合谋性沉默"与隐私让渡问题

在智能媒体时代，个人隐私的保护正面临前所未有的挑战。智能设备和应用程序通过算法为用户提供个性化的服务和体验，在这背后是对个人数据的大量收集和分析。这些数据包括用户的地理位置、消费习惯、健康信息等敏感内容，它们在用户并非充分知情的情况下被记录和利用。这种现象被形象地称为"房间里的大象"，暗示着隐私问题的显著存在和被忽视的现状。

（一）隐私让渡：智能媒体发展中的核心问题

隐私让渡的复杂性体现在多个方面。首先，随着技术的发展，个人数据的收集和分析变得更容易也更隐蔽，用户往往在不知不觉中就失去了对自己数据的控制权。其次，社会对个性化服务的需求不断增长，这促使企业和组织更加积极地收集和利用用户数据。最后，法律和伦理道德的滞后和无力也使得隐私保护面临挑战。现有的法律体系很难适应快速变化的技术环境，而伦理道德的约束力在商业利益面前显得苍白无力。

隐私权的保护需要在动态的社会实践中不断探索和完善。这意味着我们需要重新审视和定义隐私权，建立与数字时代相适应的隐私保护机制。这包括：加强技术规制，提高算法的透明度和可解释性；完善法律体系，明确数据收集和使用的边界；强化伦理教育，提高公众的隐私保护意识。通过这些措施，我们可以在保护个人隐私的同时，促进技术的健康发展和社会的和谐进步。

（二）"合谋性沉默"：隐私让渡的形成

个性化服务是智能媒体吸引用户的重要因素之一。通过分析用户数据，智能媒体能够推送用户感兴趣的内容，提供定制化的广告和产品推荐。然而，这种个性化服务的实现，往往以牺牲用户的隐私为代价。用户在享受便利时，可能并未意识到自己的隐私数据已经被收集和分析，甚至被用于其他未知的目的。

在智能媒体的普及过程中，用户、技术提供者、广告商之间形成了一种"合谋性沉默"。用户为了获得所谓的"免费服务"，往往默许了各种平台对个人数据的收集；技术提供者为了追求更高的利润，往往在隐私政策中使用模糊的语言，以规避责任；广告商则通过获取用户数据来进行精准营销。这种"合谋性沉默"使得隐私问题被有意无意地掩盖和忽视。

（三）隐私保护的多维路径

隐私保护需要从多个维度努力。

第一，技术层面的透明度和可解释性。这是保护隐私的重要手段，其要求智能媒体的开发者和提供者对算法的工作原理、数据的收集方式和使用目的进行清晰、准确的说明，让用户能够轻松地了解他们的数据是如何被使用的，以及如何行使自己的权利，比如如何访问、更正和删除自己的数据。此外，还应加强对隐私保护技术的研发和应用，如差分隐私、数据脱敏等，以减少对个人隐私的侵犯。

第二，法律层面的数据保护法规。这是确保隐私权不受侵犯的关键。政府和立法机构要加强对数据保护法规的制定和执行。首先，应明确数据收集和使用的原则，如合法性、正当性和必要性原则。其次，应加强对违规行为的处罚力度，加大违法成本。最后，还应加强对跨国流动数据的监管，保护用户数据在全球范围内的安全。

第三，社会伦理层面的公众意识。提高公众的隐私保护意识是建构健康数字社会的基础。这需要通过教育、媒体和公共宣传等途径，提高公众对隐私问题的认识和理解。公众应了解个人数据的价值和风险，学会保护自己的隐私。同时，还应培养公众的伦理意识，使他们能够自觉地尊重他人的隐私权。此外，公众的参与和监督也是推动隐私保护工作的重要力量。

在智能媒体时代，我们需要在保护个人隐私与享受技术便利之间找到平衡点。这离不开技术提供者、立法者、社会公众的共同努力，以确保在数字化浪潮中，个人隐私得到妥善保护。技术提供者应尊重用户的选择，提供更多的隐私保护选项；立法者应制定和完善相关法律，为隐私保护提供法律依据；社会公众应增强自己的隐私保护意识，积极参与到隐私保护的行动中来。通过这些努力，我们可以在享受智能媒体带来的便利的同时，确保个人隐私得到有效的保护。

二、"第三只眼"：从"流动监控"到"超级全景监狱"的风险警示

在数字化与网络化交织的智能媒体时代，监控技术的发展与应用达到了前所未有的深度与广度。从公共安全到私人生活，从实体空间到数字空间，监控似乎成为无处不在的"第三只眼"。这部分将探讨在智能媒体环境下，监控技术如何从"流动监控"演变为"超级全景监狱"，并对其潜在风险进行警示。

（一）"流动监控"的兴起与"超级全景监狱"的孕育

随着移动通信技术与物联网的发展，监控技术不再局限于固定的摄像头与传感器，而是变得更加流动与灵活。流动人口家庭使用家庭摄像头作为远距离沟通与监控的手段，这些设备通过 Wi-Fi 或 4G/5G 连接，能够实现双向语音、红外夜视、远程监控等功能。"流动监控"的兴起，为远距离家庭成员提供了一种"在场感"，满足了其情感需求，但也带来了一些新的社会问题。

"超级全景监狱"是一个比喻，指的是在智能媒体环境下，个体几乎无法脱离监控的范围。这种"超级全景监狱"不仅包括传统的物理监控，还涵盖数字监控，如社交媒体分析、网络行为追踪等。在这种环境下，个体的隐私和自由面临前所未有的挑战。

（二）智能媒体带来的传播风险

一是隐私侵犯。监控技术的应用，使得个人隐私更容易受到侵犯。家庭摄像头的使用，虽然满足了家庭成员间的情感交流需求，但也存在被黑客攻击、数据泄露等风险。此外，智能媒体平台的算法推荐、用户行为分析等，也在无形中侵犯了用户的隐私。

二是权力集中。随着监控技术的发展，数据和信息的控制权越来越集中在少数企业和政府部门手中。这种权力集中可能导致权力滥用，如监控数据被用于非授权的目的，或者在没有适当监管的情况下被商业化。

三是社会分化。监控技术的不平等使用可能导致社会分化。例如，有能力购买和使用高级监控设备的个人或团体，可能比那些没有这种能力的人拥有更多的权利。这种社会分化可能会加剧社会不公平和不平等。

四是法律和伦理挑战。智能媒体环境下的监控活动，对现有的法律体系和伦理标准

提出了一定的挑战。如何制定合适的法律法规来保护个人隐私、如何确保监控技术的合理使用，成为亟待解决的问题。

智能媒体时代的监控技术，无疑为社会带来了诸多便利，但同时也伴随着巨大的风险。我们需要在享受技术红利的同时，警惕其潜在的负面影响，通过多方面的努力，建构一个更加安全、公正、健康的智能媒体环境。

三、从图灵测试到阿西莫夫定律：理解人与机器的伦理冲突与规制

要探讨智能媒体的伦理冲突与规制，我们不可避免地要回顾人工智能的发展历程，特别是图灵测试和阿西莫夫定律这两个具有里程碑意义的节点。

（一）图灵测试：人工智能的测试与智能媒体的起点

图灵测试是人工智能领域的经典概念，它由英国数学家、逻辑学家、密码分析师阿兰·图灵提出。图灵在1950年的论文《计算机器与智能》中提出了"机器能否思考"这一问题，并设计了一种测试方法，即一个人与一台机器进行交流，如果这个人不能区分对方是人还是机器，那么这台机器就可以说通过了图灵测试。这个测试不仅是一种技术挑战，更是对机器智能的哲学探讨。

图灵测试的核心在于判断机器是否具备人类智能的特征，即能否模仿人类的交流方式。随着技术的发展，图灵测试的标准也在不断发生变化。例如，2014年，一个名为"尤金·古斯特曼"的聊天机器人在一次活动中让33%的评委相信它是人类，它因此被视为人工智能史上的里程碑。但是，这种通过欺骗和模仿实现的"智能"是否真正符合伦理道德的要求，仍然是一个值得探讨的问题。

（二）智能媒体的伦理冲突

智能媒体的发展带来了一些伦理问题，如算法偏见、隐私侵犯、信息泡沫等。这些问题的根源在于智能媒体的算法设计和数据处理方式。例如，算法推荐系统可能会根据用户的历史行为来推送内容，这可能导致信息的单一化和偏见的加剧。

智能媒体的伦理冲突还体现在算法的透明度和可解释性上。深度学习等技术使得算法的决策过程变得复杂且难以理解，这被称为黑箱算法。黑箱算法的不透明性导致了信任危机，人们难以判断算法的决策是否公正、合理。

（三）阿西莫夫定律：智能机器伦理规制的开始

科幻作家艾萨克·阿西莫夫在其机器人系列小说中提出了著名的"机器人三定律"，

旨在确保机器人不会伤害人类或违反人类的命令，除非这些行为与更高级别的定律相冲突。这些定律为机器人的行为设定了基本的道德框架。

阿西莫夫的"机器人三定律"强调了人类对智能机器的控制和责任，但同时也引发了关于机器自主性和伦理责任的讨论。例如，如果一个机器人在执行任务时造成了意外伤害，那么责任应该由谁承担——是机器人本身、机器人的制造商，还是下达命令的用户？

有鉴于此，为了解决智能媒体的伦理冲突，需要建立一套有效的规制机制。这包括技术规制、法律规制和社会规制三个层面。

在技术规制层面，在算法设计阶段，就应考虑到伦理原则，如公平性、透明度和可解释性。例如，通过设置公平校准机制和动态评估机制，确保算法的决策过程可以被监控和调整。在法律规制层面，政府和监管机构应制定相应的法律法规，保护用户的隐私权和数据安全，同时确保智能媒体的透明度和责任追究。在社会规制层面，公众、媒体和非政府组织应参与智能媒体的监督和评估，通过公众教育和舆论监督来推动智能媒体的伦理自律。

本章小结

智能媒体的出现标志着新闻传播领域的一次重大变革。它依托算法、人工智能、大数据、云计算等前沿信息技术，不仅改变了信息的采集、处理和分发方式，还重塑了人与机器之间的关系。本章从传播理论与传播技术哲学的角度对智能媒体进行了深入解读，探讨了其在现代社会中的运作机制、面临的挑战以及带来的机遇。

在传播理论方面，智能媒体的发展促使人们重新审视人机共生现象。赛博格理论与具身传播为理解这一现象提供了理论框架。然而，人机共生也带来了隐私保护、数据安全、信息泡沫等伦理和社会问题。智能媒体的崛起还促使人们重新思考麦克卢汉的媒介延伸论和德克霍夫的数字延伸观。在智能媒体时代，算法推荐、自动化新闻和虚拟现实技术等推动了人类智能的延伸，同时也引发了人们对人机关系、认知扩展和社会互动的哲学思考。此外，吉布森的可供性理论也为人们理解智能媒体生态提供了新的视角。智能媒体生态由技术、内容、用户和社会文化等多个层面构成，技术可供性、内容可供性和用户可供性共同构成了智能媒体的核心价值。然而，智能媒体生态也面临着信息泡沫、隐私保护和新闻质量等挑战。未来的研究需要关注智能媒体的可供性，探索如何优化信息传播过程，保护用户隐私，并促进健康的社会对话。

从传播技术哲学层面来看，智能媒体的发展为人们带来了诸多启示和挑战。隐私让渡成为智能媒体发展中的核心问题，用户、技术提供者和广告商之间的"合谋性沉默"使得隐私问题被忽视。为保护隐私，需要从技术透明度、法律规制和社会伦理等多维度入手，建立适应数字时代的隐私保护机制。同时，智能媒体时代的监控技术从"流动监控"演变为"超级全景监狱"，带来了隐私侵犯、权力集中、社会分化和法律伦理挑战等风险。我们需要警惕这些风险，通过多方面的努力建构安全、公正的智能媒体环境。此外，智能媒体的伦理冲突也日益凸显。图灵测试和阿西莫夫定律为我们理解人与机器的伦理冲突提供了理论基础。为解决这些冲突，需要建立技术、法律和社会层面的规制机制，确保智能媒体的发展符合伦理道德的要求。

概言之，智能媒体的发展不仅改变了信息传播的模式，还对人类的认知、社会关系和伦理道德产生了深远影响。未来的研究和实践需要更加关注智能媒体的传播特性、技术哲学和伦理问题，以推动技术的健康发展和社会的和谐进步。

思考与练习

1. 智能媒体与传统媒体、新媒体有什么区别？
2. 智能媒体未来的发展趋势是什么？
3. 除了上述理论，你认为哪些理论对于人们认识与理解智能媒体也有一定的帮助？

推荐阅读文献

1. [美]赫伯特·马尔库塞.单向度的人：发达工业社会意识形态研究[M].刘继，译.上海：上海译文出版社，2008.
2. [英]马丁·李斯特，乔恩·多维，赛斯·吉丁斯，等.新媒体批判导论[M].2版.吴炜华，付晓光，译.上海：复旦大学出版社，2016.
3. [德]韩炳哲.精神政治学[M].关玉红，译.北京：中信出版集团，2019.
4. [美]约翰·杜翰姆·彼得斯.对空言说：传播的观念史[M].邓建国，译.上海：上海译文出版社，2017.

第四章

智能媒体在新闻行业的革新与发展

◆ 学习目标

1. 理解智能媒体在新闻行业中的应用及其对新闻业务的革新与发展。
2. 掌握机器人写作、区块链新闻、AI合成主播等智能自动化技术在新闻生产中的应用。
3. 了解智能场景是如何拓展新闻品类与用户体验形态的。
4. 了解大数据在新闻数据智能采集与可视化呈现中的作用。
5. 理解智能媒体技术对新闻行业未来发展趋势的影响,培养批判性思维,形成前瞻性视角。

人工智能技术正在深刻变革新闻业的传播实践形态与人类的生活方式,影响着媒体融合的深度和广度。从机器人的自动化写作应用,到区块链技术对虚假新闻的自动核查,从新闻数字藏品的发展,到大数据催生新闻数据的智能采集与可视化呈现等,新的媒介技术正在重塑新闻生产的流程与结构。智媒时代下的"人工智能+媒体"已成定势,我们既然无法逃避技术,就只能提高对技术的理解与驾驭能力,将人本精神嵌入技术。这是本章内容的要义之所在。本章深入探讨了智能媒体技术在新闻行业中的应用及其带来的变革。智能媒体技术正在全面重塑新闻行业的生产、分发和消费模式,不仅提高了新闻生产的效率和质量,也为用户带来了更加丰富和个性化的新闻体验。

第一节 智能自动化推动新闻业务迭代更新

自动化技术的兴起正在深刻地改变新闻行业的面貌，推动新闻业务迭代更新。在这个过程中，机器人写作、区块链新闻以及AI合成主播成为新闻业务自动化的重要推动力量。当前人工智能、大数据、云计算、区块链、虚拟现实、增强现实、物联网等技术共同推动新闻行业的变革和发展，其通过提升内容生产质量、优化传播模式、增强用户体验、确保数据安全和推动商业模式创新，为新闻业带来新的机遇和挑战。

一、机器人写作：自动化写稿的新闻生产与重塑

新闻写作机器人指的是一种基于人工智能和大数据技术进行新闻稿件生产的计算机程序，它可以自动收集信息，并且借助算法对数据信息进行自动化分析、处理和加工，从而生成较为完整的新闻报道。机器人写作是智能媒体技术应用于新闻领域的产物，智能化新闻写作的速度优势满足了当下快节奏社会的信息需求。[1]机器人的新闻写作具有效率高、时空广、更精准等优点，可以抓取更多的信息素材，为新闻制作提供更多的信息来源，提高新闻生产的效率，解放生产力，同时弥补记者在应对突发性新闻时反应滞后的不足。[2]

（一）机器人写作在新闻领域的现实应用

尽管人们怀疑机器只能写出糟糕的故事，但这并不妨碍机器人写作愈来愈为新闻机构所采纳。AI记者开始上岗替代人类记者。目前，机器人写作在新闻领域主要应用于财经、体育新闻等相对模式化的领域。AI记者根据预先设计的模板和算法抓取信息，生成新闻报道。[3]

1.新华社的"快笔小新"

新华社的"快笔小新"是一款基于人工智能技术的机器人记者，它能够自动采集数据、分析信息，并快速生成新闻稿件。自2015年引入以来，"快笔小新"主要应用于体育和财经新闻的撰写，极大地提升了新闻编辑的效率和质量。它不仅支持中文稿件的生成，还能撰写英文稿件，体现了跨语言的新闻生产能力。

---

[1] 马超.机器人生成新闻与人工写作新闻可读性的对比分析[J].新媒体公共传播，2023（1）：45-56.
[2] 齐琳珲.新闻写作机器人性别偏见的个案研究[J].青年记者，2021（4）：43-45.
[3] 胡泳，周凌宇.把关理论与现代社会的重构[J].新闻与写作，2021（8）：41-51.

2. 美联社的WordSmith

2014年7月，美联社宣布将采用Automated Insights公司开发的WordSmith程序进行公司财报类新闻的写作。WordSmith用自然语言生成（NLG）技术，将复杂的数据和统计信息转化为流畅、易懂的新闻报道。WordSmith擅长处理财经和体育新闻，通过预设的模板和机器学习算法，它能自动分析数据，生成高质量的新闻稿件，大大提升了新闻生产的效率和速度。

3. 腾讯的Dreamwriter

腾讯财经开发的自动化新闻写作机器人Dreamwriter能够根据算法在极短的时间内自动生成新闻稿件，并进行即时分析和研判，迅速将重要资讯和解读传递给用户。这款机器人已经在体育、财经、证券、科技等多个领域实现了批量报道和规模化应用，累计发文接近千万字，展示了其在内容创作方面的强大能力和高效性。

4. 今日头条的xiaomingbot

今日头条媒体实验室与北京大学计算机所共同研发的xiaomingbot（张小明）是一款专为新闻写作设计的人工智能机器人。它能够基于大数据分析、自然语言理解和机器学习技术，快速撰写新闻稿件，还能通过分析比赛实时数据，整合信息与写作模板中的相关短语匹配，承担大量有关比分和奖牌数的实时报道工作。在里约奥运会上，xiaomingbot以其高效的写作能力，成功撰写了数百篇关于羽毛球、乒乓球、网球等项目的比赛简讯和报道，展示了其在体育新闻领域的应用潜力。

5. DeepSeek

DeepSeek快速、便捷、可接近的特征将自动化写作的权利下放至每一位用户，它的出现标志着自动化新闻写作的又一次进步。该平台通过集成先进的自然语言处理技术和机器学习算法，不仅能够快速撰写新闻稿件，还能根据实时数据和事件动态更新内容，确保信息的时效性和准确性。此外，它还具备高度的定制化能力，允许用户根据不同的新闻题材和风格偏好调整写作模板，从而满足多样化的新闻生产需求。

可以看到，机器人写作在不同新闻领域的应用，从财经、体育到自然灾害报道，都可以提高新闻生产的效率和质量。机器人写作应用于新闻生产领域，极大地提高了新闻生产的效率，也在一定程度上实现了对新闻行业的重构。未来，我们可能看到更多人类记者与机器人协作的模式。

（二）机器人写作对新闻行业的重构

1.降低新闻生产成本，提高写作效率

机器人写作可以降低新闻生产成本，提高写作效率。自动化新闻写作系统减少了对专业记者和编辑的人力依赖，利用算法和预设模板快速生成新闻稿件，显著提升了新闻写作的速度和准确性，同时降低了因人为错误导致的成本。此外，这些系统能够全天候运行，不受时间限制，优化了资源分配，使记者和编辑能够专注于深度报道等更具价值的任务，从而在整体上降低了新闻生产的成本，提高了新闻机构的运营效率。[①]

2.强化数据分析能力，促进新闻创新

自动化新闻写作系统可以强化数据分析能力，促进新闻创新。自动化新闻写作系统通常具备强大的数据分析能力，其集成先进的数据分析技术，能够从海量数据中快速识别相关模式和趋势，为新闻报道提供深度分析。[②]这不仅增强了新闻内容的丰富性、拓展了新闻内容的深度，还推动了新闻报道形式的创新，促进了新闻生产和传播方式的多样化。

3.分析用户行为偏好，进行个性化内容创作

机器人写作可以根据用户的行为偏好生成个性化内容。自动化新闻写作系统通过分析用户的历史阅读行为、点击率、停留时间等数据，利用算法挖掘用户的偏好和兴趣点，然后将这些偏好与新闻内容匹配，生成能够满足用户个性化需求的新闻标题和内容。这种方法不仅能增强用户的阅读兴趣，增加点击和阅读量，还能保证新闻标题的事实一致性，避免误导读者。

（三）机器人写作的伦理与价值反思

我们需要意识到，尽管机器人写作在新闻生产中发挥了重要作用，但也面临一些挑战和争议。有学者指出，虽然机器人有一定的创造力，但是缺乏心智和人格，缺乏对事物的基本价值判断。机器人通过学习文本创作的模板，可以实现从单纯性数据编写到一定程度上的个性化写作，然而社会现象的复杂性和人情感思维的变化难以让其在深度报

---

① 葛晓晶.新媒体时代与智媒体时代的新闻产业链重构[J].科技传播，2019（24）：74-75.
② Feng L.Analysis of Intelligent Content Production in Mainstream Media at the Current Stage—Exploring the Limitations of Machine Writing in Mainstream Media[J].Communication & Education Review，2022，3（1）：269-298.

道上做出较为准确的描述，因而需要记者和编辑进行对立场描写和价值选择的"把关"。①

基于智能媒体技术所进行的新闻生产与分发以及工具理性的生成，技术在人文向度被遮蔽的情况下难以实现与公众的"共情"。缺乏思想性和人文性的"换汤不换药"的新闻生产方式无法通过"人情味""接地气"的信息输出建立与受众主体的情感互动。②这也可能导致新闻同质化、缺乏深度报道，以及对新闻工作者角色的冲击等问题。工具理性引导下的智能媒体传播止步于将公众视为他者而非主体的信息传递表层，消解了人的主体性。因此，新闻机构和从业者需要在采纳这些技术的同时，考虑如何平衡新闻报道的自动化和人性化，以确保新闻的高质量和多样性。

二、区块链新闻：虚假新闻自动核查与版权保护

区块链技术是一种互联网数据库技术，也被称为分布式账本技术，其具有去中心化、公开透明、不可篡改等显著特点，可以让普通用户参与数据库记录。2015年，区块链从比特币中脱离出来，作为一种全新的独立技术，逐渐被广泛应用于社会经济和生活等不同场景。区块链新闻是一种利用区块链技术特性，通过区块链网络进行新闻内容的创造、存储和分发的新型数字新闻形态。它不仅改变了新闻的生产、制作和传播方式，还通过在区块链上记录所有新闻活动的痕迹，确保了新闻内容的真实性和可追溯性，从而提高了新闻的可信度和透明度。③当下，媒体平台在虚假信息的传播方面缺乏有效的监管机制，导致假新闻泛滥，而新兴的区块链技术或许可以为对抗虚假新闻和新闻版权保护提供一些有益的方法。

（一）分布式记账保证新闻客观公正

去中心化是区块链技术最本质的特点，也是其区别于其他网络技术的根本标志。在去中心化的要求下，数据信息以"账本"的形式分布存储在网络的各个节点上，而各个节点间既可以实现"点对点"的信息交流，又可以用一种高度加密的算法相互连接在一起，这有效地保证了数据的完整性和可靠性。④在区块链技术的"加持"下，去中心化的自媒体新闻生产可以消除中心，将新闻传播和选择的权利交回新闻生产者手中，实现"点对点"的快速传播，隔离媒体平台对新闻的选择性传播。⑤

---

① 周雯雯.智媒时代机器人新闻写作的伦理问题探析[J].记者观察（中），2023（2）：127-129.
② 聂智，孙雅.智能传播：工具理性与价值理性的关系重构[J].青年记者，2020（23）：10-11.
③ 诸廉，吴羽飞.基于区块链技术的新闻产业生态重构[J].新闻记者，2021（10）：77-84.
④ 陈志美，李敬辉.基于区块链技术下的自媒体新闻业发展探究[J].中国新通信，2019（11）：143.
⑤ Pan Hong.区块链技术破解社交媒体平台发展痛点——以Synereo为例[J].情报探索，2019（7）：64-67.

(二) 数据追溯使新闻来源有据可查

区块链技术通过时间戳机制确保了新闻内容的可追溯性。每条新闻内容在发布时都会被赋予一个时间戳，这个时间戳记录了新闻的发布时间和发布者信息。这使得读者可以通过查看区块链上的记录来验证新闻的来源和发布时间，从而对新闻的可信度做出判断。[1]此外，时间戳的存在也使得对虚假新闻的追责变得更加容易，因为区块链记录了新闻传播的每一个环节，任何篡改行为都会留下痕迹。同时，得益于时间戳的及时生成性和不会丢失性，其可以永久地跟随新闻产品，避免因多次复制或转载出现信息消解现象，让新闻产品即使被重新编辑，也能够通过时间戳找回原始样本，从而轻松实现信息的核查和存档。[2]

(三) 智能合约促进开放式新闻生产

在新闻区块链中，可以尝试通过智能合约创设类似"新闻币"的代币，以便建构一种包括受众方在内的开放性新闻生产的新方式。区块链技术中的共识机制可以用于建立一个多方参与的新闻审核系统。在这个系统中，多个独立的审核者需要对新闻内容的真实性达成共识，并将其记录在区块链上。这种共识机制可以有效地减少虚假新闻的产生，并提高新闻的可信度。这种机制可以用于确认各节点数据的一致性，搭建真正的信任网络。在区块链中，人人都有权记录，并且互相辨认，以辨别真假。也就是说，"账本"（新闻内容）写完之后，不同节点可以"核账"。只有当足够多数量的校验节点在内容验证后认为"账本"是真实可信的，其才会与审读意见一起被公布。区块链的共识机制天然地为针对虚假新闻的事实核查机制提供了基础。每个节点都会成为核查和被核查的主体，在共识建立的过程中，节点之间的信任也得以建立。共识机制很有可能成为媒体在未来重塑公信力的关键。[3]

(四) 非对称加密使信息难以被篡改

区块链由一个个区块组成，每个区块都有其独一无二的哈希值。哈希值之于区块，就像身份证号之于人类。每个区块的哈希值都是不一样的，因此人们可以通过哈希值来标识区块。此外，哈希值实际上是根据区块头计算出来的，只要区块的内容变了，就一定会引起哈希值的变化。因此，哈希值具有不可修改性。一旦有人修改了一个区块，所

---

[1] Malik N, Wei M Y, Appel G, et al. Blockchain technology for creative industry: Current state and research opportunities[J]. International Journal of Research in Marketing, 2022(4): 25-47.
[2] 董媛媛, 赵广宇. 后真相时代区块链重塑新闻真实的路径[J]. 当代传播, 2020 (5): 68-70, 81.
[3] 张心志. 区块链技术驱动下新闻生产再建构——基于区块链媒体平台创新机制研究[D]. 上海: 上海社会科学院, 2020.

有的区块就会发生变化。除非有人能够计算出所有改变后的哈希值，否则被改掉的区块就会自动脱离区块链。但几乎不可能有人具备如此强的计算能力。因此，区块链在某种意义上是密封的，数据一旦写入，就无法被更改。[①]区块链的这种特性避免了传播过程中的转载方或恶意软件扭曲信息、断章取义，使得虚假新闻难以在传播环节中产生。

区块链技术不仅为新闻版权保护提供了新的解决方案，通过分布式账本和时间戳，确保了新闻内容的原创性和版权归属，同时也推动了新闻生产模式的变革，促进了新闻业与公众之间的紧密连接，有望创造共享的、开放的、流动的社会化新闻协作生产环境。尽管区块链技术在新闻领域的应用前景广阔，但是由于区块链技术的工作需要大量的计算资源来验证交易并维护网络的安全性，因此区块链技术的实施需要消耗大量的电力，这是区块链与生俱来的局限，也是建立开放透明的新闻网络需要解决的问题。在当前的媒体环境中，考虑到政治与经济因素，传统机构媒体难以使用公有链去搭建新闻平台。

三、AI合成主播：自动播报建设新闻拟人新形态

AI合成主播是基于"自然交互+知识计算"这一人工智能理念下的"分身"技术而建构的拟人化仿真主播形象，其结合了人脸重构、语音系统、情感迁移等多项前沿技术。AI合成主播能够利用人们输入的文字和语音，用指定中/英文主播的声音和形象生成视频进行播报，同时确保视频中的声音和人脸的唇形动作、面部表情自然一致，展现出与真人新闻主播播报一样生动逼真的信息传播效果。[②]采集端向生成端输入基本数据信息，如新闻稿件、事件内容或播报设置等，AI合成主播以智能化的终端模拟形象播报新闻。AI合成主播在各类新闻播报领域有着广泛的应用，这不仅促进了语音播报的发展，也创造了一种新闻播报拟人化的新形态。

（一）AI合成主播的发展与应用

在媒体加速转型发展的当下，人工智能技术在传媒业的应用已是大势所趋。AI合成主播简化了新闻制作流程，提高了传播效率，降低了节目制作成本，在当下已经有较为广泛的应用，并逐渐风靡全球。

1.AI合成主播"姚小松"

2018年7月，AI合成主播"姚小松"首次亮相于香港RISE科技峰会，引起全球新闻

---

① 郭恩强，梁杰兵.区块链对新闻生产的重构——以"透明性"为中心的研究[J].新闻大学，2019（2）：33-42.
② 李倩.智媒时代工具理性与价值理性的博弈——以AI合成主播为例[J].东南传播，2020（1）：27-29.

传媒行业的广泛关注。"姚小松"的声音和形象均以央视主持人姚雪松为原型。2019年3月，在"3·15"晚会开播之际，AI合成主播"姚小松"正式上岗。"姚小松"能够24小时不间断地播报新闻，大大提高了新闻传播的效率。它通过语音合成、唇形合成、表情合成以及深度学习等技术，模仿真实主持人的声音、面部表情和动作，实现了与真人几乎无异的新闻播报效果。

2. AI合成主播"新小浩"

2018年11月，在第五届世界互联网大会上，新华社和搜狗公司联合发布了以新华社男主播邱浩为原型的AI合成主播"新小浩"。"新小浩"运用了最新的人工智能"分身"技术，从声音、形象、唇形动作和表情动作都做到了对真人主播的"完美克隆"。2019年2月，随着图形生成引擎的优化，新华社和搜狗公司联合发布了升级版本的站立式AI合成主播"新小浩"。AI合成主播从"坐着播新闻"再度升级成结合肢体动作的"站立式播报"，表达方式更加多样化。

3. AI合成主播"新小萌"

2019年3月，新华社和搜狗公司联合发布了以新华社新闻主播屈萌为人物原型的全球首个AI合成女主播"新小萌"。"新小萌"参与了全国两会的新闻报道。"新小萌"的诞生是人工智能与新闻采编技术深度融合的突破性成果，其通过最新的人工智能技术，提取真人主播新闻播报视频中的声音、唇形、表情动作等特征，运用语音、唇形、表情合成以及深度学习等技术联合建模训练而成。

4. 俄语AI合成主播"丽莎"

2019年6月，在第23届圣彼得堡国际经济论坛上，新华社联合俄罗斯塔斯社和中国搜狗公司推出了全球首个俄语AI合成主播"丽莎"，向公众展示了搜狗在音视频合成上的新技术探索，即搜狗最新的图像生成能力。"丽莎"在已有的表情与唇形生成技术基础上，添加了微表情能力的建模，同时基于海量大数据学习形成的超深度神经网络，能够预测更丰富的头部姿态，表情细节和整体形象展示在逼真自然层面有了进一步的补充和升级。

从"坐着播新闻"到"站立式播报"，从只有男性到添加女性，从汉语到英文、阿拉伯语以及俄语，搜狗的"分身技术"不断突破，AI合成主播更新周期大为缩短，版本不断升级。①

---

① 李倩.智媒时代工具理性与价值理性的博弈——以AI合成主播为例[J].东南传播，2020（1）：27-29.

（二）AI合成主播对新闻行业的影响

1. 自动语音播报降低新闻制作成本

AI合成主播利用先进的语音合成技术，能够将输入的文本内容自动转化为语音播报，而无须真人主播进行录音。AI合成主播将新闻生产的运用从幕后延伸到台前，在任何场景都能快速上岗，尤其是在突发报道中极具优势，此外还能24小时不间断播报，保证了新闻的时效性。这不仅极大地提高了信息生产和传播的效率以及权威声音的影响力，还降低了新闻内容生产成本。在技术层面，AI合成主播结合了语音识别、自然语言处理和机器学习等技术，能够自动理解和处理新闻文本，生成符合语境的语音播报。[1]这种自动化程度很高的播报方式，减少了对专业播音员的依赖，降低了新闻制作的门槛，提高了新闻播报的效率和质量，为新闻行业带来了颠覆性的变化，也使得真人主播能从许多技术含量较低的播报工作中解脱出来，有更多的时间和精力去进行深度报道类、人物访谈类和新闻评论类等互动节目的录制。

2. 数字叙事建立新闻拟人化新形态

AI合成主播的出现，标志着播音员主持人媒介角色进一步走向技术化和工业化，推动了新闻传媒业的不断发展。AI合成主播在相关技术的"加持"下，集记者、编辑、播音主持等多重身份于一体，可以完成新闻采编、现场报道、新闻播报等综合业务。在新闻播报中，AI合成主播利用人工智能语音合成技术和机器算法，展现出高质量的拟人化输出，无论是在独立报道新闻方面，还是在协助真人主播联合播报方面，都发挥着重要的作用。AI合成主播还进一步深化数字叙事观念，打破大众"前沿技术只为社会上层服务"的固有思维，促使高新技术为大众信息服务，革新新闻生产业态，将技术性、艺术性与普遍适用性充分融入新闻内容生产中，让新闻发布在确保精细化的同时更具技艺性，推动新闻信息传递更加契合新闻内容的本位价值。[2]

尽管AI合成主播在新闻播报领域展现出巨大的潜力，但我们必须认识到，它在本质上仍是一种高级工具。即便在未来，AI合成主播可能发展到能够与受众进行自然互动的阶段，但它仍然缺乏人类的情感、直觉、艺术感、灵感等感性特质。因此，面对AI合成主播的挑战，真人新闻主播若想保持自身的竞争力，就需要不断学习和掌握先进的技术和人文知识，发挥创意，提升深度报道的能力，并促进主持风格的多样化。只有这样，真人新闻主播才能在未来的新闻行业中保持其不可替代的地位。

---

[1] 黄洪珍，秦颖. AI主播在新闻播报中的运用、价值与发展空间[J]. 现代视听，2023（12）：75-79.
[2] 李宗昌. "AI合成主播"对电视新闻播音主持的影响[J]. 记者观察，2023（26）：109-111.

第二节　智能场景拓展新闻品类与用户体验形态

伴随着数字化时代技术的不断进步，当代传播行为变成一种具有数字实践性的交流行动。在智媒体时代，智能场景作为媒体的重要元素，在人工智能技术的驱动下，正在深刻地拓展新闻品类和提升用户体验。智能场景不仅实现了新闻内容的个性化定制，还引入了交互式新闻、实时新闻更新等新形态，丰富了新闻的表现形式和传播方式。同时，智能场景简化了信息获取流程，增强了用户的参与感，使得新闻传播更加智慧化和便捷化。通过重构新闻生态和人与社会的联系，智能场景满足了人们在不同场景下对信息和服务的适配需求，推动了新闻传播行业的创新发展。

一、新闻数字藏品：元宇宙稀缺的优质内容产品

乘着元宇宙的东风，现实世界与虚拟世界叠加、融合，个体的社会关系在虚拟空间中延续，甚至突破现实限制，为人们提供了新的交往方式。[①]世界范围内，虚拟商品接受度提高，数字藏品市场空前火爆。数字藏品是运用区块链技术发行的一种数字商品，是将特定的作品、艺术品生成唯一的数字凭证，在保护其数字版权的基础上实现真实可信的数字化发行、购买、收藏和使用。该形式被应用于新闻业，则催生了新闻数字藏品。新闻数字藏品是收藏品的另一种形式，从实体收藏转变为数字收藏体现了数字化更加深入的发展，也是新闻业数字化发展的新路径。新闻数字藏品是新闻媒体根据新闻报道、新闻事件运用区块链技术制作而成的，包括但不限于摄影作品、文字报道等形式，是新闻产品的数字化。[②]

（一）新闻数字藏品的发展与分类

2021年3月，美国石英财经网（Quartz）以1800美元的成交价拍卖了世界上第一个新闻数字藏品，这是新闻报道文本第一次作为NFT进行交易。哈佛大学尼曼新闻实验室创始人约书亚·本顿（Joshua Benton）表示：无论这次销售多么荒谬，或者最终价值有多高，它都在提醒我们——新闻作为一种产品的价值很少与市场价格相符。在国内新闻数字藏品领域，新华社于2021年12月24日发行中国首套新闻数字藏品，精选2021年国内重要新闻摄影报道，全球免费限量发行。2022年6月，江苏以仅藏一份的"《徐州日

[①] 张雪莹.新闻数字藏品发展的机遇与挑战[J].新闻前哨，2023（8）：76-78.
[②] 张莹.传媒类数字藏品的发展现状及传播策略探析[J].新闻研究导刊，2022（16）：244-247.

报》创刊号"为原型,发布全国首个地市级新闻数字藏品。从国内新闻数字藏品制作的内容选取来看,通常有两种类型,即时政要闻类和历史纪念类。

1. 时政要闻类

新闻数字藏品一般选取近年来意义重大、影响广泛、知名度较高的摄影作品或文章进行制作。例如,新华社发布的中国首套新闻数字藏品,集合2021年国内精选新闻报道,内容包括疫苗接种、建党百年、三星堆上新、东京奥运会首金等。

2. 历史纪念类

新闻数字藏品通常选择具有历史纪念意义的新闻进行制作。例如,《解放日报》在2022年新春即将到来之际,与上海树图区块链研究院合作,从过往6个虎年(1950年至2010年)的新年报纸版面中,精心挑选具有时代感和浓浓年味儿的版面,搭载区块链技术,将这些版面铸成数字藏品进行发放。再如,《环球时报》于2022年7月12日在数字艺术电商平台MetaHere推出80000份重磅新闻数字藏品。该系列藏品首次呈现1997年《环球文萃》正式更名为《环球时报》的首刊号,并将《环球时报》首刊号1997年1月5日第207期头版数字藏品作为合成款藏品重磅亮相,以数字化形式记录时代缩影。

(二)新闻数字藏品优质价值之所在

1. 元宇宙生态布局助力内容发展

2021年以来,"元宇宙"这一概念成为国内外学者的关注热点。面对这一行业发展趋势,新闻媒体积极布局,主动出击,建构多维度的智媒生态链。新闻数字藏品作为"元宇宙"的"敲门砖",能改变传统新闻媒体在用户心中的印象,搭建媒体与用户之间的桥梁,促进新闻媒体向年轻化、数字化方向发展。例如,中国青年报社于2022年6月推出数字藏品平台"豹豹青春宇宙",与国家航天局新闻宣传中心开展跨界合作,并上线"青春宇宙公开课",讲解区块链与数字藏品,积极落实国家文化数字化战略,加快新闻产业数字化布局,利用媒体资源和校园渠道优势为数字藏品做好内容保障。

2. 数字藏品助力内容付费新模式

近些年,传统新闻媒体的商业模式持续受到冲击,广告的流失、新媒体的发展让传统媒体陷入生存困境,国内外媒体开始探索内容付费的发展路径,南方周末、澎湃新闻等媒体纷纷推出新闻订阅服务。而在数字藏品市场中,新闻数字藏品甚至可以售出上万美元高价,甚至超过了某些新闻机构一年的订阅收入,成为新闻机构新的盈利方式。这使得许多新闻机构将目光投向了新闻数字藏品。

3.以虚促实赋能媒体数字化转型

数字藏品的价值应该跳出商品的范畴，置于整个数字经济发展框架之中去探索，为新闻传媒行业智能实体经济的数字化转型赋能。在当前的传播环境下，数字藏品的出现为传媒产业引流提供了新渠道。新闻媒体可以利用自身的先天优势，将新闻数字藏品与文化、历史、时代相结合，深度挖掘优质内容资源，促进新闻媒体的数字化发展，以新闻数字藏品助力媒体矩阵传播和社群运营，增加流量，增强用户黏性，建立媒体与公众联系的桥梁，让数字藏品真正成为"元宇宙"的敲门砖，使新闻产品的互动性、沉浸性迈上新的台阶。

新闻数字藏品是新闻机构迈向数字虚拟产业的一小步，但其背后蕴藏的情感价值及其带来的影响都值得我们进一步关注和思考。[①]新闻媒体的受众通过以区块链技术为保障的新闻数字藏品，与新闻机构建立联系，这是新闻受众参与的新方式，也是新闻机构迈向数字虚拟产业的关键一步。新闻媒体行业既要把握数字时代的发展机遇，探索更多的可能性，也要牢记责任与创新并进，回归实体，始终落脚于优质的新闻作品，合理利用数字化技术生产更加优质的新闻产品满足公众的需求，保证新闻媒体的持续发展。

二、临场化新闻：新闻叙事场景与游戏沉浸体验

临场化新闻是对新闻现场的再次塑造。临场化新闻主要有以下三种形式：网络视频直播，VR/AR新闻，VR/AR直播。临场化新闻不同于传统的电视直播，它能够通过新技术从不同方面增强新闻用户在新闻事件中的"临场感"或"进入感"，让其同时存在于现实世界与虚拟世界，由此引发新闻用户的共鸣，增强新闻的传播效果。临场化新闻利用虚拟现实计算机仿真系统，在三维空间内对新闻现场情境进行360°的全方位信息模拟，形成一个"接近于真实的拟态环境"；同时通过刺激受众的视觉、听觉、触觉、嗅觉等感官，实现受众生理上的"在场感"。[②]除此之外，临场化新闻技术的运用，可以让用户深度沉浸于现场，用户对于现场的认知取决于用户观察的角度，而这个观察的角度是完全自主的。

（一）临场化新闻的主要分类

1.网络视频直播

网络视频直播具有实时性和互动性，观众可以在观看直播的同时，通过弹幕、评论

---

① 郝婧灼，王圣华.新闻数字藏品的发展及其情感价值探究[J].青年记者，2022（13）：71-73.
② 华思宁.融入智能科技的临场化新闻的情境重塑与视角转换[J].出版广角，2019（19）：66-68.

等方式与主播或其他观众进行交流。网络视频直播特别是移动直播的方式融入新闻报道后，"PGC（专业生产内容）+UGC（用户生成内容）"共建的新闻内容成为去中心化的信息传播原点。[1]这种模式最大的优势在于可以塑造真实多元的动态新闻场景，与受众共享新闻情境并实时反馈受众信息，其在重大主题报道、突发性事件报道、现场调查报道等各类直播报道中表现尤为突出。[2]比如，2019年全国两会期间，中央广播电视总台、人民日报社新媒体中心、大河网等多家媒体均利用5G通道开展多端口现场直播，传输高清新闻素材；同时，各媒体平台将全国两会内容与短视频、Vlog等移动直播方式相结合，记者手持移动直播设备，以第一人称视角呈现会场实况、记录日常采访历程，多角度呈现全国两会场景。

2. VR/AR新闻

VR/AR新闻是指利用虚拟现实（VR）和增强现实（AR）技术，为观众提供沉浸式或增强式的新闻体验。VR/AR新闻通过计算机生成的三维环境或使用AR技术叠加数字信息，增强了用户的感知，允许现实和数字内容交互，提供沉浸式体验。VR/AR技术被用于创建虚拟的新闻现场，使观众能够以第一人称视角体验新闻事件，或者在现实世界中通过AR技术查看额外的信息。2019年新华网推出VR产品《春运首日，回家的路》，用户戴上VR眼镜就可以与旅客一起体验排队买票、安检、等候上车的过程，甚至可以坐在车厢里欣赏窗外的风景。如果说网络视频直播是以情动人，那么VR新闻就是以理服人，受众通过"主观视点"的带入，可以切实感受新闻现场情境，比起需要受众通过想象力转换场景的视频直播，VR/AR新闻显然可以提供完整度和清晰度更高的新闻场景。

3. VR/AR直播

VR/AR直播是指结合虚拟现实和增强现实技术进行的实时视频传输，为受众提供沉浸式的直播体验。VR直播采用360°全景拍摄设备捕捉清晰、多角度的画面，让受众可以从任意角度自由体验逼真的新闻现场情境，并增强了直播方与受众以及受众与受众之间的互动感，由个体体验拓展为一种群体性体验。VR/AR直播通过全景摄像技术捕捉现场画面，观众可以通过VR设备获得360°的全景视角，或通过AR设备在现实世界中观看增强的信息。在2019年的北京世园会上，"5G+VR直播"鸟瞰世园会园区成为一大亮点。馆内的观众可通过佩戴VR眼镜，实时观看由5G信号传输的、无人机VR直播的世园会园区全貌，馆内的每一处楼阁和每一片花海都可以尽收眼底。

---

[1] 万雨欣，樊传果.创新与重构：云录制节目发展探析[J].东南传播，2021（7）：70-72.
[2] 华思宁.融入智能科技的临场化新闻的情境重塑与视角转换[J].出版广角，2019（19）：66-68.

（二）临场化新闻的特点分析

1.身临其境的叙事场景

临场化新闻是智媒化趋势下的一种新型新闻生产模式，它利用虚拟现实、增强现实等技术，为用户提供了一种全新的新闻体验。这种新闻形式的主要特点是通过技术手段增强用户的"临场感"或"进入感"，使用户能够更加直观地感受到新闻事件的发生环境，从而引发共鸣。[1]这种报道方式不仅增强了新闻的吸引力和感染力，也能够让观众以第一人称视角深入了解事件，增强新闻的沉浸感和交互性。

2.丰富多彩的沉浸式体验

临场化新闻通过运用现代科技手段，如网络视频直播、VR/AR技术等，为用户创造了更加身临其境的新闻体验。受众在PC端、移动端观看网络视频直播的同时，可以利用弹幕、评论发表自己的看法，与主播和其他网友实时互动，实现跨时空环境下的同语境对话。临场化新闻增强了受众的沉浸式体验。

临场化新闻是一种具有巨大潜力的新闻形式，它通过技术创新为用户提供了更加丰富和深刻的新闻体验。然而，要发挥其潜力，需要在保证新闻质量的同时，解决技术和伦理上的挑战。目前来说，临场化新闻进入新闻领域仍有很多障碍需要克服，其中，技术的普及、人的生理限制，甚至对新闻伦理提出新的挑战，都值得人们深入思考、审慎应对。

三、媒体云录制：云计算下跨时空的多场景互动

媒体云录制是一种利用互联网技术，通过远程连线、线上录制等手段进行的新型电视节目录制方式。[2]媒体云录制改变了原有工业化制作流程，是以5G、云端技术、人工智能等各种技术作为节目数据存储、传输、共享、处理、编辑的主要手段，由嘉宾或被采访对象通过移动智能媒体终端自主拍摄进行录制的轻量型录制方式。媒体云录制作为一种新兴的线上传播方式，不仅是对部分线下传播活动的替代，更是对传统传播模式的拓展和创新。

（一）新闻报道中的云录制

作为一种应"疫"而生的节目采制方式，云录制在新闻报道中的应用实现了一种新

---

[1] 华思宁.融入智能科技的临场化新闻的情境重塑与视角转换[J].出版广角，2019（19）：66-68.
[2] 匡卓凡."云录制"——融媒体环境下电视媒体的发展探索[D].南京：南京艺术学院，2021.

闻生产范式的创新，不仅极大地提高了节目采制的便捷性，也为节目注入了独特的全新风格元素。新冠疫情期间，不少平台积极创新，利用云录制采制节目，播出后引发了极大的关注。整体来看，新闻报道中的云录制可以分为以视频连线为核心的云录制和以"云采访"为核心的云录制。

1.以视频连线为核心的云录制

"云连线"是云录制中常采用的核心模式。正是通过这种方式，《新闻1+1》连线近百位嘉宾，带来对新冠疫情的权威分析解读。新冠疫情初期，记者无法深入现场，主持人与前方嘉宾视频连线，通过网络实现直播时小屏信号直接进入大屏，及时完成对这些地区的疫情分析；随着新冠疫情在全球范围内蔓延，节目组又多次连线各驻外大使、专家学者，如在英国伦敦家中隔离的《柳叶刀》主编理查德·查尔斯·霍顿、美国比尔及梅琳达·盖茨基金会联席主席比尔·盖茨等，产生了"虽在场外似在场内"的效果。中央广播电视总台中国国际电视台CGTN搭建了云端"全球疫情会诊室"，邀请中外抗疫一线医护人员和专家，通过多方视频连线方式推出专场直播、特别节目，交流患者的治疗情况，将抗疫中的"中国经验"与世界各国交流分享。

2.以"云采访"为核心的云录制

2020年，《新闻调查》播出了栏目历史上首档全部画面均通过云录制完成的节目《回国》。该期节目的主题是"留学生回国"，编导首先通过抖音、小红书、微博等社交媒体确定了采访对象：有故事的留学生，且是社交媒体的活跃用户，有用手机记录生活的习惯。节目以他们口述自己的回国故事为主，但多人、多地的时空分散性使日常情况下《新闻调查》出镜记者采访、双机位拍摄、录音师现场拾音等固有采制模式无法操作。在尝试微信视频采访等多种方法后，节目组最终选择了技术可行性最高、最具可操作性、每个留学生都能实现的采访方式：采访对象通过电脑与编导视频或音频对话，用手机后置镜头或相机拍摄自己；完成采访后，采访对象将受访视频及自己用手机拍摄的日常生活记录视频通过网络传给编导；在这一过程中，编导就如何确定景别、如何保持和记者的交流感、着装等细节对采访对象进行"云指导"。最终，编导一个人在家中的书房顺利地完成了对身处全球各地的留学生及家长的所有采访，而且由于是亲自拍摄、亲口讲述自己的故事，情感真挚，风格清新，节目富有感染力和冲击力。

（二）云录制中的场景与互动消费

1.多场景实时互动

云录制具有多媒介平台的制作与传播特点。它打破了传统电视节目录制对时间和空间的依赖，允许嘉宾和主持人在不同地点进行节目录制，并通过云端技术进行素材的存储、传输、共享和处理。它通过即时通讯系统实现多方实时视频互动，让不同地点的嘉宾和主持人能够同框在线交流。新冠疫情期间，记者通过云端技术，采访了金银潭医院医生项杰、网络上备受关注的河南淮阳中学教师于昌峰等，第一时间将各方信息传递给观众，增强了新闻报道的时效性和互动性。通过直播技术，如云监工、云守护等，实现了对武汉火神山、雷神山两座医院的24小时云监工。这些直播项目通过原生态的真实记录和对移动交互场景的全新建构，引发了亿万网友的围观和热烈讨论，增强了新闻报道的参与感和互动性。

2.促进多屏文化消费

随着5G、AI、VR等技术的发展，云录制将能够实现大屏与小屏之间的无缝衔接和互动。这意味着观众可以通过手机、平板、电脑、智能电视等不同设备，随时随地参与节目的录制和观看活动，拥有多屏互动的体验。同时，云录制可以根据不同屏幕的特点和用户的偏好，提供个性化的内容和服务。例如，手机屏幕适合观看短视频和直播，而智能电视则更适合观看高清的长视频内容。通过数据分析，云录制可以为每个用户推送最适合其设备和偏好的内容。未来的云录制将在媒介技术的推动下，实现多屏之间的审美与文化消费切换，为观众提供更加丰富、个性化和沉浸式的观看体验。[①]

随着技术的飞速发展，云录制得到了更强的技术支撑，为节目制作和未来的云化发展提供了更多可能性。云录制在特殊时期发挥了重要的作用，展现了其实时传播、高效互动的优势。通过云直播和云报道，报道主体和受众能够紧密相连，实现及时、便捷、身临其境的传播效果，增强了观众的参与感和沉浸感。然而，云录制作为一个新兴领域，仍存在一些不可控因素，如网络稳定性、技术成熟度等。因此，我们不能仅凭其已取得的成效或当前存在的问题来对其进行全面评价。随着在线生活逐渐常态化，在线传播成为主流趋势，云录制的发展前景更加值得我们期待。

第三节 大数据催生新闻数据智能采集与可视化呈现

人工智能技术与信息传播的结合重塑了信息传播的生态环境，拓展了人类认知，延伸了人类智能，更深层次更广泛地改变着人与媒介的关系，进一步印证了麦克卢汉关于"媒介即人的延伸"的观点。大数据技术在智能采集和可视化呈现方面为传感器新闻和数据新闻带来了颠覆性的变革。通过部署传感器网络，新闻机构能够实时捕捉环境变化、社会活动等多维度数据。这些数据经过大数据分析后，能够为新闻报道提供丰富的事实依据和深入的洞察。同时，大数据技术使得新闻内容的可视化呈现更加生动和直观，其

---

① 葛蓓柠.交互式设计对数字媒体技术发展的影响与融合[J].营销界，2023（11）：13-15.

通过图表、动画等形式，将复杂的数据关系和趋势以易于理解的方式展现给公众，增强了新闻的传播效果，提升了受众的参与度。

一、传感器新闻：物联网下无处不在的新闻数据源

传感器新闻是在传感技术、互联网和物联网系统大力发展的背景下应运而生的。它作为新兴的新闻实践，迅速成为一个前沿性的新闻传播学研究课题。传感器新闻通过传感器设备获取数据、分析数据，并且将数据以最恰当的呈现方式融入新闻报道，并将报道传播出去。①传感器新闻具有鲜明的融合新闻特征。从报道手段的融合到报道方式的融合，从新闻形态的融合到新闻思维的融合，传感器新闻正在成为数据化时代新闻传播变革的重要催化力量与先导实践之一。目前，应用于新闻报道的传感器或传感器系统已经十分多样，如遥感卫星、GPS 系统、具有传感功能的智能手机、可穿戴传感设备、无人机、无人驾驶汽车以及各种具有专门用途的传感设备等。传感器新闻的领域也已经较为广泛。与一般意义上的数据新闻相比，传感器新闻更重要的不是对既有数据的使用，而是发现乃至建构具有新闻价值的数据本身。②

（一）信息采集，多元丰富的数据来源

传感器新闻变革了传统新闻生产的信息采集模式，突破了时空束缚，延伸了人类感官功能，将万事万物纳入选题范围。现在，各种各样的传感器如心跳传感器、血压传感器、湿度传感器等，嵌入人们的可穿戴设备，成为信息来源，很多抽象的东西都可以通过传感器量化。③例如，一个人的健康数据可以通过相应的 App 或可穿戴设备传感器获取。对健康数据进行收集、整理和分析，可以为人类健康提供参考。另外，公共设施中的传感设备及专业的传感器开发机构可进行合作，这不仅可以拓宽信息的采集来源，还可以拓展报道深度。例如，BuzzFeed News 利用在航班追踪网站 Flightradar24 得到百余架联邦飞机的位置数据，曝光了美国政府的大规模监视活动；财新新闻数据中心利用无人机带领受众探寻雨林深处的神秘泥炭地……这些在过去看来无法完成的选题，因为有了传感器的助力而得以实现。对新闻源的优化，体现在数据精确度和时效性的提高上。传感器新闻加大了我们更加接近真相的可能，并提供了解释真相的新角度，减轻了新闻真实性与报道周期缩短之间的对抗压力。④

---

① 匡卓凡."云录制"——融媒体环境下电视媒体的发展探索[D].南京：南京艺术学院，2021.
② 李蓉.传感器新闻：新闻的生产变革与价值重构[J].中国出版，2019（20）：51-54.
③ 童瑾.继承、突破与变化：传感器新闻的应用与优化[J].传媒，2023（14）：59-61.
④ 尹楠楠.智媒时代传感器新闻的发展与反思[J].青年记者，2019（20）：15-16.

（二）全景监测，为新闻报道提供依据

在新闻传播领域，传感器在一些解释性新闻报道和调查性新闻报道中较为常见。在解释性新闻报道中，利用精准的传感器采集的信息进行报道，能够提升报道的权威性。而在调查性报道中，如果加入传感器采集的相关数据，就能够在一定程度上能增强报道的说服力。突发事件发生时，"媒体大脑"可在几秒钟内完成一篇MGC（机器生产内容）新闻作品的推送。以往仅凭媒体或专家的智慧来进行预测性报道，常常会出现预测能力有限或预测失灵的情况。而通过传感器对消息源进行实时全景监测，不仅可以在突发事件发生时快速响应，还可以利用大数据做出更精准的预测性报道。通过智能传感器进行大数据收集，能够对一些规律性信息进行科学预判。此类预测性报道利用智能传感器收集到的数据进行深度分析和关联性解读，以预测未来发展趋向，为受众提供更加多元、个性化的信息服务。

（三）优化反馈，实现更加精准的互动反馈

传感器不仅在新闻生产环节发挥作用，未来还将在报道的反馈环节发挥更大的作用。智能传感器将使用户反馈从意见层面深入到人体生理与心理层面，助力完成传播效果监测和市场策略调整。新华网推出的生物传感智能机器人Star，可通过生物传感器采集用户生理体验信息数据，挖掘用户真实体验与感受，使得用户阅读偏好变得可量化、易追踪。如此精确深层的反馈信息，将推动新闻内容生产和传播策略的改进，便于新闻机构提供更加个性化和精准化的新闻服务。新闻机构可以利用传感器设备获取用户信息，掌握用户的需求和关注点，从而推送用户感兴趣的内容。在传感器新闻的生产过程中，依托传感器技术，数据的客观性、真实性、精准性得到保障。数据计算和分析是一种解释性行为，调查贯穿新闻采制的始终，社区化的用户参与则强化了新闻过程的体验性。

传感器新闻在发展过程中也面临一些挑战和困境。首先，精准数据的获取和有效解读存在困难，这包括数据获取的难度、数据质量受多种因素干扰、数据的误读误判等问题。其次，传感器新闻在数据收集和使用过程中可能会侵犯个人隐私、威胁个人安全，引发伦理或法律问题。[①]最后，过于强调媒介技术的压倒性优势或决定性作用，容易陷入技术决定论的泥淖，可能导致新闻作品缺乏深度和实质性贡献。有人认为有了技术的"加持"，必定能生产出更优秀的新闻作品，将技术置于过于重要的地位，错误地指出技术决定着报道的选题与运作。新闻从业者需要摒弃技术至上主义，培养正确的物联网思维，认识到传感器只是收集数据的工具，技术应该服务于人和故事。[②]同时，新闻从业者需要提高自身的综合素质，确保数据的质量和准确性，并在数据收集和使用过程中充分

---

① 张芷莹.传感器新闻的数据风险与治理[D].广州：暨南大学，2021.
② 尹楠楠.智媒时代传感器新闻的发展与反思[J].青年记者，2019（20）：15-16.

考虑伦理和法律问题①，确保传感器新闻能够更好地服务于公众，提供有价值和有影响力的新闻内容。

二、数据新闻：计算传播驱动下的数据可视化新闻

数据新闻又叫数据驱动新闻，是指基于数据抓取、挖掘、统计、分析和可视化呈现的新型新闻报道方式。早在1952年，美国哥伦比亚广播公司（CBS）就已经采用计算机辅助报道手段来预测美国大选的结果。从形态呈现与生产流程层面进行界定，数据新闻是以数据为分析对象、以可视化为呈现方式、以数据处理分析的结果为交互逻辑驱动的新兴新闻范式。②在过去数年，数据新闻生产领域涌现出诸多新兴的传播技术、创作工具和生产观念，在各类工具和技法的推动下，可视化的样态也得以持续形塑。进入数字化时代，数据新闻在大数据技术的推动下实现了质和量的飞跃，这也是数据技术全面渗透新闻业的必然结果。数据新闻具有描述、判断、预测、信息定制四大功能。

（一）利用数据深度解释新闻事实

数据新闻通过特殊的软件程序对数据进行处理，发掘隐藏于宏观、抽象数据背后的新闻故事，这是数据新闻的技术保障，也是数据新闻得以和一般新闻区别开来的核心特征。数据作为数据新闻的基本要素，为新闻的真实性和客观性提供了保障。从用文字讲故事到用数据讲故事，数据新闻将清晰可靠的数据呈现在用户面前，丰富了新闻内容的生产方式，增强了报道的说服力。将收集的数据进行结构化、知识化智能处理后，能即时生产新闻，保证新闻的时效性。数据新闻基于海量数据，数据反映的信息亦是数据新闻的价值之所在。经过科学分析的海量数据，本身就带有一定的权威性，受众已知的少量数据很难挑战大数据产生的分析结果，因此，相较于传统新闻，数据新闻本身有着更强的说服力。数据新闻依靠透明的数据来源，用数据说话，这在一定程度上能增强新闻公信力，促进新闻业良性发展。一个优秀的数据新闻可视化作品不是简单地罗列数值，而是有好的数据分析。在2016年全国两会的可视化报道中，澎湃新闻统计了近11年政府工作报告中的热词，通过数据分析来反映国民所关注的热点问题的变化。澎湃新闻的可视化作品不是简单地罗列数据，而是在分析、整理数据的基础上，根据数据的特点，呈现一种规律和趋势，让受众既可以进行近11年纵向的趋势比较，又可以进行各个热词之间横向的对比，全面清晰地了解政府工作报告。

---

① 谢耘耕，李丹珉.传感器新闻的发展与风险规避研究[J].新闻界，2020（12）：28-34.
② 龚文颖.数据新闻的可视化应用探析[J].视听，2024（7）：155-157.

（二）数据可视化应用于新闻生产

在以往的新闻报道中，文字始终是新闻的主体，即使有图片和数据，也只是作为文字叙事的辅助，充当新闻材料的"配角"。[①]而在数据新闻中，数据和图表成为新闻的主体和叙事语言，而文字在大多时候只起辅助作用。[②]数据新闻通过数据可视化，将数据以更清晰的逻辑和更好的阅读体验呈现给受众。在数据新闻中，数据可视化通过图画、图表、视频等可视化手段表达信息，将错综复杂的数据链条结合整理为清晰可见的单向链条，充分调动用户的视觉感受，传播直观、形象的观点，也便于用户充分理解信息。大数据时代的数据新闻，借助编程工具、绘图软件等，数据可视化手段越来越具有多媒体性，融合了文字、声音、图片、动画等多种形式。比如，互动地图中的静态图形和动态图像交相呼应，让数据兼具形象性和趣味性，更符合视觉传播时代受众的信息接收喜好。数据新闻的记者使用数据可视化软件，通过统计大量的数据，讲述错综复杂的故事；同时还有利于发现若干新闻事实之间的关联，解释宏大背景下若干因素之间的关系，甚至进行预测性报道。优秀有巧思的可视化手段可以帮助数据新闻作品具有良好的呈现效果，同时携带更多的信息。2012年，莫言获得诺贝尔文学奖，打破了中华儿女无本土诺贝尔文学奖的局面，这一事件一时引发了民众对诺贝尔奖的关注。为了向受众清晰地展现诺贝尔奖的发展与历史，2013年11月14日财新网制作了《星空彩绘诺贝尔》的交互式数据新闻视图。该作品以数据可视化互动设计，展现诺贝尔奖113年的历史与发展。

数据新闻和可视化通过将复杂的数据转化为直观、易懂的视觉内容，提高了信息的透明度、可理解性和吸引力，从而提升了公众对数据的认知度和参与度。这要求我们进一步把握时代脉搏、发挥自身优势，增强批判和反思能力，赋予数据新闻更深层次的人文关怀，探索数据背后更深层的关系和规律，建构更富理性、更具交互性的新闻传播环境。

本章小结

从算法自动生成新闻到智能推荐精准推送，从虚拟主播全天候播报到深度伪造技术挑战真相边界，人工智能正在重塑新闻传播的全链条。新闻生产已突破传统编辑室的物理边界，形成"人机共生"的新图景。这场由智能媒体引发的行业变革不再局限于工具的迭代层面，而是触及新闻业存在的哲学根基——当机器开始承担信息采集、内容生产和价值传递的使命时，新闻专业的大厦将会被如何重构——这也是本章所讨论的核心内容。

---

① 李明德，黄方楠.内核、生产、传播：数据新闻的突围与发展[J].新闻战线，2021（12）：95-100.
② 郭金富，陈爽淑聿，谢颐.数据新闻的生产制作与创新[J].新闻前哨，2024（12）：39-40.

本章详细阐述了智能自动化在新闻业务中的应用，首先介绍了机器人新闻写作系统提高了新闻生产的效率，降低了成本，并在一定程度上实现了新闻行业的重构，同时指出我们要对自动化写作进行伦理与价值反思；接着介绍了区块链技术在新闻领域的应用，如通过分布式记账保证新闻客观公正，数据追溯使新闻来源有据可查，智能合约促进开放式新闻生产，以及非对称加密使信息难以被篡改等；最后探讨了AI合成主播在新闻播报中的应用，如自动语音播报降低新闻制作成本、数字叙事建立新闻拟人化新形态等，这标志着播音主持人媒介角色进一步走向技术化和工业化，推动了新闻传媒业的不断发展。

本章还探讨了智能场景在新闻业务中的应用及其对用户体验的影响。首先，介绍了新闻数字藏品的概念和发展；接着，讨论了临场化新闻的概念和分类，包括网络视频直播、VR/AR新闻和VR/AR直播，这些形式通过提供身临其境的叙事场景和丰富多彩的沉浸式体验，增强了新闻的传播效果和用户的参与感。最后，探讨了媒体云录制的概念和应用。我们在沉浸于技术革命带来的进步时，也要充分了解智媒技术的优劣，让技术更好地为新闻业服务。

本章在最后探讨了大数据在新闻业务中的应用，包括传感器新闻和数据新闻。它们不仅带来了新闻形态的变革，也促使我们重新思考新闻发生学的问题。我们应充分认识到工具理性的时代合理性，对其进行适当引导，在坚守人文精神的同时不违反事物的发展规律，以促进技术进步，共同致力于智能传播中的工具理性和价值理性关系的合理呈现。

思考与练习

1. 什么是传感器新闻？传感器新闻在信息采集和全景监测方面具有哪些优势？
2. 临场化新闻和媒体云录制是如何改变新闻叙事和用户体验的？它们在新闻传播中的优势和面临的挑战分别是什么？
3. 大数据和人工智能技术带来了哪些新的新闻品类和用户体验形态？

推荐阅读文献

[1] [美]保罗·莱文森.新新媒介[M].何道宽，译.2版.上海：复旦大学出版社，2014.

[2] [丹麦]克劳斯·布鲁恩·延森.媒介融合：网络传播，大众传播和人际传播的三重维度[M].刘君，译.上海：复旦大学出版社，2020.

[3] [澳]弗格斯·皮特.传感器与新闻[M].北京：北京大学出版社，2017.

[4] 尹楠楠.智媒时代传感器新闻的发展与反思[J].青年记者,2019(20):15-16.

[5] 童瑾.继承,突破与变化:传感器新闻的应用与优化[J].传媒,2023(14):59-61.

[6] 郭金富,陈爽淑聿,谢颐.数据新闻的生产制作与创新[J].新闻前哨,2024(12):39-40.

[7] 李明德,黄方楠.内核,生产,传播:数据新闻的突围与发展[J].新闻战线,2021(12):95-100.

[8] 胡百精.互联网与重建现代性[J].现代传播(中国传媒大学学报),2014(2):40-46.

[9] 陈昌凤.智能传播:理论、应用与治理[M].北京:中国社会科学出版社,2021.

[10] 海德格尔.存在与时间[M].陈嘉映,王节庆,译.北京:生活·读书·新知三联书店,1999.

[11] 蒋晓丽 等.中国智媒体实践与发展研究[M].北京:中国社会科学出版社,2023.

[12] 吴志远,胡翼青.从"媒介融合"到"交往融合"[J].当代传播,2024(3):75-82.

[13] 彭兰.智媒化:未来媒体浪潮——新媒体发展趋势报告(2016)[J].国际新闻界,2016(11):6-24.

[14] 杨溟,鞠靖.源数据在人机智能融合发展中的意义及逻辑[J].青年记者,2021(19):55-60.

第五章

生成式 AI 舆论的生成、演化与风险治理

◆ 学习目标

1. 区分生成式 AI 舆论与传统舆论。
2. 了解生成式 AI 舆论的生成过程。
3. 准确识别生成式 AI 舆论的风险。
4. 把握生成式 AI 舆论治理的方法。

在当今这个强人工智能时代，随着算法、大数据、云计算、社交机器人、元宇宙等技术的发展，尤其是 ChatGPT、Sora 的发展，人工智能成为一种类人的主体性存在，并参与到传播过程中。有研究显示，互联网空间中的流量有近一半（49.6%）来自机器人，来自人类用户的流量则下降至50.4%。与此同时，与坏机器人相关的网络流量比例连续五年增长，到2023年，已高达32%。从影响范围来看，几乎每个行业都有坏机器人问题。其中，法律与政府行业高达75.8%。更可怕的是，这些坏机器人不仅模仿人类行为，还能避开互联网的防御机制。[①]因此，很多原来人们熟悉的社会现象现在开始变得陌生，甚至逐渐失控。[②]其中，舆论就是一个非常典型的例证。在人工智能的影响下，过去作为舆论主要生产者的人，现在逐渐被算法、社交机器人等人工智能技术取代。正如有学者所言，

---

① Bots Now Make Up Nearly Half of All Internet Traffic Globally[EB/OL]. （2024-04-16）[2024-12-20]. https://www.thalesgroup.com/en/worldwide/security/press_release/bots-now-make-nearly-half-all-internet-traffic-globally.

② [美]安德鲁·基恩. 治愈未来：数字困境的全球解决方案[M]. 林玮，李国娇，译. 北京：新星出版社，2019.

人工智能的一大社会应用社交机器人在政治舆论里面加入了第三种舆论，即社交机器人本身创造的舆论。[①]因此，在舆论的家族基因中，AI基因的比例不断增加，影响也越来越大。最初，生成式AI舆论主要是一种随着算法、云计算、人工智能等智能技术应用到社会中，因算法的个性化推荐特性而自然生成的带有一定"信息茧房"性质的舆论。舆论及其引导的圈层化[②]、茧房化就是一种典型表现。在没有资本、权力等因素影响的情况下，生成式AI舆论有着自身从生成到消亡的发展、演变规律，但随着资本、权力等社会力量通过利用社交机器人、雇用网络"水军"、买卖"热搜"等不正当手段，将自身的意志、诉求伪装成一般大众的观点、情绪，加入生成式AI舆论的演化过程，生成式AI舆论变得越来越复杂。正如有学者所言，社交机器人已成为全球政治舆论空间中不可忽视的技术力量，对互联网的渗透和舆论环境的良性发展构成了威胁。[③]在国家安全领域，越来越多的国家将算法、人工智能、社交机器人应用到舆论战、认知战中。有研究表明，个别国家通过智能过滤分析对特定用户进行"靶向"锁定，传播具有诱导性和带有情感倾向性的舆论，不仅影响本国政治，还操纵他国社会舆论。[④]比如在美国大选、英国脱欧、俄乌冲突中都有人工智能及其应用左右舆论的身影。因此，在舆论领域悄然发生变革的情况下，生成式AI舆论在舆论家族谱系中居于什么历史位置，生成式AI舆论如何生成、演化以及存在什么风险与如何治理，就成为一个十分值得研究的现实问题。而发生学理论十分有助于探究以上问题。起源于自然科学、心理学领域，后来被引入社会科学领域的发生学理论，是一种借助考古学的方法探究社会事物、社会现象与知识发生过程及其机制的理论。[⑤]正如Hempel所言，发生学把人们所要研究的对象作为在一个事件的发展序列的最后阶段呈现出来的现象，通过描述这一序列的连续阶段来对其进行解释。[⑥]有鉴于此，本章将从发生学的角度，对生成式AI舆论在舆论家族谱系中的历史位置、生成进路、类型演化、存在的风险及其治理进行探究，以期能够准确定位生成式AI舆论，厘清生成式AI舆论生成、演变的内在理路，并探寻出一定的有效应对其传播风险的策略。

第一节　生成式AI舆论在舆论家族谱系中的历史位置

在舆论家族谱系中，生成式AI舆论是一个超然的全新存在，但它并不是凭空产生

[①] 段伟文，吴冠军，张爱军，等.人工智能：理论阐释与实践观照（笔谈）[J].阅江学刊，2021（4）：19-72.
[②] 董浩，骆正林，冯迪拉.社交媒体时代舆论引导的圈层化困境及其破解之道[J].传媒观察，2020（3）：18-24.
[③] 张爱军，徐潇潇.社交机器人"类人性"对身份政治的干预[J].学术界，2023（11）：56-66.
[④] 韩娜，虞文梁.国家安全视域下的计算政治宣传：运行特征、风险识别与治理路径[J].公安学研究，2020（6）：1-23，122.
[⑤] 高奇琦.人与大模型的共在与双重对齐：一种未来发生学的方法[J].浙江社会科学，2024（6）：49-60.
[⑥] Hempel C G.Aspects of Scientific Explanation and Other Essays in the Philosophy of Science[M].New York：The Free Press，1965.

的，而是有着深厚的历史渊源。自古以来，在认识与理解舆论展示出来的强大社会功能方面，人类社会存在着一种关于舆论的主体性想象。正如刘建明在《天理民心——当代中国的社会舆论问题》中所言："人民的情绪、意见以至行为构成社会运动的发声器，它时时预报社会的进程或险境，似乎是一种'天理'的昭示"①。所谓"舆论的主体性想象"，简单来讲，就是人们在认识和理解舆论时，将舆论当作一个主体来建构与想象。②过去，人们建构舆论主体性更多的是依靠朴素的直觉、类比与想象。当下，随着算法、大数据、人工智能等技术的发展及其在舆论的生产与传播过程中的应用，人类关于舆论的主体性想象开始依赖这些媒介技术，并且在以 ChatGPT、Sora 为代表的对各种类型的信息内容具有强解析、强理解、强生成能力的强人工智能技术的赋权下，将这一人类由来已久的想象变成现实，即智能技术让舆论越来越拟人化，甚至是超越人类智慧，成为一种"超人"的存在。

一、主体想象型舆论：敬畏心态下关于舆论的主体性想象

舆论作为一个复杂而微妙的现象，常常困扰着不断寻找确定性、秩序、安全感的每一个个体。因此，人们对于舆论的认识和理解往往伴随着一种敬畏的心态，尤其是在古代社会。这从"人言可畏""民意不可违""众口铄金""防民之口，甚于防川""水能载舟，亦能覆舟"等表述中可见一斑。人们基于朴素的直觉、类比智慧形成对舆论的敬畏心理，并在此基础上形成主体想象型舆论。而这种对舆论的敬畏心理与主体想象型舆论之所以产生，从表面上来讲，是因为人们担忧舆论可能带来的负面影响。在古代社会，舆论往往与道德审判联系在一起，人们害怕成为舆论的焦点，因为这可能意味着名誉的丧失和社会的排斥。"人言可畏""民意不可违"等表达的就是这个意思。舆论不仅能影响个人命运与政治决策，甚至能改变个人的命运与政治决策。而从根源上来讲，这是中国特有的社会文化、社会结构、信息传播方式所决定的。具体而言，一是因为中国传统文化重视集体和谐与社会稳定，这也进而导致对舆论的敬畏和尊重。在这种文化背景下，人们倾向于认为，舆论是社会共识的一种体现，不可轻易违背。二是在封建社会，权力高度集中，舆论往往被视为对权力的一种制衡。因此，对舆论的敬畏也反映了对权力的敬畏。三是在信息传播不发达的社会，舆论的形成和传播主要靠口耳相传，这使得舆论具有了一种神秘性和不可预测性，进一步加深了人们对舆论的敬畏。

二、主体模拟型舆论：弱人工智能时代舆论主体性想象的阶段性实现

随着报纸、广播、电视等传统媒体技术的发展，尤其是互联网、社交媒体、算法、

---

① 刘建明.天理民心——当代中国的社会舆论问题[M].北京：今日中国出版社，1998.
② [美]沃尔特·李普曼.公众舆论[M].阎克文，江红，译.上海：上海人民出版社，2002.

大数据、弱人工智能技术的发展，人类社会进入智能时代，并参与到舆论的生产与传播过程中。人们对于舆论不仅更加敬畏，而且将舆论与媒介联系在一起，如认为"有事找媒体""媒介反映舆论、引导舆论、制造舆论"等。与此同时，在以算法、弱人工智能为代表的技术的赋权下，过去基于直觉和类比智慧形成的主体想象型舆论逐渐发展、演变为主体模拟型舆论。所谓"主体模拟型舆论"，简单来讲，就是随着算法、弱人工智能等技术参与到当代舆论的生产与传播过程中，舆论的多个环节开始受到人工智能技术的影响，但由于此时的智能技术处于弱人工智能发展阶段，人工智能技术的智慧程度只是对人类智慧的部分模仿，因此，弱人工智能阶段算法、人工智能等技术只是部分参与舆论的生产与传播过程，如通过小样本数据进行舆论分析、算法辅助舆论引导、智能化的舆论反馈机制等，还未全流程、全链条地参与其中。也就是说，舆论的主体性虽然开始不断增强，但总的来讲只是模拟人类部分智慧所获得的有限主体性。在这一阶段，舆论的主体性、自主性意识虽然不断增强，但大部分环节仍是在人工辅助下完成的。

三、类人的生成式AI舆论：强人工智能与舆论主体性想象的实现

伴随着ChatGPT、Sora的发展，人工智能技术逐渐从弱人工智能阶段发展到强人工智能阶段，人工智能技术不再局限于以模拟人的部分智慧、主体性参与舆论的生产与传播过程，而是开始以类人的智慧与主体性全要素、全链条、全流程地参与舆论的生产与传播过程。在强人工智能技术条件下产生的舆论，不同于过去的主体想象型舆论，也不同于主体模拟型舆论，而是成为一种类人的生成式AI舆论。类人的生成式AI舆论不仅能够像人一样处理包括文本、图像、声音和视频在内的多种数据类型，实现了对舆论信息的全面捕捉、分析和理解，而且能够通过算法、大数据、人工智能、情感分析、语义网络分析等多种技术自由地调取、利用全网的信息和数据，自主创造内容、发布信息，进行舆论生产、引导、传播、制造。更重要的是，强人工智能与现代社交机器人还能利用历史数据预测未来行为，并从大量数据中学习，进而找到隐藏的关系和规则。[1]因此，在ChatGPT、Sora等强人工智能技术的赋权下，类人的生成式AI舆论能够像人一样，甚至成为一种"超人"的存在，参与到舆论的各个环节。但与此同时，由于类人的生成式AI舆论没有形成符合其生态位的伦理、道德、法律、规章制度约束，也面临一系列挑战，如政治机器人、社交机器人等对舆论的干扰与影响。[2]此外，类人的生成式AI舆论还会引发一些社会秩序问题、政治稳定问题、伦理法规问题、国家安全问题等。因此，我们在见证与享受强人工智能技术所带来的巨大进步和便捷的同时，也要谨防本来用来服务于人的技术反过来成为奴役人的工具及其引发的各种次生风险，从而确保舆论的健康发展和人类的主导地位。

---

[1] Wang J.Intelligent Governance of Network Popular Opinion Based on DM Technology in the New Media Age[J].Wireless Communications and Mobile Computing，2022（1）：1-10.

[2] 张洪忠，段泽宁，杨慧芸.政治机器人在社交媒体空间的舆论干预分析[J].新闻界，2019（9）：17-25.

第二节 AIGC时代生成式AI舆论的产生

绝大多数事物的产生都是多种因素共同作用的结果,生成式AI舆论的产生也不例外。在AIGC(人工智能生成内容)时代,生成式AI舆论的产生并不是以ChatGPT、Sora等为代表的强人工智能技术单方面推动的,而是智能技术、商业资本、人机对话等多种因素共同作用的综合性结果。

一、智能技术:生成式AI舆论产生的基础

从源头来讲,智能技术是生成式AI舆论产生的基础。虽然新闻传播行业不断学习与应用算法、大数据、云计算、人工智能等技术是为了更好地适应数字社会,增强信息传播的效能,但其在客观上促进了舆论在人工智能时代的发展和变化,为生成式AI舆论的产生奠定了基础。首先,算法、云计算、大数据、人工智能等技术逐渐成为生产舆论的新主体。随着人工智能技术的智能程度、拟人化程度越来越高,其逐渐成为一种类人的主体存在,并深入参与舆论的生成和传播过程,舆论的生产主体就不再只是人类。人工智能技术、社交机器人作为一种新的主体参与舆论生产与传播过程,并且这种情况越来越普遍。韩娜和虞文梁的研究发现,从世界范围来看,自2016年以来,越来越多的国家和组织将人工智能技术应用到"舆论战"式的"政治宣传"中。[①]其次,人工智能技术深度介入舆论产生的各个环节。舆论最初是指人作为主体公开表达的具有相对一致性的意见。[②]但随着算法、大数据、云计算、人工智能等技术的发展,舆论不再是传统技术背景下人们在特定时空下就特定社会问题公开发表的意见的总和,而是逐渐作为一种新主体的人工智能技术对根据算法、大数据的算力计算出来的相关社会议题所进行的公开和非公开的意见的集合。因此,从舆论的生产到舆论的传播、扩散,人工智能技术及其应用都作为一种新主体参与其中,并发挥越来越大的作用。

二、商业资本:生成式AI舆论产生的动力

在生成式AI舆论产生的过程中,除了人工智能技术之外,商业资本也是重要的推动力量,其以动力的形式不断推动着生成式AI舆论的发展。自人类社会出现商业活动以

[①] 韩娜,虞文梁.国家安全视域下的计算政治宣传:运行特征、风险识别与治理路径[J].公安学研究,2020(6):1-23,122.

[②] [美]沃尔特·李普曼.公众舆论[M].阎克文,江红,译.上海:上海人民出版社,2002.

来，商人们就有通过其雄厚的资本来利用媒介技术对其商品与服务进行广告宣传，制造流行时尚、有利于商业自身的舆论的传统。在人类社会早期，商业活动主要是个人活动，资本的力量比较有限，人们进行商业宣传的媒介技术更多的是招牌、幌子、拨浪鼓等局限在特定空间的原始传播方式；近代以来，随着市场经济逐渐在全球范围内建立，资本的力量越来越强大，并且为了更好地在全球市场上宣传、推销其商品与服务，进而实现资本自身的不断增值、维护自身利益，商人们开始利用资本创办报纸、广播、电视等大众媒体。因此，大众媒体技术逐渐成为商业资本对自身商品与服务进行宣传、制造舆论的重要帮手。进入以互联网为代表的新媒体时代后，在各种新媒体技术与商业资本的合力助推下，商业资本更是可以自主地选择各种各样的媒介技术、方式方法来宣传自身、制造舆论，整合营销传播理论就是在这一背景下提出的。而在智能媒体时代，不仅算法、云计算、大数据、人工智能等技术都是在商业资本的资助下发明或创造出来的，而且商业资本的宣传、推销术也在人工智能技术的辅助下进入一个"润物细无声"的高级阶段。概而言之，商业资本在将自身的利益、目的、诉求伪装成用户需求，并以社会舆论、流行时尚、商业软文、事件、公益、慈善等形式示人的基础上，利用算法、云计算、大数据、人工智能等技术进行商品信息推送、危机公关、宣传与舆论引导，让公众在设计好的讨论中接纳或拒绝某个人、某个产品、某个组织或某个想法[①]，从而在无形中实现帮助商业资本树立一个好的社会形象、协调好社会关系、制造社会认同、营造有利于商业资本发展的社会意见气候等社会目的。

三、人机对话：生成式AI舆论产生的充分条件

尽管智能技术、商业资本为生成式AI舆论的产生提供了充分的基础与动力，但这并不意味着生成式AI舆论一定会产生。因为生成式AI舆论是多种因素共同作用的结果，其中，受众的使用就是一个必不可少的条件。如果没有受众使用智能媒介以及与智能媒介进行交流、对话，算法、大数据、云计算、人工智能等技术就无法获取受众的信息需求；没有受众的信息需求，智能媒体技术的运行就没有指向性；而智能媒体技术如果没有指向性，也就无法根据受众信息需求捕捉受众的观点、意见、态度；没有受众观点、意见、态度的聚合，也就无法形成生成式AI舆论。因此，在生成式AI舆论产生的过程中，虽然智能媒体技术发挥着基础性作用，但其只是生成式AI舆论产生的必要条件，人类的意志、需求、情感及其与智能媒体技术的交流与对话是生成式AI舆论产生的充分条件。即便是社交机器人、网络"水军"等虚假的生成式AI舆论也是通过模拟人类的言行举止、伪装成人类个体的社交账户来产生的，否则，生成式AI舆论就无法产生。

---

① [美]爱德华·L.伯内斯.宣传[M].胡百精，董晨宇，译.北京：中国传媒大学出版社，2014.

第三节 AIGC时代生成式AI舆论的类型演化

从发生学的角度看，最初，生成式AI舆论主要是智能媒体技术在信息推送过程中所产生的附属次生性舆论，但随着生成式AI舆论逐渐显示出巨大的社会影响力，其被政治权力、商业资本发现并利用，生成式AI舆论开始发展出一种资本、权力主导的计算性舆论。总的来讲，目前生成式AI舆论主要分为两种类型：一种是智能技术、算法推送产生的附属次生性舆论；另一种是商业资本、权力主导的计算性舆论。

一、智能技术、算法推送产生的附属次生性舆论

从源头上讲，人工智能技术的发明、创造并不是为了生产生成式AI舆论，而是为了通过发明的机器来模仿人类的各种能力，从而降低人类的劳动强度，实现将人类从繁重的劳动中解放出来的目的。随着人工智能技术越来越多地投入社会领域，其在无形中对舆论的发展、演变产生了一定的影响。事实上，在新闻传播领域，最初，人工智能技术的运用也与舆论没有直接关系，而是为了更精准地根据受众的信息需求向受众传播信息。但人们在利用人工智能技术实现个性化推送信息的过程中，附带性地对舆论造成了影响，即孕育出一种附属次生性舆论。之所以称之为"附属次生性舆论"，主要是因为本来运用算法、云计算、大数据、人工智能等技术是为了进行个性化的信息推送，但在实现这个目的的过程中，附带性地对舆论产生了结构性的影响。比如，在面临社会突发事件、灾难性事件时，受众一旦大规模地检索、阅读、观看相关事件信息，不仅会触发"信息茧房""同温层"效应，也会因智能媒体技术持续不断地向受众推送相关事件的信息引发附属次生性舆论。现实中的微博热搜榜就是一种比较典型的在生成式AI、算法信息推送过程中产生的附属次生性舆论，只不过其是以信息热度排行榜的形式呈现的。

二、商业资本、权力主导的计算性舆论

在生成式AI舆论的发展过程中，除了智能技术这个重要的影响因素之外，还有商业资本、权力两个因素深刻地影响着生成式AI舆论的类型演化。已有研究表明，商业资本与权力凭借对智能技术和平台优势的掌握，已逐步"实现了对舆论生成、扩散、演变、反馈的全过程把控"，并建构了"一张完整的影响舆论的技术网络"[①]。因此，在商业资本、权力影响下产生的生成式AI舆论可称为计算性舆论。与智能技术、算法推送产生的

---

① 张爱军，朱欢.智媒时代资本影响舆论的方式、逻辑及其风险规制[J].公共治理研究，2022（3）：14-21.

附属次生性舆论相比，在商业资本、权力主导下衍生的计算性舆论有着显著的不同。其一，从本质上来讲，智能技术、算法推送产生的附属次生性舆论是一种智能技术带来的相对自然的舆论类型；而商业资本、权力主导的计算性舆论则是一种带有一定目的（有时甚至是不正当目的）的舆论类型。比如，利用网络"水军"、社交机器人等制造虚假的生成式AI舆论，进而达到商业盈利、宣传、公关目的与政治形象塑造、获得选民支持等目的，已经成为一种常态化操作。有研究表明，数以百万计的假账户利用算法操纵用户可以看到的东西，而位置欺骗等技术可以使集中控制的账户看起来像是位于不同地区的真人形成的网络舆论大军。[1] 其二，从性质上来讲，智能技术、算法推送产生的附属次生性舆论是一种相对中性的舆论；而商业资本、权力主导的计算性舆论则是带有一定的伪装性甚至是负面性、虚假性的舆论，这也是社会对网络"水军"、社交机器人的印象普遍不好的原因之所在。当前，商业资本、权力主导的计算性舆论有越来越成为生成式AI舆论主要形态的发展趋势。

第四节 AIGC时代生成式AI舆论传播的风险

生成式AI舆论不仅正在隐蔽地影响着人们的认知，而且不断增加社会治理的复杂程度，甚至不断削弱人类治理社会的能力。尤其是网络"水军"、社交机器人等制造的虚假的生成式AI舆论，导致人们难以正确认识社会、治理社会。因此，为了适应生成式AI舆论时代的来临，我们需要对生成式AI舆论可能造成的传播风险进行盘点与总结。

一、生成式AI舆论传播容易造成信息变异

在智能媒体进行个性化信息推荐过程中衍生的生成式AI舆论，容易造成信息变异。因为智能媒体借助算法、大数据、云计算等技术所进行的个性化信息推荐与生成式AI舆论传播，不仅共用智能媒体这一媒介基础设施，而且两者的信息在很大程度上是交叉甚至重叠的。在没有突发事件、灾难事件引发社会舆论的日常状态下，智能媒体的个性化信息推荐推送的是根据受众的需求所筛选出来的、符合条件的信息。但当社会突发事件、热点事件、灾难事件等引发社会舆论时，智能媒体根据算法所推送的满足受众需求的个性化信息，就会发生信息变异，演变为舆论发展、演变的信息燃料。智能媒体形成的"信息茧房"容易变成夹杂着各种观点、态度、情感等的"舆论茧房"。随着关于舆论的信息不断被智能媒体推送给受众，如果是关于舆论的负面信息，就会导致受众认知出现

---

[1] Rolland N.The "One Belt, One Road"—Strategic Implications of a Chinese Infrastructure Network in Eurasia[EB/OL].(2015-01-09) [2024-11-09]. https://www.ifri.org/en/publications/Politique-etrangere/articles-de-politique-etrangere/one-belt-one-road-strategic.

偏差、社会成见被强化、情绪出现失控、舆论生态恶化，从而深刻地影响着受众个人的社会感知，严重的甚至会扰乱社会秩序、损害国家形象。

二、生成式AI舆论传播容易导致舆论被操纵

随着ChatGPT、Sora等强人工智能技术的发展，人工智能的智慧程度、拟人程度越来越高，人工智能及其相关应用在无形中获得了一种类人的主体地位，但矛盾的是，其没有完全发展出人的道德和伦理意识。因此，人工智能技术容易被政治权力、商业资本等力量操纵。从人工智能、算法、社交机器人等技术中衍生的生成式AI舆论更是如此。一方面，生成式AI舆论与智能媒体一样以"黑匣子"的算法、云计算、人工智能等技术为基础，人们无法轻易识别算法是否客观、中立，也无法识别生成式AI舆论的真假。另一方面，商业资本、政治权力利用人工智能、社交机器人等技术，将自己的特殊目的、需求，故意伪装成舆论与社会流行、时尚的形式，误导受众，侵蚀正常的舆论生态。比如，2017年在加泰罗尼亚独立公投期间，社交机器人生成并宣传针对独立主义者的暴力内容，最终加剧了在线社区的极化[①]；在俄乌冲突中，社交机器人通过深度伪造、假新闻生产等技术手段制造信息迷雾，开展网络渗透、舆论引导、"在线策反"与认知干预等行动[②]，从而实现操纵他国国民认知、瓦解社会共识和实现社会动员[③]等目的。

三、生成式AI舆论传播容易导致社会失去自我管理的自主权

被称为"德国互联网之父"的维纳·措恩最初设计互联网的设想是让"联网技术能够像舵手或领航员一样，引领人们走进一个更好的世界"，并且后续许多名人、学者都有这种技术乐观主义思想，如苹果公司的乔布斯等。事实上，包括人工智能技术等在内的数字技术，并没有实现人们梦寐已久的"数字乌托邦"，甚至走向了另一个极端——人们发明出来用以解放人类的技术反而成了监控、奴役人类的工具。正如曾为美国中央情报局服务、后因泄露美国政府一系列监听项目的秘密文档而逃亡俄罗斯的承包商爱德华·斯诺登所言，"现今的技术正在削弱我们治理自己社会的能力，在这个处处都是电脑的时代，网络的力量窥探和控制我们所做的一切，不但不能引领我们，反而囚禁了我们"，进而言之，即"我们的社会正在失去自主权意识，我们所有人都面对这种生存威胁"[④]。具体到生成式AI舆论更是如此。舆论本来是人们在特定时间和空间就特定问题公开发表的

---

① 赵蓓.社交机器人的负面影响应引起重视[EB/OL].（2022-08-10）[2024-12-10].https://3w.huanqiu.com/a/de583b/49AxBuKn7z1.
② 张梦晗，陈泽.信息迷雾视域下社交机器人对战时宣传的控制及影响[J].新闻与传播研究，2023（6）：86-105，128.
③ 阎国华，何珍.网络空间"认知战"的生发背景、主要形式与应对之策[J].情报杂志，2022（12）：98-103.
④ [美]安德鲁·基恩.治愈未来：数字困境的全球解决方案[M].林玮，李国娇，译.北京：新星出版社，2019.

相对一致性的意见的总和，但现在，就社会问题发表意见的不只有我们人类自身，还有越来越智能化和拟人化的算法、人工智能技术、社交机器人等。更可怕的是，我们无法分辨到底哪些是人类发表的观点，哪些是算法、人工智能技术、社交机器人发表的观点。因此，生成式AI舆论传播容易导致社会失去自我管理的自主权。

四、生成式AI舆论传播容易引发国家间的认知战

鉴于人工智能技术在现代战争中能够发挥强大的信息传播、意识形态宣传、左右认知、引导舆论等作用，各国政府不但越来越重视人工智能技术的发展，加大对人工智能技术的投入，而且为了本国的整体安全，在未来的舆论战、认知战、信息战中夺得先机，纷纷开始探索利用人工智能技术进行宣传、引导舆论的实践方法与经验。如美国为确保自身在AI领域的领导地位，2019年3月设立了人工智能国家安全委员会，并发布《美国2019年人工智能与国家安全报告》。该报告认为，人工智能应作为美国国家安全的核心，用于情报分析、后勤保障、网络空间行动、信息操纵、信息指挥和控制等领域，以确保美国在AI领域的领导地位。已有研究显示，据不完全统计，仅2020年，就有81个国家利用社交媒体进行计算宣传和传播虚假信息，其中就包括社交机器人的使用；在2022年俄乌冲突相关推特讨论中，社交机器人占比为20%左右，产生近30%的内容。[①]2018年，牛津大学互联网研究院在其发布的《挑战真实和信任：全球有组织的社交媒体操纵盘点》中指出，很多国家正在用YouTube等算法类媒体来传播虚假信息，展开政治宣传，以重塑用户对内容和平台的认知。由此可以看到利用生成式AI开展信息传播、宣传、舆论对于国家发展与安全战略的重要性。

第五节 应对生成式AI舆论风险的策略

虽然学术界对生成式AI舆论还不是特别熟悉，但通过对生成式AI舆论生成原因、类型、存在风险的探究，同时结合过去在长时间的社会实践中形成的比较成熟的舆论引导与治理经验，可以初步探索出一定的有效应对生成式AI舆论风险的策略与方法。

一、公民应不断提高自己的算法素养与信息批判能力

无论我们愿不愿意，随着人工智能技术的发展及其在信息传播领域的应用，生成式

[①] 赵蓓：社交机器人的负面影响应引起重视[EB/OL].（2022-08-10）[2024-12-10].https://3w.huanqiu.com/a/de583b/49AxBuKn7z1.

AI舆论都已经成为一种客观的社会存在。为了在这样一个时代背景下更好地生存，公民个人应不断提高自己的算法素养与信息批判能力。具体而言，其一，鉴于生成式AI舆论本质上就是利用算法、云计算、大数据、人工智能等技术形成的舆论，为了更好地应对这种舆论风险，公民应具有一定的算法素养①，懂得智能媒体技术的运行原理及其个性化推送所形成的"信息茧房"效应。其二，人们应学会与智能媒体技术进行交流和互动，懂得它们的语言，甚至有时候要将其作为类人的主体看待，并学会辨别它们话语的真实性等。其三，公民需要把握利用智能媒体技术的次数与频率，同时学会通过传统主流媒体、图书馆等途径获取信息，并进行多方比较，从而确定智能媒体所传播信息的真实性，避免被智能媒体及其制造的"信息茧房"与在舆论领域产生的"舆论茧房"误导。

二、技术平台及其工程师应将智能技术道德化

从技术角度来讲，技术平台及其工程师应将智能技术道德化。技术道德化是以伊德、维贝克等为代表的一些学者从利用道德来调节技术发展的角度提出的应对技术的发展所带来的社会道德伦理问题的方法。技术的设计者与使用者应通过对技术进行道德化设计，并将设计嵌入变革技术与应用的行动之中，预见性地规避技术可能产生的传播伦理问题和社会影响，进而建构一种与人相伴的技术。②这正如"加密与去中心化"的技术活动邀请函上所写的那样，"我们不仅需要把价值观付诸文字，也要写入互联网的代码与架构之中"。进而言之，即"将我们的道德观念写进数码技术，让互联网反映我们的价值观"③。而之所以要这样做，主要是因为在过去近半个世纪的时间里，我们发明了许多重大的技术，如互联网、万维网、人工智能、虚拟现实等。这些技术深刻地改变了我们的社会。但是，在这个被数据充斥的世界，好像除了我们自己，一切都在不断升级，甚至有人预言人机融合的"奇点"已经到来。④因此，如何让技术与人相互协调、适配成为一个非常关键的问题。而将技术道德化是一个非常有效的方式。既然人的进化速度赶不上技术更新的速度，那么干脆让技术来适应人类。这也是为什么一些学者将这种从道德、伦理的角度提出的对技术进行设计的观念称为"解开智能时代的钥匙"⑤。具体而言，在应对生成式AI舆论风险方面，尤其是治理虚假的生成式AI舆论方面，需要将真实、客观、维护公共利益等的人类价值观写进算法、代码。

---

① Dogruel L，Masur P，Joeckel S.Development and validation of an algorithm literacy scale for internet users[J].Communication Methods and Measures，2022，16（2）：115-133.
② Verbeek P P.Moralizing Technology：Understanding and Designing the Morality of Things[M].Chicago:University of Chicago Press，2011.
③ [美]安德鲁·基恩.治愈未来：数字困境的全球解决方案[M].林玮，李国娇，译.北京：新星出版社，2019.
④ [美]安德鲁·基恩.治愈未来：数字困境的全球解决方案[M].林玮，李国娇，译.北京：新星出版社，2019.
⑤ 易显飞.技术自身的道德意蕴：一把解开智能时代的伦理钥匙[J].云梦学刊，2019（1）：36-40.

三、政府、主流媒体积极进行舆论引导的智能化探索与实践

在当今这个AIGC时代,为了更好地应对生成式AI舆论所带来的社会风险,急需建构智能化的舆论引导系统与体制机制。正如有学者所言,"在未来的舆论引导实践中,智能引导将成为一种引导的主流方式"①。具体而言,首先,政府、主流媒体的工作人员应形成舆论引导的智能化思维,主动拥抱、熟悉智能媒体与机器,将舆情监测思维转变为舆情预警思维②,从而变被动为主动,更好地进行智能化的舆论引导。其次,主流媒体应建构自主、可控的集智能传播与舆论的智能引导于一体的网络传播平台,因为"建构自主可控的平台是主流媒体掌握网络舆论主导权的关键举措"③。目前,以央视为代表的主流媒体已开始建构人工智能编辑部④,在此基础上发展智能舆论引导平台指日可待。再次,在参考阿里巴巴达摩院的"AI谣言粉碎机"算法程序、印第安纳大学伯明顿分校复杂网络和系统研究中心研发的Botometer智能算法程序等业界比较成熟的谣言识别系统、舆论监测系统的基础上,利用算法、大数据、云计算、人工智能等技术建构集舆论信息收集、真伪识别、状态监测、方向引导等多种功能于一体的智能化舆论治理系统。最后,要打造一支政治素养高、业务能力强、快速、机动、灵活、适应智能传播时代的舆论引导队伍与组织。

本章小结

舆论类人的主体性地位的确立并不是一蹴而就的,而是经历了主体想象型舆论、主体模拟型舆论等发展阶段。当下,随着AIGC时代的来临,在智能技术、算法推送、商业资本、人机对话等多种因素的共同作用下,生成式AI舆论逐渐产生。最初,生成式AI舆论只是智能技术、算法推送产生的附属次生性舆论,但随着其在社会中的影响力越来越大,其逐渐发展、演变出由商业资本、权力主导的计算性舆论,并且商业资本、权力主导的计算性舆论逐渐成为生成式AI舆论的主要形态。因此,生成式AI舆论逐渐显现出信息变异、导致舆论被操纵、导致社会失去自我管理的自主权、引发国家间的认知战等传播风险。

为了更好地应对生成式AI舆论风险,公民应不断提高自己的算法素养与信息批判能力,技术平台及其工程师应将智能技术道德化,政府、主流媒体应积

---

① 顾理平.可能与可为:人工智能时代主流媒体的舆论引导[J].传媒观察,2020(3):5-11.
② 赵云泽.从舆情监测升级为舆情预警的思路研究[J].人民论坛,2019(32):123-125.
③ 宋建武,黄淼,陈璐颖.平台化:主流媒体深度融合的基石[J].新闻与写作,2017(10):4-14.
④ 刘瑶,吴楠.融"慧"贯通:智媒时代主流媒体的破局之策——央视网人工智能编辑部的实践探索[J].青年记者,2023(19):66-69.

极进行舆论引导的智能化探索与实践。相信经过不断的探索与实践，我们一定能够穿越生成式AI舆论的迷雾，熟练地掌握引导生成式AI舆论的技术与能力，进而实现舆论正能量的聚合与传播、舆论负能量的过滤与遏制1，协助主流媒体营造积极、健康、清朗的社会环境，帮助政府更好地进行媒介化社会治理2以及在国际舆论战、认知战、心理战中取得胜利。

思考与练习

1. 生成式AI舆论的主体性为什么不断增强？
2. 如何应对生成式AI舆论带来的社会风险？
3. 生成式AI舆论的未来发展趋势是怎样的？

推荐阅读文献

[1] 骆正林.舆论传播与社会治理案例分析[M].北京：中国广播影视出版社，2016.

[2] [美]菲利克斯·A.尼格罗，劳埃德·G.尼格罗.公共行政学简明教程[M].郭晓来，等译.北京：中共中央党校出版社，1997.

[3] [丹麦]施蒂格·夏瓦.文化与社会的媒介化[M].刘君，李鑫，漆俊邑，译.上海：复旦大学出版社，2018.

[4] [美]W.兰斯·班尼特.新闻：政治的幻象[M].杨晓红，王家全，译.北京：当代中国出版社，2005.

[5] 董浩，骆正林.公共交往"频道"的校准：媒介化时代我国公共政治交往话语风格的偏误与匡正[J].新闻与传播评论，2025（1）：36-46.

第六章 智能营销的发展与创新

◆ 学习目标

1. 理解智能营销的基本内涵和传播特征，分析智能营销的算法机制与运作逻辑。
2. 掌握智能广告的垂直定位与用户画像方法、内容创意与营销交互的策略。
3. 认识电商直播、智能大屏和短视频在智能营销中的角色与作用，以及其创新营销模式与策略。

随着数字技术的飞速发展，智能营销已经成为品牌与消费者之间互动的重要桥梁。智能技术的不断发展促进了营销传播手段和过程的创新，从广告投放策略的"千人千面"到基于人机协同的内容创作，市场权力的不断下放使得消费者在整个营销与传播过程中的地位不断提升。本章将引领大家走进智能营销的世界，从算法推荐的精准推送到垂直分发的个性化内容生产，再到电商直播、智能大屏与短视频平台的创新应用，我们将全面探讨智能营销的发展脉络与创新实践。让我们一同掀开智能营销的神秘面纱，探索其背后的运作机制与无限可能。

第一节　算法推荐：智能营销的精准推送和受众匹配

"现代营销学之父"菲利普·科特勒曾提出：营销1.0时代以产品为中心，营销2.0时代以消费者为中心，营销3.0时代以价值观为中心。当下的广告营销正在走向营销4.0时代——以价值观、连接、大数据、社区和新一代分析技术为基础，将企业与消费者的线上线下活动相结合，并融入品牌建设的实体与风格，通过人与人连接和机器与机器连接的互补达到提高消费者参与度、实现消费者自我价值的目的。[1]智能营销的精准推送和受众匹配促使营销走向新的时代，营销的未来不仅取决于先进的算法，还取决于与消费者的真正联系。

一、智能营销的基本内涵和传播特征

（一）智能营销的基本内涵

"智能"指的是人的智慧和行动能力、智谋与才能。《管子·君臣上》中有记载："是故有道之君，正其德以莅民，而不言智能聪明。"《汉书·高纪第一下》中有记载："今天下贤者智能岂特古之人乎？"这些论述中的"智能"即智与能的结合，智为知，能为行，强调知行合一。"知行合一"是明朝思想家王守仁提出来的，他强调不仅要认识，还应当实践，只有把"知"和"行"统一起来，才能称得上"善"。

"营销"的核心在于识别和满足人类和社会的需求。营销不仅仅是销售或广告，而是一个包括创造、沟通、交付和交换有价值的产品和服务的过程。"营"字在《说文解字》中的解释是"帀居也"，"帀"在《说文解字》中被释为"周也"，即"环绕、围绕"的意思。在营销的语境下，"营"可以被理解为围绕产品或服务进行的策划和组织活动，即通过各种手段和方法营造有利于产品销售的环境和条件。"销"字在《说文解字》中的解释是"金铄也"。在营销概念中，"销"引申为产品的销售过程，即将产品推向市场，让消费者接受并购买的行为。营销的目的是满足人们的需求，同时为企业带来利润。它关注的是如何通过提供有价值的产品或服务来吸引和留住消费者。

基于以上对"智能"和"营销"两个词语的分析和解读，我们可以得出智能营销的相关定义：智能营销是以大数据和人工智能为基础，智能分析和预测营销活动中隐藏的模式和发展趋势，提升企业营销的效率和效果，最终实现企业与用户之间价值共创的营销模式。[2]智能营销是通过人的创造性、创新力以及创意智慧将先进的计算机、网络、移

---

[1] 杨扬,刘圣,李宜威,等.大数据营销：综述与展望[J].系统工程理论与实践,2020（8）：2150-2158.
[2] 朱国玮,高文丽,刘佳惠,等.人工智能营销：研究述评与展望[J].外国经济与管理,2021（7）：86-96.

动互联网、物联网等科学技术融合应用于当代品牌营销领域的新思维、新理念、新方法和新工具的创新营销概念。

智能营销讲究知与行的和谐统一，人脑与电脑、创意与技术、企业文化与企业商业、感性与理性结合，创造以人为中心、以网络技术为基础、以营销为目的、以创意创新为核心、以内容为依托的消费者个性化营销模式，实现品牌与实效的完美结合，将体验、场景、感知、美学等消费者主观认知建立在文化传承、科技迭代、商业利益等企业生态文明之上，最终实现虚拟与现实的数字化商业创新、精准化营销传播、高效化市场交易。

（二）智能营销的传播特征

智能营销以其独特的传播特征重塑着品牌与消费者的互动方式。这种新兴的营销模式，不仅汲取了传统营销模式的精华，更融入了大数据、人工智能等前沿技术的智慧，展现出前所未有的新型传播特征。

1. 个性化沟通

当今时代的用户想要在商品或服务购买过程中拥有独特的体验，而传统营销模式难以满足用户这一需求。智能营销通过用户特征分析描绘用户画像，利用大数据、人工智能等技术实现对个体的持续追踪和具象锁定，从而提供个性化的营销内容和服务。这不仅满足了用户的个性化需求，提高了用户的参与度和满意度，还增强了品牌忠诚度，扩大了口碑传播范围。人们通过人工智能分析大量数据，进行个性化沟通，使得营销能够更精准地触达目标受众，提供与其兴趣和需求相匹配的内容，从而提升营销效果。

2. 精准投放

用户的浏览记录、位置、社交平台互动、订单记录、兴趣爱好被转化为网络空间中的兴趣、态度、行为、场景数据，并以标签形式存储。智能营销通过数据分析实现精准的广告投放，通过算法推荐系统实现用户信息与营销信息的匹配，确保信息在最合适的时机和环境下触达目标受众。这提高了广告的转化率和投资回报率，减少了无效广告的投放，提高了广告的针对性和有效性，使得广告资源得到更有效的利用。

3. 营销效果可度量

智能营销通过实时监测和分析数据，优化营销策略，提升营销效率，其营销传播过程和效果是可度量的，这使得营销活动的效果更加透明，便于企业根据数据反馈持续优化和改进营销策略。[1]比如，俄罗斯一家线上游戏发行商通过全球移动广告平台巨头因莫比（InMobi）在海外移动端投放广告，利用程序化创意技术，基于主题设计、拆分背景、

---

[1] 张艳.智能技术时代的广告内容营销传播[J].中国出版，2017（19）：43-46.

人物、广告语、装饰图形等多种元素生成2870个不同的创意内容，并通过动态创意优化技术，对传播过程中的每个创意内容进行实时优化。①

4. 智能技术增强交互体验

"内容即广告"是信息流广告的一大特点，它能与信息内容相融合，为用户带来深刻的阅读体验。智能技术可以更好地帮助品牌实现广告与营销内容的融合，为用户创造交互式消费体验，并达到"润物细无声"的传播效果。智能营销通过智能技术创造吸引用户注意力的交互内容，激发用户兴趣并提升购买转化率。这有助于建立内容与品牌之间的紧密关联，实现商业与用户体验的平衡。通过提供高质量的交互体验，智能营销能够更好地吸引和留住用户，提高用户对品牌的认知度和好感度，从而促进销售转化。

二、智能营销的算法机制与运作逻辑

（一）智能营销的算法机制概述

算法机制作为智能营销的核心驱动力，正引领着营销策略的智能化转型，开启了一场从用户识别到用户触达，再到实现商业回报的革命性变革。从智能传播和智能营销的角度探讨算法机制强大的数据处理能力和智能化的决策支持对于营销的影响，能够帮助我们更好地认识和理解智能营销的内涵和意义。

1. 数字化促进用户识别

数字时代，数字化的主体是互联网公司，其拥有的数据大部分是结果型数据或行为型数据，比如通过手机中的SDK识别用户的位置信息，通过淘宝数据发现某类用户的品类偏好。而在智能媒体时代，出现了很多新的用户识别场景。在数字化布局下，前沿科技的应用为智能化营销提供了新的模式：基于计算机视觉和传感器的广泛应用，人工智能具有人脸识别、商品识别、动线追踪、客流分析等功能，用户在实体店中的商品挑选与购买行为，甚至情绪都能够被数据化。这使得数据来源拓展到与用户直接相关与非直接相关的多维数据。

2. 数字化实现用户触达

智能营销是在大数据的基础上，将人工智能引擎与客户关系管理（CRM）系统结合，对用户数据进行深度学习，形成相关模式和算法，进而在整个用户消费历程上，

---

① 张艳.智能技术时代的广告内容营销传播[J].中国出版，2017（19）：43-46.

为用户或营销人员实时在线地、自动地提供个性化产品、服务、市场以及销售方案推荐。[①]人工智能不仅可以通过大量数据帮助营销人员区分潜在消费者，将其推介到企业的拓客平台，还可以凭借自身的学习模型和算法，基于用户在平台上的点击、注册、激活、分享等各项数据，以及这些数据背后广告投入的状况，智能分配投放资源，自动优化广告模式。

3.数字化获取实现回报

智能营销通过机器遍历当下积累的用户大数据（如行为数据、交易数据、客服数据等）形成算法和模型，然后利用这些模型在线"推理"用户类型和需求，进而自动进行市场营销活动。智能营销完成了依托人工智能技术进行的广告流程再造，实现了数据与算法的平台化、广告流程中各行为的工具化、广告不同运作步骤的同步化和广告效果获知的高效化。随着技术的不断更迭，智能广告在成本、质量、服务和速度等方面实现了巨大的突破，能够适应不断增长的用户需求和不断变化的营销生态。

（二）技术加持下的智能营销运作

1."5G+物联网"：消费数据收集场景化

智能技术环境下的场景不再是单一的情境或语境，而是在多样化传感器基础上形成的"触点+场景"的新模式。[②]数字技术不仅提升了预付式消费的安全性，还极大地丰富了消费场景，创新了消费体验。通过使用大数据分析消费者的消费习惯和偏好，企业可以推出更加个性化的预付套餐和服务。借助5G技术和物联网技术，用户身边所有的智能产品或服务都将成为触点，不仅用户可以通过触点接收广告信息，广告主与品牌方也可以通过触点实时了解用户的喜好，接收用户的反馈。这些触点涵盖人们生活的方方面面，可以真正实现用户信息数据收集的全场景化和跨场景化。

2.人工智能：内容营销创意的智能化

内容营销是现阶段营销传播的重要手段之一，而创意是内容营销的核心。内容营销是包含创造、组织、分配、详述等过程，涉及有趣、贴切、有用的内容，以与特定用户群展开有关内容的对话为目标的营销方法。内容营销可以让用户从品牌的支持者和拥护者转变为品牌的推广者、品牌文化的传播者以及品牌故事的讲述者。智能技术的应用虽然为广告主和品牌提供了更为广泛和丰富的媒体平台，但媒体形态的多样性也对广告主和品牌方的内容营销尤其是创意营销提出了更高的要求，仅仅是创意在形

---

① 王赛，孙志勇.AI版数字营销：当营销和算法进行融合与重构[J].清华管理评论，2018（7）：93-96.
② 程明，程阳.智能技术时代营销传播的变革与智能营销传播的未来发展[J].现代广告，2020（9）：29-33.

式上的转换已经不能迎合不同媒体平台中不同用户的偏好，人工智能的介入将通过智能化手段实现基于媒体平台的动态创意优化，满足用户的个性化需求，提升内容营销的效率。①

3.区块链：营销传播信任体系的重构

区块链是一种基于互联网的分布式账本，其通过加密链式区块结构验证和存储数据，利用分布式节点共识算法生产和更新数据，借助智能合约编程和操作数据，是一种全新的去中心化的计算范式。基于区块链的机器信任将有效地解决营销传播中的欺诈和数据作假等问题，重构营销传播中的信任体系。机器信任是指机器以超大容量记载人类生产活动的所有数据且数据不能被篡改，进而生成依靠机器记载、分析和过滤数据的新信任机制。由于区块链中的信息都是公开的、可溯源的、不可篡改的，因此借助资本手段操纵数据（如伪造好评、删除差评等）的行为将不复存在。区块链技术可以对营销传播全过程进行记录和追踪，并向用户完全公开，从源头上杜绝数据造假，实现整个营销传播过程的透明化，打造信用度良好的营销传播环境。

三、智能营销的精准推送与受众目标

在未来的智能营销传播中，智能技术将打破虚拟场景与现实场景的界限，实现跨屏幕、跨场景的一站式营销，从而增强用户的沉浸感。用户的意见反馈将成为智能营销传播的核心，这不仅能够提升用户的参与度，还能够使营销内容更加贴合消费者实际需求和偏好。智能营销通过对消费者行为进行深度学习和分析，注重细分化和动态化的受众目标，实现对每个个体独特需求的精准识别和满足。

（一）智能营销的精准推送

1.基于数据洞察的精准推送

消费者数据是数字营销传播的基础，其基于消费者呈现出来的碎片化、自主性、微粒化、重新部落化特征，以及消费者群体复杂的网状关系，在数字网络空间和现实社会的不同场景表现出不同的消费行为特征。微粒化是在当前数字化环境下技术赋予消费者的最显著特征。随着当前消费者数据解析精准程度的提升，每个人的独特需求都可以被感知、量化与匹配。数字网络中的各种工具为供需信息的最优匹配提供了高效率的途径，释放了消费者的能动性。在人们进行消费时，其浏览记录、位置、社交平台的分享与评

---

① 段淳林，宋成.用户需求，算法推荐与场景匹配：智能广告的理论逻辑与实践思考[J].现代传播（中国传媒大学学报），2020（8）：119-128.

论、订单记录、兴趣爱好被还原成用户兴趣、态度、行为、场景数据,并以标签的形式保存在网络空间。

2. 结合消费场景的智能推送

技术对营销传播的渗透已从信息传播扩散转向用户信息采集与分析,精准营销和人工智能的核心思想在这一过程中得到了充分的体现。个人信息数据在数字网络终端被收集,并在营销传播各环节得以利用,通过算法实现消费者信息与营销信息的匹配,推动"定制化沟通""自动化""智能""精准"成为数字营销的关键词。技术驱动的细分群体精准内容投放,借助互联网场景,建立了系统与生活世界的联系。交互技术便利了用户参与品牌互动,企业可以通过智能技术检索目标受众,甄别意见领袖,科学抓取目标群体感兴趣的话题,并基于大数据进行情境洞察,实现面向细分人群的精准内容分发。

(二)智能营销的受众目标

1. 跨场景营销传播

在智能技术的不断推动下,营销传播将实现真正意义上的跨场景传播。现阶段的数字营销传播已经实现了在线消费者于特定环境中与广告的匹配,而5G技术和物联网技术的结合,会实现真正的"万物互联"。人工智能和物联网技术的运用可以实现信息的全链路传输,帮助企业更迅速地识别受众的特征与状态,完成对线上和线下受众数据的收集与分析。5G的高速率数据传输与低延迟物联网传感器收集与分析各种场景数据,并进行适当的广告匹配,实现虚拟广告位和物理广告位的实时动态展示,完成定制化营销传播。比如,人工智能助手通过传感器收集家具使用状态数据,提醒用户哪些家具需要维护或更换,这些数据在消费者允许的情况下被实时存储。当消费者步入相应的场景时,云计算技术将唤起被存储的数据,完成数据匹配,消费者就会收到符合其需求的广告链接。这些链接不仅能提供详细的产品信息,还能提供精确的室内引导,为消费者带来全新的体验。跨场景匹配营销传播也将出现在游戏世界中,游戏场景中的横幅将根据不同的消费者数据展示其感兴趣的广告,实现场景的"千人千面"。

2. 沉浸式互动营销传播

智能技术会进一步推动沉浸式互动营销传播的发展。与基于图文和视频的营销传播相比,依托增强现实和虚拟现实技术的营销传播侧重于为消费者营造由产品或服务带来的直观而亲密的感觉,使消费者产生身临其境之感。然而,受数据传输的限制,高延迟的信息互动与反馈使得增强现实和虚拟现实技术在营销传播中应用甚微。沉浸式互动营销通过视觉、听觉、触觉甚至嗅觉和味觉的综合运用,为消费者提供丰富的感官体验。通过模拟真实或虚构的情境,让消费者在特定环境中体验产品或服务,从而更好地理解其价值和用途，同时让消费者不再是被动的信息接收者，而是可以通过各种互动元素参与到营销活动之中，从而增强记忆点和品牌认同感。在智能技术的辅助下，未来的沉浸式互动营销传播将呈现增强现实、虚拟现实、混合现实、扩展现实的"四足鼎立"局面，为消费者带来更加丰富的临场感和更加新颖的购物体验。

3.内容创意的协同共创

如果说互联网是对物理世界的革命，那么，区块链技术的出现和发展则是对互联网的再次革命。内容创作是人类精神财富的主要来源之一，区块链技术与互联网的结合将建构一个自由透明的优质内容创作和分享社区，实现人类精神财富的最大化。区块链技术在智能营销传播中的应用将为整个营销传播的内容创意生成带来新的变革，实现内容创意的协同共创。作为一个分布式账本，区块链去中心化的特性赋予了公共区块链中每一个节点通过不同级别的授权对内容和创意进行审核纠正和再创作的权利，同时区块链独有的身份认证机制将确保信息来源的可靠性和真实性。在公共区块链中，消费者可以对已有的创意提出异议，并对产品提出新的创意。依托区块链技术的不可篡改性和全程留痕性，智能合约可以有效地保护这些内容创意生产者的知识产权。广告主与品牌方也会实时接收到这些创意，并对其中合理的创意进行采纳与奖励。具有公开透明特性的区块链会对每次奖励进行记录并将奖励直接交给创作者，取消原先内容创意生产与传递的中间环节，使创作者的利益最大化。良性的激励机制将实现广告主与消费者对品牌内容创意的协同共建。

第二节　垂直分发：智能广告的信息分发与内容生产

传统广告的创意，主要是由品牌方、广告主完成，基于单一信息诉求来满足目标市场的定向需求。彼时的广告内容虽是信息的再生产，但其创意的生产也只是将文字、图片、视频等载体形式进行有限的简单排列组合。对被动接收的消费者而言，由于缺乏沟通，获取的内容信息主要来自广告主的意志；而广告主呈现给消费者的是一种不完全信息，广告内容的创意生产与消费者的即时性、多维度的层次需求存在一定的动态区隔。智能广告其实是一种宏观的理念变革，它所呈现出来的价值并非与用户、产品一样有着快速可见的效果，而是更倾向于由长期的积累引起的观念质变。它通过智能化的表现形式，将某种观念或模型嵌入人们的日常生活，以达到影响人们价值观念和生活方式的目的。

一、智能广告的基本内涵与发生逻辑

随着科技的飞速发展，智能广告已经成为市场营销领域一股不可忽视的力量。人工

智能技术的快速发展对广告产业的技术融合提出了新要求,广告产业由交互广告阶段、算法分发广告阶段发展到如今的智能生成广告阶段。[1]随着数据量的极大丰富、计算力的指数级提升和算法的不断优化,能够洞察用户需求、实现精准匹配的智能广告受到社会资本的青睐。通过探索智能广告的内在机制和运作原理,我们可以更好地把握其在现代商业环境中的地位和作用,以及其对未来广告发展趋势的影响。

(一)智能广告的基本内涵

智能广告侧重于人机交互过程中广告信息的智能化传播以及与消费者的深度沟通。智能广告是以数据驱动为基础,以用户需求为中心,利用人工智能技术实现广告内容的智能化生产、传播、互动和反馈,并在算法模型的智能决策和实时优化下,精准匹配用户生活场景,个性化满足消费者生活信息需要的品牌传播活动。

技术和数据是智能广告得以产生和演进的两大关键驱动因素。具体而言,其主要以数字化技术、数据化技术、智能化技术等通用技术为基础,通过人群定向技术、程序化交易技术以及个性化推荐技术将用户与商品实现精准连接或匹配。[2]智能广告以人工智能技术为依托,以数据驱动为基础,基于内容、用户协同及需求关系的算法运作。不同于传统的广告创意,智能广告使品牌方与媒体平台用户之间产生基于需求满足的连接,与用户的关系更为立体,通过实时洞察需求达到改变用户行为的现实目的,属于社会关系网络传播,具有交互、主动的特点。[3]今日头条的智能营销系统是一个典型的基于大数据和算法的个性化推荐系统案例。今日头条通过收集用户的基本属性(如年龄、性别)、购物偏好、行为轨迹等数据,并整合人群、时段、地域、兴趣等多个维度的数据,用大数据算法建构了基础的科学模型,描绘详细的用户画像,整合多维数据,聚合不同场景,并运用科学模型进行精准分发。这种规模化的精准分发为用户带来了定制化的内容体验,也为广告主带来了显著的营销效果。

(二)智能广告的发生逻辑

1.基于多场景关联的智能创意洞察

传统的广告创意虽然经过调查研究,但对消费者的认识是基于品牌方自我的预设性假定。这种消费者洞察通常缺乏较多的行为数据和其他即时性、客观性数据支持。对消费者的洞察,需要通过时间线和空间线两个维度来完成。从消费者触达到消费者接受再到消费者行为决策,这是时间线,也是任何广告创意的基本策略。至于空间线维度,消

---

[1] 易龙.论智能广告研究的价值及其框架的构建[J].新闻界,2009(5):151-152.
[2] 姜智彬,郭博.流程性匹配:智能技术范式下互联网广告管理平台的动态能力研究[J].山西大学学报(哲学社会科学版),2023(2):75-85.
[3] 姜智彬,马欣.领域、困境与对策:人工智能重构下的广告运作[J].新闻与传播评论,2019(3):56-63.

费者的喜好和即时性需求都是其一整套生活的组成部分。传统的广告创意，只着眼于特定方面，比如，红酒庄园只研究红酒是什么样子，体育厂商也只关注产品提供给消费者的功能，而很少将产品或品牌置于目标消费者的"生活版图"之中。智能媒介的使用，能够在海量消费者数据分析的基础上，对消费者进行多维度、长过程、分层次的立体化、系统化、行动化洞察，并以此作为制定智能广告创意策略的基础。

2. 基于互联网思维的智能创意生产

网络连接一切的逻辑，是对互联网思维的最佳注解，也是智能广告创意的基本导向。互联网思维是基于丰富资源的一种立体网状思维，其本质是在算法生成、智能识别的基础上，提供一种有关分享、开放、连接、跨界、融合、社群、口碑等新社会元素的组合方法论，于海量信息库中进行基于拟态现实的整合和连接，并在连接中融合、在融合中创新。随着数据的激增，智能媒介的生态系统会随着学习系统的完善而不断进化，"需求调研—定位市场—主体进行生产传播"的线性链条会被切割重组。首先，作为创意生产的主体，高度智能化的 AI 会在考虑适配用户场景环境的同时，全面覆盖用户的即时需求，并根据不同的智能媒介拆解内容信息的维度，进行精细化的立体创意生产。其次，以往创意生产的目标对象是用户，而随着智能化的深入，其生产的目标对象可以是用户，也可以是用户接触的智能平台或所处的场景。智能创意的生产好比超市的产品，适用于平台这个有着不同连接维度的"货架"，以供扮演超市消费者角色的用户选择和消费。

3. 基于对称性交互的智能创意呈现

广告始终是需要传播和沟通，并与消费者达成一致的。数据环境对用户需求的解析由表及里，基于大数据的算法善用和基于人工智能的创意生成，都使交互性成为智能媒介区别于传统媒介的重要特点。智能广告最显著的特点是信息传播和接收的对称性。对称性交互，即用户从品牌方、平台获取的内容资源和广告主体从用户反馈得到的即时需求变化，在互相之间的关系连接上处于总量平衡状态，并基于"创意+智能媒介"的综合维度，达到满足用户需求、留给用户印象的目的。由于大数据、人工智能的介入，用户在智能媒体上所投入的互动行为，决定了平台提供给用户内容信息的类型和呈现方式。例如，用户在抖音或今日头条看过智能设备的内容，暂留并给予些许评论之后，再次打开平台会收到与之相关的线上线下销售的折扣活动内容。很多覆盖生活各个方面的广告信息也和智能设备有一定的关联，这并不是因为最近该信息词条火爆，而是因为用户对智能广告的影响决定了它对用户的影响，两者相互平衡、交叉影响。

4. 基于人机物协同的智能创意执行

从以内容为中心的品牌方和人的弱连接，到以关系情感为中心的人和人的强连接，再到以智能内容为中心的次强连接，最后触达以"人机-人人"关系为中心的强连接，整个进程是个循环往复的轮回，也是一种基于连接与反连接的摇摆作用。智能媒体去中心化、参与化的特点既保证了用户的平等互动关系，又增强了用户主动分享的意愿。AI 和智能算法的成熟使品牌方能够根据实时的用户画像，有针对性地进行创意组合和生产。如今机器生产的创意，本质上是通过算法对已有素材的排列组合，过于理性而缺乏"人性"的光辉。现阶段机器更多的是作为人的辅助者或延伸者而存在，并不是脱离人而独立存在并进行智能创意生产的主体。人机协同是当下智能生产的常态，由于智能媒体打破了时空壁垒，所以原本受物理条件限制的任意客观对象都可以成为创意生产的载体。机器赋予物体全时段、全场景的内容组成要素，物力拓展人力的信息维度、丰富创意形式的组合和传播，人是媒介的延伸和人工智能的协调辅助者，三者形成稳定的三角关系，相互依存、共同作用，共同作为智能时代广告创意执行的依据。

二、智能广告的垂直定位与用户画像

人工智能技术参与前端与用户的沟通流程，可以更好地收集用户的偏好数据、优化与用户的沟通效果、提高用户的品牌忠诚度。因此，以用户为中心的智能广告营销策略对于满足多样化需求和进行个性化调整具有极为关键的作用。

（一）数据驱动个性化广告趋势

广告的个性化体验是人工智能对用户在互联网上各种行为数据进行处理和分析的结果。人工智能技术能够处理庞大的用户数据集，可以解释、量化和筛选数据，并对用户数据进行分析。通过分析数据，人工智能可以针对不同的用户开展个性化广告活动，如产品推荐、个性化营销等。用户数据在数字营销的多个领域可以发挥作用。一是描绘详细的用户画像，让每个数据都被清晰分类并贴上个性化的用户标签。用户标签用于分析用户对不同消费触点的广告价值。二是进行市场细分和广告定位。智能营销工具可以根据投放产品的特色，分辨潜在客户群，进而进行精准定位和广告投放。三是广告优化。人工智能在广告投放过程中可以不断测试广告内容、竞价、预算等要素，并以此为基础对广告效果进行跟踪反馈，进而优化广告内容、点击率和转化率。四是用户服务质量的提升。利用自然语言处理模型，聊天机器人在与用户对话的同时能更好地了解用户的需求。使用人工智能工具的营销人员也能通过对话数据更准确地分析用户，进而预测潜在市场的变化趋势。

（二）智能技术驱动的用户体验

对用户数据的收集、分析和处理是智能广告运作的基础，要获得用户的信任、让用户同意分享个人数据，用户体验的提升至关重要。人工智能营销中的用户体验可以被概念化为四个领域，即数据收集、算法输出、将任务委托给人工智能以及与人工智能的社交互动。在与人工智能的社交互动环节，营销人员可以为用户提供个性化的在线体验，并收集用户数据反馈到模型以进行实时迭代；通过API获取和爬虫工具，将用户的反馈信息用于情感分析，获取用户对广告内容的情感态度及个性化诉求，并为后续产品或服务的改进以及营销策略的优化提供参考依据。智能广告营销在提高用户体验的同时，也是实时收集和分析与用户对话的过程：一方面，利用智能聊天机器人与用户进行对话，了解用户的偏好和意见，以优化运营数据，改进营销策略；另一方面，当智能聊天机器人无法应对沟通中的复杂状况，用户转而寻求人工客服的帮助时，人工客服需要及时响应，避免沟通受阻。①

（三）用户驱动的广告创意整合

智能广告创意突破了传统广告创意单向、单线传播的局限性。在传统模式下，广告创意的传播效果难以量化，且媒介空间有限，用户只能被动接收。在智能广告创意时代，用户积极参与广告创意的"生产—传播—延续"过程。用户可以通过弹幕评论视频广告，这种反馈通过5G技术分析，能够实现准确的传播效果评估。此外，H5广告等形式也让用户在叙述故事、展示产品时参与创意生产，自媒体的发展则为用户创作提供了空间，促进了广告创意的二次创作与传播。在智能广告创意的传播过程中，用户的反馈（如评论、弹幕、转发与二创等）得以留存，并通过识别、分析、分类、归置，整合为"创意—用户—反馈"数据库。②这个数据库为下一次智能广告创意生产提供数据支撑，使得"留存"成为上一次创意的结束和下一次创意的开始。基于广泛的用户反馈数据和智能算力分析，智能广告创意能够持续输出符合用户期望的内容，真正做到以用户为创意的出发点和落脚点。

三、智能广告的内容创意与营销交互

在智能媒体时代，广告行业正经历前所未有的变革。在内容创意方面，广告通过用户相关性、场景匹配和目标适配，实现个性化、精准化传播；在营销交互方面，智能广告通过用户交互、产品交互和社会交互，建构了一种全新的、深层次的沟通模式。智能广告在未来市场营销中拥有无限可能。

（一）智能广告的内容创意

1.内容创意与用户相关性

用户相关性是指基于用户偏好进行精准推荐。在投放广告之前，智能广告的程序化

---

① 姜智彬，黄琳雅.技术变革下的数字营销转向：前进中的智能广告研究[J].传媒论坛，2024（10）：4-8.
② 丁晨洋，冯广圣.智媒时代智能广告创意的运作模型研究[J].新媒体研究，2022（21）：54-56，65.

创意预先进行数据对接、合作，制定数据应用规则，设定触发条件，当投放过程中发现与设定条件相匹配的广告位时，借助DCO（dynamic creative optimization，动态创意优化）系统，发现不同群体的创意偏好，然后根据原有分类的情感利益、产品利益、促销利益等标签为用户提供创意指引，使广告创意更具针对性和精确性。例如，用户几个月前在某平台购买了某产品，当她再次暴露在广告位前或进行浏览时，DCO系统会根据企业提供的数据，挑选其他同类产品的创意画面进行推送。在这一过程中，系统利用AI技术能够分析出哪一种创意与用户的利益点最为契合，精准匹配用户需求。

2.内容创意与场景匹配

从传统广告的创意到智能广告的创意，后信息时代实现了"真正的个人化"，不仅广告创意的生产和执行变得丰富多样，并且其受众个体与环境也能够恰如其分地进行场景化匹配。作为商品促销手段的广告，其创意来自消费者的生活场景，因而随着移动消费场景的增多，创意内容只有更加个性化和多元化，才能吸引更多的受众。传统广告创意"千人一面"，略显单调；而智能广告的程序化创意能够随着时间、场景和用户需求的变化进行个性化展示，使广告与用户的沟通交流效果更出众。广告创意能根据不同地点对人群偏好进行智能分析，推荐与当下场景相吻合的广告创意，改变"千人一面"的创意局面。

3.内容创意与目标适配

广告的元素多样，智能广告的程序化创意需要考虑如何提取不同类型的元素组合实现广告创意内容和目标用户的适配，并且在广告投放过程中，利用监测数据来观察受众的行为反应，判断其对不同创意素材的接受程度，再根据不同创意订单的实际投放效果，实时、迅速地调整素材组合，自动优化创意素材投放配比，快速产出品质稳定且质量较高的创意供广告主选择。通过圈定相似用户人群，形成特定的人群画像，程序化创意在智能算法机制的推荐下与用户进行智能匹配。[①]例如，筷子科技的"一键创意"技术，通过人工智能技术实现创意素材的标签化，然后在标签化的基础上进行图片需求的自动匹配，在几秒钟的时间内迅速生成多种创意，从而满足广告主多版本创意投放的需求。[②]

（二）智能广告的营销交互

1.用户交互

智能广告是围绕用户进行的，需要通过算法精准洞悉用户需求并为其匹配最佳呈现

[①] 廖秉宜.优化与重构：中国智能广告产业发展研究[J].当代传播，2017（4）：97-101，110.

[②] 段淳林，任静.智能广告的程序化创意及其RECM模式研究[J].新闻大学，2020（2）：17-31，119，120.

形式。因此，作为消费行为主体的用户自然是广告主不可忽视的视觉交互对象。在智能广告时代，大数据、云计算、算法推荐、程序化创意等人工智能技术已经广泛运用于广告之中，广告运作逻辑也因此发生了翻天覆地的变化，此时的智能广告成为以消费者为中心、以算法为中介的传播活动。[1]在技术的加持下，广告的生成形式、传播形式、表现形式与之前大不相同，但这些新形式终究也是为了能更好地服务于"人"，更好地挖掘用户的潜在需求。在智能用户画像、算法精准推送以及程序化创意的助力下，广告的创作更加细节化、个性化。用户与广告的交互也不再是表层的视觉传达，而是进化到更深层次的视觉交互。这种交互是一种全新的、由表及里的交互，是极具创造性的、能为受众身心带来新奇体验的交互。

2.产品交互

人工智能时代的技术革新不可避免地带有"智能"属性。智能时代的产品是更加"聪明"的，其能通过大数据、算法推荐、场景识别等技术精确剖析用户，提供精准服务。在当今社会，用户因其自身的信息需求，对传统爆炸式信息放送方式更加抵触，他们渴望能在自己有限的精力中获取有效信息，因此，受众借助视觉交互的信息筛选显得尤为重要。智能广告将广告产品本身作为交互对象，套上内容的"外壳"，极大地增强了用户的广告浏览体验，帮助用户自然地了解产品、刺激消费行为。此时的视觉交互与其说是对产品的展现，不如说是对产品的价值赋予，即抓住产品特有的功能价值、情绪价值、文化价值等，以原生的形式突出它、展现它。

3.社会交互

信息革命催生的大众媒体带动了广告的发展并通过广告促进了大众媒体的繁荣。[2]同理，智能化技术催生了数字网络媒介并推动了广告革新，并以此改变了人们的行为方式、催生了新的社会关系。社会各主体在不断接触智能产品之后，经历了从陌生到熟悉、从生疏到熟练等过程，其思想观念也在潜移默化之中变得"智能化"[3]。智能广告与社会的视觉交互，一方面能帮助用户更好地了解智能技术、操作智能设备；另一方面有利于智能技术的推广，为智能技术的日常化奠定基础。[4]

---

[1] Utku B, Tasos D, Muddesar I.Supereye:Smart advertisement insertion for online video streaming[J].Multimedia Tools and Applications, 2022 (6): 9361-9379.
[2] 杨效宏, 徐丹.广告作为话语方式的社会实践过程[J].中国广告, 2021 (7): 62-66.
[3] 王苑丞, 彭雨其.智能广告视觉交互赋能效应研究[J].现代广告, 2022 (19): 47-53.
[4] 杨效宏.社会智能化过程中的反思性焦虑[J].中外文化与文论, 2018 (3): 194-203.

第三节　智能直播、智能大屏与场景营销

未来的智能化营销将更加注重个性化、跨平台融合、内容创造和数据驱动，为企业和消费者创造更大的价值。随着技术的进步，智能化营销将继续引领营销领域的变革，为商业世界带来新的机遇和挑战。在当今数字化时代，智能技术的飞速发展正在深刻地改变着我们的生活和工作方式。智能直播、智能大屏与场景营销共同塑造了现代营销生态，为受众带来了全新的信息获取和消费体验。

一、智能直播：助力电商直播带货模式扩张

智能直播建构了一个信息超链接和人际关系超链接的网络社会。[1]在数字化浪潮的推动下，网络直播带货作为一种新兴电子商务模式，正逐步重塑现代消费文化形态。智能直播间与智能带货系统作为电商直播新模式的核心技术支撑，通过个性化推荐、实时互动、自动化运营、数据分析、虚拟现实技术以及内容创作辅助等，为电商直播注入了新的活力。这些技术的应用不仅极大地提升了用户体验，也为企业带来了更高的运营效率和市场竞争力。

（一）技术赋权带来视听盛宴

直播带货平台常借助场景传播的"五力"技术（网络数据、移动设备、定位系统、传感器和社交媒体），为用户提供个性化的传播服务和沉浸式的体验感，试图推进营销新形态的模式生成。另外，在直播场景中，视觉和听觉的一体化表达尤为关键。网络直播平台作为视听交互的媒介，其所呈现的动作、语言、神态、节奏、音乐的联动场景，成为内容传播的重要组成部分。直播赋权下的场景深度融合，使得用户拥有更加直观、立体、生动的社交体验与视觉感知。基于此，日常生活消费中的必需品逐渐被视觉表象商品代替。直播场景消费带来的视觉快感，更多的是一种与感官相连的"具身享受"，是从"物之实用"到"视之惬意"的转向。换言之，在一场华丽盛大的直播"景观秀"里，消费者所追求的不再仅仅是商品的使用价值，而更多的是图像、影像背后的符号价值。

（二）智能技术带来视听扩张

当今用户拥有很大的选择权，可以借助无线局域网和5G技术随时随地观看清晰的网

---

[1] 李晶，孔祥莉.智能—社交—消费—规制：一条理解直播带货的主线[J].当代电视，2021（5）：91-96.

络带货直播。网络带货直播有了新的时间和空间意义。在时间方面，线上陪伴是网络带货直播跨越时空带给观众美好体验的一种方式。在直播间跟观众"云见面"成为一种定时定点的仪式，让观众在这样的仪式中享受互相之间的陪伴。在空间方面，网络带货直播可以存在于线上空间的每时每刻，观众只需要打开手机或电脑屏幕，就可以看到异域他乡具有代表性的特色产品。2021年11月7日，央视记者和某知名主播联手帮阿富汗直播带货，售空了12万罐阿富汗松子，这次跨国直播极好地展现了我国的大国风范以及对人类命运共同体理念的行动支持。有了时空扩张，观众的观看体验也会更好。媒介对主播带货的内容进行跨时空加工，原有意义也随着时空扩张的过程完成了迁移。

（三）智能传播促进精准互动

随着媒介技术推动智能传播的崛起，算法技术得到了广泛应用，传播范式发生了根本变化。算法指导网络平台的内容生产和传播指向，基于这些用户的数据信息，网络服务商利用算法可以更加精准地匹配用户需求，实现对原有传播模型的修正和改进，以更好地贴合用户的真实需求。[1]直播带货的技术逻辑就是在算法匹配的技术上生成用户消费习惯和态度倾向的画像，以此帮助商家、平台、主播等内容生产者找到目标用户，在捕获具有"刚性需求"用户的同时，及时发现和捕捉潜在消费者。智能传播赋予用户较大的活动空间。用户在观看直播时可以及时反馈、和主播互动，实现了现实购物与虚拟世界的融合，也实现了"人、货、场"的统一。[2]

（四）媒介技术促进意义更迭

传统媒体时代，电视购物是主流电商模式，观众通过电视购物购买产品，购买行为充满了未来主义色彩。随着网络移动媒体的发展，电视购物的价值逐渐减少，观众开始寻求更便捷、成本更低的购物方式。在智能媒体时代，网络直播带货成为新的电商模式。网络直播带货可以容纳无限多的信息，去中心化的网络发展特征打破了直播带货被传统媒体垄断的局面，技术赋权为更多商家提供了营销推广的机会。网络直播带货的名人效应更加突出，观众追求赋予在产品上的"名人"符号价值，主播通过渠道推广与传播增强自身的形象影响力，让带有自己身份象征的产品价值迁移到观众身上。

二、智能大屏：实现潜在消费群体的超级连接

拥有百余年历史的电视媒介在科技渗透中不断孕育变化，逐渐演变成为"类人的

---

[1] 喻国明，赵文宇.算法是一种新的传播观：未来传播与传播学的重构[J].西南民族大学学报（人文社会科学版），2020（5）：145-149.
[2] 李晶，孔祥莉.智能—社交—消费—规制：一条理解直播带货的主线[J].当代电视，2021（5）：91-96.

屏"。智能大屏作为信息的呈现载体，如同人的面孔，精细而多元；承载着诸多内容与应用的大屏操作系统，有着理解能力与运算能力，恰如人的大脑与心脏；多模态化的交互方式赋予智能大屏"眼口手鼻"，让它可以通过视觉图像、语音等与用户交流；各类数据则如血液般流动于不同场景，为智能大屏的功能运转提供底层支撑。智能大屏是指与互联网连接的电视屏幕终端，它包括通过不同传输渠道接入网络的电视屏幕，如 OTT、DVB、IPTV 等。人们通过智能大屏不仅可以观看电视直播，还可以通过各种应用软件点播观看海量视频内容，甚至可以在客厅中进行玩游戏、唱卡拉 OK、健身等多种娱乐活动。

（一）超级终端：智能大屏实现场景统一

随着智能技术的发展和电视终端的升级换代，智能电视成为未来电视发展的必然趋势。从终端规模来看，根据北京互娱数字科技有限公司的调查数据，2020 年智能大屏的终端保有量突破 2.66 亿台，且增长势头强劲，处于增量与存量并存的状态。随着终端厂 AIoT 战略的推进，家庭智能终端更加普及，智能大屏加速由泛娱乐向智慧平台升级，发挥智慧家庭的枢纽中心和核心入口的作用。可以说，智能大屏正在重塑家庭客厅场景，逐渐成为客厅经济的核心支撑和新风口。智能大屏的连接方式已从双屏交互延伸至跨空间、跨系统、多设备联动的深度场景体验，大至空调冰箱，小至门锁音响，都能与智能大屏互联共通。更重要的是，智能大屏在多端连接中所扮演的角色愈发关键。[1]过去，传统电视仅仅是听从指令的观影工具；如今，智能大屏正在成为跨知识领域的综合枢纽，依托人工智能"大脑"为智慧生活提供智能决策。

（二）连接用户：智能大屏促进内容管理

智能大屏成为连接家庭人群的超级入口。用户跟观众不一样，用户是互动的，是有积极能动性的；而观众是被动的、欣赏性的。智能大屏的连接是进入家庭，连接用户和用户的需求，其和用户的使用是密切相关的。目前，智能大屏用户标签多样而立体，不仅有基本的人口属性，还包括媒介行为、消费行为、内容圈层，以及家庭结构、家庭生命周期等。传统用户识别局部抽样、模糊、长周期的模式已经进化为全样本用户识别、实时反馈和精准的全面洞察模式，为精细化的内容推荐和广告推送做足了准备。基于用户使用场景，智能大屏还能通过语音、体感等多模态交互方式，调动其他智能设备的各类功能，满足用户在不同场景下的多样化需求。例如，海信的电视屏已经实现和冰箱屏、教育屏、游戏屏等的互相沟通、彼此控制和内容同步。事实上，当智能大屏与其他智能设备互联共通，并由此拥有了突破单纯内容呈现的多维度能力时，随之而来的将是以用户为中心、以智能大屏为联结的网状智慧新生态。

---

[1] 马涛，黄欣怡.智能大屏营销冲刺新高地[J].国际品牌观察，2021（36）：20-25.

(三)连接消费：智能大屏唤醒消费需求

在消费层面，家庭场景的核心在人，这里的人指的是鲜活的人、家庭中的人、具有消费能力的人。智能大屏的用户是在家庭物理空间和家庭成员的连接互动中进行内容消费和产品消费的人。以家庭产品生命周期为主线，将家庭消费数据与个人消费数据相结合的洞察，使得品牌与消费者的沟通时机更为准确；智能大屏陪伴家居时刻，物理空间的场景加持和家庭成员之间的沟通互动持续影响着消费决策全流程，有效提升品牌认知度。正是通过对终端和用户的连接，智能大屏以"内容+数据+场景"的模式突破了传统大屏的障碍，精细而准确地唤醒用户的显性消费需求、催化其潜在消费需求，释放出巨大的价值。智能大屏为用户带来了更加沉浸式的购物体验。用户可以通过大屏幕看到商品各个维度的信息，甚至可以通过虚拟现实技术，模拟试穿、试用等场景。智能大屏"超级连接"的无限想象正在持续开启，一个多元呈现、多义理解、多端交流的智能化信息传播有机体将呈现在我们面前。

三、场景营销：短视频社群经济的营销变革

数字网络的强大连接力，使人类能够突破时间和空间的限制，实现人与人之间的自由聚合，"连接一切"成为这个时代的鲜明特征。场景营销是在互联网技术的基础上，通过人们输入、搜索、浏览等上网行为场景来实现营销的一种新理念。场景营销同时利用了用户消费需求和企业的营销推广需求，将消费者和企业更加紧密地联系在一起。短视频凭借较短的时长、有趣的内容、简单的制作吸引了大量的用户。[1]短视频具有较高的用户活跃度，吸引了大量企业的注意，越来越多的企业开始借助短视频进行场景营销，并取得了极好的营销效果。而这种用短视频所创设的新场景进行营销的方式，也改变了以往直接向消费者叙述的模式，让消费者产生身临其境的感觉，大大增强了消费者的体验感。短视频场景营销侧重于增强用户体验和调动用户情绪。

(一)基于视觉的短视频场景营销

在移动互联网时代，人们的社交需求逐渐由新闻浏览转向短视频类的信息浏览，这使得企业营销也同步向视频类转变。基于视觉的短视频场景营销，是以移动互联网为媒介，结合消费者的视觉习惯，将产品的特性和功能传递给消费者的一种营销方式。利用短视频进行场景营销必须结合用户的视觉习惯去展示产品，吸引用户的注意力，建立产品和用户的连接，引导用户进行线上交流和消费。近年来，直播带货颇为流行，在抖音上通过直播进行营销也是当前一种重要的营销手段。广告主通过直播营销建构起一个个

---

[1] 程明，周亚齐.社群经济视角下营销传播的变革与创新研究[J].编辑之友，2018（12）：20-26.

消费场景，摆脱了传统营销模式下虚拟的场景摆设，给用户以强烈的视觉冲击，更容易引导用户购买。同时，在直播过程中，用户可以随时与主播进行线上交流，主播就用户的提问及时进行讲解，这不仅拉近了用户和企业的距离，也极大地增强了用户对产品和品牌的忠诚度。

（二）植入式短视频场景营销

场景中"人"的主体地位和能动性与互联网思维中的用户思维不谋而合。新媒体利用移动终端制造出来的虚拟流动空间能够使用户沉浸其中，这不仅对传统的媒介传播模式提出了挑战，也对传统的营销模式提出了挑战。一般认为，植入式短视频场景营销是广告主借助网红或热门博主的影响力，在其短视频中植入广告来吸引用户购买的一种营销方式。许多博主在短视频中植入广告，一个短视频就是一个小故事，将产品融入故事内容中，让博主使用产品的感受与故事主题相呼应，将产品相关理念融入用户生活场景，引导用户进行消费。[①]植入式短视频场景营销以短视频为基础，以人为依托，实现了故事场景和生活场景的连接，促进了产品和场景的融合，真正实现了"产品就是场景，场景代表产品"。植入式短视频场景营销建立起了产品和场景的连接，能够更好地传达产品理念，提高产品的影响力和品牌的知名度。

（三）基于社群的短视频场景营销

场景营销的本质是实现营销和需求的无缝对接，是基于媒介技术对用户时间、空间、情感"三位一体"的需求感知，并进行有价值的信息适配。[②]移动互联网时代，社群更多的是指存在于虚拟网络中的忠实于某个品牌或个人的粉丝群体。由于社交媒体的迅速发展，社群内部以及社群和社群之间的沟通更加顺畅，短视频场景营销得以借助社群的力量来扩大营销的范围，有人甚至提出"营销即社群，社群即营销"[③]。以抖音短视频为例，其设有"关注"和"朋友"两条路径：通过"关注"，用户可以看到自己关注的博主和好友的动态；而"朋友"路径相当于微信的朋友圈，好友的动态都被收录其中。借助平台优势，广告主或网络红人通过拍摄短视频分享的产品或产品使用心得，能够让产品信息迅速在社群中传播开来，用户也可以与发布者互动，了解产品的有关信息，以更好地了解产品，增强对产品的认同感，进而做出购买行为。借助社群的力量，广告主和企业实现了人与物的连接，并将其转变为实际的消费群体。从目前来看，社群已然成为短视频进行场景营销的"根据地"。

---

① 宁航.短视频再造营销场景[J].新闻研究导刊，2019（20）：155，219.
② 吴声.场景革命：重构人与商业的连接[M].北京：机械工业出版社，2015.
③ 程明，周亚齐.社群经济视角下营销传播的变革与创新研究[J].编辑之友，2018（12）：20-26.

本章小结

数字时代，人工智能技术的快速发展正在重塑市场营销的格局。人工智能不仅能够处理和分析大数据，提供精准的市场洞察，还能实现营销自动化，提升客户服务质量。当下，人工智能在市场营销中的应用日益普及，涵盖从消费者行为预测到广告投放的全过程。这场由算法驱动的范式革命，不仅改变了营销活动的执行方式，更在深层次重构了商业价值创造的底层逻辑。本章从智能营销的基本内涵和传播特征出发，结合具体的案例，分析智能营销的算法机制与运作逻辑。

本章首先探讨了智能营销的算法与精准匹配，智能营销通过大数据和人工智能的分析预测，实现营销活动的精准推送和受众匹配。在算法机制与运作逻辑方面，智能营销通过数字化的用户识别、数字化覆盖与用户触达以及用数字化来实现回报，形成了完整的智能营销体系；此外，还探讨了智能营销的精准推送与受众目标。

本章在理解智能广告的内涵和发生逻辑的基础上，重点讨论了数据驱动的个性化广告趋势、智能技术驱动的用户体验，以及用户驱动的广告创意整合；探讨了通过大数据和人工智能处理与分析用户行为数据，以及针对不同用户开展个性化广告活动的重要性；讨论了用户体验在智能广告运作中的基础地位，以及如何通过提升用户体验来获得用户信任和同意分享个人数据；同时阐述了智能广告创意如何突破传统广告创意的局限性，以及用户如何积极参与广告创意的生产、传播和延续过程。

人工智能技术赋予营销产业新的发展契机，并极大地改变了数字媒体与消费者互动的方式，使得企业对消费者行为的洞察更加便利和深入。本章针对电商直播领域，详细阐述了智能传播技术如何赋能直播带货，探讨了智能技术带来的视听扩张和精准互动，以及媒介技术如何促进意义的更迭，展现了电商直播在智能媒体时代的全新面貌；针对智能大屏领域，通过解析智能大屏在实现场景统一、促进内容管理和唤醒消费需求方面的作用，阐明了智能大屏如何逐渐成为客厅经济的核心支撑，并建构以用户为中心的智慧新生态；针对短视频社群经济的营销变革，分析了短视频如何通过基于视觉的场景营销、植入式营销和基于社群的场景营销，为消费者提供沉浸式和体验式的购物体验。

思考与练习

1. 请举例说明电商直播中智能技术是如何提升用户体验和企业运营效率的。
2. 智能大屏是如何成为连接家庭成员的超级入口，并在内容管理和消费需求唤醒方面发挥作用的？

3.短视频营销在改变传统营销模式方面有哪些创新之处？请结合具体案例进行分析。

4.场景营销在智能媒体时代具有哪些意义？如何通过场景营销增强消费者的购买意愿？

推荐阅读文献

[1] 吴声.场景革命：重构人与商业的连接[M].北京：机械工业出版社，2015.

[2] [美] 尼古拉斯·克里斯塔基斯，詹姆斯·富勒.大连接：社会网络是如何形成的以及对人类现实行为的影响[M].简学，译.北京：中国人民大学出版社，2013.

[3] 杨轲裕.智能陷阱背景下直播带货平台中大学生数字劳工形成机理探析[J].新媒体研究，2023（8）：9-14，18.

[4] 李凌，周业萍.智能时代网络信任的模型、风险与重构——从直播带货引发的信任危机谈起[J].新闻与写作，2020（9）：21-28.

[5] 贾静杰.网红直播带货模式的问题与对策[J].青年记者，2020（21）：31-32.

第七章

智能出版的应用发展和业务创新

◆ 学习目标

1. 掌握智能编辑室的概念以及人工智能环境下的编辑流程与业务创新。
2. 掌握区块链信誉机制建构数字版权交易管理新模式。
3. 理解NFT本土化的元宇宙数字出版藏品新形态。
4. 理解智能语音合成技术结合出版物的数字阅读新产品。

随着元宇宙互联网形态出现,全智能领域场景实现,区块链重构技术信任底层,人工智能全面嵌入出版业,革新版权管理方式,并在区块链和智能技术的基础上更新出版产品形态,最终形成全行业的智能出版,这是元宇宙环境发展的趋势和必然。本章以元宇宙的构成和基础、全场景领域智能实现为背景,从编辑出版实践业务创新、版权交易管理、出版物的形态创新三个维度,解释并展望了以技术信任为基础建构的Web3.0形态——元宇宙环境下,智能技术和智能媒介所建构的生产与实践方式如何全面重构了出版业。

第一节　智能编辑室：人工智能环境下的编辑出版流程再造与业务革新

2023年，亚马逊作为全球最大的实体书和电子书销售商，开始支持和销售AI创作的书籍，除了儿童类书籍，AI创作的书籍主题还包括快速致富计划、节食建议、软件编码技巧和食谱。学者们对人工智能加持下出版业的发展有两大截然不同的认知争论焦点，即"替代说"与"补偿说"。前者认为人工智能会完全取代人类智能，后者主张通过人工智能增强、延伸人类自身智能。目前的主流观点是"补偿说"，但两种说法其实都是把人工智能当作一种工具。

技术哲学主张从技术物（即通过科技发明或经验总结而形成的技术产品）与人的关系中建立技术物建构世界的方式，这就涉及我们如何与技术物共存，在各领域中以何种方式接纳技术物。西蒙东反对简单的工具化技术，他认为"技术性更体现在组合上"[①]，在人类与技术物的关系方面，从简单的工具和仪器使用到人与技术组合层面的复杂交互，人类的角色从工具的使用者转变为技术环境的组织者和协调者。技术物不应仅被视为人工制品，技术物的发展从抽象到具体，涉及结构的多重功能和复因决定，它们的进化是一个具体化的过程，从抽象系统逐渐转变为具有多功能性和内部共鸣的个性化系统。

因此，虽然出现了AI编撰的图书，但书籍的出版工作只是从单纯依靠人的职业经验积累和知识素养，转变为人作为人工智能环境的组织者和协调者，与AI组合形成一体化的智能出版系统，这就是智能编辑室的工作基础。在人与人工智能组合一体化的智能出版系统中，编辑从原来根据经验判断哪类书籍更受市场欢迎的选题人，变成利用大数据、AI模型和自身经验共同判断的智能选题系统；从原来自己搭建书籍框架，变为输入AI指令，与AI共创生成书籍框架并根据需要进行修改的智能编撰系统；从原来一个个字创作书稿的作者转变为部分与AI共创，在其中加入作者本人的思考、提炼和认知的创作系统；从原来的人工编辑判断字词情境与人工校对，转变为人工智能提示、人工判断的智能编校系统。

一、智能编辑室的工作基础

智能编辑室的工作基础是人与AI的智能化组合，是人在AI技术环境下重新对编辑出版流程进行组织和协调，人机协同出版的实践形态。这种出版实践方式，要求出版从业人员，如编辑、作者、排版人员，特别是业务主管，建构基于数据的由人和智能模型组成的智能出版系统。AI生成和列举的内容拓宽了编辑的经验、视野和认知范围，激发了编辑的灵感，甚至协同编辑加工具体内容，在编辑、校对字词情境方面给予相关提示；

---

① [法]吉尔贝·西蒙东.论技术物的存在模式[M].许煜，译.南京：南京大学出版社，2024.

而编辑把握出版物中的价值导向、整体框架、审核与监测，同时创造新的数据，不断提高AI模型的适用性。需要注意的是，这里所说的智能出版系统，并不单指人工智能技术，而是人与人工智能组合一体化的出版系统。

数据是智能编辑室的工作前提，也是人机得以组合的前提。出版从业人员的工作内容、工作经验、作者思想，以及美编绘图形成的文字、图片与视频，都已经实现数据化；而人工智能是各个领域解决问题的模型，这里的模型就是数据在各种领域和环境中的表现与组织方式。这些数据相互组合融入，人机工作得以协同统一。人工智能之所以能脱离科学研究范畴进入社会应用领域，主要是依靠以下三个要素：不断累积的大数据，算力，深度学习技术。其中，社会生活领域不断累积的大数据是人工智能解决问题的原材料，深度学习技术是人工智能解决问题的基础，算力是人工智能解决问题的硬件设施。

数据在AI模型中的定义可以从数学结构和函数定义两个视角来理解。在类型论的概念中，数据被视为一个数学结构，通过态射（morphism）来保持这种结构。而在链共链的概念中，数据可以被视为在一个离散的兴趣域内定义的函数，并通过操作符来作用于这些数据。虽然这两种数据定义是对立的，但它们提供了一种统一的数据观，即关注数据本身的结构和内在属性，同时考虑数据如何在不同的环境和领域中表现出来。数据在各种环境和领域的表现与组织方式，就是模型。

从类型上看，数据可以分为结构化数据、半结构化数据、非结构化数据等。结构化数据如数据库中的表格数据，半结构化数据如XML和JSON格式的数据，非结构化数据则包括文本、图片、视频等。[①]数据的来源广泛，在社会生产生活的一切领域都会产生数据。

深度学习技术是AI的技术基础。目前使用最广泛、在智能出版中起关键作用的，是自然语言生成技术（NLP），它也是生成式AI的基础。NLP是计算机科学、人工智能和语言学交叉的领域，旨在使计算机能够理解、解释和生成人类语言。NLP的目标是实现机器对人类语言的自动化理解和生成，包括但不限于文本分类、情感分析、机器翻译、问答系统等应用。[②]

深度学习技术本身是一种指令性程序，其社会化是把指令性程序变成人类的意图性程序，这一过程依靠的是不断累积的大数据和对数据中呈现的人在社会生活日常表述习惯与方式的模仿。如果说深度学习技术是做菜的方式方法，数据就是原材料本身。

智能编辑室中运用最广泛的模型，是基于自然语言处理技术的模型。其中Transformer模型擅长对上下文语言、语义的理解，目前以GPT为代表的大语言模型就是Transformer模型框架下的内容生成式AI，可以在给定具体角色身份或文本材料的情况下按要求主题生成多模态内容。多模态指的是数据或信息的多种表现形式，如文字、图像、视频等。而BERT模型擅长左右侧语言的文本情境处理。自然语言处理技术在智能编辑时从有范

---

① 信俊昌，王国仁，李国徽，等.数据模型及其发展历程[J].软件学报，2019（1）：142-163.
② 郑阶财.非结构化数据的相关问题研究[D].济南：山东大学，2017.

围的文本数据中发现语言模式，对模式进行分类和比较，根据人工指令与关键词提取有用信息，并利用这些信息对文本进行预测、判断和做类似的内容生成。

大语言模型的逻辑是在现有数据形成的语料库基础上进行字词组合，通过字词组合出现的上下文概率判断用法和进行语义推断。也就是说，被AI创作和展示出来的，都是之前在语料库中出现过的内容组合，大语言模型目前并不具备独特的创新能力。

在智能编辑室中，自然语言处理模型包括词法分析模型、语义分析模型以及句法分析模型。这些自然语言处理模型可用于完成很多任务，如文本的自动理解和解释、文本中各要素之间关系的自动推断、文本生成与自动化审核、智能问答和对话等。但大语言模型无法"创造"新的知识，也很难依据特定的价值导向对出版物内容进行判断。2019年，我国首个智能图书编校排系统"中知编校"正式发布，这套集著作权保护、智能化编校排、图书出版、印刷服务、版权管理及运营于一体的数字化出版全产业链生态智能体系，是多种AI模型综合运用的成果。

基于数据的人机同构智能化出版系统由以下三部分构成：人机内容共创系统（包括图书策划选题、文稿生产、书稿加工和图书编校系统）；人机内容管理系统（包括产品数据库、公共数据库和产品管理库）；用户服务系统（包括市场调研与市场数据库、读者反馈系统和数据分析与挖掘系统）。

二、智能编辑室的流程与业务再造

出版物的生产通常从编辑室的选题策划开始，选题策划会充分考虑政策导向、已有出版物、市场需求、本社风格等因素，同时兼顾出版成本。编辑报送选题获批后，寻找适合的作者约稿，编辑与作者共同确定书稿撰写框架，交由作者进行创作，再由编辑对作者完成的稿件内容进行编辑加工整理，之后由排版人员排版成书，付梓印刷，最后市场销售方销售。如前所述，传统出版物的产出大部分依靠编辑的个人经验积累。

而在人机一体的智能出版系统中，数据贯穿智能编辑室的整个流程。智能编辑室中的结构化数据，是出版社自有数据库中的数据，包括公共资源中的共享出版物和本社出版物。饱受争议的谷歌图书馆2006年与美国5家大型研究型图书馆签约，将其馆藏图书数字化，到2011年，签约的图书馆已经达到31家。[①]共享和自有数据库提供了以往出版物类型、选题和作者风格，既为新出版物减少重复性选题和内容提供参考，也为人工编辑处理非结构化数据提供过滤方向和参考框架。

非结构化数据是指没有预定义的组织方式或不便用二维表来表示的数据，如档案、通知、合同、规章制度、工作报告、会议纪要、图像、音频、视频等。[②]这种数据的特点是格式多样、标准不统一，需要更智能的技术和平台进行存储、检索、内容挖掘和增值

---

① [美]罗伯特·达恩顿.阅读的未来[M].熊祥，译.北京：中信出版社，2011.
② 王晓波.非结构化数据采集和检索技术的研究与实现[J].中国内部审计，2014（7）：73-75.

开发。①非结构化数据的来源广泛，包括但不限于社交网络、电子邮件、文档、图像、视频等。在"互联网+"时代，海量异构数据成为信息描述的主要载体。②

智能编辑室中的非结构化数据源于网络中海量的异构数据。这些数据可能源自社交媒介上人们的生活喜好表达、各类App的社会热点事件和新闻、发表在新闻事件或他人内容下的评论、各门类和行业领域的信息等。它们以图片、音频、视频、文字等形式分散在各类平台之中。非结构化数据的来源丰富多样，它们有利于智能编辑室对新出现的知识需求进行捕捉和整理，填补编辑个人经验和出版数据库的"盲区"，同时也是出版物的新机会点。

AI抓取非结构化数据后按照编辑的要求或关键主题进行归拢和整理，把网络上的热点选题和选题的某些角度相结合，生成供编辑进一步挑选的主题。非结构化数据也是AI生成内容的重要来源，可以根据编辑的要求生成书稿框架，并做进一步修改，方便编辑和作者高效地讨论书稿内容。在书稿编校过程中，AI可以把情境表述有差异或社会表述有更新的字词变化标注出来，供编辑判断。用户服务系统里的非结构化数据，可以将作者、读者以及市场调研信息等数据进行对接，并根据对接结果生成适合各类平台的营销产品。

非结构化数据的缺点在于数据信度低。从目前AI模型生成内容来看，未明确标注出处的数据，既可能出自缺乏监管的网站，也可能源于AI字词联想的"创造"，无法形成知识或者达到出版的价值标准。智能编辑室中的编辑，需要清楚地了解和判断数据的来源，审核数据的生成结果，在数据调用时把握数据的组织和使用方向。

随着深度学习技术的发展，用小数据训练适应特定需求的模型成为深度学习技术的发展方向。小数据模型即使是在数据量不大的情况下，也能通过有效的分析和建模，实现对特定问题的深入理解和预测。③不同类型的AI模型会根据编校相关环节从业人员的需求和数据训练不断调整，将网络上的一些非结构化数据（如图片、视频、音频），通过编辑业务中的结构化数据（如知识图谱、自有数据库）进行智能加工，最终形成可以利用的知识，生成新的结构化数据。这些结构化数据持续生成和更新，反过来训练和提升了AI模型的适用性。例如，将某个出版社出版的图书作为数据基础，其中包含该出版社的选题倾向、作者文字风格甚至编辑的价值判断，生成选题模型甚至内容生产的模型。

在选题策划和出版物框架的确定中，实际的文本数据抓取和统计，往往需要经过人工选择、归纳整理、排除重复选题和内容等一系列过程，会耗费大量的时间和人力成本。智能编辑室的编辑工作可以借助自然语言生成技术对文本数据进行自动筛选、信息提取以及分类处理，从而减少人工选择、归纳整理过程中的时间与人力消耗。在自动筛选方面，基于自然语言处理技术的智能编辑室可以通过对海量数据的知识图谱化和结构化来实现。

具体而言，编辑针对意向主题给出关键词和关键问题，自然语言大模型可以将全网

---

① 钟美华.基于非结构化数据管理平台研究与建设[J].中国新通信，2020（23）：57-58.
② 郑阶财.非结构化数据的相关问题研究[D].济南：山东大学，2017.
③ 李军平.小数据人工智能的巨大潜力[J].世界科学，2021（12）：36-38.

已经发表或出版的图书、报纸、期刊、报纸摘要等内容进行自动分类和归纳整理，如对接数据库自动分类为热点类或传统类等。在对文章内容进行自动分类时，可以通过对相关词进行匹配，将与之相关的文章分入热点类或传统类；同时通过对文本数据进行统计分析，对文章中所包含的内容进行分类和归纳。在将所有文本数据按照上述方式进行分类和归纳后，AI能够快速地通过数据挖掘、统计分析等方式把包含该类别内容的信息呈现在编辑面前。同时，AI也可以基于数据统计分析结果对新信息、新观点和新理念等进行整合和提炼，从而形成基于内容的专题数据库。用户需求同样可与内容专题库对接，在编辑审核并成为正式文稿后，进入本社数据库，更新和丰富数据库内容。

在智能编辑室中，作者可以根据自己的知识储备和写作风格，选择合适的素材并对其进行二次加工。如在写作过程中，AI会根据作者的风格来决定哪些素材是可选用的，哪些素材是不适合选用；也可以根据作者的个人经历和个人特点来决定哪些素材是需要删减的。虽然已经出现AI作者，但目前AI创作书籍的主题有明确的局限性。大语言模型在专业性强和情感性强的领域，以及需要判断、下结论、有明确社会价值导向的领域，语言表达能力有限，加上AI本身并不能在该领域创造新的知识或适宜地表达情感，其最终输出结果与人类作者和编辑并不相同。AI在智能编辑系统中的重要作用是减少作者和编辑的重复性劳动，同时为人们提供全面的、广阔的参考视角。

对于一些无法确定是否适合选用的素材，智能编辑室采用人工审阅方式或其他方式来进行判断。对于一些具有明确指向性和目的性的稿件，编辑审阅后直接交由作者修改。在智能编辑流程中根据产出的分类和需求确定人机协同的处理方法，可以提高稿件质量和工作效率，为编辑节省时间。

智能编辑室智能化的校对流程中，通过AI自动检测校对内容并给出提示，再由人工过滤和审核，确认是否出错，可以极大地提高智能化系统的工作效率。这也是目前产出较多应用成果的智能编辑系统领域。智能化系统的校对流程可以将人工校对流程中每个环节智能化，可以对语法、拼写、标点符号进行检测并更正。随着自然语言处理技术、BERT模型的发展，智能化系统也可以对字词运用的文本情境做出检测，供人工判断。

在智能化系统环境下，稿件内容智能排版流程可以先提取稿件，即将稿件的文字部分提取出来，便于再次查漏补缺，然后提取图片和表格。随后，AI可以将相应的文字、图片、表格按要求匹配，交给人工对排版结果进行审核调整。

AI对内容进行自动检测和处理，将内容根据一定规则进行自动分类和识别，之后将内容与相应用户进行匹配。匹配成功后，可以根据用户需求提供多模态的产品服务，包括文字、音频、视频等；同时把用户评价和需求反馈归类整理推送给编辑，提高内容产出的效率。

传统编辑室中文字能力是编辑职业能力的核心，智能编辑室中的数据处理能力则成为编辑职业能力的核心。智能编辑室中的编辑需要强化数据思维和数据意识，锻炼数据挖掘能力。在人机同构的智能编辑系统中，深度的数据挖掘能力和运用能力，是对编辑提出的新要求。数据本身并不提供价值判断，智能编辑室中的编辑负有审核和过滤数据的责任，对知识形成和知识的价值部分进行取舍。

第二节　智能合约：区块链信誉机制建构数字版权交易管理新模式

根据中国数字出版产业年度报告，2023年度我国数字出版产业收入规模逾1.35万亿元，同时跨境平台向国外出口数字版权产品的业务也呈现蓬勃发展态势。产业规模持续快速扩大的同时，版权交易频繁，数字媒介交易呈个体化、微版权趋势，侵权行为也成为数字版权的重灾区，新问题对数字版权管理提出了新要求。探索运用技术方式进一步管理和保护数字版权成为数字出版产业未来发展的重中之重。区块链技术被认为用技术重塑了信任机制，成为未来互联网形态——元宇宙的架构基础。此外，区块链技术（加入）应用领域范围的不断拓展，也为数字版权管理和保护提供了新的管理模式和交易机制。

一、数字版权与作品概述

数字版权（digital copyright），指著作权人和与著作权有关的权利人对数字作品享有的著作权法所赋予的各项人身权和财产权。根据我国《著作权法》的规定，著作权即版权，著作权是指自然人、法人或者其他组织基于其文学、艺术、自然科学、社会科学、工程技术等作品，在一定时期内依法享有的民事权利。著作权法及实施条例所称的作品，是指文学、艺术和科学领域内具有独创性并能以一定形式表现的智力成果。数字作品（digital work），就是以数字格式记录的文学、艺术和科学领域内具有独创性并能以一定形式表现的智力成果。作品包括下列各项：文字作品；口述作品；音乐、戏剧、曲艺、舞蹈、杂技艺术作品；美术、建筑作品；摄影作品；视听作品；工程设计图、产品设计图、地图、示意图等图形作品和模型作品；计算机软件；符合作品特征的其他智力成果。

著作权是一项民事权利，包括：发表权，即决定作品是否公之于众的权利；署名权，即表明作者身份，在作品上署名的权利；修改权，即修改或者授权他人修改作品的权利；保护作品完整权，即保护作品不受歪曲、篡改的权利；复制权，即以印刷、复印、拓印、录音、录像、翻录、翻拍、数字化等方式将作品制作一份或者多份的权利；发行权，即以出售或者赠与方式向公众提供作品的原件或者复制件的权利；出租权，即有偿许可他人临时使用视听作品、计算机软件的原件或者复制件的权利，计算机软件不是出租的主要标的的除外；展览权，即公开陈列美术作品、摄影作品的原件或者复制件的权利；表演权，即公开表演作品，以及用各种手段公开播送作品的表演的权利；放映权，即通过放映机、幻灯机等技术设备公开再现美术、摄影、视听作品等的权利；广播权，即以有线或者无线方式公开传播或者转播作品，以及通过扩音器或者其他传送符号、声音、图像的类似工具向公众传播广播的作品的权利，但不包括本款第十二项规定的权利；信息网络传播权，即以有线或者无线方式向公众提供，使公众可以在其选定的时间和地点获得作品的权利；摄制权，即以摄制视听作品的方法将作品固定在载体上的权利；改编权，即改变作品，创作出具有独创性的新作品的权利；翻译权，即将作品从一种语言文字转换成另一种语言文字的权利；汇编权，即将作品或者作品的片段通过选择或者编排，汇集成新作品的权利；应当由著作权人享有的其他权利。

在上文所述的权利里，前四项为作者的人身权，其中署名权、修改权、保护作品完整权的保护期限不受限制；人身权中的发表权以及后面各项财产权利包括复制权、发行权等，其保护期限为作者终生及其死亡后50年。而其中涉及相关法人或其他组织的发表权和财产权利的，保护期截止于作品首次发表后第50年的12月31日。

二、区块链的发展阶段与技术原理

要了解区块链技术对数字版权管理的建构方式，需要从区块链技术的发展历史入手。区块链技术的发展被认为经历了三个阶段。开始是以比特币为主要应用形式的1.0版本。2008年，化名为"中本聪"（Satoshi Nakamoto）的学者发表了首篇区块链技术的论文《比特币：一种点对点电子现金系统》。2009年，中本聪创建了比特币，同时诞生了第一个区块，被称为"创世区块"。区块链技术是一种分布式数据库技术，它允许数据以块的形式被链式存储，并通过加密保证数据的安全性和完整性。这种技术支持去中心化的数据处理和存储，使得每个参与节点都能够进行记录和验证交易，而无须依赖中央权威机构。区块链的核心特征包括去中心化、不可篡改性、透明性和可追溯性。[1]

通俗地说，区块链在一开始就是一个分布式的、公共共享的、不可篡改的、透明账本。这个账本具有唯一性，且所有交易都必须记录在册，并以密码学方式保证其不可篡改和不可伪造。"区块"就相当于账本里的单张账页。与以往通过一个中心管理账本并掌握所有关联数据，同时中心拥有数据和数据的开放决定权不同，在区块链中，所有网络参与者都有一个账本副本，网络的记录分布在所有参与节点手中，对所有记账者可见。因此，区块链技术是分布式和去中心化的；网络中任何一个记账者都无法篡改整个网络中的记录，每一个参与节点都是一个"记账者"，都可以记录检验并同步更新数据。区块链技术的第二个关键特点即不可篡改性和透明性。为了鼓励节点参与交易，贡献算力解决问题并记录和检验交易，参与节点会获得比特币奖励。参与节点被称为"矿工"，贡献算力解决问题、记录和检验交易的过程被称为"挖矿"。此后几年，区块链技术迅速登上世界舞台，但主要应用于数字货币，很难拓展到其他领域。

2013年，维塔利克·布特林（Vitalik Buterin）首次在《以太坊：一个下一代加密货币和去中心化应用平台》中提出"以太坊"这一概念。2014年，随着以太坊的诞生，区块链技术进入2.0版本。以太坊是一种可编程的区块链技术，允许用户在以太坊上创建应

---

[1] 蔡晓晴，邓尧，张亮，等.区块链原理及其核心技术[J].计算机学报，2021（1）：84-131.

用程序。这极大地拓展了区块链技术应用的领域和范围。这些在以太坊上创建的应用程序，被称为分布式应用程序——DApp。自此，区块链技术得以应用于数字货币之外的领域，如分布式身份认证、分布式域名系统、分布式自治组织等。①2015年10月，纳斯达克（Nasdaq）正式推出了区块链平台Nasdaq Linq，并在当年11月完成了第一笔私募股权交易。2016年，工信部指导的中国区块链技术和产业发展论坛成立大会暨首届开发者大会正式召开，会议发布《中国区块链技术和应用发展白皮书》。2016年12月，国务院印发《"十三五"国家信息化规划》，区块链与大数据、人工智能、机器深度学习等新技术，成为国家布局重点。2016年也成为区块链在我国和世界应用的爆发年。②

如果说基于以太坊的DApp拓展了区块链的应用领域，那么，智能合约——以太坊引进的一个交互接口，可广泛集成至应用程序DApp里，是实现分布式即去中心化的重要技术支撑。智能合约（smart contract）是一种基于区块链技术自动执行、无须中介的计算机交易协议，它通过预设的条件自动完成合约条款的执行。③以太坊上的智能合约技术可以根据参与方的协议定义规则，在硬件层与软件层通过代码自动强制执行，在没有第三方参与并满足定义规则的情况下执行交易。"智能合约"这一概念由密码学专家尼克·萨博（Nick Szabo）于1994年在其论文《智能合约》中提出，其灵感源于自动售货机中无中介完成的商品售卖行为，但在区块链技术出现之前，智能合约一直没有真正实现。

区块链分为公有链、私有链和联盟链三种类型，它们可以灵活适应各类需求。根据近两年的数据，公有链和联盟链在世界范围内获得了较大的发展。

公有链是一种完全去中心化的网络，任何用户都可以参与其中。它通过算法争夺记账权形成共识机制，确保了交易的不可篡改性和透明性。④公有链的应用价值较大，尤其在技术创新方向、技术应用形式、技术创新模式等方面具有独特优势。然而，公有链也面临着安全隐患，需要从多方面入手促使其更好地服务于实体经济。⑤

私有链是一种中心化的网络，所有参与者完全依赖于主导者。在私有链中，各个节点的记账权是由中心机构赋予的。私有链的设计通常旨在满足特定组织或企业的内部需求，可以增强数据的隐私性和安全性。例如，基于区块链的高可用私有云平台设计与实现就是一个典型的私有链应用案例，它解决了军事领域数据可信性的问题，并实现了系统的高可用性。⑥

联盟链是一种部分中心化的网络，它由一组预选的节点组成。这些节点通常是某个行业或组织中的关键实体。联盟链的共识机制是各个节点之间的彼此信任。联盟链兼具公有链和私有链的优势，具有信用多元、信息共享与高效率的特点，可广泛应用于社会

---

① 工信部发布《中国区块链技术和应用发展白皮书》[EB/OL].（2018-02-27）[2024-12-20].https://www.sohu.com/a/224430559_680938.

② 区块链这十年，未来已来，将至已至[EB/OL].（2018-08-27）[2024-12-20].https://www.163.com/dy/article/DQ883CC90519U3I5.html.

③ 欧阳丽炜，王帅，袁勇，等.智能合约：架构及进展[J].自动化学报，2019（3）：445-457.

④ 赵磊.区块链类型化的法理解读与规制思路[J].法商研究，2020（4）：46-58.

⑤ 韦安垒.公有链技术及其应用价值[J].互联网经济，2018（7）：26-31.

⑥ 黄闪闪.基于区块链的高可用私有云平台设计与实现[D].西安：西安工业大学，2021.

治理的各个方面。联盟链的安全性和性能研究显示，通过引入分散式的管理方式和优化共识算法，可以有效提升联盟链的安全性及性能。[①]

综上可知，公有链、私有链和联盟链各有其独特的应用场景和优势。公有链以其开放性和透明性在加密货币等领域占据主导地位；私有链适用于对数据隐私性和安全性要求较高的内部应用场景；而联盟链则因其高效性和可定制性，在跨机构合作中展现出巨大的潜力。随着区块链技术的不断发展和完善，这三种区块链类型将在各自的领域发挥越来越重要的作用。

区块链发展的第三个阶段，是区块链技术进入社会生活的各个领域，达成更高效交易的发展过程。2021年3月，区块链技术被正式纳入我国"十四五"规划纲要。

三、区块链技术的信誉机制建构数字版权管理新模式

区块链的建构思想和技术组合共同形成了区块链技术的信誉机制，在数字版权管理上，可以实现作品的版权登记及版权确认、内容分发与自动化的版权交易管理、合约协议维护与交易透明，在各个环节提高效率，节约时间和成本，为数字版权的确权、交易和维权提供了有效的技术支持，也有助于解决传统数字版权管理中存在的确权难、交易不透明、维权困难等问题。

区块链技术建构的数字版权管理模式能够更好地满足数字媒介中自媒体微版权的需求。传统通过版权局确认版权的方式确权周期长、费用高，但确权信度高、司法效力强，更适宜预算充足、出版和发行周期长的大型作品。对于短视频、网络文学、NFT数字藏品、剧本杀等自媒体创作的小、微、数量庞杂的作品，区块链技术的智能合约协议提供了无中介的微版权、小交易的管理新模式。

《中国区块链技术和应用发展白皮书》把区块链运作分成了五层模型（见图7-1），也有六层说，增加了用户创建在以太坊上的应用程序DApp层。数据层封装了项目中最后写入的区块数据，通过链式结构把区块数据连接，使用加密技术、数字签名和时间戳技术，确保封装数据的唯一性和不可篡改。第二层为网络层。其中，P2P网络技术具有组网功能，可以通过激励机制把算力作为参与节点组合起来。第三层共识层形成的共识机制是区块链技术的核心机制，决定了记账方式以及由谁来记账，影响整个区块链系统的安全性和可靠性。图7-1中的POW、POS和DPOS是三种较有代表性的共识机制算法。[②] 前三层是构成区块链的核心要素，缺一不可。因为私有链和联盟链的参与节点在链外已基本博弈确认，所以激励层主要出现在公有链中，用发行机制和分配机制来激励遵守规则参与记账的节点，并惩罚不遵守规则的节点，确保系统的良性循环。智能合约层封装各种脚本、算法与智能合约，保障区块链的特性，拓展了区块链的功能。

---

① 王凯旋.联盟链安全性及性能的研究与应用[D].北京：北京工业大学，2020.
② 工信部发布《中国区块链技术和应用发展白皮书》[EB/OL]．（2018-02-27）[2024-12-20].https://www.sohu.com/a/224430559_680938.

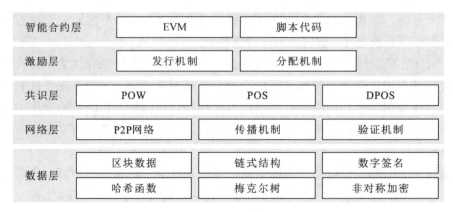

图 7-1　区块链运作模型

区块链技术建构的数字版权管理，可以采用联盟链，首先把数字作品和著作权的电子证据利用数字签名和时间戳封装到区块中，确保作品和各种著作权电子凭证不可篡改，之后引入四种与确权相关的节点，包括行政管理或行业权威机构（如国家版权局等）、开发与维护机构、版权存证使用方（如法院等）、大型版权使用方（如各类出版社、报纸、广电媒体、网络平台），使得相关方可以通过同一区块，进行版权的确权、用权和维权，既能在封装过程中得到相关节点最权威的数据，也能在产生纠纷时，确保各类节点都能检查作品和相应版权的凭证。分布式的记录在微版权交易中降低了欺诈和隐瞒的风险。在接下来的版权交易中，智能合约的可编程性可以让版权转让的双方任意增加商定条款，写入封装之后智能合约会根据双方商定的规定强制自动执行，不需要中介机构也不用担心约定执行中的漏洞，数字微版权的交易可以低廉的成本高效地进行版权交易和支付。购买方和发布方的交易信息，获得授权的凭证同样会被封装到区块中，基本不存在侵权行为。根据智能合约的预设条件和规则，一笔版权交易的费用可以包含多个转账对象、版权拥有者和权利发布方等。为权利发布方支付一部分费用可以激励用户贡献自己的带宽资源和内容资源。[①]区块链技术为数字版权，特别是数字微版权提供了一种高效的全新的管理路径。

但区块链技术也并非无懈可击。著名的共享经济项目 The DAO 就被黑客攻击了众筹资金池。安全专家与法律专家能发现智能合约中存在的缺陷和漏洞，在未来区块链的发展中，同样可以考虑把安全机构和法律机构作为相关节点引入相应的区块。

区块链技术在数字版权交易管理中的应用也面临一系列挑战，包括作品独创性的认定、真实作者的确认、修改权的行使以及合理使用的限制等。这说明仅仅依靠区块链技术并不能完全解决数字版权交易管理中的所有问题，还需要结合法律规制和技术创新来共同应对。只有通过法律法规的完善、技术创新与标准化、国际合作以及公众意识的增强等多方面的努力，才能充分发挥区块链技术在数字版权交易管理中的潜力，促进数字版权交易市场的健康可持续发展。

---

① 周如月，钱良.基于区块链信用体系的分布式数字版权管理机制[J].计算机应用研究，2020（6）：1794-1798.

第三节 "数字藏书":NFT本土化的元宇宙数字出版藏品新形态

前文详述了区块链技术的原理和发展前景,根据中国信息通信研究院《区块链白皮书(2022年)》,2020年起,区块链技术的应用路径日渐清晰:在实体经济数字化过程中,以技术信任解决传统人际信任、制度信任中存在的风险难题。区块链作为支撑数字世界信任体系的关键底层技术,通过NFT(Non-Fungible Token,非同质化通证)、数字资产模式创新来实现信任体系的闭环。[①]2021年被称为NFT元年,NFT项目在全球爆发式增长。一方面,知名品牌纷纷参与,涉及领域不断扩展。比如,阿迪达斯旗下品牌Adidas Originals发行POAP"数字加密艺术"徽章,Gucci发行10件独家经典设计NFT,国际奥委会北京冬奥会期间官方授权发行"冰墩墩"NFT盲盒等。另一方面,NFT市场规模暴涨,至2022年8月,全球已发行NFT项目超过3200个,总市值达220亿美元。

NFT既被理解为赋予特定数字化物品唯一权属凭证的技术应用,以加速数字资产化进程,也被认为是数字文化消费领域保护版权,增加创作收益的新模式,甚至NFT直接用来代指NFT凭证对应的数字藏品本身。NFT以区块链技术为基础实现数据物品封存的唯一性和不可伪造性,并赋予数字化藏品唯一权属凭证,最后通过智能合约,保障数字版权在网络交易盗用复制的问题,为数字藏品提供了全新的价值和流通方式,正在深刻地改变着数字出版和艺术收藏的生态。本节将主要探讨数字文化领域中NFT数字藏品的概念界定与本土化理解,阐述NFT数字藏品、数字藏书与NFT的异同。同时,NFT数字藏品和数字藏书与元宇宙的生活方式和媒体实践息息相关,本节会结合元宇宙的概念与特点来进一步探讨NFT数字藏品和数字藏书究竟是怎样一种新体验和新形态。最后,我们会展望NFT数字藏品、数字藏书在元宇宙中的发展前景和所面临的挑战。

一、NFT数字藏品的概念界定与本土化理解

NFT是基于区块链技术赋予特定数字化物品的唯一权属凭证。比特币为同质化代币,是指两枚代币之间没有本质区别;但NFT在区块链中生成的一串数字代码(权属凭证)与现实中的数据物品是唯一对应、不可更改的关系。因为对应物品各不相同,所以单个NFT在价值上也不相同,每个NFT都是单独存在的,无法分割为更小的单位。

目前,NFT在我们日常使用中有两种理解。

一种是"技术说",认为NFT是一种区块链技术凭证,而NFT是一种基于区块链技术的数字资产,它代表了对现实世界对象(如艺术品或收藏品)的唯一所有权证明。每个

---

① 中国通信研究院.区块链白皮书(2022)[EB/OL].(2024-12-01) http://www.caict.ac.cn/kxyj/qwfb/bps/202212/P020230105572446062995.pdf.

NFT都是独一无二、不可互换的，这使得它们能够作为权利凭证，与区块链外的数字艺术品等产生一一对应的关系。①数字藏品通常指的是通过NFT技术确权和保护的数字化作品或物品，但并不限于使用NFT技术的任何数字内容。②

另一种是形式与功能说，认为NFT直接指代所对应的数字资产，人们常常把NFT等同于其对应的数字物品本身，比如直接用NFT指代数字藏品。这种说法明确了NFT并不是一种货币，而是作为数字资产。NFT在美国被当作与房产和股票一样的资产，需要征税。在功能上，NFT的核心价值在于能够提供一种新的确权方式，通过区块链技术确保数字资产的唯一性和不可篡改性。③这种特性不仅适用于艺术品和收藏品，还可以扩展到游戏道具、虚拟房地产等多个领域。④而数字藏品则更多地强调其作为文化、艺术或娱乐产品的一部分，其价值可能来源于其艺术性、稀缺性或是与特定文化事件的关联。⑤

在艺术和收藏领域，NFT为艺术家和收藏家提供了一个全新的平台，使他们能够直接向全球观众展示和销售自己的作品，同时保留对作品的所有权和版税收入。数字藏品则可以是任何通过数字化手段创作并被认定具有艺术价值或收藏价值的作品，不一定需要通过NFT技术来实现。

可见，NFT与数字藏品虽然在某些方面有交集，但它们在本质上是不同的。NFT侧重于利用区块链技术为数字资产提供独特的所有权证明，而数字藏品则更广泛地指任何通过数字化手段创作并被认为具有艺术价值或收藏价值的作品。

由于政治制度、法律与文化认知的差异，国内外用NFT代指数字藏品也有较大的区别。国外NFT（产品）通常出现在公有链中，节点庞杂、随心参退，包括创作方与购买方或者其他组织和个人，支付方式以代币为主。而国内的NFT数字藏品通常出现在联盟链中，因为需要特定行政机构、媒介、平台等作为参与节点约定和规范其中的行为与规则，并规避风险，且代币在我国的使用并不合法，我国的数字藏品使用国家允许的正常支付方式支付。所以在我国直接用NFT代指数字藏品并不合适。

本节采取NFT的技术说，认为NFT是一种基于区块链技术的数字资产确权方式，通过加密算法确保每一枚NFT的独一无二性，并将经过NFT确权的数字藏品称为NFT数字藏品。

2022年，我国NFT数字藏品迎来"爆发年"，各大博物馆、媒体、电商平台、出版社竞相联合开启NFT项目，多种NFT数字藏品和数字藏书诞生和售卖。故宫博物院发布了第一本数字收藏书籍《故宫藏影》，腾讯、阿里巴巴、网易等互联网大厂纷纷入局，新华社、中央广播电视总台、解放日报等主流媒体也顺势而上。国际奥委会官方授权的冰

---

① 邓建鹏.NFT：数字艺术品的权利凭证[J].中国拍卖，2022（7）：19-20
② 李秀芬，高子华.关于数字藏品的实践初探——以"鲸"生平安公益数字藏品为例[J].中国报业，2023（1）：39-41.
③ 王娟娟，陈昊.NFT数字藏品价值影响因素分析及评估框架——基于FM矩阵分解算法[J].中国资产评估，2022（7）：18-28.
④ 孙亮，李晓风，赵赫，等.基于NFT的实物上链资产化方法[J].浙江大学学报（工学版），2022（10）：1900-1911.
⑤ 苏刚.数字艺术收藏品及NFT迷局[J].中国美术，2021（4）：33-37.

墩墩数字盲盒在 nWayPlay 平台发售，冰墩墩系列的 NFT 数字藏品的价钱比最初的发行价暴涨了近 20 倍；阿里巴巴奥运云徽章数字藏品、成都大运数字会徽等数字藏品均在发售后秒空；中国首个中医药古籍 IP 数字藏品《本草纲目》金陵本，在预约开启后 24 小时内，预约人数突破 10 万。[1]四川省文物考古研究院、腾讯安全与川观新闻联合发布，三星堆 IP 授权，6 位艺术家创作的"当珍稀动物遇上三星堆"主题数字藏品《物物相生》，全球限时发行 6000 份，上线即被抢空。

二、元宇宙背景下的 NFT 数字藏品形态

创建 NFT 数字藏品，首先需要艺术家、创作者或创作机构将作品上传至特定的区块链平台，然后通过区块封装并生成对应的 NFT。这一过程通常涉及多签名验证和加密处理，以确保作品的安全性和唯一性。在市场中，NFT 可以通过各种在线交易平台进行买卖，买家支付相应的加密货币即可获得该 NFT 的所有权。NFT 依赖于区块链网络来记录每笔交易，并使用智能合约自动执行交易规则，如版权归属和利益分配等。

而 NFT 数字藏品和数字藏书之所以如此火爆，离不开元宇宙的兴起和发展。学者们从各种不同的角度阐释了元宇宙的定义。

从技术实现角度看，元宇宙作为下一代互联网的发展形态，是一种数字化虚拟空间，具有时空延展性、人机融合性、经济增值性等核心属性。

从社会文化角度看，元宇宙是深度媒介化背景下的新型媒介实践，是提供新"玩法"的平行世界，同时为资源整合提供新路径。

从哲学与伦理角度看，元宇宙的建构涉及对人性的深刻理解，以及对人类文明未来的塑造，包括人工智能伦理、科技伦理治理等。

从经济系统角度看，元宇宙通过区块链技术搭建经济体系，实现虚拟世界与现实世界在经济系统、社交系统和身份系统上的融合。

从媒介实践角度看，元宇宙被视为一种元媒介，媒介实践具有时空矢量补偿性，虚实在场的媒介实践转向"体验"，并表现出真身、化身、分身的层次性。[2]

几乎所有的定义都有对元宇宙特征的共性认识：元宇宙是未来互联网的形态；是与现实世界打通并行的数字化虚拟世界；向人提供沉浸式的交互与全感官体验；以技术信任搭建去中心化的底层框架；具有内容社交属性和经济功能的数字化虚拟空间。元宇宙作为下一代互联网发展形态，其本质是一种平行于现实空间的数字化虚拟空间，时空延展性、人机融合性、经济增值性是其核心属性，场景化、身体参与、虚拟身份、沉浸式社交、游戏互动、情绪体验是其重要特征，可以概括为虚实相融的综合环境下，人的全感官沉浸式体验与交互空间。

---

[1] 2022 十大"开年爆红"数字藏品大盘点[EB/OL].（2022-03-05）[2024-12-20]. https://zhuanlan.zhihu.com/p/476322641.

[2] 屠毅力，张蕾，翟振明，等.认识元宇宙：文化、社会与人类的未来[J].探索与争鸣，2022（4）：65-94，178.

元宇宙愿景的开发经历了以下三个阶段。首先是数字孪生（digital twins）阶段。这一阶段基于数字孪生技术，对现实物理环境进行复制与映射，同时让实体环境数字化。接下来是数字原生（digital natives）阶段。在这一阶段，用户及其数字化身（avatar）在数字孪生阶段创建的本地虚拟环境空间中进行数字创作与生产，以此来建构类似于现实生活世界的生态秩序规范；同时以区块链（blockchain）建构技术信任的综合技术体系，包括现实扩展技术（extended reality）、数字孪生、大数据（big data）、计算机视觉（computer vision）、互联网（network）、边缘计算（edge computing）、物联网与机器人（IoT & robotics）、用户交互性（user interactivity）等相关技术。最后是虚实融生阶段（co-existence of physical-virtual reality）。随着现实物理世界和诸多虚拟世界的最终融合，人类以数字化身在一个自我维持和持久的虚拟世界里，以无限数量的数字分身实时、沉浸式体验多重活动任务。[①]

元宇宙既是未来的生活方式，也作为一种社会样式，带来了新的文化样式，并深刻改变了人们的交往与体验方式。在经济视角下，区块链技术和NFT被视为连接元宇宙与现实世界的重要经济流通工具。它通过映射权的建构，实现了虚拟世界与现实世界之间的财产转移和价值传递，这对于元宇宙经济体系的建构至关重要。[②]NFT数字藏品和数字藏书，被认为是人类进入元宇宙生活的尝试。

元宇宙的重要特征之一是虚实融合，即现实世界和虚拟世界的融合。数字藏品和数字藏书在元宇宙中是一种多模态的展示形态。数字藏书可以通过VR眼镜、AR设备在元宇宙环境中进行展示、交易和传播。在这种环境中，数字藏书不再是一个单纯的纸质书籍，人们可以利用多种技术终端，调动多感官去"读"一本书。数字藏书还可以将现实世界中的各种物理载体（如图书、杂志、报纸、图片、音乐等）与数字藏品结合起来，使其成为一种兼具科技属性和文化属性的新型数字藏品。

NFT数字藏品的出现，对于中国元宇宙生态体系的建构具有重要意义。NFT数字藏品既能够为创作者带来更多收益，也能够促进创作者进行作品版权保护和授权交易等一系列活动。此外，NFT数字藏品还能为艺术品的展示、交易、收藏等提供一种全新的模式，因为NFT数字藏品可以通过区块链技术来实现其确权和保护功能。在未来，随着国内NFT市场的发展，会有更多的人通过NFT数字藏品来进行创作和收藏等活动。

NFT数字藏品是基于区块链技术的新型数字产品，具有去中心化、不可篡改、可溯源等特性。NFT数字藏品具有较强的现实意义和较大的市场潜力，它通过将艺术品数字化，从而进行展示和交易，可以帮助艺术家们创作出更多优秀的作品，并且为版权保护提供了一种新的途径。在未来，随着国内NFT市场的发展，NFT数字藏品会被广泛地应用于各个领域，包括学术研究、文化传播、艺术创作，甚至公益慈善活动和游戏应用开发等。

---

① 王宇荣，陈龙.作为元媒介的元宇宙:虚实在场的媒介实践与困境[J].传媒观察，2022（7）：13-19.
② 马治国，王雪琪.元宇宙NFT映射权之构建[J].西安交通大学学报（社会科学版），2023（2）：162-175.

目前，国内市场上NFT数字藏品存在以下几个问题。一是数字版权登记和认证系统不完善。由于人们对于NFT数字藏品的了解和认知不充分，盗版和侵权行为容易发生。二是交易平台和交易市场不规范。国内市场上存在一些山寨平台和交易平台，并且这些平台都没有相关资质证明和审核机制。三是监管体系不健全。由于我国对NFT数字藏品的监管体系尚不健全，所以很多不法分子钻法律漏洞进行诈骗活动，甚至出现了一些违法交易平台。四是发行规则和交易机制不明确。国内市场上一些NFT数字藏品发行规则和交易机制并没有明确的规定。但随着元宇宙技术和形态的发展，我国对NFT数字藏品的管理也会进一步完善。

第四节　有声读物：智能语音合成技术结合出版物的数字阅读新产品

随着移动互联网终端的快速发展，以音频、视频为主要内容的数字阅读方式正在成为阅读主流。大数据、云计算特别是人工智能与深度学习技术在数字阅读领域广泛应用，智能语音合成技术与出版物结合形成的有声读物在内容、形式、应用场景和产业模式上都展现出了新的变化。本节将从数字阅读的现状，智能语音合成技术的发展历程，智能语音合成技术助力有声读物在内容生产、产品形态、应用场景等维度的拓展来理解数字阅读产品的新形态——有声读物的发展。有声读物行业，是数字阅读领域备受关注的新方向。

一、有声读物的发展与语音合成技术沿革

根据《2023年度中国数字阅读报告》，2023年我国数字阅读用户规模5.70亿，同比增长7.53%，数字阅读用户规模占网民规模的比例，首次超过50%。19～45岁是数字阅读用户主力，总占比达62.7%，60岁及以上用户占比也有所增长，活跃度和参与度都保持高水平。2023年中国有声阅读市场营收规模为116.35亿元，占数字阅读市场营收规模的比例超过20%。

除了早早在移动终端布局的喜马拉雅、蜻蜓FM等有声书平台，不少书籍售卖商、电商、出版社甚至移动服务提供商都加入了有声读物行列。《2024春季有声阅读数据报告》显示，喜马拉雅人均有声书听书量达到9.7本。该平台累计上线获奖出版物476部，覆盖"中国好书"榜、诺贝尔文学奖、茅盾文学奖、雨果奖、星云奖、银河奖。其中，茅盾文学奖作品累计收听量超过7亿人次。

面对有声读物的巨大蓝海，不少出版机构都设立了自己的有声书制作部，并出现了有声书编辑、有声书主播等新型职业。在出版机构内部，纸质书、电子书和有声书同时问世的品种越来越多。

数字阅读是一种与纸质书阅读相对应的方式，是读者通过电脑、手机等移动终端，基于数字文本知识和数字媒介获取信息的阅读活动和文化现象，它涵盖概念、主体、客体、过程、类型、数字阅读空间等多个方面。①随着技术的发展，数字阅读经历了从数字阅读1.0到数字阅读3.0的演变，表现出电子化、移动化、智能化的特点，并逐渐发展成为智能阅读。这一新模式具有阅读内容立体化、阅读载体多元化、阅读过程智能化等内涵。②

有声读物是数字阅读的一种类型，是指在电子媒介环境下，以声音为载体来呈现出版内容的读物。目前，有声读物通过数字化技术制作出来，作为一种沉浸式阅读方式，可以让读者在不受时间空间限制的环境下，利用碎片化时间进行阅读。有声读物丰富了阅读场景，实现了移动场景中的家务或闲暇陪伴式阅读、基于地理位置LBS的有声阅读、有声阅读与文创产品结合等。

面对有声读物市场的快速发展，利用突飞猛进的人工智能技术进行智能语音合成，生成海量文本内容，成为目前技术探索的积极方向。语音合成技术并不是一个新鲜技术。语音合成技术的研究起源于十八九世纪，经历了从机械式、电子式到基于单元拼接、统计参数的语音合成过程。早期的语音合成技术主要依赖硬件设备和简单的算法来实现基本的语音输出。这些早期的技术虽然能够模拟人类语音的基本特征，但其自然度较低、灵活性较差。③

进入20世纪后半叶，随着计算机技术和数字信号处理技术的发展，语音合成技术开始向更高级的方向发展。这一时期，基于单元拼接和统计参数的语音合成方法得到广泛研究和应用。其通过将语音分解为更小的单元（如短时帧或音素），并利用统计模型来预测这些单元之间的关系，生成连贯的语音输出。这种方法相较于早期的机械式和电子式语音合成有了显著的进步，能够产生更加自然流畅的语音。④

然而，这些基于规则和统计的方法仍然存在一些局限性，比如难以处理复杂的韵律和情感表达，以及对新语音样式的适应能力较弱。为了突破这些限制，近年来深度学习技术被引入语音合成领域，带来了革命性的进步。

基于深度学习的语音合成技术，特别是端到端的语音合成系统，直接实现从文本到语音的映射，无须预先提取潜在特征，大大提高了语音合成的质量和效率。这些系统通常将神经网络声码器作为后端模块，以更好地重构语音中的相位信息，实现高质量的合成语音。此外，一些研究还尝试通过引入自注意力机制等先进技术来进一步提高语音合成的自然度和表现力。⑤

尽管基于深度学习的语音合成技术已经取得了显著进展，但仍面临一些挑战。比如，

---

① 柯平.数字阅读的基本理论问题[J].图书馆，2015（6）：1-6，36.
② 王佑镁，宛平，南希烜，等.走向数字阅读3.0：智能阅读的特征、应用与发展[J].现代远程教育研究，2021（5）：26-32.
③ 张斌，全昌勤，任福继.语音合成方法和发展综述[J].小型微型计算机系统，2016（1）：186-192.
④ 魏伟华.语音合成技术综述及研究现状[J].软件，2020（12）：214-217.
⑤ 潘孝勤，芦天亮，杜彦辉，等.基于深度学习的语音合成与转换技术综述[J].计算机科学，2021（8）：200-208.

在模型压缩、少样本学习和伪造检测等方面，仍有一些问题需要进一步研究。未来的发展方向可能包括提高模型的泛化能力、降低计算复杂度、增强语音合成系统的实用性和可访问性等。

智能语音合成技术在移动终端上得到了广泛应用。在智能家居、车载系统、智能电视等多种场景中，有声读物有了进一步发展。智能语音合成技术可以将文本、图像等内容转化为音频数据，并通过音频处理模块进行实时处理与合成，从而呈现给用户。

智能语音合成技术的有声读物主要有文本生成和语音合成两种方式。文本生成是指将文字转化为声音，再通过音频处理模块将声音进行实时处理与合成；语音合成则是将文本中的语音转换为声音，再通过音频处理模块进行实时处理与合成。在有声读物的内容生产过程中，智能语音合成技术可以模仿人类的语音和语调，从而让机器具备一定程度的情感表达。

在有声读物的内容生产过程中，人工智能技术可以应用于文本分析、情感分析、智能主播等诸多领域，从而提升内容生产效率和质量。[1]以亚马逊和百度为代表的人工智能公司纷纷将其语音合成技术应用于有声读物的内容生产。以亚马逊为例，其在2016年推出了自己的语音助手Alexa。Alexa利用深度学习、自然语言处理等技术对海量音频数据进行分析处理，从而实现了对用户语音指令的准确识别。

有声读物的形态日益多元，目前常见的有以音频广播节目和App为代表的有声读物，以及在线音频产品。智能语音合成通过"一键录制"的方式进行音频制作，同时可以结合深度学习技术，实现与读者的实时互动。智能语音合成技术主要负责文本的语音输入和合成工作，提高了合成产品的生产效率，在人机共创内容的背景下，提供了更多用户创作内容的机会与渠道。而人工智能的发展，进一步提升了人们通过指令让人工智能生成多模态产品的能力，有声读物也可能变成图、文、视频共生的形态。在元宇宙场景下，AR、VR等沉浸式体验设备的发展，与有声读物的内容和声音产生虚实结合的产品，提供更多感官沉浸式阅读体验。在声音运用的智能终端上，智能穿戴设备、智能音箱、智能电视、平板电脑等设备都可以与有声读物结合，为人们带来更便捷和丰富的阅读体验。有声读物正在向"内容+渠道+终端"的全产业链方向发展。

二、智慧城市中的有声阅读场景

数字媒介已经与城市地理空间融为一体，数字网络媒介与地理元素深度结合，把越来越多的传统媒介变成了地理媒介，重塑了城市公共空间的多重可能性。学者麦夸尔认为，地理媒介由四个彼此关联的维度交叉构成：融合，无处不在，位置感知和实时反馈。[2]这使得城市里的历史符号和文化可以成为大家在地理位置的移动中了解、讨论、实时反馈的生活实践，增加了许多生动的阅读场景和方式，让本来向内的、固定不动的阅

---

[1] 张小峰，谢钧，罗健欣，等.深度学习语音合成技术研究[J].计算机时代，2020（9）：24-28.

[2] [澳]斯科特·麦夸尔.地理媒介：网络化城市与公共空间的未来[M].潘霁，译.上海：复旦大学出版社，2019.

读活动变成"移动阅读"。城市实体空间与虚拟空间的融合,交织着建筑、街道、空间、地理、信息、历史、文化、集体记忆等城市实体与象征的多重网络系统,新型阅读实践正在创造新型社会交往关系与公共生活价值。①

随着元宇宙技术与生活形态的发展,基于地理位置服务、虚实结合的阅读,可以为所有的实体地点和文化形态提供有声历史讲解和故事,让城市变成"可以阅读的城市"。人们在城市漫步可能变成一场边走边读的公共活动。除了可移动智能终端为用户提供随着场景转移随时随地收听内容的便利,有声读物基于地理位置的服务(LBS),目前已应用于"阅读城市"、社区介绍、古城改造保护、景区旅游和博物馆等多种场景。喜马拉雅与苏州市人民政府签订战略协议,推出了首家城市播客生态计划、首家"城市可阅读"计划、首家声创小剧场计划,将发动苏州2000位播客、布置1000个古城体验点,集聚一批文化达人通过讲课、即兴表演、互动等形式接入苏州古城改造与旅游景点。用户在具有地理位置服务的地点扫码,就能收听当地古建筑、古名居和古街巷的故事,并享受旅游线路导览服务。

未来还会出现多场景多终端融合发展模式,有声读物会被应用到更多的场景和载体中。从行业发展现状来看,随着人工智能、大数据等技术的应用,有声读物行业开始步入智能发展新阶段,内容生产、产品形态等方面都发生了相应的变化。智能语音合成技术的应用使有声读物从单一的文字阅读变成了包含文字、声音和画面等多模态的综合体验;智能语音合成技术和人工智能技术将改变用户对于传统有声读物产品体验差、制作周期长、内容同质化等问题的看法。AI智能主播的出现使有声读物从以往较为单一的内容生产模式逐渐转变为多样化的内容生产模式;5G将以其超高带宽和超低延时等技术特征进一步提升有声读物的产品体验。

在Web 3.0的元宇宙时代,有声读物将集合更多的技术,更多类型的内容、形式和场景开发,成为全场景、多模态阅读内容呈现的阅读实践,创造更多公共交往和公共空间的可能性。有声读物行业将会在区块链、人工智能、5G等新技术的赋能下开启全新的发展时代。

本章小结

AI进入出版业,无疑会极大地提升出版的产能。智能编辑室是传统编辑室实践业务的智能化,其把AI(特别是生成式AI)作为技术环境,对传统编辑出版工作和流程进行智能化升级,从而实现选题策划、内容生产、审校纠错、排版印制、营销推广到用户反馈收集全过程的人机协同智能,最终实现整个出版行业的智能化。

区块链技术为数字版权的确权、交易和维权提供了有效的技术支持,其进

---

① 孙玮,褚传弘.移动阅读:新媒体时代的城市公共文化实践[J].探索与争鸣,2019(3):118-126,144.

一步发展集成的智能合约接口，为数字版权管理提供了新的管理模式。本章探讨了区块链技术在数字文化领域，尤其是元宇宙背景下的应用和影响。

元宇宙作为下一代互联网的形态，为NFT数字藏品提供了新的生活方式和展示形态，推动了虚实融合的沉浸式体验。但尽管NFT在学术、文化、艺术等领域的应用潜力巨大，但也面临版权登记认证、交易平台规范、监管体系完善和发行交易规则明确等方面的挑战。随着技术的发展，我国对NFT的管理将进一步完善。

随着互联网移动终端的快速发展，数字阅读尤其是有声读物正成为阅读的新趋势。有声读物结合了智能语音合成技术，不仅丰富了阅读形式，也拓展了应用场景和产业模式。人工智能技术的应用提升了有声读物的内容生产效率和质量。未来，有声读物行业将在5G、人工智能、区块链等新技术的推动下，实现多场景、多终端的融合发展，为人们提供更加丰富的阅读体验。

思考与练习

1. 请简述有声读物的概念、形态与展现终端。
2. 请简要阐述智能语音合成技术的发展及其对有声读物的影响。
3. 有声读物有哪些应用场景？

推荐阅读文献

[1] [加]阿尔维托·曼古埃尔.阅读史[M].吴昌杰，译.北京：商务印书馆，2002.

[2] [澳]斯科特·麦夸尔.地理媒介：网络化城市与公共空间的未来[M].潘霁，译.上海：复旦大学出版社，2019.

[3] 孙建敏.有声读物的传播现状与评价体系——有声读物相关期刊论文研究综述[J].中国传媒科技，2021（4）：31-33.

[4] 王佑镁，宛平，南希烜，等.走向数字阅读3.0：智能阅读的特征、应用与发展[J].现代远程教育研究，2021（5）：26-32.

[5] 张小峰，谢钧，罗健欣，等.深度学习语音合成技术研究[J].计算机时代，2020（9）：24-28.

[6] 柯平.数字阅读的基本理论问题[J].图书馆，2015（6）：1-6，36.

第八章

智能媒体传播的伦理危机与治理规制

◆ 学习目标

1. 了解智媒环境中的伦理危机表现,并理解危机成因。
2. 了解系列伦理危机的规制路径,并进行治理方式探究。

2024年中国政府工作报告首次提出"开展'人工智能+'行动",从政策层面进行发展筹划,人工智能在社会生活中的应用越发普遍。人工智能通过数据与算法实现了信息生产和传播的指数级增长,推动着信息传播范式的转变,甚至实现整个社会格局的重新规划,被学者称为"社会系统的格式化"。①但与此同时,人工智能也在实际应用中存在算法黑箱、信息茧房、深度造假等传播伦理与法律问题。在人工智能越来越强,技术飞速发展的同时,技术规制问题亦需要得到人们的跟进关注。目前,各国相继开展人工智能规制方面的探索,建构其应当遵循的基本规范,为增进人类福祉和推动构建人类命运共同体提供了科技伦理支撑。

---

① 陈龙."后新闻"生产模式:生成式AI对新闻传播业的再格式化[J].传媒观察,2023(3):18-24.

第一节 算法黑箱:智媒传播的算法操控和意识控制

作为人工智能发展要素之一的算法,犹如人工智能的"大脑",是智能媒体的功能内核与技术本质。在"输入—处理—输出结果"的过程中,算法的运作依靠数据汇集和机器深度学习。这种运作过程虽来自人类的编写,但其自身的深度学习使得其中多数节点成为常人无法"看见"和参与的未知地带,算法中看不见的或不可控的那部分,被称为"算法黑箱"。算法黑箱可能暗藏"歧视""杀熟"风险,或带来信息茧房效应甚至算法"利维坦"等,对个人权益、社会秩序乃至国家权力造成冲击。如何实现"黑箱"下的算法治理,成为亟待解决的重要问题。

一、算法黑箱的成因

黑箱可泛指由输入得到输出,却不了解其内部运行机制的一切系统。艾什比在其所著的《控制论导论》中,对黑箱和黑箱方法做了较为系统的阐述,他认为黑箱问题是在电机工程中出现的,给电机师一个密封箱,上面有些输入接头,可以随意通上多少电压、电击或任何别的干扰;此外有些输出接头,可以借此做他所能做的观察。这一说法后来被引入深度神经网络算法即深度学习领域,开发者通过调节不同层级神经网络的参数来训练算法,"算法黑箱"也成为算法在设计和运行过程中缺少透明度的各类现象的代指,即指算法能被看到和理解的只有输入、输出两个环节,内部处理过程完全不透明、不公开,使用户无法获知算法的最终目标和意图,且随着算法的不断"智力化",连开发者本身都可能无法理解算法的过程与结果。

(一)算法黑箱的体现

《黑箱社会》(*The Black Box Society:The Secret Algorithms That Control Money and Information*)一书系统论述了各种算法黑箱现象,作者将主观刻意制造算法黑箱的手段分为三类:一类是"真实黑箱"(real secrecy),即强调算法是对真实的客观反映,却隐瞒或淡化算法的选择过程和相应规则;二是"法律黑箱"(legal secrecy),即将算法公开的相关要求都装在法律以及商业机密保护的框架内,避免履行相关责任;三是"制造混乱"(obfuscation),即通过过分冗余的相关信息或采用过分晦涩的语言,使得对算法监管的难度大大提升。[①]

---

① Pasquale F.The Black Box Society:The Secret Algorithms That Control Money and Information[M].Cambridge:Harvard University Press,2016.

目前，算法黑箱问题主要体现在三个相互关联的层面。一是深度学习等算法本身存在不可控的黑箱问题，属于技术类黑箱。此类黑箱问题受限于深度学习等算法自身的技术特性，必须回到技术本身且通过技术手段来解决。二是算法编写开发需要较为专业的技能，对于不具备这些技能的人来说，这属于不能理解的知识盲区，这类黑箱问题属于专业知识与技术的壁垒问题，多数情况下可以通过对算法的自然语言解释和更完整的算法信息披露得到解决或部分缓解。三是算法开发应用层面存在黑箱，属于"组织黑箱"，开发和应用算法的组织不公开算法数据采集和处理过程以及应用，算法开发和运营的企业以此获得利益。这类黑箱问题可以由"技术黑箱"与"解释黑箱"相互叠加而成。①

（二）算法黑箱的成因

从以上类别划分情况来看，算法黑箱的存在，可以归纳为技术和利益两个层面的原因。

第一，技术层面。首先，算法技术复杂，本身通常处于不透明、难以追踪的黑箱状态，算法主体也不大可能详细公布平台算法架构或工作细节，这使得平台数据处于一种相对保密的状态。其次，近年来深度学习的快速发展使得算法不再遵循传统机器学习的解释过程，而是由计算机基于原始数据自动学习、自动生成结果，这使得整个算法过程缺少透明性或解释性机制，甚至连程序设计者或使用方也无法完全进行解释，尤其是深层神经网络的兴起与运用，使得算法变得更加难以识别。随着人工智能越来越"强"，超级算法通过自身的算法模型处理数据，其过程完全不受人工干预，使得算法黑箱现象带来的技术屏障更加凸显。此外，算法影响社会的路径并不是静止或确定的，算法、训练数据集、外部约束条件以及庞大个体用户群之间超大规模、超高频次的循环互动，构成了不同行动者高度复杂的动态网络。

第二，利益层面。包括算法开发者、用户、监管者等在内的不同利益相关者对算法透明具有不同的利益诉求。其中，算法开发者是算法的直接缔造者，一些情况下也是算法的使用者，开发者的设计意图、知识水平、认知能力、价值观念会直接或间接地影响算法的产生及其功能实现，即使在设计之初算法开发者"心无旁骛"，但当该算法被实际使用时，也必定带着一定的"使命"，如商业需求或政治目的等，这些并非技术力量所能完全决定的。此外，算法技术也涉及知识产权，一旦透明可能会使其核心理念被盗用，被快速效仿或复制，从而侵害算法开发者或使用者的实际利益。

二、算法黑箱的风险表现

随着算法深度嵌入日常生活场景，越来越多的决策权力正由人类让渡给算法，算法

---

① 浮婷.算法"黑箱"与算法责任机制研究[D].北京：中国社会科学院大学，2020.

的设计决定着人类如何决策。或明或暗的算法决定着信息的生成与分发，进而影响甚至操纵舆论，达到政治或经济方面的利益目的，整个过程并不都为人所知，算法黑箱的威胁贯穿始终。目前，各平台使用的个性化推荐算法在算法黑箱中扮演着重要的角色，对于如何进行推荐、基于何种算法方式和机制，用户、监管部门甚至平台自身都难以完全看清，黑箱问题给信息内容监管带来挑战，也可能引发网络空间治理风险，进而对现实层面形成不同程度的影响。

（一）算法对信息的操控

算法进入信息领域，通过对海量数据的计算，把握和预测用户的信息偏好，进行内容生产、筛选与分发。信息内容的整个传播链条因算法发生颠覆性的变化，平台、内容生产者、受众及监管者在其中扮演着不同的角色，或因算法受益，或被算法操控。

1.算法对信息内容生产的操控

平台作为内容流程的组织者，从自身利益角度出发，通过各种排行榜来决定内容生产的选题方向或进行内容产品策划，改变了传统的信息生产准入标准——作为筛选标准的排行榜本身也是由一定的算法形成的。

对于内容生产者而言，流量成为最基本的内容评价指标，平台对流量进行数据统计，基于这些数据进行排行、设置指标，传播评价体系被全面算法化，内容生产的出发点由此发生偏移。算法控制下的内容本身也存在诸多局限性，如算法只能从某些维度呈现现实世界，对世界的反映仍是相对"平面"的。

对于用户而言，单一的信息内容供给使得其认识世界的方式趋于单调，从而失去了对世界的完整把握能力，看不见的算法及其背后的机制，代表的是算法设计者或使用者的利益诉求，当用户对所推送的信息形成情感或价值上的认同时，其实已经被平台算法"控制"了。

2.算法对信息内容分发的操控

在算法技术的加持下，信息内容生产效率得到极大的提升。海量内容不可能被全部传播和均衡接收，算法在传播节点上再次发挥作用。通过算法来识别和匹配内容与个人喜好，给用户推荐他们最可能感兴趣的内容，算法推荐成为各平台分发信息最主要的方式，这是一种通过算法模型将用户信息数据与内容信息数据进行匹配，实现内容高效聚合、精准分发的手段。[①]

推荐算法主要通过两个基本步骤来完成任务推荐：第一步为"挖掘行为"，即挖掘用户信息并进行画像；第二步为"推荐行为"，即根据用户心理画像所体现出的偏好，进行

---

① 方师师.算法如何重塑新闻业：现状、问题与规制[J].新闻与写作，2018（9）：11-19.

个性化推荐。以平台利益为导向的推荐，会在一定程度上侵犯用户的知情权，而用作用户画像的数据并不完全是在用户知情或同意的情况下收集、获取的，可能侵犯其个人信息权益。

根据个性化推荐算法的不同技术路线，我们可以将推荐算法分为混合推荐（hybrid recommendation）、基于社交网络的推荐（social network-based recommendation）、基于内容的推荐（content-based recommendation）和协同过滤的推荐算法（collaborative filtering-based recommendation）四种类型。[①]

3.算法在信息领域的风险表现

算法推荐促成了由"人找信息"向"信息找人"的传播机制转变，也重构了信息内容的生产和分发图景。一方面，智能化的算法推荐实现了以"算法的思考"代替用户进行决策，帮助用户节省了筛选信息的时间，一定程度上解决了海量的社会化信息生产与用户接收信息有限性之间的矛盾，提高了信息分发的效率；另一方面，看似客观中立的算法推荐技术，实则蕴含着算法操控逻辑，个性化算法推荐会对用户的认知、判断与决策加以控制，将人禁锢于算法界面之中[②]。在缺少公开性和透明性的算法机制的推荐下，受众被困在算法推荐系统所建构的"舒适圈"内不断接受相似与固定的内容。[③]

算法不仅可以根据用户的浏览痕迹和兴趣爱好进行推荐，还可以通过技术手段加以干预，能决定什么内容可以加权多推送，什么内容可以置顶或是不推送。人和内容都必须迎合算法的标准才有可能获得更多的推荐、流量和平台补贴，一定程度上说，算法成为实施权力的真正主体，生产者必须围绕算法的维度来行事。

在平台价值观的支配下，算法凭借难以察觉的对内容层面的操控，进入大众视野并实现对社会合意的控制。推荐系统本身具有复杂性，算法黑箱使得推荐权力更为隐蔽，数据输入和输出之间的逻辑关系难以被用户认知，隐蔽于黑箱之中的信息生产环节和分发环节，都可能被算法开发者和利益相关者因不同的诉求而通过算法加以控制，这不仅对用户的信息自主权提出了挑战，也在一定程度上影响了用户的知情权、媒体的公信力及市场竞争的公平性等。

（二）算法对公众舆论、意识形态及政治层面的操控

随着算法在社会各个领域的应用，其对舆论与政治的影响成为一种必然。西方国家内部社会的算法政治现象尤其值得关注。在当代西方民主政治的发展进程中，算法逐步被应用到西方政府和政党政治的各个领域，成为其政治选举、社会民意制造、公共舆论

[①] 谢永江、杨永兴、刘涛.个性化推荐算法的法律风险规制[J].北京科技大学学报（社会科学版），2024（1）：77-85.
[②] 彭兰.算法社会的"囚徒"风险[J].全球传媒学刊，2021（1）：3-18.
[③] 张爱军，贾璐.算法"舒适圈"及其破茧——兼论ChatGPT的算法内容[J].党政研究，2023（3）：22-33，124.
[³] 张爱军，刘仕金.西方算法政治兴起的社会根源及其伦理批判[J].中共天津市委党校学报，2023（2）：34-44.

控制、意识形态传播、政府组织决策、社会治理甚至是政治斗争的强有力工具，西方民主政治由此被打上深深的算法烙印。

1. 公众舆论的算法干预

算法颠覆了西方传统公众舆论的基本生成逻辑，通过对舆论主体、舆论客体和舆论本体的可见性进行生产控制以干预舆论。

在舆论主体方面，算法创造了大量社交机器人来充当人类用户。这些社交机器人在西方的社交网络平台中通过关注、模仿人类用户的行为来伪装自己，并通过转发、提及人类用户创造发布的信息内容来增强自己的可见性与可信性。在舆论客体方面，算法能够通过新闻热度值、搜索排序等方式设置舆论信息在公共空间中的呈现概率，赋予不同舆论议题在公共空间中不同程度的可见性，影响西方民众的注意力资源分配和舆论合意形成。在舆论本体方面，算法能够对那些不符合西方某些政治集团利益、立场和价值的用户和意见进行自动操控、遮蔽，压制其在公共空间的声音，使西方民众无法感知到真实的意见气候。

2. 社会民意的算法操控

社会民意极易受到政治集团的操控，成为其攫取政治利益的强大武器。算法因其强大的技术效能日益成为西方国家政治集团操控社会民意的强有力工具。

2016年，英国开启"脱欧"全民公投。在此过程中，以英国保守党为代表的"脱欧派"曾被指雇用了一家精于选民定位的数据公司，通过算法向民众投放数十亿条定向广告以影响他们的"脱欧"意向。从该事件可以看出，政治集团利用算法操控民意的步骤如下：首先，利用大数据对民众进行群分，在社会意见上形成具有不同偏向的群体；再次，利用个性化算法实现"千人千面"的信息推送，构筑信息茧房；最后，通过精心选择、制作内容以搭售操控者意图，引导选民群体投票。①算法极大地提高了西方国家政治集团操控民意的能力，但这种操控所制造的是一种虚假民意，而非实质民意。

3. 意识形态的算法传播

意识形态是西方民主政治文化的重要组成部分，主流意识形态以民主主义与自由主义为代表，非主流意识形态包括民粹主义等。非主流意识形态在社会内部相互碰撞、激荡、合谋，不断与主流意识形态争夺生存空间。社交网络和算法传播成为两者尤其是非主流意识形态扩张自身的主要方式。近年来，非主流意识形态被不断编入算法程序，并借助社交网络迅速蔓延至西方世界的各个角落，种种非主流意识形态不断放大与扩散，这给西方社会的和谐稳定带来了极大的挑战。

---

① 肖冬梅."后真相"背后的算法权力及其公法规制路径[J].行政法学研究，2020（4）：3-17.

4.政治选举的算法操控

算法时代的来临颠覆了西方政党传统的政治选举宣传模式。西方政党在推特、脸书、油管等社交媒体平台的帮助下，运用算法结合大数据为选民描绘私人画像，预测分析他们的政治心理和政治倾向，然后为他们量身定做符合其喜好的政治广告、政治新闻，进行靶向投放。在2016年的美国总统大选中，一家名为"剑桥分析"的机构被爆出受总统候选人雇佣，收集美国选民数以百万计的数据，并采用人工智能技术支撑的广告定向算法、行为分析算法帮助候选人进行竞选。

以算法驱动的选举宣传方式相较于传统的选举宣传方式更具精准性和效率性，西方政党的政治选举对人工智能算法技术的依赖日益加深。然而，在"西方普选制的环境中，尤其是在政治权力和影响力不均衡的情况下，假新闻、机器人水军、虚假的在线账户都会被算法创造出来以支持某种政治立场"[①]。算法黑箱使外界无从知晓其政治干预细节。

三、算法黑箱的规制路径

算法黑箱作为网络空间治理的重点内容之一，目前存在算法伦理规范效力不足、算法相关的立法相对滞后，且算法可解释性成本过高等治理弱项，这为打开算法黑箱、实现算法透明增加了难度。网络空间的规制由法律、社会规范、市场机制以及程序架构组成[②]，以欧盟、中国、美国等为代表的国际组织、国家开始探索算法治理方案，算法治理进入全球化时代。

（一）健全算法透明体系

算法推荐系统采用深度学习等复杂技术，一方面，系统的透明度可能影响用户对推荐方式、机制、目的甚至对所推荐内容的信任，另一方面，算法推荐的设计者或使用者可能将推荐目的隐藏于推荐之中，侵犯用户获取全面信息或对个人信息进行保护的权利。技术的问题主要依靠技术来解决。算法黑箱的关键在于无法观察和难以理解，其治理的首先要求就是打开黑箱、推进算法透明。

算法透明是通过提高算法目的、算法设计、算法运行、算法结果等方面的可解释性、信息对称性，来保障用户知情权，从而突破算法黑箱困境。算法透明能否实现、实现效果如何，受技术、机制、信息披露等多方面因素的影响。实现算法透明，可以从算法公开、算法解释两个主要方面着手。

---

① 全燕.西方社交网络的政治极化与算法传播的角色反思[J].中国社会科学文摘，2019（4）：101-102.
② 刘曙光.劳伦斯·莱斯格：代码：塑造网络空间的法律[J].网络法律评论，2007，8：219-222.

第一，算法公开。算法透明首先强调算法公开，也就是将从输入数据到输出决策结果的整个逻辑过程向外界公开。公开算法使用的数据、分析逻辑等关键过程是打开黑箱、提升算法透明度的关键。

第二，算法解释。要建立技术话语和公众话语的转换机制，填补算法运行的专业性和公众理解的通俗性之间的鸿沟，对算法决策过程、结果、意义和影响等做出解释，既让人们知其然，又让人们知其所以然，在此基础上缓解算法监控给人们带来的未知感和恐慌感，实现算法祛魅。[1]

在可行的实现算法透明的过程中，技术公司、政府、社会组织等参与主体应从各自角色出发，充分作为。

对技术公司而言，可以从以下两方面入手：一是要有自愿进行算法公开的意识，主动创建、提供、披露算法记录，为算法透明提供前提与可能性；二是披露的算法内容，是简单易懂的算法说明，而非庞大复杂的算法代码，使得从算法输入端至算法输出端的整个流程成为可观察、可理解的"白箱"，真正解决因算法本身的复杂性问题和因算法素养的限制而产生的黑箱问题。

对政府而言，要构建完整的责任义务体系，在法律配套、行政管理等层面对算法黑箱问题进行干预。首先，通过制定和完善相关法律法规，对算法公开内容及公开程度做出明确规定，要求技术公司在算法设计阶段嵌入算法伦理，对算法信息进行审查校验，对算法流程进行监管。其次，着眼于行政审查、行政监管与行政问责，要求技术公司操作的算法符合法律法规要求，符合公共利益。

对社会组织而言，由于算法素养的缺乏，公众几乎在整个算法运行过程中都是处于黑箱之中的"算法文盲"，相较之下，专业的社会组织在治理算法黑箱方面能起到的作用更大。国外已有一些典型案例，例如，德国成立了以技术专家和资深媒体人为主的将评估监控用于公共领域算法的非营利组织。

与此同时，越来越多的学者认识到算法透明是相对的，而非绝对的。算法公开应当有度，过度追求算法披露，要求算法彻底公开，可能会带来消极后果，因为公开披露的海量数据和算法架构并不能被多数人理解，人们也可能会简单地将算法彻底公开等同于算法正当。我国的《国家安全法》《网络安全法》《保守国家秘密法》以及美国的《国家安全法案》《爱国者法案》等，在很大程度上都是在给相关的算法透明设置障碍，换言之，当算法透明与国家安全产生冲突时，算法透明的可行性必将面临挑战，此外，算法透明也可能会与社会秩序和私权利等产生冲突。[2]

（二）健全算法法律规制

破解算法黑箱的关键，是通过法律规制算法主体的行为，从最初设计开始，到相关

---

[1] 黄静茹，莫少群.算法监控的逻辑理路、伦理风险及治理路径[J].南京社会科学，2022（6）：130-136.
[2] 沈伟伟.算法透明原则的迷思——算法规制理论的批判[J].环球法律评论，2019（6）：20-39.

衍生品的制造和应用建构一系列伦理框架，使算法安全可靠又不失经济效益。①算法黑箱作为算法推荐应用规制的重点内容，主要以合理提升算法透明度为目标，推进事前审查与算法备案，落实事中平台的算法解释义务，建构事后算法问责机制。

1.中国

我国先后颁布《网络安全法》《个人信息保护法》《数据安全法》等，它们都涉及对算法推荐的规范，要求算法推荐服务提供者遵守法律法规，尊重社会公德和伦理，遵循公正公平、公开透明、科学合理和诚实信用原则。其中，《个人信息保护法》第24条规定，个人信息处理者利用个人信息进行自动化决策，应当保证决策的透明度和结果公平、公正，不得对个人在交易价格等交易条件上实行不合理的差别待遇；通过自动化决策方式向个人进行信息推送、商业营销，应当同时提供不针对其个人特征的选项，或者向个人提供便捷的拒绝方式。通过自动化决策方式作出对个人权益有重大影响的决定，个人有权要求个人信息处理者予以说明，并有权拒绝个人信息处理者仅通过自动化决策的方式作出决定。

我国第一部以算法推荐服务为规制对象的部门规章——《互联网信息服务算法推荐管理规定》自2022年3月起正式实施。该规定要求算法推荐服务提供者定期审核、评估、验证算法机制机理、模型、数据和应用结果等，完善计入用户模型的兴趣点规则和针对用户个人特征的标签管理规则，避免滥用用户数据或侵犯用户隐私。其中，第12条明确规定："鼓励算法推荐服务提供者综合运用内容去重、打散干预等策略，并优化检索、排序、选择、推送、展示等规则的透明度和可解释性，避免对用户产生不良影响，预防和减少争议纠纷。"

2024年7月，中国互联网协会联合中国信息通信研究院发布《互联网信息服务算法推荐合规自律公约》。该公约强调加大算法透明，保护用户隐私，防范安全风险。

自2025年1月1日起施行的《网络数据安全管理条例》，也在规范网络数据处理活动，保障网络数据安全，促进网络数据依法合理有效利用，保护个人、组织的合法权益，维护国家安全和公共利益方面发挥作用。

2.欧盟

欧盟于2018年颁布生效的《通用数据保护条例》（GDPR），作为全球最严格的数据保护法规之一，旨在保护欧盟境内个人数据的隐私和安全，要求数据处理过程具有透明性，赋予数据主体对自动化决策的解释权和对个人数据的访问权。2019年欧盟发布了《算法责任与透明治理框架》，将算法透明度与可解释性视作解决算法公平、实现算法治理的基础工具。2021年4月，欧盟进一步制定《关于人工智能统一规则和修订特定欧盟法案的条例》。这是欧盟首个详细的人工智能法律框架，明确提出了加强算法的公开透明

---

① 金梦.立法伦理与算法正义——算法主体行为的法律规制[J].政法论坛，2021（1）：29-40.

性。欧盟的《人工智能法案》（即《AI法案》）于2024年8月1日起正式生效。这是全球首部全面监管人工智能的法律，它对高风险AI系统提出透明度和可解释性要求，其中就包括算法黑箱问题。

3. 美国

美国的相关治理为"多元共治"模式，联邦政府、州和地方政府、相关行业、私营部门等主体都参与治理行列，呈现去中心化和动态发展的治理特征。2017年，美国计算机协会发布《关于算法透明性和可问责性的声明》（Statement on Algorithmic Transparency and Accountability），规定使用算法决策的机构应对算法所遵循的程序和具体制定的决策进行解释。2019年，美国议员提出《过滤气泡透明度法案》，要求大型平台向用户提供关闭个性化推荐的选项，提升算法排序结果的透明度。2021年，美国议员提出《算法正义与互联网平台透明度法案》，以提升算法透明度和防止平台利用算法歧视性地处理个人信息。2022年，美国议员在《2019算法问责法案》的基础上提出《2022算法问责法案》，聚焦算法自动化决策问题，力图建构更为安全和公平的算法使用环境。

4. 其他

英国是世界上最早在国家层面制定算法透明度标准的国家之一。2021年11月，英国发布了一项开创性标准，旨在为政府和公共服务部门提供利用算法工具进行自动化决策的具体指导（尤其是对个人可能产生法律或经济影响时），包括透明度数据标准、透明度模板和行动指南等重要内容。加拿大于2019年2月出台《自动化决策指令》，就算法影响评估、算法决策透明度和质量保证、算法决策的救济和责任承担等，提出系列要求。

（三）强调算法伦理规制

对算法黑箱的规制，除了法律规范之外，还需要可靠的算法伦理规制，对平台滥用数据与算法、侵犯数据隐私及存在数据歧视等问题进行规范。

2021年11月，联合国教科文组织通过《人工智能伦理问题建议书》，在算法研发、可解释性、透明度、隐私影响评估等方面提出治理要求。该建议书由联合国的193个成员国共同签署，对国际社会的算法治理具有重要的指导意义。2019年4月8日，欧盟人工智能高级别专家组发布《人工智能伦理指南》（Ethics Guidelines for Artificial Intelligence），提出包括福祉原则、可解释性原则等原则。

2016年，英国标准协会（BSI）发布《机器人和机器系统的伦理设计和应用指南》，建议算法设计者以透明性为导向，防范机器人与算法歧视等社会问题出现。2023年4月，英国在议会提交了新的《数据保护和数字信息法案》（Data Protection and Digital Information Bill），核心原则包括确保人工智能具有适当的透明度和可解释性。

新加坡成立了人工智能和数据道德咨询委员会，并让企业、学术机构、社会组织等参与制定人工智能（算法）道德标准和治理框架，先后发布了《人工智能治理示范框架》（2019年）、《组织实施和自我评估指南》（2020年）等，对人工智能提出了指导性伦理原则。

美国高度重视多元主体规制，推动算法伦理建设。2017年1月，近千名人工智能和机器人领域的专家在Beneficial AI会议上联合签署《阿西洛马人工智能原则》，其中伦理价值原则包括安全、失灵透明性、责任、司法透明性、价值对接、人类价值、个人隐私、自由和隐私、利益共享、繁荣共享、人类控制、非颠覆性、AI军备竞赛禁止。[1]

我国目前已颁布《新一代人工智能伦理规范》《关于加强科技伦理治理的意见》等相关伦理规范。《新一代人工智能伦理规范》旨在将伦理融入人工智能全生命周期，为从事人工智能相关活动的自然人、法人和其他相关机构等提供伦理指引，促进人工智能健康发展。在"研发规范"方面指出"增强安全透明""避免偏见歧视"。2022年3月，中共中央办公厅、国务院办公厅印发《关于加强科技伦理治理的意见》，其中，科技伦理原则之一为保持公开透明。此外，《互联网信息服务算法推荐管理规定》要求算法推荐服务应遵循公开透明的原则，鼓励算法推荐服务提供者优化规则透明度和可解释性，建立健全算法机制机理审核、科技伦理审查等管理制度。自2023年12月1日起施行的《科技伦理审查办法（试行）》，强调科技活动应坚持促进创新与防范风险相统一，客观评估和审慎对待不确定性和技术应用风险，遵循增进人类福祉、尊重生命权利、坚持公平公正、合理控制风险、保持公开透明的科技伦理原则。

关于算法黑箱的治理，除了推进算法透明、进行法律与伦理双重规制之外，还应鼓励专业社会组织的参与和提升公民的算法素养等。但是，随着人工智能技术的快速发展，算法能够在没有人为干预的情况下利用数据进行自主运行和迭代训练，自动生成运行结果，不断完善算法指令，因深度学习算法的应用而生成的黑箱则是横亘在人与机器之间的阻碍，即便是算法设计者或使用者也难以完全知晓和理解该算法信息。紧随深度学习算法黑箱而来的多种风险，还须通过开发监督算法运行的算法来进行治理。

第二节 算法"投喂"：智媒传播的信息茧房与过滤气泡

随着智能化水平的提升，算法推荐技术不断升级，在精准用户画像进行推荐的基础上，其甚至能够预测用户的喜好或需要，实现更为舒适的信息"投喂"。个性化的信息推荐在很大程度上降低了低效或无效信息的干扰，极大地提升了信息传播效率，但是也带来了诸多负面传播效应，如信息茧房、过滤气泡、观点极化等。

---

[1] 腾讯研究院，中国信通院互联网法律研究中心，腾讯AILab，等.人工智能：国家人工智能战略行动抓手[M].北京：中国人民大学出版社，2017.

一、信息茧房与过滤气泡的概念

（一）信息茧房

"信息茧房"（information cocoons）这一概念首先是由哈佛大学法学院教授凯斯·R.桑斯坦（Cass R. Sunstein）于2006年在《信息乌托邦——众人如何生产知识》一书中提出的。他指出，产生这一现象的原因在于人们对信息的需求往往是个性化的而非全方位的，用户往往会基于个人偏好去选择性地接触媒介信息，长此以往，就会把自身束缚在蚕茧一般的"茧房"之中；他同时强调了网络过滤和群体极化等问题给民主参与带来的消极影响。[1]作为一个隐喻概念，信息茧房通常用来描述因信息"偏食"而导致信息窄化的现象。[2]

信息茧房的本质特征在于信息的窄化和封闭，即个体接纳的信息或内容变得单一且重复，并且以自我为中心。算法推荐技术往往被认为加强了个人信息"偏食"的封闭效应，使得信息茧房在当下引发了新的担忧，并成为一类新的媒介现象。学者彭兰认为，应当持"一分为二"的思想，从正反两方面来辩证看待信息茧房现象。[3]一方面，信息茧房可能使用户沉迷于单一的信息内容，导致信息接收机制失灵，从而引发观点极化等负面社会效应；另一方面，算法推荐帮助用户在用时较短的情况下获得尽可能多的信息，一定程度上提升了网络用户获取信息的效率，也反向推动了平台在算法技术上的革新，这既能满足用户需求，增加平台流量，又能削弱信息茧房给平台和用户带来的不利影响。

（二）过滤气泡

"过滤气泡"（filter bubbles）这一概念最早由社会活动家伊莱·帕里泽（Eli Pariser）在《过滤泡：互联网对我们的隐私操纵》（*The filter bubble: What the Internet is hiding from you*）一书中提出。[4]他认为，当下的搜索引擎可以时刻捕捉用户的偏好，并据此为其定制个性化的搜索结果，这使得每个人都身处一个独特的信息世界，即过滤气泡之中，阻碍着人们偶遇异质信息。

合理有度的算法推荐能够创新并优化信息资源的配置方式。比如，过滤气泡过滤掉的是算法认为某个特定对象不需要的内容，这在一定程度上提高了内容与用户需求的匹配度，降低了用户获取有效信息的成本。但是，滥用精准传播机制使得算法过度推荐，导致用户获取的信息被提前过滤，获取更多优质信息的渠道被窄化或切断。同时，通过

---

[1] [美]凯斯·R.桑斯坦.信息乌托邦——众人如何生产知识[M].毕竞悦，译.北京：法律出版社，2008.
[2] 虞鑫，王金鹏.重新认识"信息茧房"——智媒时代工具理性与价值理性的共生机制研究[J].新闻与写作，2022（3）：65-78.
[3] 彭兰.导致信息茧房的多重因素及"破茧"路径[J].新闻界，2020（1）：30-38，73.
[4] Pariser E.The filter bubble:What the Internet is hiding from you[M].New York:The Penguin Press，2011.

算法推荐技术，价值观趋同的网络圈层被聚集起来，而存在价值和文化需求差异的受众则被过滤掉，形成其他的价值认同群体，最终加剧不同价值认同群体间的分化。如果受众长期聚集在过滤气泡之中，无法接收到新的多元化信息，其思维能力和批判能力就会弱化，个体认知就会失衡，容易造成观点极化，最终扰乱网络功能的正常运行，破坏整个网络生态的和谐。

（三）信息茧房与过滤气泡的关系

作为描述因信息"偏食"而导致信息窄化现象的重要概念，信息茧房和过滤气泡的主要成因都是以信息效率为先的推荐算法，但是信息茧房侧重于个体的事实性信息获取行为，强调"束缚"，具有明显的个人偏向性；而过滤气泡则侧重于算法技术导致的信息过滤，强调信息环境层面的同质性。[1]还有学者指出，信息茧房和过滤气泡本质上的不同在于：前者是人们主动对信息进行选择的结果，后者则是人们被动接收算法推荐的个性化信息的结果。[2]过滤气泡更强调信息过滤对用户的影响，这一概念的提出者帕里泽认为，以搜索引擎为代表的算法通过了解用户偏好，过滤异质信息，在为用户打造个性化信息世界的同时构筑了"隔离墙"，使其处在"网络泡泡"的环境中，阻碍了多元化观点的交流。

从某种角度来看，人们之所以会陷入信息茧房，是因为对信息进行了主动选择与被动过滤。过滤气泡中的协同过滤算法，实质是通过对受众产生的偏见特征不断进行聚类行动的循环，以推送同类型、同体裁、同价值观等同质化信息为主，阻隔人们偶遇异质信息，使其陷入浅层"愚乐"中无法自拔，从而形成价值趋同的信息茧房。

二、信息茧房与过滤气泡的形成机理

无论是作为人们对信息进行主动选择的结果，还是作为人们被动接收算法推荐内容的结果，信息茧房和过滤气泡都在一定程度上影响了信息传播的主动性和多元性。人们只有理解两者的形成机理，才能更好地进行应对。

（一）信息茧房的形成机理

有学者从信息需求端、信息供给端、信息运营端探究信息茧房现象的成因，为客观看待网络用户、平台技术和政府管理在其中的角色定位和影响提供了新的角度。[3]

---

[1] 虞鑫，王金鹏.重新认识"信息茧房"——智媒时代工具理性与价值理性的共生机制研究[J].新闻与写作，2022（3）：65-78.
[2] 姜婷婷，许艳闰.国外过滤气泡研究：基础、脉络与展望[J].情报学报，2021（10）：1108-1117.
[3] 郝永华，陈建华.信息茧房的形成机理、效应检视及治理进路[J].中共福建省委党校（福建行政学院）学报，2023（6）：103-110.

1.信息需求端：主动选择与被动接收共振

一方面，网络用户主动选择与自己兴趣、认知、观念相符的有用信息，放弃或屏蔽其他信息，无用信息很难进入该用户视野。此外，身处不同社群的用户构成了相对封闭的交流圈，所交流的信息呈现同质化、单一化特点。圈与圈之间、圈内和圈外之间还存在一定的"壁垒"与排他性，这种基于"趣缘"而形成的"圈层化"现象，常常容易造成信息茧房。[①]另一方面，用户搜索、浏览、评论等使用行为被记录和存储，作为数据资源，被用作用户画像、信息推送，同样，他人的网络信息数据也会被筛选和归纳，使得相同议题、相似话题集聚在一起。用户主动选择的信息与被动接收的信息混为一体，引发信息茧房效应。

2.信息供给端：用户画像与算法推荐共助

从信息供给端来看，平台不断为用户定制生产其喜欢和需要的信息内容，以增强用户对平台的黏性，而随着用户留下的使用痕迹越来越多，用户画像也越发精准，算法推荐也因此更为高效，平台和用户之间的关系更为紧密，形成了循环。用户画像、算法推荐作为技术，本身被认为是中性的存在，但是在应用过程中被平台赋予了不同的目的。目的不同，结果通常也不同，使用过程中如果发生目标偏移，就会加剧信息传播的负面效应。

3.信息运营端：利益至上与流量为王共促

追逐经济效益最大化是平台最大的目标和动力。迎合用户喜好的同质信息不断被生产和重复推送，将用户紧紧包围，不断为网络平台输送流量效益。值得注意的是，平台的运营如果只服务于经济利益，得不到政府有关部门的有效监管，那些不辨真伪、良莠不齐的网络信息就会被夹塞进信息茧房之中。

（二）过滤气泡的形成机理

如果说信息茧房的形成因素中，具有信息接收者和使用者的主观成因，那么，过滤气泡则侧重于算法技术导致信息过滤，其发生既包含技术因素，也包含受众认知、情感、偏好的内在驱动，以及社会政治与资本权力的算计渗透。

1.大数据以及算法推荐的技术助推

从海量、多维信息中寻找与每个个体相匹配的信息数据，甚至提供个性化信息定制

---

① 席志武，李华英."饭圈文化"对网络主流意识形态的潜在风险及治理对策[J].安徽师范大学学报（人文社会科学版），2022（2）：78-85.

服务的过滤气泡，可以看作基于大数据和算法推荐技术而形成的网络选择性记忆现象。该现象的形成过程主要包括数据收集、数据分析和算法推荐三个技术环节。数据收集是诱发过滤气泡现象的基础，只有获取到海量数据才有可能展开个性化信息定制服务，系统对海量原始数据进行分类和处理，将所采集的数据转变为可用数据，然后依托有效数据进行自动化运算，反馈符合受众偏好的可量化信息，从而实现精准对接。在这一过程中，系统不断补充数据、优化画像，使得信息产品和推荐更加精准，助推过滤气泡现象滋生。

2.受众认知、情感、偏好的内在驱动

智能媒体为迎合受众喜好、激发用户兴趣，运用算法机制过滤掉有可能引起受众不满的信息，不断推荐其偏好的内容信息。从某种意义上讲，虽然过滤气泡现象看似是由算法推荐带来的信息精准"投喂"，其实也是受众意志的表现。此外，当公众带有刻板意见和负面情绪时，他们也会启动"选择性理解、选择性过滤、选择性记忆"这一认知程序，其自我建构的情感记忆会聚集成强大的"社会气泡"，导致情感认同和道德动员。部分平台会借助算法推荐技术，迎合"社会气泡"，大量推送同类信息。

3.社会政治与资本权力的算计渗透

当平台的算法推荐技术由资本掌控时，信息生产过程便不可避免地受到资本力量的影响甚至控制。由人工智能系统推送的所谓"新闻"，究竟是基于什么样的标准与价值判断而被选中，公众并不知情，这些系统的内部工作机制也不透明，虽然平台都会宣称其所使用的算法机制是公平公正的，但也以保护商业秘密为由拒绝公开运作过程。

三、算法"投喂"的治理路径

算法技术为用户营造了舒适的信息"投喂"环境，长此以往，对于用户获取信息、展开思辨、进行决策将会产生一系列影响，因此理解算法"投喂"的风险表现、探索算法"投喂"的治理路径，具有一定的现实意义。

（一）算法"投喂"的风险表现

算法"投喂"的风险不仅在于信息传播本身，还在于技术背后的资本与政治控制及人文价值的影响等。

1.同质化信息供给导致用户信息沉迷和思想极化

信息同质化既是信息茧房里信息的存在状态，也是信息茧房筛选信息的要求。信息

茧房中的用户被紧紧包裹，沉迷于单一的信息内容之中。共同的志趣与议题又将不同的用户聚合在一起，形成相对稳固的社交群体，群体内部成员与外部信息交换处于停滞状态，甚至拒绝群体外的有益信息和合理观点，极易滋生非理性情绪和简单化思维。信息茧房的信息接收机制失灵是用户信息沉迷和思想极化的重要原因，也是信息茧房最直接的传播忧患与风险。

2.以精准"投喂"无度追求流量目标

算法技术为个体的个性化"信息菜单"提供技术支持，进而对用户接收的信息流实施议程设置，培养用户的信息消费习惯，使其陷入信息茧房之中，最终实现平台自身的流量目标。算法背后是关于利益的"算计"，平台不断优化算法技术以获取更大的市场份额。在这种"算计"中，还包括平台鼓励内容生产者按照特定模板进行创作，通过算法推荐诱导更多的虚拟消费行为，实现对信息内容、公众媒介使用习惯和信息环境的重塑。

3.网络过滤技术阻碍民主协商进程

桑斯坦提出"信息茧房"这一概念始于对政治传播环境的关切。[①]他担心随着网络过滤技术的大肆运用，人们的选择性接触受到算法规制，形成信息茧房，会给社会政治生活带来隐忧，即人们通过选择性媒介接触织就的个性化信息世界是偏移、单调和封闭的。由于人们接触到的信息环境是"菜单式"信息接触与信息消费，所以共同经验可能受到信息茧房的隔阂而无法实现"共同在场"，进而阻碍民主协商进程。

（二）算法"投喂"的治理路径

对于算法"投喂"的治理，涉及较为复杂的社会因素，不仅应从技术层面考虑，还应包含对价值的考量。

1.技术之治：优化信息流议程设置，强化平台社会责任

算法治理成为智能社会秩序建构的关键，其要义就在于对算法进行有效的技术规制。有研究者提出，在个性化推送的同时进行共性化推送，采取人工和智能相结合的方法，"推拉"结合，从实际操作上对用户接收的内容进行纠偏，强制用户关注公共议题。[②]譬如，将社会主流新闻置顶，引导用户关注，建构人工干预和个性化推荐相统一的分发模式。在具体的算法应用中，除了原有的基于兴趣分发和社交分发模式，还要加入多样性指标建构区块链算法分发模式。一是冲破算法工具理性的束缚，不一味追逐流量效应，

---

① 李龙飞，张国良.算法时代"信息茧房"效应生成机理与治理路径——基于信息生态理论视角[J].电子政务，2022（9）：51-62.
② 陈勇.个性化推荐还是共性化推送？——论聚合类新闻客户端的现状与发展方向[J].中国出版，2017（3）：49-51.

使得各种声音相互流动，这有利于网络公共领域的建立。二是挖掘长尾，打破信息流的马太效应，使冷门内容得到更多的曝光，实现信息的自由流动和动态平衡。三是强化版权意识，打破原有信息来源侵权的局面。此外，建立基于区块链的算法分发机制能够使信息的交易公开透明，在一定程度上强化版权意识。①

2. 法律之治：由自律治理转向法律规制，以义务掣肘权利

有学者认为，商业逻辑主导的互联网技术运用如果缺乏以义务掣肘权利的法治手段，就很难实现技术向善的目标，刚性的法律治理成为世界范围内互联网治理的共同选择与治理趋势。算法推荐作为人工智能技术的一种具体运用，其在信息传播与利用的领域所产生的隐私、偏见、歧视、公平等问题，已经显著超出了单纯的行业经营模式问题领域，成为社会性问题。②

为加强互联网信息服务算法综合治理，2021年国家互联网信息办公室、中央宣传部等九部委制定了《关于加强互联网信息服务算法综合治理的指导意见》，提出强化统筹协同治理，优化算法治理结构，强化企业主体责任，强化行业组织自律，有序推进算法备案工作。自2022年3月1日起正式实施的《互联网信息服务算法推荐管理规定》，对目前互联网企业运用算法技术故意或过失所致的不同层面利益侵害的主要行为的违法性标准予以明确，以此作为施加行政责任的依据。此外，《民法典》《数据安全法》《个人信息保护法》等也对公民知情权、个人信息保护等做了相关规定。

算法透明是算法推荐服务监管的主要事项。西方一些国家近年来先后采取各种监管手段对算法透明进行规制，包括搜索结果排序、个性化内容推荐、社交媒体帖子呈现等，以解除平台的算法操纵危机。

3. 伦理之治：避免技术伦理风险，重拾技术的价值理性

尼尔·波斯曼认为技术并不是中立的，而是具有意识形态偏向。互联网和各种软硬件产品在不断改变媒介环境的同时，也改变着我们的思维方式，把它自身的价值观强加给我们，这实质上是一种"技术的傲慢"。③算法技术提高了人与人、人与物、人与信息的连接效率，但同时，技术本身所具有的文化属性则被工具理性的效率价值掩盖，如信息茧房效应，这不是纯粹的技术问题，也是算法社会中的伦理危机，因此人们亟需重拾技术的价值理性。

算法或算法推荐在某种层面已经形成一种权力，权力本身的行使需要有据、有度，且符合社会伦理，并被有效监督。首先，提倡算法公共性，强调技术向善。平台要优化

---

① 李龙飞，张国良.算法时代"信息茧房"效应生成机理与治理路径——基于信息生态理论视角[J].电子政务，2022（9）：51-62.
② 姜晨，颜云霞."何以向善"：大数据时代的算法治理与反思——访上海交通大学媒体与传播学院教授陈堂发[J].传媒观察，2022（6）：36-41.
③ [美]尼尔·波斯曼.技术垄断：文化向技术投降[M].何道宽，译.北京：北京大学出版社，2007.

算法分发的多样性，将能够拓宽公众视野、代表主流价值观的信息内容进行合理的布排。其次，除平台自身自我约束外，政府需要意识到算法技术的工具性意识形态偏向，引导算法技术发挥公共价值，加强算法规制和算法平台文化治理，激发算法的价值理性，满足人们信息多样性的需求。

截至目前，我国先后拟定实施多部互联网管理的行业伦理规范，如《互联网新技术新业务安全评估第三方服务自律公约》（2019年）、《互联网信息服务算法应用自律公约》（2021年）、《新一代人工智能伦理规范》（2021年）等，用以规制作为算法主体的平台及其他相关参与方。2024年发布的《互联网信息服务算法推荐合规自律公约》，旨在形成行业自律合力，引导、规范互联网信息服务算法推荐活动，维护网民合法权益，强化平台的主体责任意识，依法履行算法合规义务，注重保护用户隐私，确保算法公平公正和科学合理，尊重用户选择，维护交易公平等。

4.素养之治：提升公众媒介素养，发挥主体能动性

人作为信息生产、接收、消费等环节中必不可少的参与主体，在信息传播中具有重要地位。提升公众媒介素养，对于治理算法"投喂"隐含的传播风险具有积极作用。智媒环境中，公众需要具备与算法技术相匹配的算法素养，意识到算法带来的机遇与风险，培养算法思维。这主要包含两个面向：一是直面数据思维、计算思维，懂得算法的基本运作原理及其应用；二是认识到算法可能带来的风险，提高自身的抗风险能力，避免成为算法的"囚徒"。[①]此外，公众还要从行动上强化自身通过媒介进行主动生产和公共参与的能力，通过广泛的媒介接触、社交连接和公共参与，打破信息茧房的桎梏。

第三节　深度造假：人工智能支配下的媒介技术假象

深度造假是指将图片和声音输入机器学习的算法，其可以进行面部操作，即把一个人的面部轮廓和表情放置在其他任何一个人的脸上，同时对声音进行处理，制造出看起来极为逼真实为合成的视频，用以躲避识别、混淆视听、娱乐用户，或实现其他虚假宣传的目的。通俗地说，深度造假就是利用深度学习技术进行精确"换脸"。这种在人工智能支配下的媒介技术假象如何发生，它对包括新闻信息在内的信息生产与传播产生了怎样的影响，在"造假"过程中它如何被平台控制同时成为流量经济的增长点，它如何超越真假二元对立从而对整个社会产生了更为深刻的影响，都是本节要探讨的内容。

---

① 彭兰.如何实现"与算法共存"——算法社会中的算法素养及其两大面向[J].探索与争鸣，2021（3）：13-15，2.

一、深度造假的背景与特点

（一）深度造假的由来

"深度造假"（deepfake）这一概念最早来自社交新闻网站Reddit上的一个用户。据英国《卫报》报道，2017年12月一位自称"DeepFakes"的用户在Reddit网站发布了基于人工智能算法的换脸视频，制作了名为"神奇女侠"的假视频，将著名演员的脸贴在他人裸体上，以展示淫秽表演赚取流量。由于当事人举报，Reddit和Twitter等网络平台禁止了这一行为。随后，该用户将换脸算法在网上公布，成为一种开源代码供人们免费下载使用。深度造假程序发布不久，Reddit网站就充斥了以名人和政客为主角的假视频，盖蒂图片社分析结果显示，当时每个月都有数以千计的以女明星、女演员和女音乐家为主角的"露点"假视频被上传到全球最大的色情网站上。

深度造假最初运用于娱乐、电影和广告制作，之后则越来越多地运用于新闻报道，干预现实的政治生活。英文语境中有多个单词或单词组合可以表述"深度造假"，如deepfake、deepfakes、deep fake、deep fakes等，其中，deepfake的使用更广泛。

2019年，斯坦福大学研究员汤姆·范德韦格（Tom Van de Weghe）联合计算机、新闻等行业的专家，成立了"深度造假研究小组"，进行跨学科合作，互相交换识别深度造假的方案，形成打击深度造假的学术共同体。研究小组总结出了深度造假发展至今的一些基本趋势，并称之为"六条教训"，包括深度造假应用的大众化和终端化、算法的平台化、深度造假技术成为营利工具等。如何打击深度造假是研究小组重点研究的问题之一，他们认为，区块链技术可能成为解决方案的重要组成部分，同时需要提升公众自身的鉴别能力。

（二）深度造假的特点

大多数深度造假都依托于一种深度学习技术——生成对抗网络（GANs）。整个过程不断进行生成器（generator）和鉴别器（discriminator）的对证，在两个数据网络的对证中生成新信息。鉴别器不断验证生成器新信息的罅漏，逐渐使新信息达到完全真实，当鉴别器不能识别虚拟信息与真实示例的区别时，一件严丝合缝的伪造品就出炉了。

深度造假的技术展示大致可以分为以下几种：一是换脸（faceswap），即算法将一个人的脸无缝插入目标视频中另外一个人的身上；二是唇形同步（lip sync），即伪造者将一个合成的唇形移植到其他人的脸上，造成一种他/她真的在说什么的假象；三是面部复现（facial reenactment），即伪造者将一个人的面部表情转移到另外一个视频中，从而可以施加控制，使得对方看起来带有厌恶、生气或惊讶情绪；四是动作转移（motion transfer），即将一个人的身体动作转移到另外一个视频中的其他人身上。

深度造假主要具有如下特点。

1.算法自动生成，制作成本和门槛较低

深度造假的核心驱动力是深度学习算法，具有自动生成目标图形或图像的显著特性。由于这一技术主要是代码组成的软件，算法突破后本身的制作成本非常低，且一旦做出来就可以几乎以零成本进行扩散。随着技术的扩散和程序化，制作深度造假产品的门槛也在不断降低，掌握了这些软件和素材的人理论上可以制作出任何一个人说任何话、做任何事的虚假视频和音频，且这个过程都是自动化的。

2.产品逼真且多元，识别难度大

随着算法的不断演化，从2017年深度造假技术刚诞生时用的卷积神经网络到之后的生成对抗网络，无论是实现智能"换脸"的计算能力还是产品的逼真程度都有了很大的提升，已经让大众越来越难辨真假。发展至今，在人工智能技术的加持下，基于眨眼频率、声音、微表情等的多模态特征融合的假视频制作技术成为普遍应用，普通公众识别深度伪造作品的难度也越来越大。

3.与社交媒体相结合，传播速度快

深度造假产品迎合了大众的猎奇心理，借助网络社交媒体的涟漪效应，生成的产品很可能会大规模扩散。假消息越是搞怪、离奇、恐怖，就越能吸人眼球，带来的流量就越大，在社交媒体上就会传播得越快，造成破坏性影响的速度也会更快，在人们尚未来得及做出反应的时候，破坏性后果可能就已经造成。从另一个角度来看，社交媒体平台也需要此类视频为自身带来流量。深度造假在一定程度上突破了真与假的二元对立，衍生成为一个内容与渠道"相互成就"的新现象或新问题。

二、深度造假的风险表现

受人工智能支配的深度造假，借助高超的媒介技术，超越人类的识别能力，一定程度上模糊了真与假的界限，并将真相变为可加工的内容。当真相生产的专业制度被打破，参与真相或虚假生产的技术变得廉价和易得时，一系列社会问题也就呈现了出来。

（一）深度造假与传播秩序

从2016年起，生成对抗网络开始出现在新闻文本中，并进入公众视野，引起了人们对"越来越真实"的假新闻和媒体操纵问题的担忧。后真相和假新闻在人工智能技术的加持下，升级为更具颠覆力的深度造假，进一步挑战传统的真相观，从根本上颠覆了以

往新闻的客观性或真相的生产体制。事实将进一步失去效力，因为伪造的视频和图像正在变得更加复杂，这让那些最为基础的材料来源也变得令人怀疑。虽然拥有核查真相的专业技术，但深度造假的信息传播与事实核查之间的时间差，使得媒体有效应对和防范造假视频成为一件艰难的事。

深度造假不仅会使人们相信伪事实，更重要的是，极可能削弱人们对事实的信任度，公众的广泛不信任将严重影响传播秩序，进而影响整体的社会秩序。区分不了政治人物的真假消息，选民就无法有效选举，民主制度就难以为继；社会信用赤字，借贷、保险、投资等市场行为将受到影响，社会金融、互助体系等都将受到严重冲击，人的精神世界也可能面临一场深层次的危机。

进一步说，如果任何东西都可以被伪造，包括现实中客观存在的证据，那么一切都可以被否认，人们的道德将沦丧得无法挽救。这是因为深度造假似乎会带来三种主要的危险。第一种危险是虚假的媒体贬低人们的智商，引导人们做出错误的行为，给人们造成直接损害。第二种危险更严重，当人们觉得自己无法再相信任何事情时，可能会变得冷漠，拒绝承担任何社会和公民义务，或者基于完全的谎言做出糟糕的选择。第三种危险是当任何事情都可以被令人信服地伪造时，撒谎者很容易找到欺骗的机会和逃脱的理由。

（二）深度造假与政治安全

深度造假技术恶意使用的最大风险可能发生在政治领域。2016年以来，后真相时代的假新闻的出现"恰逢"全球范围内政治诚信的危机和民粹主义政治的兴起，深度造假成为政治操控的手段之一。

1.深度造假抹黑政治人物

随着深度造假技术的日益精进，假视频会变得越来越逼真，普通人通过肉眼想要区分真假将变得越来越困难，对于政治人物形象和名誉的破坏会更加严重。虽然深度造假的视频或早或晚会被证实造假，但是病毒式传播往往早于对假视频的识别结果，在这一时间差内，造假视频借力社交媒体平台的传播效果已经显现，改变人们已经形成的认知变得异常困难。其造成的后果并不是简单加剧了真与假的分离，而是进一步拉大了政治鸿沟，导致更加严重的社会分裂，以及更极化的政治立场和更尖锐的社会矛盾。

2.深度造假冲击政治制度

深度造假技术让假消息以更加逼真的形态呈现在社会公众面前，可能会加剧政治系统的信任赤字。关于总统候选人的假视频通过社交软件广泛扩散，无疑对美国民主选举制度造成了极大的破坏，因为民主制度的基础在于选民的知情同意。在假消息泛滥的情况下，选民距离可观察的实情和真相越来越远，就可能造成思维混乱，政府的公信力也将难以维持，民主制度的根基就会被动摇乃至瓦解，民主国家的政治系统就可能因此而陷入混乱。此外，利用深度造假技术制作关于政府对公民施加残暴行为的假视频，可能会激起民愤，轻则引发集会、示威、游行等行为，重则引起暴力活动，造成社会动荡，威胁政治系统的稳定性。

3.深度造假可能破坏国家间关系

深度造假技术可能会成为信息战的强大武器，破坏国家间的正常关系。历史上，利用假消息煽动国家间的政治冲突并不鲜见。例如，这类技术被第三方行为体用于制作国家首脑或代表人物的假视频，宣布一些本不存在的外交政策，就可能破坏涉事国领导人之间的互信和两国关系。此外，深度造假技术还可能为某些国家干涉他国内政提供新的由头，美国曾以"大规模杀伤性武器"为由，绕过联合国安理会单方面对伊拉克进行军事打击，最后发现的却是"洗衣粉"。如今，有了这一技术，制造冠冕堂皇的理由和"证据"无疑将变得更加容易。

（三）深度造假与社会安全

深度造假技术对社会经济安全、现有的法律体系都可能造成威胁，甚至可能成为另一种形式的恐怖主义手段。

1.深度造假威胁社会经济安全

利用深度造假技术制造的假视频和假音频，会给金融稳定和经济安全带来挑战。例如，通过伪造多个知名经济学家同时唱衰经济的视频或重要的银行遭遇恐怖袭击的假视频，并将其投放到网络上，就很有可能造成市场恐慌，这种情况下的市场反应速度往往比当事人澄清的速度要快。深度造假还可能严重破坏企业形象，为企业带来难以估量的负面影响。例如，利用深度造假技术篡改企业高层的说话内容、散播虚假消息，或通过合成假视频直接抹黑企业负责人，破坏企业在公众心中的形象，进而影响企业的名声和经济利益。

2.深度造假挑战现有法律体系

深度造假能够生成高可信度的假视频和假音频，如果作为证据使用或法律场景中的其他使用，可能给现有法律体系尤其是取证带来很大的困难。录像和录音材料作为重要的证据，法官需要根据原告和被告的证词以及相应的举证材料对案件进行评判，但是深度造假完全可能造出一份对举证方有利的假证据，如果没有足够的技术手段来区分假视频、假音频等，法官可能做出完全错误的裁决。如果正向的检测技术跟不上深度伪造的技术步伐，而人眼又无法区分这些材料的真伪性，那么就可能造成案件的误判，严重影响司法公正和受害人利益。

3.深度造假滋生另一种形式的恐怖主义

对于恐怖分子等非国家行为体而言，深度造假技术无疑是一个强大、低成本且易获取的工具。一般而言，恐怖分子的武装力量、资金和其他资源十分有限，其目标往往不在于物理空间的攻城略地，而是试图通过引发社会恐慌，达到自身的政治或其他目的，而深度造假技术与恐怖主义的这一特点和诉求有着天然的契合点。恐怖主义可能借助这一技术利器，更方便快捷地开展恐怖行动，甚至"不战而屈人之兵"，不采取物理层面的恐怖措施就能达到预期的恐怖效果。有学者称，恐怖分子与深度造假技术的"联姻"，可能会带来新一轮恐怖主义浪潮，这种新型的恐怖形式可被视为"网络恐怖主义"的高级阶段。利用深度造假技术制作虚假视频、音频等，并借助虚拟网络和社交媒体传到世界各地，实现其恐怖目的，无疑会威胁到社会安全。

（四）深度造假与个体权利侵害

当深度造假技术异化成非法的营利工具时，它对于个人名誉、隐私权利及财产安全等都可能形成现实侵害与隐性威胁。

1.深度造假造成公民财产损失

以AI换脸、合成声音为手段的新型网络犯罪近年来呈高发态势。除了个人财产方面的安全问题，深度造假也正在渗入金融领域，比如支付业务出现难以识破的骗局。不难预见，随着深度伪造技术的不断发展和进步，这一现象极可能有增无减。例如，日后如果有人利用这一技术制作虚假"绑票"视频，逼迫当事人家属支付高昂费用，而当事人的家属无法区分真假，无疑会对其造成很大的财产损失。

2.深度造假侵害公民名誉

利用深度造假技术制作虚假的色情视频成为最为常见的恶意应用，而这些假视频已经成为污名化女性和进行"色情报复"的新武器。该技术能够轻松实现"移花接木"，将女性的脸转移到色情明星的身体上，伪造逼真的色情场景。更为严重的是，这类操作的技术门槛变得越来越低，甚至可以一键生成。很多恶搞名人的假视频也是利用了深度造假技术。例如，2019年7月以色列一家公司利用人工智能换脸技术，合成了一段扎克伯格关于脸书技术垄断的虚假视频并上传到"照片墙"（Instagram），造成了极为恶劣的影响。

3.深度造假侵犯公民隐私

2019年9月,一款名为"ZAO"的换脸App在中国社交媒体市场崛起,瞬间冲入苹果应用商店免费娱乐榜排名前三,免费总榜单、免费应用、免费娱乐榜单第一,同时也实现了陌陌母公司股价的飞涨。作为一款深度造假软件,ZAO的出现本身就是在既有社交流量已经饱和的前提下,陌陌母公司的一次战略调整,在公司营收放缓的情况下进军人工智能换脸领域,从而保持一种流量热度和用户黏度。但是围绕这一人工智能换脸软件的讨论大多是其对用户隐私的侵犯。因此,这一App上线后不久相关负责人就被工业和信息化部约谈,要求其开展自查整改。

三、深度造假的防范应对

深度造假治理是一个持续且复杂的过程,目前多采用多元主体参与的协同治理模式,政府、平台及其他利益相关者都作为治理角色参与。

（一）以技术应对技术带来的问题

技术的问题最终还是需要由技术本身来解决。尽管深度造假技术正在迅速发展并得到了一定程度的应用,但任何伪造产品都很难做到与真实物品完全一样。例如,假图像难以描述光的微小变化,假音频难以完全掌控人的节奏和语调,假视频人物中的眨眼频率与正常人存在差异。目前,社会上已经有一些针对深度造假的技术检测手段。其中,针对假视频的检测方法有神经网络检测法、眨眼频率分析法等,针对音频的检测技术有基于相位法、基频统计量法等。[1]

美国卡内基梅隆大学、华盛顿大学、斯坦福大学和马克斯·普朗克信息研究所等机构的研究人员,都在研究开发识别伪造技术的软件,试图用技术消除技术的负面作用。有研究者建议采用数字标签或数字签名技术,让造假无法更改原初图像。这得益于区块链技术所提供的不可更改的数据记录,以及去中心化分配账户间的交易方式,换句话说,区块链的关键是去中心化和消除"中介"。区块链技术可能成为解决方案的重要组成部分。Facebook（后更名为Meta）公司尝试借助区块链技术追溯视频来源,在这类视频上传时进行筛选和拦截。[2]波兰初创企业Userfeeds运用区块链技术,创造了一个能被公众审查的新闻内容平台及其配套的排名算法,这种模式能够从根源上实现新闻生产和传播的过程完全透明且可追溯,促使新闻生产者和传播者对新闻内容的真实性负责。[3]

---

[1] 王敬华,刘建银,张国燕,等.情感语音合成中韵律参数的基频研究[J].小型微型计算机系统,2013（9）:2047-2050.

[2] 苗争鸣.可怕的"深度伪造"技术[J].世界知识,2019（22）:70-71.

[3] 吴果中,李泰儒.用区块链技术打击虚假新闻——Userfeeds与PressCoin模式介绍[J].新闻战线,2018（13）:88-90.

（二）推进对深度造假行为的立法与监管

有人指出，随着技术的不断发展，会产生更"狡猾"的虚假视频，打击深度造假已经变成了一场"猫捉老鼠"的追逐。任何深度造假检测器通常都只能有效一小段时间。在这个过程中，要想使得预警检测手段赶上造假手段的步伐，政府的推动和相关立法是必不可少的。

第一，政府应有意识地建立政策界与技术界之间的常态化交流机制。政策规范的速度往往滞后于技术发展的速度，这会带来技术滥用却不受约束的风险。加强政策社群与技术社群之间的常态化交流机制，使得政策制定者能够了解深度造假技术的最新进展和问题，技术界能够了解制定深度造假政策的实际需求。政府要鼓励反制深度造假领域的科技创新，依托高等院校、科研机构、企业研究所等平台，资助研发应对深度造假技术的技术与政策手段。

第二，加强立法，明确深度造假所涉领域的相关法律责任。深度造假是否具有正当性，关键在于它的使用者和使用场景。一方面，要通过立法禁止相关主体创作和传播利用深度造假技术生成的不实信息，对于利用深度造假技术危害社会和国家安全的个人和组织行为，要依法进行相应规制；另一方面，要尽快明确深度造假技术的使用场景，形成限制深度造假的"负面清单"。

2022年，国家互联网信息办公室、工业和信息化部、公安部联合发布《互联网信息服务深度合成管理规定》，规定任何组织和个人不得利用深度合成服务制作、复制、发布、传播法律、行政法规禁止的信息，不得利用深度合成服务从事危害国家安全和利益、损害国家形象、侵害社会公共利益、扰乱经济和社会秩序、侵犯他人合法权益等法律、行政法规禁止的活动。深度合成服务提供者和使用者不得利用深度合成服务制作、复制、发布、传播虚假新闻信息。2019年6月，美国国会提出《深度伪造责任法案》（*Deep Fakes Accountability Act*），同月，美国国会又通过了《2019年深度伪造报告法案》（*Deepfake Report Act of 2019*），要求美国国土安全部（DHS）定期发布关于深度造假技术的评估报告，回应公众对虚假信息负面影响的关切。

第三，强化传播媒介尤其是社交媒体的平台责任。社交媒体平台在一定程度上加深了深度造假的影响，因为深度造假的影响往往取决于两个要素：一是虚假内容的制作，二是虚假内容的散播。尽管平台将自身呈现为中立的中介角色，但其作为传播内容的组织者和选择者，并不可能做到其所宣称的那般中立。目前，各国都在通过法律规范及相应规定，明确社交媒体的平台主体责任，包括建立有效的筛查机制，加强内容审核，对于未能尽到审核义务而造成重大负面社会影响的责任主体进行追责。我国针对人工智能产品先后颁布了《互联网信息服务深度合成管理规定》《生成式人工智能服务管理暂行办法》等相关管理规定。

（三）强调媒体在深度造假应对中的作用

在更具传播力和煽动性的深度造假视频面前，传统媒体需要发挥更大的作用，以新闻专业主义进行自我救赎。《华盛顿邮报》设立了"媒体求证委员会"（Media Forensics Committee），汇聚包括视频、摄影、视觉、平台和新闻编辑等在内的各种力量，通过内部训练提升甄别深度造假的能力，还通过开办训练工作坊、与学术机构合作等方式，探索如何用技术来对抗深度造假这一问题。以下介绍三种应对深度造假的方法。一是核查来源。这也是新闻媒体惯常使用也最有效的方法，即联系或查找视频来源，如果联系不到视频的发布者，可以通过工具查看原始数据，或者与其他内容验证机构合作。二是找到影像的旧版。深度造假往往基于网络已有视频。一些反向视频查找工具可以帮助找到这些影像的旧版本。利用编辑软件，一帧一帧地检查脚本，从而找到那些明显的小问题，比如嘴部的模糊或不自然的光线。三是检查声音。对音频来说，可以细致检查其中是否有不自然的语调、非常规的呼吸声、听起来像金属碰撞的声音，是否有明显的编辑问题等。

在拥有深度学习能力的深度造假技术面前，传统媒体坚守基于主客体二元论和新闻业独立性的专业主义立场，认为成就自身专业水准的那些能力依然可以保证真相的可获得性。迈克尔·舒德森在面对后真相的现实时重申，专业主义的独立合法性通过以下方式保证真相的生产：及时收回、更正错误表述，并通过含蓄或公开的方式致歉；依赖准确、两面证据、跟踪事态发展等专业准则；记者的职业特征，比如冷静陈述、搞清楚消息来源、使用权威信息和追踪、展现与直觉相反的证据和线索。①

（四）提升公众的媒介素养

有学者提出，虽然深度造假的危害正在显现，但这一后果并不会均衡发生在每一个人身上，造假的内容更多地出现在那些弱势群体之中，数字鸿沟的存在会同时限制和放大深度造假的影响。因此，提升公众的整体媒介素养对于抗衡深度造假具有积极作用。

政府作为网络治理主体，应联合媒体、社区等，有规划地组织相关宣传教育，提高公众对于深度造假技术和虚假信息的警惕意识，提醒公众不能轻易相信"眼见为实"或"耳听为实"，而是要"三思而信"，进行多渠道验证，维护自身的财产及其他方面的安全。此外，政府可联合企业为公众提供一些简单易操作且可靠的技术援助，帮助用户快速识别信息是真实的还是伪造的，并教育和引导公民在信息转载和评论时要保持必要的审慎态度，避免成为协助假消息扩散的"帮凶"。

---

① [美]迈克尔·舒德森，周岩.新闻的真实面孔——如何在"后真相"时代寻找"真新闻"[J].新闻记者，2017（5）：75-77.

（五）推动深度造假的全球治理

在全球化背景下，深度造假的风险影响范围早已超越单一国家范围，对世界各国都构成了重大挑战，只有加强国家间的合作，共同规范这一技术的使用，才能维护世界的安全。

第一，将深度造假全球治理纳入人工智能全球治理框架。深度造假是人工智能技术恶意使用的显著体现。2018年发布的《人工智能的恶意使用：预测、预防和缓解》报告中指出，人工智能技术存在被恶意使用的风险，深度造假技术就是其中的一大代表。因此，治理深度造假本质上是对人工智能恶意使用的防范和规制，也符合各国人民的共同利益。

第二，加强在打击虚假消息方面的国际合作。2016年欧洲刑警组织发布的《网络有组织犯罪威胁评估报告》指出，利用深度造假技术进行犯罪将成为一大趋势。从目前的发展来看，这一趋势正在逐渐形成。为了应对该风险，各国需要合力建立相关机制，有效打击犯罪分子利用这一技术进行跨国作案。

第三，强化跨国互联网企业在管控深度造假产品方面的法律和社会责任。目前，深度造假的主要产品是假视频，而这些假视频一般已经在跨国社交媒体上广泛传播，造成了很多负面影响。因此，不同国家之间需要加强合作，强化这些跨国社交媒体在假消息管控方面的法律和社会责任，避免假消息利用社交媒体在世界范围内肆意扩散，维护国家安全和世界繁荣稳定。

第四节 "信息疫情"：数据泄露隐忧下的隐私权利让渡

当人工智能、大数据与物联网等技术进入人们的日常生产与生活时，针对个体的数据收集、分析处理和算法渗透，成为提供信息产品和服务的对价，用户通过主动与被动让渡自身隐私以及个人信息换取便捷生活体验。隐私权利让渡即权利主体因主动支配而自我披露，抑或卷入公共利益所进行的必要克减，从而对自身隐私权益采取的转让和付出的行为。[1]实践中，隐私的自主性决定了权利主体可以明确同意的方式进行隐私权利让渡，隐私由此具有"可支配"的性质，"权利主体对自己某些隐私利益的放弃，是行使隐私权的一种方式"[2]。但是面对不断扩大的数据收集规模和算法滥用，权利主体未必能够明确知悉自身的隐私或个人信息正在被获取或使用，更多的时候，隐私侵害属于无感侵害，事后补救成本高且效果不佳，隐私保护在数字时代面临新的困境。

---

[1] 卢家银.无奈的选择:数字时代隐私让渡的表现、原因与权衡[J].新闻与写作，2022（1）：14-21.
[2] 张新宝.隐私权的法律保护[M].2版.北京：群众出版社，2004.

一、隐私及隐私权的内涵变迁

在数据生存环境中,隐私的内涵、外延及保护方式都发生了一定的变化,但是从本质特征而言,隐私至少具有两个方面的基本特点:一是"隐",即隐瞒,指信息处于非公开状态,不想被他人知悉;二是"私",即私人事项,与他人权益、公共利益等无关。

(一)隐私的概念界定

1890年,美国两位私法学者塞缪尔·D.沃伦(Samuel D.Warren)和路易斯·D.布兰代斯(Louis D.Brandeis)在《哈佛法律评论》上发表《隐私权》一文,明确隐私权是"不受打扰的权利",认为"随着文化修养的提高,人们对公共场合更为敏感,独处与隐私之于人更是必不可少"[①]。隐私作为一种与人直接相关的权利被提出后,人们对隐私权的关注还主要集中在"安宁地居住",即人们撤离公共空间进入私人空间,隐私通过公共空间和私人空间的明确区隔来体现自身价值,并进行保护。

随着人类文明的发展,隐私的内容不断丰富和扩充,既包括呈现明确生物特征的与身体肌肤形象相连的信息,即权利主体因羞耻之心而认为需要隐藏的生物信息,也包括部分不愿为他人所知悉、需要"收纳"于"后台"的个人信息,如个人的健康状态、财务情况、情感经历或政治倾向等。在传统媒体时代,因为公私领域的界限分明,隐私权主体具备一定的条件决定将自己的哪部分信息公之于众,哪部分信息进行专门保护。

实质上,"隐私"是一个动态概念。在互联网普及之前的传统媒体时代,公共领域和私人领域的分野表征为空间层面的界限;到Web 2.0时代,隐私被定义为私人信息或受控制公开的个人信息,隐私的边界表征为个人所能控制的私人信息范围或界限[②];在以算法驱动的大数据和人工智能时代,个人信息以数据的形式被结构化储存、分享和使用,公民被数字化了的言行通过大数据挖掘,被整合成有价值的隐私信息。包括家庭住址、电话号码等个人信息在内的数据,本身虽不尽然为隐私内容,但看似杂乱无章的信息可能被整合为有序、有效的隐私内容。有学者将之称为"整合型隐私",认为在当下的媒介环境中要有效保护公民的隐私,就必须探讨这类新型隐私的产生逻辑及特点呈现。[③]

随着传播环境的变化,隐私的内容和表现形式都发生了变化。对于其概念界定,《民法典》第1032条做了相关阐述:"隐私是自然人的私人生活安宁和不愿为他人知晓的私密空间、私密活动、私密信息。"同时规定:"自然人享有隐私权。任何组织或者个人不得以刺探、侵扰、泄露、公开等方式侵害他人的隐私权。"

---

① [美]路易斯·D.布兰代斯,等.隐私权[M].宦盛奎,译.北京:北京大学出版社,2014.
② Petronio S.Communication boundary management: A theoretical model of managing disclosure of private information between marital couples.Communication Theory, 1991 (4): 311-335.
③ 顾理平.整合型隐私:大数据时代隐私的新类型[J].南京社会科学,2020 (4): 106-111, 122.

（二）隐私权的保护变迁

在互联网普及之前的传统媒体时代，基于社会长期的运行过程，形成了相对清晰的公私边界，人们可以决定如何处理和安放自己的隐私。对于隐私权的侵害形式相对也较为有限，如媒体在新闻报道中未经授权或超过授权范围公开他人隐私；隐私的保护方式也较为常规，包括报道中使用化名、脸部做马赛克处理等。公民隐私权得到相对有效保护的关键前提是，公共领域和私人领域清晰的边界区隔，相关法律法规的保护措施也是基于这个前提展开的。

进入数字化社会之后，以数据形式呈现的个人隐私实际上成为公共数据的一部分。对于个体而言，或是主动在社交平台进行各类分享，或是在网络空间的生活轨迹留下各类数据，需要严加保密的个人信息甚至隐私变成了公共数据。通过数据挖掘技术将人们在网络上留存的数字化痕迹进行规律整合而成的隐私，成为数字化社会中隐私的新形态。在这一过程中，个人的数据到底是在什么时候被什么人以何种方式加以整合和传播的，当事人几乎可以说一无所知，隐私权受损的概率大增，保护难度也加大。

个人的私密空间也无法仅从物理意义上来加以界定。随着自动定位系统、可穿戴设备、智能家居的广泛应用，人与人、人与物借助高清摄像头、智能手机、传感器、定位系统等被紧密地连接在一起，并被即时收集各种数据，人们在私人住宅内通过个人电脑（或手机）进行的任何私人网络行为，实际上都会借由数字化从私密的物理空间进入大数据的公共领域。随着以指纹识别、刷脸、基因技术等为代表的生物信息技术的进步，智能机器甚至可以通过分析人的脸部肌肉变化和眼球转动等细微动作，深入最为隐秘的私人空间，"偷窥"人们的思想。

当隐私内涵因空间界限变化及个人信息表现形态而发生变迁时，对隐私权的保护也不适合再拘泥于传统媒介环境中的保护方式。首先，对于网络空间内的隐私权保护考量应从关注物理的"场所"向以"人"为本转变。有学者提出，将网络空间分为私人聊天、公共聊天、主动分享、公共评论等场景，针对不同场景采取不同的措施，赋予人们网络匿名表达权和数据被遗忘权，并让网络服务提供商承担相应的主体责任，这为人们在网络公共场所隐私权的保护提供了一条有效路径。[①] 其次，提供与以往自决处理隐私不同的同意方式，以确保隐私主体的"知情同意"和"知情自决"，这种方式尽管在操作层面仍面临非常多的困难，但为智媒环境中的隐私保护提供了一个方向。国际社会也正在大力强化对数据隐私权的保护，并在地区、区域和国家层面形成相应的数据隐私权保护制度。

---

① 王四新，周净泓.网络空间隐私权的保护研究——基于公共场所隐私权理论[J].四川理工学院学报（社会科学版），2018（6）：22-36.

二、隐私权利让渡

(一) 隐私权利让渡的背景

在数字生存环境中，隐私权利主体主动或被动地让渡自身隐私，具有特定的社会背景。其中，生活场景变迁、信息技术革新、资本与技术的潜在影响是主要成因。下面从技术层面、资本层面、政治层面、个人层面加以介绍。

1. 技术层面

大数据时代，数据获取、挖掘、整合的能力不断增强，个体在网络中随时随地留下的各类使用痕迹，成为描绘其画像的数据信息；无所不能的网络追踪，可以获取个人在网络上的全部行为细节；随处可见的视频监控，可以捕捉镜头下个人的一切言行；此外，几乎成为个人身体一部分的智能设备（如智能手机、健康手环等），可以收集使用者大规模的私人信息，如位置、健康、情绪、行为等。总之，在技术的加持下，个人信息可以被轻易获取、存储、分析和传播，一定程度上具备了公共性。

2. 资本层面

大数据时代最有价值的资源就是数据，通过大数据分析，商家可以精准把握消费者的需求，据此提供精准的个性化服务，以最小的成本获取最大的利润。基于此，资本疯狂追逐数据，支配甚至垄断大数据运行过程。在通过大数据获取巨额利润的过程中，对利润起决定作用的因素就是大数据的规模：数据越多，资源就越多，能够获取的利润也就越大。个人隐私是极为重要的数据，也是资本渴望获取的对象内容。

3. 政治层面

对于任何一个国家来说，维护公共安全都是其首要任务，这通常需要以牺牲公民的部分自由和隐私为代价。公共场所星罗棋布的摄像头随时监控和记录着在场个体的一言一行，无处不在的数据捕获与处理，使得数据信息收集成为常态。详细和充分的个人信息掌握，为政府精准判断个人的安全性、采取最有效的预防行动，提供了可能和依据。从总体上看，在安全与隐私的冲突问题上，各国政府越来越倾向于实现更大程度的信息共享。

4. 个人层面

处于"数字化生存"状态的人们，在生活中离不开数据。一方面，每个人的生活都暴露在各种各样的数据收集工具面前，众多的隐私信息（如位置、行为、偏好、兴趣等）

以数字信息的形式被收集，智能设备的佩戴也在随时监控着使用主体的生理、活动、情绪等数据，个人在大数据分析面前基本变成"透明人"。另一方面，个人隐私作为中间产品，在主体的日常实践中产生实际收益或效用，具有工具性价值，隐私主体享受便捷生活服务时选择性让渡私人数据。

（二）隐私权利让渡的表现形态

被动的隐私数据收集和主动的隐私让渡，共同构成了数字化生存环境中的日常场景。

1. 隐私的被动让渡

（1）算法技术与平台争利

算法推荐技术被广泛应用于社交网站、搜索引擎、电商平台等领域，其根据用户在网络上的行为分析其兴趣爱好，并推荐与之相关的新闻、音乐、视频及商品等。算法推荐的前提是海量数据的采集，对个人信息的采集、使用行为的记录、兴趣偏好的判断是信息定向推送的基础。这意味着大量形象特征和行为数据的采集变得不可避免，其中包含大量个人不想曝光的基本的人口统计信息、兴趣偏好、地理位置、行动轨迹、社交范围、亲属关系群体、消费水平等。

个人让渡的隐私数据尺度及其使用权不完全由个体所知、所掌控。在实际情况中，数据的采集、采集范围、使用范畴并不都为个人所知，即使是在知情信息被采集的情况下，也会面临"不同意即停用"的局面。网页、应用软件、设备对信息收集的范围往往远超它们提供正常服务所需调用的权限，更多的"元数据"意味着更为精准的个体画像以及更高的变现价值。

（2）生物识别与智能监测

当下，人们进出各类公共场所，打开手机等电子设备，往往需要借助智能识别技术。该技术以识别自然人的生物特质为核心，主要通过对自然人生理特征（如指纹、虹膜）和行为特征（如步态、动作）的识别来判别个体身份。生物识别触及的是人的核心隐私，无论是指纹、声音，还是步态习惯，都属于人的核心隐私内容，数据的唯一性和稳定性特征导致其将可能长期有效，也无法像数字密码那样进行修改，这对收集者的收集、存储和使用提出了极高的保密性要求。而且这种识别是在人们"无感"的状态下进行的，即使"有感"，也会因应用的普遍性和日常性，导致客观上无感。生物识别技术的普遍应用，给人们的隐私保护带来了程度不一的风险。

此外，各类智能监测设备、智能家居也对个人隐私保护产生了潜在的威胁。监测设备对个人健康信息的收集、聚合和共享成为日常，如各品牌智能手表能够与使用者形成极度融合的状态，在深度互动中逐渐了解使用者的需求。监测设备对个人健康信息的收集和聚合，成为广告商发送个性化信息的依据。智能家居厂商通过分析用户群体、个人喜好、消费习惯等数据，更高效地进行个性化的营销、研发、生产等，而智能电视等视听媒体也可能引发隐私和数据保护问题。

2. 隐私的主动让渡

除了技术的渗透及其他社会层面的影响因素，隐私自主的个性化选择亦导致了隐私让渡。公众强调自身对隐私的自主选择与控制，通过与他人的关系定位与互动，掌握数据流动并进行隐私自我管理，以实现在私人空间较高程度的自主性。

（1）便利生活的"对价"

几乎每个App在被免费使用之前，都需要用户或多或少地提供个人信息。个体为了获取便利的网络服务、最新的媒介产品以及更好的用户体验，在个性化的选择中会让渡个人隐私。但是，潜存于"知情同意"背后的隐私风险，却往往被有意无意地忽略。这种情况下，看似人们可以做选择，但似乎并不能选择，因为如果不按照平台的要求提供相关信息，就不可以使用其提供的网络产品。有学者发现，"一些应用已成为生活和工作的基本条件，数据主体没有真正的自主选择权，只能被动地同意格式化的隐私政策"，"同意只是现有构架中形式性的选择自由，实质性的数据自决并没有被嵌入大数据模式"。[①]这就意味着看似行之有效的"知情同意"原则，在真正的实践过程中意思表示长期处于不真实、无法到达的状态，告知与真实的知情之间存在鸿沟。

（2）主动追求的流量变现

在数字时代，不少在传统媒体时代属于私密的信息或局限于极少数个体共享的秘密活动，脱离了私人空间的轨道。许多人由于观念的变化、对权利的无意识和对流量变现的考量等，在网络空间主动披露个人隐私。个人的日常生活、兴趣爱好和行踪轨迹等各类信息，在网络空间悉数曝光。短视频平台上的内容创作得到平台的鼓励和算法的引导，促使越来越多的用户通过拍摄和发布短视频主动分享个人信息，以记录为特征的短视频对公众日常生活的卷入程度日益加深。短视频的这种全民记录虽然对用户的精神生活具有一定的意义，但是存在的隐私不当披露和过度让渡的问题不容小觑。

（3）不言而喻的社交规则

在社交网络平台，用户经常表现出一种独特的隐私悖论倾向，即既关注隐私权益，又乐于分享隐私。这种网络中介交流和社交行为，表现出明显的隐私让渡特征。在社交空间的人际交流中，个体认为在朋友圈中分享自己的隐私是在线交友中不可缺少的一部分，用户在尝试媒介新应用及新体验之后，通常会积极地与他人建立联系和深度使用社交平台，并通过平台与他人分享个人信息。在社交媒体平台披露自己的个人信息与活动，成为在线交友中非常重要的内容，可以让用户获得更多的人缘支持和社会资本。在线交往过程中，人们对于网络平台和其他用户的信任在很大程度上影响着个体之间的信息交换，这种信任能消除人们对于风险的不确定性，显著降低人们的隐私忧虑，从而导致个体在交往中进行更多的自我披露。

---

① 刘泽刚.大数据隐私权的不确定性及其应对机制[J].浙江学刊，2020（6）：48-58.

(三) 隐私权利让渡的风险表现

隐私权利让渡可能导致以平台为主的数据收集者和使用者对个人信息的无度"掠夺",对个体的自主权等相关合法权益造成侵害。

1. 平台对数据资源的"掠夺"风险

无论商业平台还是转型之后的媒体平台,都在借助App的代码架构采集用户的个人数据,以实现自身的商业利润追求或内容影响追求。个人信息甚至敏感信息汇聚到平台的数据云中,并可能在用户的授权范围之外在平台间通过共享流动,使得用户个人信息超范围扩散,"收集个人敏感信息""超范围收集个人信息""违规收集用户信息"等问题层出不穷。与此同时,国家与国家之间的数据竞争同样愈演愈烈,无论是否主动或愿意,都可能一步步卷入数据竞赛中。

数据资源的争夺,在"取之于民"的同时又将个人排除在外,加剧了个体的隐私忧虑。一方面,由于个人隐私的关注点从较为清晰的传统私人空间、私人事务、私人信息转向虚拟空间主导下的私密性困境,私密的信息不再是自然形态下易于辨认的状态,而是以整合的形态超出个人可感知和判断的能力范围,隐私侵害多为无感侵害。另一方面,时代的前进需要技术对个人数据的采集和利用,个人隐私的消极防护、自我控制和尊严属性,与公共的社会福祉、普遍流动和财产属性,形成内在矛盾,也给个人隐私保护和信息控制带来了剥夺感。

2. 全景监控中的隐私泄露风险

大数据时代,凭借强大的智能识别技术,公共监控系统对收集到的面部信息、车辆信息等进行智能分析和精准判断,实现了有效维护社会秩序的目标,但是引发的隐私侵害问题亦需要得到关注。个人不可能退出所有的公共生活空间,也几乎无法掌控相关信息数据的流向,因此,即使个人清楚地认识这个问题也无力避免,而且在一定程度上,人们默认全景监控的合理性。

除了有形的监控,还存在隐蔽的监控。物联网、云存储等技术的发展使个人在网络空间所有的踪迹变得有迹可循,平台通过各种方式和手段收集用户留下的信息,海量信息采集意味着海量监控。绝对意义的私人领域不复存在,从某种程度上说,人在数据世界里变成了透明人,一种数字意义上的"全景监控"成为可能。在这种不对等的身份条件下,歧视和信息操纵变得有机可乘,隐私保护面临重重困难。

3. 个体相关权利的侵害风险

在数字化生存环境中,个人的隐私生活趋于透明,几乎每个人都暴露在各种各样的数据收集工具面前,众多的隐私信息以数据的形式被收集,大量不愿公开的私人生活未经同意即被公开，引发围观、评论甚至攻击。这种"暴露"正是传统隐私保护所要极力避免的，因为它可能侵害个体的人格尊严。

此外，大数据通过获取足够多的数据生成个人画像，各种人工智能的自主性日益增强，它们不仅能够通过用户画像判断用户的喜好和需求，甚至能够进行预判，为用户创设需求。个体的日常生活受到或明或暗的监视与控制，对个人的自由和自主权造成一定的冲击，而且在数据收集过程中，未必充分获得信息主体的知情同意，尤其是涉及部分敏感信息时，对个体的合法信息权益也可能形成侵害。

4.大数据"杀熟"的数据滥用风险

大数据"杀熟"主要是指商家通过平台收集用户消费数据，利用算法工具，针对其收集的消费习惯、消费能力等个人信息，对不同的用户进行差异性定价，从而达到利润最大化的目的。常见表现形式包括"一人一价""一次一价"和"个性精准推送"等。此类情况都是平台基于数据分析而定制的，"个人信息数据收集—形成用户个人数字画像—算法区别定价"是大数据"杀熟"的基本逻辑。[①]

大数据"杀熟"的本质在于平台经营者过度收集个人信息数据和滥用算法。平台在获得足够的个人信息之后，凭借算法权力优势和不透明性，通过滥用算法实现大数据杀熟。这类"杀熟"具有一定的隐蔽性。消费者通过手机进行搜索，呈现的搜索结果均面向该个体，消费者无从知晓商家提供的定价是否高于他人的定价，而且用户的信息可能并不仅仅被一个平台收集，不为隐私主体知晓的第三方，随时可以向其他组织提供多样化的隐私数据。[②]

三、隐私权利保护的实践探索

对于智媒传播环境中的隐私保护，更合理的态度或许是同时承认个人隐私和数字化技术的重要价值，进而寻求两者之间的适度平衡。这种平衡可以从伦理规制与法律规制两个方面进行探讨。

（一）以伦理规制的方式进行隐私保护

数字化的隐私伦理规制，可以从个人隐私意识、社会隐私制度和数字技术框架三个方面进行。

[①] 赵德勇，张子辉."大数据杀熟"的法律规制——从个人信息保护到算法规制[J].经济论坛，2023（10）：16-23.
[②] [美]马克·罗滕伯格，茱莉亚·霍维兹，杰拉米·斯科特.无处安放的互联网隐私[M].苗淼，译.北京：中国人民大学出版社，2017.

1. 强化"隐私保护与技术发展相平衡"的个人隐私意识

随着个人隐私的形态变化，个人隐私保护的主要矛盾也发生了变化：个人自由与外在控制之间的冲突让位于隐私保护与生活便利之间的冲突。在这种情况下，最需要思考的问题是，我们究竟应该付出多少隐私代价来换取特定的安全和便利。数字社会的隐私危机主要体现为隐私转让，个体通常主动交出部分隐私以换取一定的安全和便利。"既然我们已然应允以我们的数据被收集作为享受自己认为有价值的服务和所需要的设备的代价，或许就应该反复自问这个问题：我们愿意为享用的网络服务和设备而放弃多少隐私？"①在此背景下，隐私权利主体需要考量的问题是如何平衡隐私保护与生活便利的关系，以安全和尊严为前提和底线；数据收集主体则需要从数据伦理的角度出发，严格遵循"合法""正当""必要"原则，大型平台更要发挥行业示范作用，在提供服务及谋求利润的同时，从长远角度考虑和出发，将个体的隐私保护置于首位，坚持"以人为本"。

2. 构筑"坚守底线+同意让渡"的社会隐私制度

隐私具有不同于其他自由的特征，即隐私既不完全客观，也不完全主观。主观的"隐"要求社会允许个人具有判断在这个范围之内的事物是否为隐私的决定权；客观的"私"要求社会明确规定究竟哪些空间和言行可以列入隐私范围。因此，数字化时代的隐私保护，一方面，要坚守社会底线隐私，所谓"底线隐私"就是最基本的隐私，就是个人一旦失去就无法形成完整个性的隐私，任何一个社会都必须保障个人最基本的隐私，将其作为基本人权予以保障；另一方面，要支持个人隐私自由，在保障底线隐私的基础上，社会应给予个体足够的隐私自由，即在底线隐私之上，个人究竟用多少数量的个人隐私换取多大程度的生活便利，这应该属于隐私主体的自由范围。正是在这个意义上，社会隐私制度应支持基于个体意愿的、合理的隐私让渡行为，允许隐私主体自由行使自己的隐私权，以同意的方式决定向谁让渡隐私、让渡多少隐私、如何让渡隐私等。

3. 搭建"算法道德化+道德技术化"的数字技术框架

从目前来看，突破数字化技术道德困境的渠道主要有两种：一是算法道德化，即重新确认数字化技术架构的价值基础；二是道德技术化，即专门创造服务于特定道德目的的数字化技术。荷兰技术哲学家维贝克（Peter-Paul Verbeek）提出，将现行的道德要求物化到技术之中，将技术物变成一个道德实体。"将道德物化"强调通过技术物进行道德规约，但这种规约不是外界对技术应用的外在规约，而是道德通过技术对技术本身的内

---

① [美]特伦斯·克雷格，玛丽·E.卢德洛芙.大数据与隐私：利益博弈者、监管者和利益相关者[M].赵亮，武青，译.沈阳：东北大学出版社，2016.

在规约。在隐私保护方面，目前采用的道德技术化主要是隐私嵌入设计（PbD）原则（主要通过隐私内嵌的方式提高信息收集者的隐私红线意识）和隐私增强技术（PETs，主要通过密码算法和数据屏蔽等技术提高信息生产者的隐私保护能力）。

（二）以法律规制的方式进行隐私保护

世界范围内各个国家相继从本国国情出发，结合自身的互联网产业发展特点、文化传统及法律制度等因素，制定和出台相关法律法规来保护公民个人信息和隐私。

1. 国际隐私权保护的主要模式

目前，世界范围内关于个人信息保护主要有两种模式：一种是制度设计模式，以欧盟为代表；另一种是市场调节模式，以美国为代表。

欧盟以统一立法的方式保障个人权利，采取信息自决权的保护思路，即个人对本人信息是否披露、于何时、以何种方式在任何范围内、向何人披露有自主决定权。从历史发展来看，欧盟主张不区分国际、政府机构或私营机构，对欧盟各国及所有机构掌握的个人数据实行统一的立法保护。2018年5月25日，被称为"欧洲史上最严格数据保护条例"的《一般数据保护条例》（*General Data Protection Regulation*，GDPR）正式生效。这一条例适用于欧盟全体成员国，确立了欧盟范围内个人数据保护的统一标准、基本原则和法律制度。GDPR不但保护了数据主体的权利，还进一步规范了信息产业市场，对其进行一站式监管，从数据主体、数据控制者、数据处理者、数据保护官等多主体角度出发，全面保护个人数据（个人信息）。

美国主要采取分散立法模式保护个人信息隐私权，采取信息隐私权的保护思路，即自然人对其个人信息保护、公开和支配控制享有隐私权，主要涉及对个人信息的保护、公开和利用的利益，以及支配、控制已公开的个人信息的利益。其隐私保护法律体系较为灵活和分散，"隐私权体系不依赖于事先的立法，即并非通过'预防原则'来保护隐私权，而更依赖于事后的政府执法部门化的执法以及诉讼的方式来获得赔偿"[①]。美国选择将问题交由市场来调节，通过市场的运作与协调来平衡个人信息保护和信息产业发展。

虽然目前各国都对隐私保护进行了立法实践，但是数字时代隐私权保护问题的解决需要在世界范围内共筑安全屏障，合力防控自然人的隐私泄露，也需要避免部分国家利用管辖制度来掌握全球数字治理的方向，强势掌握在数字技术及其治理领域的主动权。

2. 我国隐私权保护的实践路径

我国的隐私保护模式以"信息保护"为侧重点，立法模式以"私法进路"为主导，监管模式以"强力控制"为重心。其中，《个人信息保护法》为全面保护个人信息提供了

---

① 个人信息保护课题组. 个人信息保护国际比较研究[M]. 北京：中国金融出版社，2017.

完整的法律框架，《网络安全法》通过严格的个人数据保护规定对隐私权进行保障，《民法典》专章规定隐私权，涉及8个条款规范隐私权，《刑法》规定公民隐私不受侵犯。同时，其他相关法律、行政法规、部门规章、部门工作文件、国家标准等多层次、多领域、结构复杂的个人信息保护政策法规，组成了目前我国的个人信息保护政府监管法规体系。

首先，作为保障个人隐私权重要里程碑的《个人信息保护法》，明确了数据主体的权利，赋予数据主体更正权、复制权、删除权、查看权、撤回同意权等，并确立"知情—同意"原则，规定个人信息的处理需要取得用户书面同意或单独同意，并且同意应在个人充分知情的前提下自愿、明确作出。严格监管基于个人信息的自动化决策，规定不能利用个人信息进行价格歧视，并且信息推送、商业营销或与个人重大决策相关的自动化决策推送必须提供便捷的拒绝方式，并建立相应的隐私侵害救济机制，针对侵害个人信息的行为，制定了司法诉讼与行政规制两种救济途径。

其次，我国数据隐私保护确立了分类分级保护制度及网络安全等级保护制度。其中，《数据安全法》指出国家建立数据分类分级保护制度，根据数据在经济社会发展中的重要程度，以及一旦遭到篡改、破坏、泄露或者非法获取、非法利用，对国家安全、公共利益或者个人、组织合法权益造成的危害程度，对数据实行分类分级保护。《网络安全法》提出国家实行网络安全等级保护制度，对网络运营者在保障网络免受干扰、破坏或者未经授权的访问，防止数据泄露或者被窃取、篡改等方面的能力提出了要求。同时，《信息安全技术网络安全等级保护基本要求》作为落实网络安全等级保护的配套国家标准，为综合提升我国网络和信息安全的防御能力提供了操作指南，对分级合规标准、安全防护思路及安全防御等做出了具体规定。

最后，在隐私保护实践中，除法律规制外，还要积极探索由政府、企业平台主体组成的合作监管机制及数据市场治理制度，建构多元主体参与的数据隐私保护监管治理模式。政府作为主要的网络管理主体，在政策层面探索实现个人信息保护与产业发展、数据保护与数据流通之间的平衡，通过专项治理等方式进行治理推进。企业平台主体作为个人信息保护领域至为重要的参与方，持续在法律框架下制定相关的自律协议，弥补人工智能技术快速发展导致的现行法律法规的不适用性，填补其存在的空白，同时做好本平台的安全防范工作，通过对信息控制者和信息处理者的约束，为信息主体提供快捷高效的救济途径，使其能够及时维权并获得相应的补偿。

本章小结

在智媒传播环境中，包括信息内容生产与传播在内的各个领域都可能受到算法黑箱的影响，产生诸如算法歧视、信息茧房等负面算法效应，从而引发网络空间的传播风险，并在现实层面形成不同程度的影响。健全算法透明体系，健全算法相关法律法规并强化算法伦理规制，是治理黑箱问题的有效方式，平台、政府、技术公司、公众及社会组织都应参与这一治理过程，形成多元主体参与的协同治理模式。

个性化信息推荐极大提升了信息的传播效率，为用户创设了更为舒适的内容"投喂"模式，是各个平台都在使用的算法技术，但是该机制同样存在利弊两面。对于算法"投喂"，可从技术之治、法律之治、伦理之治及素养之治四个方面进行应对。

深度造假即利用算法深度学习技术进行精确"换脸"。随着算法技术的不断发展，造假成本与制作门槛都随之降低，深度造假产品识别难度增大，利用深度造假技术生成的内容与作为传播渠道的社交平台"相互成就"，导致相关治理更为复杂。世界各国要共同致力于解决深度造假问题，将之纳入人工智能全球治理框架，以技术应对技术问题，并推进对深度造假行为的立法与监管。

对于个体而言，隐私权是关系到人格尊严的重要权利。在数字化社会，个体同时生活在现实空间与网络世界，在网络上留存的数字化痕迹可以通过数据挖掘技术进行规律整合，进而形成所谓的"整合型隐私"。与此同时，私密空间的概念也发生了变化，即使未处于公共空间，无处不在的监控设备也在随时进行数据采集。隐私形态、侵权方式都与传统媒体时代有所不同，隐私保护也从"场所"视角转向对"人"的关注。对于主动或被动让渡的隐私信息，需要进行分类分级的保护；对于平台收集和使用个人信息的行为，则需要从伦理、法律等层面进行合理规制。

思考与练习

1. 数字社会中的隐私形态和侵权方式发生了哪些变化？
2. 隐私让渡中的主动让渡和被动让渡分别有哪些情形？
3. 对于数字社会中的隐私侵权应如何进行有效规制？

推荐阅读文献

[1] 塔娜，唐铮.算法新闻[M].北京：中国人民大学出版社，2019.

[2] [立陶宛]伊格纳斯·卡尔波卡斯.算法治理——后人类时代的政治与法律[M].邱遥堃，译.上海：上海人民出版社，2022.

[3] 于江生.人工智能伦理[M].北京：清华大学出版社，2022.

[4] [英]穆斯塔法·苏莱曼，迈克尔·巴斯卡尔.浪潮将至[M].贾海波，译.北京：中信出版集团，2024.

[5] [美]路易斯·D.布兰代斯，等.隐私权[M].宦盛奎，译.北京：北京大学出版社，2014.

[6] 张新宝.隐私权的法律保护[M].2版.北京：群众出版社，2004.

[7] [美]特伦斯·克雷格，玛丽·E.卢德洛芙.大数据与隐私：利益博弈者、监管者和利益相关者[M].赵亮，武青，译.沈阳：东北大学出版社，2016.

[8] [美]马克·罗滕伯格，茱莉亚·霍维兹，杰拉米·斯科特.无处安放的互联网隐私[M].苗淼，译.北京：中国人民大学出版社，2017.

第九章

智媒时代老年人的数字突围与自我价值再实现

◆ 学习目标

1. 重新认识智媒时代老年人的自我价值。
2. 寻找智媒时代老年人实现数字突围的方法。
3. 比较智媒时代与非智媒时代老年人实现自我价值的区别。

寻找自身的价值与精神归属是每个人一生都在追求的目标,但人们又不得不时常面对价值被剥夺或丧失的境遇。不过,人类有足够的韧性与适应能力,经过调适之后,大部分人都能重新发掘自身价值,只是重新发掘自身价值的过程并不容易。对于老年人而言更是如此。每一位老年人都年轻过,并在不同的社会岗位上发挥过自己的价值与作用,得到社会与家庭的尊重。但步入老年阶段之后,尤其是到了退休年龄之后,人们不仅面临事业的终止,而且随着年龄的增长、身体的衰老、机能的退化、观念的陈旧、接受新事物能力的下降,还面临丧失实现自身社会价值机会的尴尬境遇。随着生活、饮食、医疗条件的改善,人们的身体素质不断提高,寿命逐渐延长,当代社会界定的老年人群体并不完全认可自身是老年人,甚至认为自己还可以贡献一定的社会价值。因此,数以千万计的"长而不老"的老年人急需在安享退休时光的同时再实现自身价值的机会,如再就业、培养新的兴趣爱好、上老年大学、帮助子女带孩子、参与社区治理与志愿活动等[1]，进而发现新的生活意义与价值支撑[2]。否则，老年人极容易出现心理问题。当然，并不是所有的老年人都可以通过上述方式再实现自身的社会价值。

随着抖音、快手等几乎没有使用门槛的短视频技术的发展及其不断对老年人进行增能赋权，老年人再实现自身价值的方式也逐渐媒介化、大众化。概言之，在当今媒介化时代，短视频等数字媒介技术不仅是老年人接收信息，进行娱乐、社交与传播的工具，还是老年人生活的新世界与寻找人生意义和价值的新来源。2024年，中国互联网络信息中心发布的最新报告显示，截至2023年12月，在我国10.92亿网民中，50岁及以上网民群体占比高达32.5%，人数达到3.549亿人。[3]由此可知，老年人已成为当代媒介化社会的重要成员，并且随着"银发网民"的增多，还诞生了一批数量可观、社会影响力巨大的"银发网红"。"银发网红"是指年龄在50岁及以上，借助微博、短视频等各种数字社交媒介，基于自身特质、行为等，获得一定传播力与社会影响力的老年人个人或群体。他们虽然也是老年人，但以其自身超越于同龄人的特质，逐渐探索出了实现数字突围与自我价值再实现的方法。有鉴于此，"银发网红"作为老年人中积极拥抱数字时代的代表，如何适应互联网等新媒体技术，并成功实现数字融入与突围，跨越数字鸿沟，进而再实现自身价值的，以及这种现象有何意义，还有哪些改进和提升路径等，就成为十分值得研究的现实问题。

第一节 媒介化时代"桑榆非晚"命题的凸显

在老龄化与媒介化交织并存的时代背景下，随着数字基础设施日益融入老年人的日常生活，并不断塑造着"老龄化的体验和构成"[4]，"在媒介化时代变老意味着什么"也逐渐成为老年学研究、社会学研究与传播学研究所无法回避的问题，老年人的数字融入与自我价值再实现问题逐渐成为学界关注的焦点。目前，学界关于数字媒介技术与老年人自我价值的研究主要有老年人自我价值丢失与自我价值再实现这两种既相互矛盾又相互依托的观点。

一、媒介化时代老年人自我价值丢失与自我价值再实现的社会观点博弈

一种观点认为，老年人年老体衰、保守、固执，学习与利用媒介技术的能力较差，

---

[1] 吕明晓.低龄老年人社会价值的重估与实现[N].中国人口报，2023-11-06（3）.
[2] 陈友华，夏梦凡.文化养老：概念、问题与建议[J].阅江学刊，2022（1）：76-84，173.
[3] 中国互联网络信息中心.第53次《中国互联网络发展状况统计报告》[EB/OL].（2024-03-22）[2024-12-24].https://www.cnnic.net.cn/n4/2024/0322/c88-10964.html.
[4] 胡泳，王梦瑶.老龄化与媒介研究：现代社会转型与学科未来方向[J].全球传媒学刊，2023（6）：3-20.

不仅正在数字时代丧失已有的自我价值，甚至沦为"数字难民"，成为一种需要被子代反哺的数字弱势群体。另一种观点认为，以"银发网红"为代表的老年人短视频实践展示出老年人适应媒介化社会与学习媒介化生存的强大能力，以及"积极老龄观""成功老龄化"相关话语的出现，表明并不是所有的老年人都是"数字难民"，一部分老年人通过自己的短视频实践与探索不仅很好地适应了媒介化社会，摆脱了数字困境，而且掌握了不弱于年轻人的媒介使用能力，并成功地再实现了自我价值。[1]正如有学者所言的，老年人借助短视频等新媒体技术进行的实践，不仅为老年人提供了自我表达的新途径，提高了社会参与度，还实现了自我价值的再发现和再创造。[2]一些新闻媒体更是这样生动地报道："在一般人的印象中，老年人跳广场舞、带孩子，似乎与互联网时代有着难以逾越的鸿沟。但这些老年网红或自带精英范儿，或有返老还童似的可爱率真，或像家人一样讲述有趣丰富的人生哲理，颠覆了社会对于老年人的刻板印象，活成了我们年轻人喜欢的样子。"[3]

二、"银发网红"的短视频实践助推"老年人自我价值再实现"观点的胜出

客观地讲，上述两种观点都是对媒介化时代老年人自我价值情况的探究，并且都是客观存在的社会事实。只是当前前一种观点居主导地位，后一种观点处于次要地位。这种学术现状从国内外关于"银发网红"的研究现状也可以看出。Reuben 和 Indran 研究发现，各种社交媒体上都有关于年长内容创作者崛起的新闻报道；然而，尽管记者已经开始关注这个话题，但学者们迟迟没有对其给予较大关注。[4]而国内学界虽然已经开始对"银发网红"进行研究，但研究主要集中于"银发网红"利用新媒体技术所进行的数字媒介实践、"银发网红"的自我呈现与媒介形象、"银发网红"的再社会化等方面。事实上，在集娱乐、社交、商业于一体的短视频技术的支持下，"银发网民"以独属于这个年龄段的风趣幽默、人生智慧、生活技能等，建立起自我品牌[5]。"银发网红"不仅在一定程度上改变了人们对老年人在智媒体时代需要被反哺的刻板印象，受到大量年轻人的喜爱、崇拜与追捧，而且再次实现了自身的社会价值。譬如时尚、健朗、优雅、治愈的"@北海爷爷"，以幽默的"rap"吐槽和时不时讲几句人生鸡汤的"@罗姑婆"，通过做木雕"出圈"的"@卢正义的雕刻时光"，展现老年人积极向上形象的"@康康和爷爷"，等等。

---

[1] Rozanova J.Discourse of successful aging in The Globe & Mail: Insights from critical gerontology.Journal of Aging Studies，2010（24）：213-222.
[2] 王玉凤.可见性视角下银发网红的老年身份建构研究[J].新闻爱好者，2024（5）：93-96.
[3] 澎湃新闻.这些"银发网红"，活成了年轻人喜欢的样子[EB/OL].（2020-10-24）[2024-12-24].https://www.thepaper.cn/newsDetail_forward_9701060.
[4] Reuben N，Indran N.Granfluencers on TikTok: Factors linked to positive self-portrayals of older adults on social media.PLoS One，2023（18）：e0280281.
[5] Min Joo K.Grandma on YouTube: A case study of the older female YouTuber Korea Grandma.Lund：Lund University，2020.

因此，以"银发网红"为代表的老年人如何通过短视频创作与传播实践再实现自我价值，就成为这一部分所研究的主要问题。

三、学界对媒介化时代老年人自我价值再实现社会观点的研究不够深入

总的来讲，既有研究对于我们探究以"银发网红"为代表的老年人是如何利用短视频等新媒体技术进行数字突围与自我价值再实现的具有重要的启发与借鉴意义。但从问题域与关怀老年人的角度来讲，这些既有研究并没有根据老年人这一社会群体的年龄特征、心理特征，将关于"银发网红"的研究重心聚焦到更为根本的问题上来，即并没有重点研究以"银发网红"为代表的老年人是如何通过数字突围，让自我价值得以再实现，只是在探究其他问题时顺带提到"银发网红"通过短视频创作、直播、带货等探索与实践获得的加快数字融入的价值、体验不同社会角色的价值、代际沟通价值、获得家庭认同与权威的价值、情感慰藉价值、经济开发价值、文化繁荣价值、促进心理健康与社会适应价值、再社会化的价值等，但没有专门对其进行探究。与此同时，也有研究指出，短视频技术在帮助老年人再实现自我价值的同时，也造成了一定的异化，如老年人的自我条件化、卖惨营销、被迫过度直播等。

为了更好地探究这个问题，本书借助技术赋权理论，运用案例研究法、网络民族志等研究方法，以"银发网红"为例，对老年人如何通过短视频实践与探索，摆脱数字困境，再实现自我价值进行较为深入的探究。具体而言，首先，归纳和阐述"银发网红"有别于其他网红群体的具体特质；其次，在充分吸收已有研究经验的基础上，借用网络民族志，概括与总结分属于不同媒介传播赛道的"银发网红"是如何通过短视频实践实现数字突围与自我价值的；再次，对以"银发网红"为代表的老年人的数字突围与自我价值再实现进行评述，指出其意义与不足；最后，为弥补"银发网红"数字突围路径方面存在的不足，发掘帮助老年人实现数字突围，缩小数字代沟，成功适应数字社会，再实现自我价值的可能路径。

第二节 "银发网红"的特质解析

人们会经历许多人生阶段，并且每个人生阶段都有自己的整体特征。比如：青春期被认为是青春、懵懂的；青年期被认为是富有活力的；中年期被认为是年富力强的；晚年期则被认为年老体衰。而在众多人生阶段中，晚年期最为特殊，面临的争议也最多。这是因为：一方面，在当代社会，晚年期常常与歧视、衰老、死亡等话语相联系，老年人通常被定义为一种需要被社会关怀的主体；另一方面，晚年期标志着随着个人年龄的增长，心态、心智的成熟，其可以富有智慧、长者风范，在社会中扮演更加积极的角色。

对此，荣格提出了一个非常著名且大胆的观点——人生的后半程才是实现成长、成就自我的最好时机。因此，老年人生活整体图景常常呈现出两种截然不同的面向，既有先天的生理原因所带来的局限性，也有岁月沉淀所形成的别样机遇。但每个老年人的晚年生活究竟如何，还与其个人的物质基础、性格、心态、特质与选择等多重因素有关。正如施瓦茨父子所言，晚年可能是人生最好的阶段，也可能是人生最坏的阶段，究竟结果如何，完全取决于我们是否有强烈改变的意愿以及在改变意愿下所表现出来的态度与展开的行动。①在当今媒介化时代，"银发网红"就是这样一群有着强烈的改变意愿，并利用数字媒介展开切实行动的老年人。因此，"银发网红"具有哪些特质，尤其是具有哪些区别于其他类型网红的特质，就成为一个十分值得研究的问题。总的来讲，"银发网红"具有以下几种特质。

一、"银发网红"数字身份真实，以本色出演为主，但生活戏剧化效果明显

在当今媒介化社会，个人在各大数字媒介平台上的昵称、IP属地、发布的数字内容等，均是标识个人数字身份的重要指标。但由于网络的匿名性、虚拟性与数字身份的自我设定性、多重性，数字身份带有一定的虚假性，因此，数字身份往往需要鉴别与验证。明星、网红等具有表演性、营利性、取悦受众的目的性的数字身份/"人设"更是如此。"银发网红"作为一种特殊年龄阶段的网红，他/她的数字身份/人设如何，也是人们在网络"冲浪"的过程中感到好奇与重点关注的内容。

为了识别"银发网红"的数字身份及其特征，本书以全方位洞察抖音生态的数据平台"新抖平台"上的数据为主要分析依据，通过分析"@我是田姥姥""@潘姥姥""@末那大叔""@只穿高跟鞋的汪奶奶""@马未都""@陈佩斯父与子""@八零徐姥姥""@金灿荣教授"等粉丝量排名在前8位的"银发网红"的账号昵称与其短视频作品内容的相符性，发现"银发网红"的账号昵称与其短视频作品内容相符。具体而言，"银发网红"的账号昵称以带有代表长辈、亲人的词语"姥姥""奶奶""爷爷""大叔"等为主。当然，其他"银发网红"也有用"中医""教授""主任"等词来说明个人身份，进而增强受众信任的。而其短视频作品内容也大多根据自我标识的身份/"人设"进行内容制作，如美食制作、时尚表演、知识科普、幽默搞笑等，很少出现像其他类型网红那样的出位、擦边、色情、语言或行为失范等污染网络生态的内容，更很少出现虚假人设与人设崩塌。由此可知，"银发网红"的身份/"人设"特质真实、接地气，表演风格则以本色出演为主。与此同时，这种看似简单、平淡的身份特质与表演风格反而达到了意想不到的传播效果，即明显的生活戏剧化效果。简单来讲，生活戏剧化是指虽然"银发网红"传播的内容大都是日常生活中的小事，甚至是琐事，但根据"银发网红"经过岁月沉淀下来的

---

① [美]莫里·施瓦茨，罗布·施瓦茨.最好的年纪：快乐、智慧地生活和老去[M].陈晓颖，译.北京：中信出版集团，2024.

智慧、阅历，转换看待世界的视角，同时借助抖音、快手等短视频技术的镜头语言、效果处理技术的加工与组合，确定新的观看生活的"表意-解释规则"①，让这些日常生活片段仿佛有了戏剧一样的传播效果。此时的日常生活进入一种超越状态，它们虽然来自生活，但开始超越生活，以或夸张，或引人发笑，或发人深思的方式触动人的精神与灵魂。

二、"银发网红"的话语融合了长者话语与网络话语风格，以拼贴式为主

在人们的印象中，老年人要么是语重心长、苦口婆心、谆谆教诲的长者型话语风格，要么是重复、落伍的唠叨型话语风格，似乎总是或显或隐地表现出一种陈腐的、高高在上的教诲他人的特征。事实上，这是社会在一定时期内形成的一种关于老年人社会形象的整体性刻板印象。实际上，老年人的话语风格并非完全如此。虽然随着自然年龄的增长或疾病的侵袭，老年人的话语产出能力与话语风格更新能力会逐渐衰退②，但老年人也在不断更新自己的话语风格，不断提高自己的话语产出能力。特别是随着互联网等新媒体技术的发展，老年人不仅借助数字媒介技术了解社会语言的最新发展，如网络流行语、主流话语等的发展变化，还通过不断学习，更新话语风格，丰富自己的话语资源，克服与社会进行交流的话语障碍，老年人的话语产出能力开始不断增强，话语风格也开始深受网络话语的影响，并呈现出多元化发展趋势。

"银发网红"作为"银发网民"中比较娴熟地使用数字媒介技术，并成功地适应媒介化社会的代表，他们的话语风格转变更为显著。总的来讲，"银发网红"的话语风格呈现出一种融合了长者话语与网络话语的拼贴式风格。比如，实际年龄已逾七旬的知名"银发网红"卢正义在传播与弘扬中国木雕技艺的同时，不断学习与借用网络上年轻人表达方法及其喜欢的元素，不仅在自己的B站账号"@卢正义的雕刻时光"的简介上写着"我叫卢正义，年方二十有七，一个兴趣使然的年轻木匠人"，帮他拍摄短视频的阿伟也亲昵地叫他"小卢"，而且雕刻的木雕也是年轻人喜欢的"二次元"形象的手办。正如吴炜华和姜俣所言，在表达方式层面，"银发网红"既以长者的身份和话语风格与年轻人分享其学识与人生体验，又能主动拥抱和融入青年文化，积极采取年轻化语态和活泼的表达方式进行自我呈现。③由此可见，"银发网红"的话语风格确实开始向年轻态方向转型，并且"银发网红"通过话语风格转型与切实的媒介行动，实现了良好的传播效果，获得了一定的社会影响力。

---

① 潘鹏程.演出叙述：从实验戏剧到行为艺术[M].成都：四川大学出版社，2021.
② Burke D M, Shafto M A.Aging and language production[J].Current Directions in Psychological Science，2004（1）：21-24.
③ 吴炜华，姜俣.银发网红的网络实践与主体追寻——基于视频社交场景中的"老年Up主"族群研究[J].新闻与写作，2021（3）：14-21.

三、"银发网红"触网的目的以自我表达、精神追求为主,以物质追求为辅

人类实现自我价值的方式有很多。年轻时,人们主要通过物质来标识自我身份与社会价值。中年时,人们在追求物质价值的同时,也开始追求精神价值。年老时,人们则主要追求精神价值。具体到"银发网红",更是如此。已有研究表明:绝大多数老年人,尤其是"银发网红"通过抖音、快手开展直播、带货、制作短视频等数字媒介实践时,并不十分在意劳动报酬,而是希望通过这种方式再次获得介入社会的机会、情感慰藉以及被子女、社会需要与关注的感觉。[①]比如:"@田姥姥"是为了帮助外孙;"@陕西老乔"是为了帮助儿子创业;等等。

从根源上来讲,"银发网红"触网的目的追求之所以以自我表达、精神追求为主,以物质追求为辅,主要是因为"银发网红"一般人生阅历丰富,清楚地知道人生的价值与意义,而且能够成为"银发网红"的老年人,在物质方面一般也不差,因此,并不十分需要赚钱,更何况现在国家实行全民养老保险、医保,老年人拥有良好的社会保障条件,他们缺少的只是被社会与子女关注、关心与需要,证明自己还有一定的社会价值的机会与途径。而通过直播、短视频等形式向社会分享自己的生活经验、传授相关的知识、展示才艺等,"银发网红"不仅能够获得社会与子女的认可和尊重,感觉自己被需要与关注,而且能够获得再次介入社会的机会,与社会保持联系,参与社会活动,感受到自己仍然是社会的一部分。与此同时,许多"银发网红"通过在网络平台上分享自己的生活点滴,还与粉丝建立了情感联系。这种情感交流为"银发网红"提供了一种替代性的情感慰藉与满足,从而在一定程度上缓解了因子女工作、成家之后缺少陪伴的孤独感,并为情感养老[②]提供了新的路径。虽然"银发网红"触网的目的以精神追求为主,但这并不意味着他们完全忽视物质追求。通过直播带货、广告合作等方式,"银发网红"也能获得一定的经济收益,但与精神追求相比,物质追求只是一种附加价值,而非主要目的。

四、"银发网红"容易激发受众关于祖父母的记忆和对晚年生活的想象

能够在3.549亿"银发网民"中脱颖而出成为"银发网红"的老年人,都不是普通的老年人,而是具有一定的特质。其中,非常重要的一点就是"银发网红"本身的年龄、形象、角色、技能、动作及其拍摄的特定主题的短视频作品能够在不经意间触及人们内心深处的情感纽带,唤起他们对自己祖父母的记忆以及激发他们对晚年生活的无限想象。[③]

---

① 韩敏,孙可欣.数字情感劳动:银发群体再社会化[J].青年记者,2022(6):59-61.
② 梁丽霞,李伟峰.情感养老:何以必要与何以可为[J].济南大学学报(社会科学版),2024(4):124-135.
③ 沈原燕杭,左美云,李逸博.短视频平台上的"银发网红":研究机会与相关政策[J].北京理工大学学报(社会科学版),2022(6):134-145.

一般而言，在中国这样一个"拥有祖父母帮助子女抚养孙辈的强大传统与惯习的国家"，祖父母大都有抚养或协助抚养孙辈的经历，并对孙辈更加疼爱，甚至超过对自己子代的疼爱。因此在孙辈的心目中，关于祖父母的记忆，不只是祖父母的个人成就与为家族创造的荣耀，更是他们与自己朝夕相处的美好时光。因此，孙辈与祖父母之间常常有着很深的感情，但与此同时，因孙辈长大后求学、工作等而很少有时间与机会陪伴祖父母，并且随着年龄的增长，祖父母因年龄大、身体不好等去世，在孙辈心目中留下了很多"子欲养而亲不待"的遗憾。而"银发网红"作为与受众的祖父母差不多年龄的老年人，他们温和、慈祥的形象与美食做法的分享，人生经验、各种生活小知识与技能的传授，在受众对祖父母的思念与愧疚中，无形中就成为一种媒介，不断唤起其对自己祖父母的记忆，纾解着其对祖父母的思念之情。正如许多粉丝在"银发网红"的留言区中的评论所言，"'银发网红'使其联想到自己的老年亲人"[①]。与此相关联的是，每一个人都会老去。所以，当受众看到"银发网红"尽管年岁已高，但乐于接受新事物、学习使用新媒体，展现出积极的生活态度时，会窥见一种积极、乐观的晚年生活状态。而这与现实中老年人常常被认为是认知障碍症的主要患者、数字弱势群体、数字难民、需要被数字反哺的对象，甚至是被社会抛弃的社会形象形成鲜明的对比。因此，"银发网红"的生活方式和态度，能够在不知不觉间激发受众对自己晚年生活的想象。

第三节 "银发网红"的短视频实践与自我价值再实现

人在一生中，总是会面临如何证明自我价值的命题。随着生活、饮食、医疗条件的改善，人的身体素质不断提高，寿命不断延长，当代社会界定的老年人群体并不完全认可自身是老年人，他们认为自己并不老，还可以贡献一定的社会价值。2022年的一项调查数据显示，68%的老龄群体在退休后有强烈的就业意愿。其中，46.7%的老年人表示愿意为寻求个人价值和社会价值重返职场；19%的老年求职者希望发挥一技之长，继续追求职业发展；34.3%的老年求职者希望通过再就业补贴家用、增加收入来满足更高层次的消费需求。[②]因此，老年人群体面临比以往更加强烈的自我价值感证明与获取矛盾，即本来应该更加关注个人自我评价的老年人越来越受他人评价的影响。他人评价下的老年人的自我价值再实现方式主要包括再就业、帮助子女照料孩子、参与社会治理等，但这些老年人自我价值再实现方式并不是所有的老年人都可以获得的。而短视频等几乎没有使用门槛的新媒体技术的发展，为老年人自我价值的再实现提供了新的路径。并且在技术的差异化赋权下，不同职业、性格、外貌、气质的老年人，

---

① 吴炜华，姜俣.银发网红的网络实践与主体追寻——基于视频社交场景中的"老年Up主"族群研究[J].新闻与写作，2021（3）：14-21.
② 任欢.聚焦"银龄族"重返职场[N].光明日报，2022-11-22（7）.

通过短视频内容创作、直播、带货等媒介实践与探索，获得了不同的数字突围与自我价值再实现的进路。

一、时尚类"银发网红"自我价值再实现的方式：老年人穿搭的"逆年龄化"与另类自我的展演

在传统思维观念中，时尚似乎总是与年轻、活力和潮流联系在一起，而老年人则是陈腐的、落伍的、与时尚几乎没有关系的。然而，随着老年人借助数字媒体技术不断接收时尚信息，并转变思想观念，他们也成为时尚领域的新达人。在时尚领域成功再实现自我价值的"银发网红"正在改变传统社会观念。他们借助抖音、快手、B站等数字媒体平台，通过"逆年龄化"的穿搭风格和另类自我的展演，展现了老年人独有的魅力和个性。比如，抖音短视频中的潮流爷爷在抖音平台分享自己的潮流穿搭，引起网友赞叹；像这样的"银发网红"还有"只穿高跟鞋的汪奶奶"，她不仅在视频中打扮精致，还能娴熟地跳着各种高难度舞蹈动作，精神抖擞、气质绝佳；北海爷爷与其儿子一起出镜，凭借精致的生活迅速爆红，展现出了不同于一般老年人的精气神，也被网友称为"最时尚父子"。

所谓的"逆年龄化"，是指时尚类"银发网红"通过精心搭配的服饰，打破了年龄的界限，改写了时尚的定义，展现出超越实际年龄的活力和时尚感，传递出一种积极向上的生活态度。他们的穿搭不拘泥于传统，敢于尝试各种风格，从而在视觉上实现了一种独属于这个年龄阶段的美感。而所谓的"另类自我的展演"，是指"银发网红"因不满足于社会对老年人的刻板印象，而通过在各种数字媒体平台上展示自己独特的穿搭风格和时尚造型，来表达"新型老年人"的个性和审美。这种展演不仅是一种自我表达，更是一种自我价值的实现方式。他们的故事告诉我们，时尚没有年龄的限制，每个人都可以通过自己的方式表达个性，追求时尚与美。因此，他们在各种数字媒体平台上分享自己的穿搭经验，不仅吸引了大量粉丝（这些粉丝不仅包括同龄人，还包括许多年轻人），而且赢得了社会的尊重，提升了老年人的社会影响力，增强了他们的自信心和自我认同感。随着社会各界对老年人时尚需求的日益重视，我们期待看到更多"银发网红"在时尚领域绽放光彩，为老年人的自我价值实现开辟新的道路。

二、知识技能型"银发网红"自我价值再实现的方式：文化资本的媒介化转化与职业生涯的非正式延续

人们常说，知识改变命运。但人们很少去深究知识为什么能改变命运。事实上，知识之所以能改变命运主要是因为通过学习获得一定知识的人自身具有了价值，具有了实现自己理想的资本。对于老年人来说，也是如此。退休并不意味着专业技能、知识价值的消失及其积累的终止，也不意味着自身价值的消失与职业生涯的结束。[①]从辩证的角度

---

① [日]南博.老年生活企划书[M].韩小龙，译.北京：国际文化出版公司，2000.

来讲，退休可能意味着重新开始与更多的选择。正如施瓦茨父子所言，我们如果一直纠结于年龄的增长——心生警惕、羞于启齿、垂头丧气、望而生畏，又或者始终无法接受年迈的自己，那真的很难拥有幸福的晚年；相反，我们如果能够泰然处之，将晚年生活视为机遇和挑战并存的人生新阶段，或许就能反其道而行之，不仅能够应对老龄问题，还能够成就更好的自己。①况且知识与技能永不过时，尤其是在当今媒介化时代文化资本可以自由转换的情况下，"银发网红"，特别是知识技能型"银发网红"的媒介实践更是表明，老年人在数字时代依然具有强大的社会参与能力、文化影响力与再实现自身价值的能力。譬如华中师范大学戴建业教授利用短视频平台普及中国古代文学知识，将学术研究的成果转化为大众教育的资源，产生了巨大的社会影响力，也对老年人在媒介化社会再实现自身价值提供了启示与参考。

从老年人群体自身的角度来讲，知识技能型"银发网红"在数字世界中的媒介实践挑战了人们对老年生活的刻板印象，重新定义了老年生活的可能性，为老年人提供了扮演新的社会角色的机会，也创造了一种职业生涯非正式延续与自我价值再实现的新方式。从更广阔的社会文化领域来讲，知识技能型"银发网红"在数字世界中的媒介实践展示了"银发"一代在数字时代中再实现自我价值的潜力和可能性，并逐渐探索出了一条通过文化资本的媒介化转化来促进代际间的交流和文化传承，丰富网络文化，激发公众对传统文化的兴趣和尊重，为老年人个人带来新的社会影响力和认同感的路径。

三、生活类"银发网红"自我价值再实现的方式：本色出演、生活智慧的传播与子代的继续哺育

在数字代沟研究领域，老年人常常被认为是需要子代进行反哺的对象，而事实并非完全如此，尤其是随着老年人数字媒介实践经验的积累、数字素养的提高，这种带有片面性的社会刻板印象有所改变。生活类"银发网红"的媒介实践更是表明，即使是在当今媒介化社会，老年人通过在各种数字媒体平台上的本色出演，分享自己的生活经验、人生态度、智慧和情感，也能够继续哺育子代与再实现自身价值。比如"@我是田姥姥"通过分享家庭生活和育儿经验，给予年轻父母实用的建议和鼓励来继续哺育青年；"@六个大爷"通过展现农村生活的辛勤与乐观，传递勤劳和坚韧的生活态度来继续哺育青年；"@情怀奶奶"通过正能量语句和生活指导，教授粉丝如何积极面对生活，实现自我成长；"@米娜爷爷"结合自己的跨文化背景，分享生活小窍门和美食制作技巧，进而促进不同文化之间的交流和理解。

虽然生活类"银发网红"继续哺育的子代不再是老年人自己血缘关系上的子代，而是无远弗届的互联网空间中更大范围内的年轻人，但正是因为哺育人群的变化与哺育场所的转换，以生活类"银发网红"为代表的老年人的数字媒介实践才具有了超越个人的

---

① [美]莫里·施瓦茨，罗布·施瓦茨.最好的年纪：快乐、智慧地生活和老去[M].陈晓颖，译，北京：中信出版集团，2024.

社会意义。生活类"银发网红"自我价值再实现的成功案例不仅打破了社会对老年人的刻板印象,展现了老年人朴实、勤俭、吃苦耐劳、积极、乐观、坚韧、富有生活智慧与实践智慧的一面与继续哺育子代的可能性,也将鼓励更多的老年人参与数字社会,实现自我的社会价值,同时为年轻一代提供新的学习榜样。中国自古以来就有尊老、爱老的传统,老年人在农耕文明时代更是被视为智慧的化身,"皓首多智"表达的就是这样意思。①只是到了近代,由于老年人年老体衰无法再产生"剩余价值",因此,在现代性话语中,老年人被人为地建构为边缘人群、需要被反哺的对象、社会的累赘。正如某学者所言,在过去的两个世纪里,社会对老年人的看法变得越来越消极。②而"银发网红"的兴起,尤其是生活类"银发网红"的兴起,在一定程度上打破了现代性话语为老年人设置的"话语陷阱",让老年人证明了自身的价值。

四、情感类"银发网红"自我价值再实现的方式:"刻奇化"老年人的反差冲击与精神疗愈效果

情感表达与交流是每一个人都会产生的社会需求,但不同的年龄段有着不同的情感表达和交流方式。一般而言,青年人是热烈、充满激情的,老年人是含蓄、内敛、深沉的。但现在,随着几乎没有技术使用门槛的短视频的兴起及其对老年人的增能赋权,受到数字媒体技术影响的老年人,尤其是亿万银发用户中的佼佼者"银发网红",主动采取话语的技术化处理手法③,对老年人的话语表达风格、行为方式进行自我改造,以至于其话语与行为开始呈现再青春化的发展趋势。

具体到"银发网红"的短视频实践则主要表现为:老年人在商业、资本、媒介技术、市场等逻辑的影响下,通过有意识地采取"刻奇化"的手法,以老年人丰富的社会阅历和生活经验为素材,创作情感类短视频与开设短视频直播账户,来分享个人故事与价值观、为人处世的道理、对于爱情和亲情等的认知以及处理情感的智慧,疗愈当代社会各行各业的各种绩效考核机制给年轻人带来的内卷、焦虑、倦怠与疲惫,从而深受网民喜爱与追捧。如"@罗姑婆"以其犀利而幽默的语言点评年轻人的爱情,从而为陷入情感困惑之中不能自拔的年轻人提供一剂清醒药。"@姥爷的耀杨"则具备了东北人特有的幽默感,时不时冒出来的金句常常惹得晚辈以及屏幕前的观众哄堂大笑。"@情怀奶奶"以赋闲老太太的身份输出正能量语句,教授粉丝如何运营抖音等,为粉丝提供了情感支持和生活指导。"@田姥姥的嘴到底有多碎"更是以幽默、搞怪的语言与行为,为网友带来真人版的生活戏剧。因此,以情感类"银发网红"为代表的老年人短视频实践,不仅帮助老年人发现了自我价值,也为受众提供了独特的精神疗愈方式、生活感悟方式与别样的教育体验。

---

① 叶永胜.现代中国文学的"老人叙事"研究[M].合肥:安徽大学出版社,2022.
② Ng R, Allore H G, Trentalange M, et al.Increasing negativity of age stereotypes across 200 years:Evidence from a database of 400 million words[J].PLOS ONE,2015(2):e0117086.
③ [英]诺曼·费尔克拉夫.话语与社会变迁[M].殷晓蓉,译.北京:华夏出版社,2003.

第四节　以"银发网红"为代表的老年人数字突围的意义

"银发网红"作为老年人群体中成功实现数字突围的代表，他们的成功不仅是个人或这个小群体的成功，也是一种社会实验的成功。因此，以"银发网红"为代表的老年人的数字突围具有重要的启发与借鉴意义。总的来讲，以"银发网红"为代表的老年人的数字突围所产生的启发与借鉴意义，主要包括对老年人群体本身的意义、对代际交流的意义、对社会的意义、对政府治理的意义四个方面。

一、有助于为老年人、"银发网民"更好地进行数字突围提供参考与借鉴

从老年人群体来讲，"银发网红"的数字突围经验将为老年人、"银发网民"更好地进行数字突围提供一定的参考与借鉴。根据相关统计数据，截至2023年12月31日，我国60岁以上的老年人口已高达2.96亿[1]，50岁以上"银发网民"更是高达3.549亿[2]。并不是所有的老年人、"银发网民"都能成为"银发网红"，还有很多被数字鸿沟隔绝在数字世界之外的老年人。因此，"银发网红"成功的数字突围经验，对于老年人、"银发网民"具有一定的参考与借鉴价值。无论是"银发网红"适应媒介化社会，掌握数字媒介技术使用的方法（如自己摸索、同辈传授、家人帮助、MCN机构培训等），还是同样作为老年人的"银发网红"的性格、心态、表达能力、个人技能（性格幽默，心态开朗、积极、豁达，勇于展示自我、表达自我等），又或者是如何结合自身的条件，找到适合自己的媒介传播赛道（生活、时尚、知识、情感等），从而跟上时代与媒介技术发展的步伐，都十分值得老年人、"银发网民"学习与模仿。

二、有助于缩小老年人与年轻人之间的代沟，促进代际交流

从代际交流的角度来讲，"银发网红"在数字突围过程中表现出来的特质有助于缩小老年人与年轻人之间的代沟，促进代际交流。无论老年人如何新潮、时尚、喜欢新鲜事物，他们与年轻人之间总是存在一定的代沟。在代沟问题的处理方面，一直存在不同的应对方法。在传统社会中，由于社会实行的是家族制，老年人是权威、知识、智慧的化

---

[1] 国家统计局.中华人民共和国2023年国民经济和社会发展统计公报[EB/OL].（2024-02-29）[2024-12-25].https://www.stats.gov.cn/sj/zxfb/202402/t20240228_1947915.html.
[2] 中国互联网络信息中心.第53次《中国互联网络发展状况统计报告》[EB/OL].（2024-03-22）[2024-12-25].https://www.cnnic.net.cn/n4/2024/0322/c88-10964.html.

身与象征，年轻人处于依附状态，因此在代沟问题的解决过程中，老年人具有决定权，而年轻人处于被定义的状态。进入现代社会，随着传统家族的解体，社会"原子化"，年轻人从家族走向社会，不仅获得了经济决定权，也掌握了一定的新知识、新思想，而老年人不再掌握家中的财政权、人事处理权等，因此在代沟问题的解决过程中，年轻人逐渐具有决定权，老年人反而处于被定义的状态。当下，虽然在代沟问题上，老年人依旧处于被定义的状态，但随着老年人不断进行媒介化探索与实践，并孕育出一批"银发网红"，这种情况有了一定程度的改变。获得了自我表达权、定义权的"银发网红"，不仅以自己的文化知识、生活技能、幽默搞笑等特质，继续哺育年轻人，而且不断缩小自身与年轻人之间的代沟，促进代际交流与互动。

三、有助于改变社会上存在的关于老年人的刻板印象与偏见

从社会的角度来讲，成功实现数字突围的"银发网红"的媒介形象将改变社会上存在的关于老年人的刻板印象与偏见。在数字化浪潮中，老年人群体一直在进行媒介化调适，以适应媒介化时代提出的新的生存与发展要求，只是他们数字化适应的效果并不显著。随着"银发网红"的崛起，不仅老年人数字化适应成效得以集中展示，而且他们通过相对成功的数字媒介实践与探索，在极大程度上改变了社会上存在的关于老年人的刻板印象与偏见，包括衰老、思想陈旧、数字边缘人群、数字难民、需要被反哺的对象等。与传统的老年人群体体弱多病、数字素养较低相比，"银发网红"不仅会使用数字媒介技术，精力充沛、充满活力、喜欢新鲜事物，而且在性格、心态、文化知识等方面具有一定的个人特质，甚至掌握了一定的个人自我印象管理方法。[①]更难能可贵的是，"银发网红"深受网民喜欢，拥有众多粉丝，并产生了极大的社会影响。因此，他们能够打破社会上存在的各种关于老年人的刻板印象与偏见，并较为充分地展示了老年人在数字社会中的活力和创造力。

四、有助于帮助政府解决老龄化带来的各种老年人问题

从政府的角度来讲，"银发网红"所带来的巨大社会效应与经济效应将在一定程度上帮助政府解决老龄化带来的养老，老年人社会参与、社会表达、再就业与权益保护等问题。无论我们愿不愿意、认不认可，步入老年阶段之后，不仅意味着身体的衰老、机能与记忆的下降，而且意味着职业生涯的结束、社会地位的下降与边缘化、社会表达与社会参与机会的减少。但"银发网红"群体相对成功的数字突围实践表明，数字媒介技术及在此基础上形成的网络社会空间能够为老年人提供一种替代性的补偿机会，助推老年人跨越数字鸿沟，实现数字突围。通过对"银发网红"进行网络民族志调查研究发现，

---

① [美]欧文·戈夫曼.日常生活中的自我呈现[M].冯钢，译.北京：北京大学出版社，2008.

很多"银发网红"最初可能没有想过要成为网红,只是出于娱乐、好玩、记录生活、帮助子女等目的,有的甚至是子女随手拍摄的记录生活的视频,但正是这种心态使他们走红互联网,并获得巨大的社会效应与经济报偿。获得巨大的社会效应与经济报偿的"银发网红",不仅能够获得新的工作机会,再实现自我社会价值,提高自己的社会地位,促使老年人从社会的边缘走向社会的中心,而且获得了新的社会表达、社会参与和保障自身权益的机会与能力。因此,他们相对成功的数字突围经验对已进入老龄化社会的中国解决因老龄化带来的养老、老年人社会参与、社会表达、再就业与权益保护等问题具有重要的作用。

第五节 以"银发网红"为代表的老年人数字突围的不足

正如任何事物都不是完美的一样,"银发网红"所探索出来的实现老年人数字突围的路径,由于其本身特质和受到市场、资本、媒介技术平台等因素的影响,也不可避免地存在一定的局限性与不足。具体而言,以"银发网红"为代表的老年人数字突围主要存在以下几点不足。

一、资本与媒介技术平台容易导致"银发网红"被迫劳动与过度劳动

毋庸讳言,"银发网红"之所以能够相对成功地实现数字突围,除了"银发网红"自身的特质之外,还有一个非常重要的原因,就是资本与媒介技术平台,尤其是抖音、快手等几乎没有使用门槛的短视频技术的发展,为老年人与"银发网民"提供了在网络社会中表达自我、展示自我,进而再发现自我价值的机会。但与此同时,纵观"银发网红"在数字媒介技术的赋权下进行数字突围的过程,我们会发现资本与媒介技术平台在帮助老年人适应数字媒介环境的同时,也存在将老年人异化,迫使其陷入被迫劳动与过度劳动的风险。这是因为老年人使用数字媒介技术的目的追求和资本、技术运行的逻辑存在先天的冲突与矛盾。概言之,老年人使用数字媒介技术的目标追求是表达自我,自我价值再发现;而资本、技术的运行者则希望通过在最短的时间内生产最多的短视频作品来实现资本的增殖。再加上老年人群体性格随和、重感情,但法律知识缺乏,因此,他们特别容易被感情与道德"绑架",陷入MCN机构、经纪公司制定的各类商业合同与条件协议不公平待遇与陷阱之中。个别"银发网红"被迫在深夜进行直播带货,被迫不顾身体状况出席各类商务活动,被迫按要求完成超出老年人体力的拍摄任务等。这些被迫劳动与过度劳动使得本来是为老年人提供数字突围与自我价值再实现的短视频技术,反而成为一种负担。

二、长时间使用数字媒介容易导致老年人网络成瘾、身心健康受损

一般而言，网络成瘾、沉迷问题主要是青少年群体存在的数字使用问题。但近年来，随着几乎没有使用门槛的抖音、快手等短视频技术的发展，网络成瘾、沉迷的主要人群也开始从青少年群体扩展到老年人群体。老年人沉迷于网络的表现包括：长时间使用抖音、快手等短视频技术，无论是走路、坐车还是吃饭、休息，都在低头玩手机，甚至半夜不睡觉只是为了刷视频、看短剧。2020年5月的调查数据显示，"中老年人当月人均使用快手、西瓜视频、抖音的时长分别达800分钟、1000分钟、1500分钟"①。现在，随着"银发网红"的崛起，并为老年人提供了一个成为网红、"微名人"的想象机会，老年人上网的热情更加高涨，上网的积极性和主动性也更强。如果说过去老年人上网主要是为了消遣、娱乐、打发退休时光；现在，在"银发网红"明星效应的刺激下，老年人上网则开始带有一定的经济目的与成名目的，而且资本与媒介技术也会加入。因此，在资本的助推下，在算法、人工智能等智能技术持续不断推送同质化信息的情况下，老年人十分容易陷入"老年人也能成为网红"的信息茧房之中不能自拔，并造成很多负面的社会后果：轻则容易造成老年人网络成瘾、沉迷，身心健康受损，如长时间上网导致作息不规律、视力下降、眼疾、颈椎病、心脑血管疾病等多种身体疾病，以及信息疲劳综合征与焦虑、空虚、孤独等心理疾病；重则容易导致老年人隐私泄露、遭遇网络诈骗。

三、"银发网红"群体比较特殊，普通老年人与"银发网民"学习的难度较大

"银发网红"虽然同样也是老年人，但他们是老年人群体中的特殊人群。与普通老年人、"银发网民"相比，"银发网红"要么有特定的知识、技能，要么有幽默、搞笑的天赋，要么有时尚的追求与审美，要么有一些生活智慧、情感心得等。与此同时，"银发网红"身上还有一种共通的气质，即追求时尚、喜欢新生事物，而相当一部分老年人的思想相对比较保守、陈旧。更何况，还有很多普通老年人不会使用互联网等新媒体技术。2022年的一项调查显示，在我国老年人群体中，独立依托数字基础设施完成购买生活用品、查找信息的成员分别只占52.1%、46.2%，近乎过半老年人面临的不是数字赋能，而是"数字负能"。因此，让他们来学习、复制"银发网红"相对成功的数字突围经验，周期过长、难度较大。即使是对于具有一定数字媒介使用技能的"银发网民"而言，学习与复制"银发网红"相对成功的数字突围经验也具有一定的难度。成为"银发网红"，不仅需要具备一定的数字媒介使用技能、媒介素养，还需要具有一定的抓住时代机遇与技术发展红利，选择短视频传播赛道的能力与后续运维所需要的选题能力、策划能力、宣传与推广能力。再则，即便已经成为"银发网红"，他们也需要不断学习，以便能够持续

---

① 李睿宸.中老年人，迷上短视频但别迷失自我[N].光明日报，2020-11-04（13）.

吸引受众、应对市场变化与新情况。比如："@暴躁奶奶"在利用短视频以幽默、诙谐的方式评论社会现象的同时，也面临如何持续创新内容以吸引受众注意力的挑战；"@姑妈有范儿"在展示优雅气质的同时，也需要考虑如何保护个人隐私不被过度曝光。

第六节 弥补"银发网红"数字突围路径不足的方法

事实上，老年人在长期的媒介化实践与探索中生成的"银发网红"数字突围与自我价值再实现路径，只是老年人适应数字社会、实现数字突围众多方法中的一种，而且是带有一定局限性的一种方法。因此，未来为了弥补"银发网红"数字突围路径的不足，帮助老年人更好地实现数字突围，需要政府、社会、技术公司、老年人自身等社会主体共同采取措施，不断探索更具普遍适用性的能够帮助老年人实现数字突围的方法。

一、政府应加强对老年人的数字技能培训，切实提高其数字使用技能

综合2024年国家统计局关于我国60岁以上的老年人口数量和中国互联网络信息中心统计的我国50岁以上的"银发网民"的数量可知，虽然目前我国50岁以上的"银发网民"的数量已高达3.549亿人，但仍有大量老年人没有上网。而即使是已经上网多年，并且具有一定的媒介素养的"银发网民"也存在一定的数字媒介使用问题，如网络成瘾、沉迷网购、网络安全防范意识差、时常遭遇网络诈骗等，造成了一些负面的社会影响。因此，无论是对于普通未接触网络的老年人而言，还是对于已经熟练上网的"银发网民"而言，都需要政府制定相关政策，采取措施，为老年人提供多种形式的数字媒介技能培训，从而帮助他们打破数字壁垒，跨越数字鸿沟，适应数字化社会，实现数字突围，如建立老年人数字教育基地、开展数字技能培训课程、提供易于理解的数字技能提升教材、开办公益讲座、提供信息服务、开办老年大学、推进"时间银行""智慧助老公益行动"等。

二、社会各主体应协力合作，不断提高老年人的数字媒介使用能力

在当今社会，老年人的数字化适应问题已不仅仅是政府、老年人个人遇到的问题，更是社会各主体共同面临的发展问题。因此，需要包括社区、家庭、子女等社会主体在内的全社会协力合作，共同推动老年人数字媒介使用能力的提升。具体而言，第一，学校和社区教育机构应开设针对老年人的数字技能课程，教他们使用智能手机、电脑等数字设备，以及安全地浏览互联网，培养他们的批判性思维，帮助他们辨别网络信息的真

伪。第二，年轻一代应积极帮助老年人学习使用数字设备，耐心解答他们的疑问，鼓励他们尝试新事物。家庭成员的支持和鼓励可以大大提高老年人学习数字技能的积极性。第三，群众团体、志愿者团体等社会组织可以开展专门的数字技能培训活动，为老年人提供一对一的指导服务，帮助他们克服学习数字技能的障碍。

三、技术公司应积极响应国家政策，加强对媒介技术的适老化改造

在老年人进行数字化适应与突围的过程中，数字媒介技术对老年人的友好程度非常重要。2020年以来，我国相关政府部门不断出台相关政策，以切实提高各种数字媒介技术的适老化水平。据不完全统计，截至2023年11月，我国已先后出台了26项旨在推动智慧技术赋能老年人社会参与的政策，内容涉及"整体规划""智慧养老""智慧助老""适老改造""试点评选""交通出行"等方面。[1]国务院办公厅印发的《关于切实解决老年人运用智能技术困难的实施方案》与工业和信息化部印发的《互联网应用适老化及无障碍改造专项行动方案》更是直接提出数字媒介技术适老化改造的计划，优先推动115家网站、43个App进行适老化改造，以解决老年人在智能技术方面遇到的困难。客观地讲，这些政策与计划都非常重要，但问题的关键在于如何在技术上将其实现。毫无疑问，在具体的数字媒介技术适老化改造的落实过程中，技术公司责无旁贷。技术公司应采用技术道德化[2]的方式，即在充分考虑老年人的媒介使用需求与使用习惯的基础上，将数字媒介技术应尊老、爱老、友老、助老的道德理念写进代码，从而让数字媒介技术对老年人更友好、更包容。

四、老年人应不断提高自身的数字素养，增强数字化生存的能力

正所谓"打铁还需自身硬"，在老年人的数字突围过程中，老年人自身所具备的数字素养往往是决定其能否成功突围的关键。总的来讲，目前老年人作为"数字移民"，在数字媒介使用时间、经验方面先天地落后于其他群体，没有上网经验的老年人基本没有数字素养，即使是已熟练上网的"银发网民"也经常遭遇网络诈骗、网络沉迷等问题，所以，我国老年人的数字素养不仅在总体上落后于其他社会群体，而且数字素养的水平参差不齐。在这种情况下，普通老年人应不断提高自身的数字素养，"银发网民"应及时更自身的新媒介素养内涵，进而增强老年人群体整体的数字化生存能力。具体而言，从数字素养的范围角度来讲，随着智媒体时代的来临，老年人的数字素养需要从学习、理解

---

[1] 新京报.成为银发网红、网购一族,报告显示我国老年群体正跨越数字鸿沟[EB/OL].（2023-12-14）[2025-01-05].https://www.bjnews.com.cn/detail/1702522310169418.html.
[2] [荷]彼得·保罗·维贝克.将技术道德化——理解与设计物的道德[M].闫宏秀,杨庆峰,译.上海:上海交通大学出版社,2016.

与使用报纸、广播、电视拓展到学习、理解与使用短视频、算法、人工智能、智能媒体领域；从数字素养的内容角度来讲，老年人不仅要培养在数字社会生活和工作所需要的数字获取、制作、使用、评价、交互、分享、创新、安全保障、伦理道德等一系列素质与能力[1]，还要培养图像素养（视觉识读）、信息素养（辨别真伪）、"社会-情感"素养（共享与情感交流）、创新素养（创造性生产）、分支素养（新思维）[2]以及针对动态文本的思辨能力、自我表达能力、互动交往能力[3]与数字媒介伦理素养（在数字社会中的价值观、伦理、行为和思维方式等方面的素养）[4]等。

本章小结

在媒介技术的差异化赋权下，"银发网红"以真实数字身份、本色出演、拼贴式话语风格、追求精神价值与自我、容易唤起受众的祖父母记忆与激发晚年生活想象等特质，经过不断的短视频实践与探索，不仅找到了适合老年人的时尚类、知识技能型、生活类、情感类等媒介传播赛道，而且成功地实现了老年人的数字突围与自我价值再实现。时尚类"银发网红"主要通过穿搭的"逆年龄化"与另类自我的展演，实现数字突围与自我价值再实现；知识技能型"银发网红"主要通过文化资本的媒介化转化与职业生涯的非正式延续实现数字突围与自我价值再实现；生活类"银发网红"主要通过本色出演、生活智慧的传播与对后代的继续哺育实现数字突围与自我价值再实现；情感类"银发网红"主要通过"刻奇化"手法所产生的反差冲击及其精神疗愈效果实现数字突围与自我价值再实现。"银发网红"的数字突围对帮助老年人更好地进行数字突围、代际交流、改变社会对老年人的偏见、帮助政府解决老年人问题具有重要的启发意义。与此同时，其也存在一定的不足，如资本与媒介技术平台容易导致"银发网红"被迫劳动与过度劳动；长时间使用数字媒介容易导致老年人网络成瘾、身心健康受损；"银发网红"群体比较特殊，普通老年人与"银发网民"学习难度较大等。

因此，为了弥补"银发网红"数字突围路径的不足，政府应加强对老年人的数字技能培训，切实提高其数字使用技能；社会各主体应协力合作，不断提高老年人的数字媒介使用能力；技术公司应积极响应国家政策，加强对媒介技术的适老化改造；老年人应不断提高自身的数字素养，增强数字化生存的能力，

---

[1] 中央网络安全和信息化委员会办公室.提升全民数字素养与技能行动纲要[EB/OL].（2021-11-05）[2025-01-02]. http://www.cac.gov.cn/2021-11/05/c_1637708867754305.htm.
[2] Eshet-Alkalai Y. Digital literacy: A conceptual framework for survival skills in the digital era[J]. Journal of Educational Multimedia and Hypermedia, 2004（1）: 93-106.
[3] 李德刚.数字素养：新数字鸿沟背景下的媒介素养教育新走向[J].思想理论教育，2012（18）：9-13.
[4] 闫宏秀，杨映瑜.生成式人工智能时代的使用者伦理研究[J].科普研究，2024（2）：23-31，102.

从而帮助老年人摆脱数字困境，再实现自我价值。这不仅是在数字化方面关怀老年人，提高老年人在信息化发展中获得感的表现，更是推动数字社会更加和谐、进步的重要举措。

思考与练习

1. 智媒体时代老年人数字突围面临哪些困难？
2. 智媒体时代老年人数字突围的意义有哪些？
3. 技术平台如何进行适老化改造，以助推老年人实现数字突围？

推荐阅读文献

[1] 匡亚林，蒋子恒，王瑛.老年人数字生活参与的获得感从何而来？[J].学习与实践，2023（1）：43-45.

[2] 陈涛.老年社会学[M].北京：中国社会出版社，2009.

[3] 韦路.数字鸿沟：概念、成因与后果[M].杭州：浙江大学出版社，2024.

[4] 尹睿，张国杰，刘路莎.跨越"数字鸿沟"——老年教育智能技术类课程开发[M].广州：广东人民出版社，2023.

第十章

智能媒体的下半场：智能生态和想象图景

◆ 学习目标

1. 深入理解智能体及其在智能传播中的应用。
2. 分析数字人技术及其在现代社会中的应用与影响。
3. 认识元宇宙媒介的发展前景和面临的挑战。
4. 掌握智能体与数字人技术面临的伦理和法律问题。

　　在当今技术快速发展的背景下，智能媒体技术以空前的速度和力量重新定义了人们获取、处理和传播信息的方式。智能体从简单的智能设备到人机协同的进化，展示了智能生态系统的全面发展。智能体在新闻传播、社交媒体管理和内容推荐等领域得到了广泛的应用，同时在智能制造和智能交通中扮演着重要的角色。[1]物联网和5G技术的结合，使得智能体在高效通信和大数据处理方面的优势更加突出。与此同时，虚拟数字人崛起，从虚拟偶像到虚拟主播，再到虚拟数字人，显示了数字人在娱乐、教育和商业等多个领域的广泛应用和深远影响。[2]本章将详细探讨智能体和虚拟数字人在智能媒体中的应用与发展，首先从智能体的定义、基本特性及其在智能传播领域的实际应用入手，逐步分析

---

[1] 邵怡蕾.生成式人工智能体的世界图景[J].哲学分析，2024（3）：166-179.
[2] 郭全中.虚拟数字人发展的现状、关键与未来[J].新闻与写作，2022（7）：56-64.

智能体的理论视角、社会智能与协同能力，以及其对传播过程、文化生产和消费的影响。接下来，我们将探讨数字人的概念与起源、技术基础及应用案例，揭示虚拟数字人在社会和文化中的广泛影响，并讨论智能体和虚拟数字人在智能传播中面临的伦理和法律问题，同时提出相应的解决方案和治理机制。最后，我们将介绍虚实结合与万物互联的终极智能媒介的相关内容。通过全面的理论分析和丰富的案例解读，我们希望激发读者对智能媒体技术的兴趣和探索热情，引导读者预见智能媒体的未来发展。

第一节 智能体生命：智能体发展与人机协同

本节主要探讨智能体的定义、基本特性及其在智能传播领域的发展与应用。"智能体"这一概念起源于20世纪50年代，由约翰·麦卡锡（John McCarthy）等人工智能先驱提出，后经过马文·明斯基、卡尔·休伊特和迈克尔·沃尔德里奇等学者的深入研究，智能体理论逐渐成熟。智能体具备自主性、自适应性和灵活性等特性，能够在动态环境中独立运行，并通过多智能体系统实现协作。在智能传播领域，智能体得到了广泛的应用，包括自动化新闻生产、社交媒体管理和个性化内容推荐等。智能体通过自然语言处理和机器学习技术，提高了信息传播的效率和准确性。此外，智能体在与人类互动的过程中，通过虚拟助手和智能客服等形式，提升了用户的体验感和满意度。尽管智能体技术带来了诸多便利，但也面临伦理与合约问题，如隐私保护、数据安全、算法偏见等。为确保智能体的安全和可靠应用，需要在技术和法律层面采取措施，建立透明的问责机制和合约关系，明确智能体与人类互动中的责任分配，保障用户权益。本节旨在通过对智能体基本概念和应用的介绍，为读者提供全面的了解和思考视角，推动智能体技术在智能传播领域的发展与应用。

一、智能体的定义与基本特性

（一）智能体的概念及其发展历程

1. 什么是智能体

"智能体"这一概念最早可追溯到20世纪50年代。当时人工智能创始人之一约翰·麦卡锡首次提出了智能体。这一时期的研究主要集中在计算机科学和人工智能领域，通过模拟人类智能来开发自主运行的系统和程序。麦卡锡的重要贡献在于为智能体奠定了理论基础，他认为计算机可以表现出某种形式的智能行为。

随后，马文·明斯基、卡尔·休伊特和迈克尔·沃尔德里奇等学者对智能体进行了深入研究，取得了显著进展。明斯基的研究主要集中在认知架构和人类智能的模拟上，他提出了"社会化心智"理论，认为智能体可以通过内部的多种小智能体（称为"代理"）来实现复杂的智能行为。休伊特则在研究中引入了"Actor模型"，这是一种用于并发计算的数学模型，为智能体的并行处理能力提供了理论支持。沃尔德里奇等进一步扩展了智能体的应用范围，他们开发了多智能体系统（MAS），通过多个智能体的协作来解决复杂问题。[①]

2. 智能体的定义与功能

智能体是指一种在动态环境中运行、具有高度自治能力的实体。它可以是一个系统、机器，也可以是一个计算机软件程序。智能体的根本目标是接受另一个实体（如用户、计算机程序、系统或机器等）的委托，并为其提供帮助或服务。智能体能够在目标任务的驱动下主动采取包括学习、通信和社交等在内的手段，感知、适应外在环境的动态变化，并做出适当反应。

智能体理论的研究并不局限于计算机科学和人工智能领域，还涉及哲学、经济学、社会学、系统论和博弈论等多个领域。这使得智能体研究具有跨学科的特点和挑战性。例如，哲学研究智能体的意识和道德问题；经济学研究智能体在市场中的行为和决策；社会学探讨智能体在社会系统中扮演的角色和产生的影响。尤为重要的是，智能体理论首次直接而深入地涉及人类智能活动的社会性，使物化了的人工智能具有丰富而深刻的社会内涵，能够表现出人类智能中来源于社会行为的复杂性和多样性。

3. 智能体的应用与挑战

随着研究的深入，智能体的定义和应用不断扩展，覆盖面包括物理环境（如机器人和自动驾驶汽车）和虚拟环境（如智能助手和虚拟代理）。智能体在新闻传播、社交媒体管理和内容推荐等多个领域得到了广泛的应用。在新闻传播领域，智能体通过自然语言处理和机器学习技术自动撰写和发布新闻，显著提高了新闻生产效率和及时性。智能新闻机器人能够实时分析新闻事件和社交媒体动态，生成高质量稿件，并协助记者进行数据分析和调查研究。在社交媒体管理领域，智能体可以自动监控和分析用户行为与情感，提供个性化内容推荐和互动体验，提升用户参与度和满意度。智能体还能在社交平台上进行自动回复和提供客户服务，增强用户体验，提高平台运营效率。在内容推荐领域，智能体通过分析用户行为数据，实现个性化内容推荐，确保用户获得符合其兴趣或满足其需要的内容，增强用户体验和内容传播效果。智能体的实现依赖于多种技术，如机器学习技术、自然语言处理技术、计算机视觉技术和大数据分析技术等。机器学习技术使智能体能够从数据中学习并改进其行为；自然语言处理技术使智能体能够理解和生成自

---

① 潘沁，阳海音，党雪华.冯·诺伊曼的科技哲学思想及其对人工智能研究的启示[J].兰州学刊，2020（8）：14-23.

然语言；计算机视觉技术使智能体能够感知图像和视频信息；大数据分析技术使智能体能够处理海量数据，提供精准的传播策略和内容推荐。

尽管智能体在智能传播中展现出巨大的潜力，但其发展和应用也面临诸多挑战。首先，智能体的自主性和决策能力可能导致安全和伦理问题。例如，带有偏见的算法可能造成不公正推荐，影响用户信任和平台公信力；再如，自动化新闻生产中的错误决策可能传播虚假信息，带来负面的社会影响。研究人员需要开发可靠的验证方法，确保智能体的安全性和可靠性。其次，智能体的发展带来了隐私和数据安全问题。在智能传播中，智能体需要处理大量用户数据，必须严格遵守隐私保护法规，防止数据泄露和滥用，平台和开发者需要采取相关措施确保用户数据安全。最后，对于智能体的社会影响和道德问题需要进行深入探讨，如智能体在新闻传播中的运用可能减少记者岗位，影响就业和社会公平。此外，智能体在社交媒体中的应用可能导致隐私泄露和信息安全问题，引发伦理和法律争议。研究人员和开发者需要制定伦理准则和法规，规范智能体行为，确保其应用具有道德性和合法性。

（二）单智能体与多智能体

1.单智能体的关键特性

单智能体是指能够独立运行并完成任务的个体智能体。这类智能体通常具备高度的自主性和灵活性，能够独立感知环境并做出反应，从而有效地完成用户指定的任务。单智能体的应用范围广，可以应用于机器人、经济仿真、自动化控制、环境监测等领域。在这些应用领域，单智能体通过其感知、决策和执行能力，实现了对复杂任务的自主处理。[①]单智能体的关键特性包括以下几点。

（1）自主性（autonomy）

单智能体可以在没有外界干预的情况下独立运行，能够根据预设的目标和环境变化自主进行决策和执行任务。这使得单智能体在许多需要高自主性的场景中表现出色，如无人驾驶汽车和自动化机器人。

（2）灵活性（flexibility）

单智能体能够迅速适应环境的变化，通过调整自身的行为策略来应对不同的挑战。这种灵活性使单智能体在动态和不确定的环境中能够保持高效运行。

（3）社会能力（social ability）

尽管单智能体主要是独立运行的，但它们也具备一定的社会能力，能够与其他智能体或人类进行简单的交互和合作。这种能力在多智能体系统中尤为重要，因为它们需要通过相互协作来完成更复杂的任务。

---

① 吴飞，韩亚洪，李玺，等.人工智能中的推理：进展与挑战[J].中国科学基金，2018（3）：262-265.

在实际应用中,单智能体已经展示出了其强大的功能和广泛的应用前景。例如,在机器人领域,单智能体机器人能够自主进行路径规划、障碍物避让和任务执行,从而实现复杂的自动化操作。在经济仿真中,单智能体能够模拟个体经济行为,通过自主决策和交互,分析市场动态和经济政策的影响。

然而,尽管单智能体具备高度的自主性和灵活性,它们在处理某些复杂任务时仍存在局限性。特别是在资源有限或时间紧迫的情况下,单智能体可能难以独自完成任务。这时,多智能体系统(multi-agent system,MAS)就显得尤为重要。

2. 多智能体系统优势

多智能体系统由多个智能体组成,这些智能体通过协调和协作,共同完成复杂的任务。多智能体系统的基本思想是将任务分解成多个子任务,由多个智能体分别处理,并通过智能体之间的交互和合作,实现整个系统的目标。这种方法不仅可以提高任务处理的效率,还可以增强系统的鲁棒性和灵活性。[1]

(1)协作能力(collaborative ability)

在多智能体系统中,每个智能体都可以根据自身的能力和资源,独立完成部分任务。通过智能体之间的协调和合作,整个系统能够更高效地解决复杂问题。例如,在灾难救援中,多个智能体可以协作搜救、分发物资和协调行动,从而提高救援效率。

(2)信息共享(information sharing)

多智能体系统中的智能体可以共享信息和资源,通过相互交流和协作,提高任务执行的准确性和效率。例如,在智能交通系统中,多辆自主驾驶车辆可以共享实时交通信息,优化行驶路径,避免交通拥堵。

(3)任务分解与并行处理(task decomposition and parallel processing)

多智能体系统能够将复杂的任务分解成多个子任务,并行处理。这种并行处理能力使得多智能体系统在处理大规模复杂任务时具有显著优势。[2]例如,在工业自动化中,多个机器人可以并行工作,提高生产效率和产品质量。

(4)鲁棒性与适应性(robustness and adaptability)

多智能体系统具有较强的鲁棒性和适应性,即使某个智能体出现故障,其他智能体也可以继续完成任务,保证系统的整体运行。这种特性在任务关键性高和环境变化快的场景中尤为重要。

尽管多智能体系统具有许多优势,但其设计和实现也面临一些挑战。首先,多智能体系统需要解决智能体之间的协调和通信问题。为了实现高效的协作,智能体需要能够快速交换信息,并根据共享的信息调整自身的行为策略。其次,多智能体系统的复杂性较高,需要开发适应多智能体协作的算法和技术,确保系统的稳定性和高效性。在实际应用中,多智能体系统已经在许多领域取得了显著成果。例如,在无人机集群中,多个

---

[1] 王曰芬,杨雪,余厚强,等.人工智能科研团队的合作模式及其对比研究[J].图书情报工作,2020(20):14-22.

[2] 吴江,贺超城,朱侯.集成复杂网络与多智能体仿真的人肉搜索效率研究[J].情报学报,2018(1):68-75.

无人机可以协同作业,执行监测、侦察和救援等任务。再如,在智能制造中,多个机器人可以协同完成复杂的生产流程,提高生产效率和产品质量。

3. 智能体设计的关键步骤

(1) 任务分解 (task decomposition)

任务分解就是将复杂的整体任务分解为多个可以由单个智能体独立完成的子任务。这一步骤需要对任务进行详细的分析和规划,确保每个子任务的独立性和可行性。

(2) 智能体分配 (agent allocation)

智能体分配就是将每个子任务分配给适当的智能体,确保每个智能体都能够根据自身的能力和资源独立完成任务。这一步骤需要考虑智能体的能力、资源和任务的需求,优化智能体的分配策略。

(3) 通信与协调 (communication and coordination)

通信与协调就是建立智能体之间的通信和协调机制,确保智能体能够快速交换信息并协调行动。这一步骤需要开发高效的通信协议和协调算法,确保智能体之间的协作效率。

(4) 监控与调整 (monitoring and adjustment)

监控与调整就是对多智能体系统的运行进行实时监控,并根据实际情况进行调整和优化。这一步骤需要开发监控和调整机制,确保系统的稳定性和高效性。

4. 单智能体和多智能体系统的比较

综上可知,单智能体和多智能体系统各有自身的优势和适用场景。单智能体适用于对自主性和灵活性要求较高的任务,而多智能体系统则适用于需要协作和并行处理的复杂任务。通过合理选择和应用智能体技术,人们可以在不同领域实现高效和智能化的任务处理。随着技术的不断进步,单智能体和多智能体系统将在更多领域发挥重要作用,推动智能化和自动化的发展。

(三) 智能体的基本特性

智能体作为现代人工智能研究的核心概念,具备多种关键特性。这些特性使其能够在复杂多变的环境中高效运行。智能体的自主性、社会能力、灵活性、感知能力、决策能力、适应性、反应性、自发性、驻留性和学习能力等,赋予其在处理任务、适应环境和与其他智能体或人类进行交互时的独特优势。[1]这些基本特性不仅决定了智能体的功能和应用范围,还为其在各个领域的广泛应用奠定了坚实的基础。接下来,我们将详细探讨这些特性及其在实际应用中的表现和重要性。

---

[1] 蔡恒进.论智能的起源、进化与未来[J].人民论坛·学术前沿,2017(20):24-31.

1. 自主性（autonomy）

自主性是智能体最重要的特性之一。自主性意味着智能体能够在没有外界干预的情况下独立运行，并控制自己的行为和内部状态。这种特性使得智能体能够根据自身的目标和计划，自主执行任务并适应环境的变化。在自主性方面，智能体不仅能够制定自己的行动策略，还能够在执行过程中根据实时反馈进行调整。例如，在无人驾驶汽车中，智能体能够自主规划行驶路线，避开障碍物，选择最佳路径到达目的地。自主性使得智能体可以在复杂和动态的环境中高效运作，减少对人类干预的依赖，从而提高整体系统的效率和可靠性。

2. 社会能力（social ability）

社会能力是指智能体能够与环境、人类及其他智能体进行联系和交流，以完成特定任务的能力。这种能力使智能体能够在协作和竞争的环境中有效地互动。在多智能体系统中，智能体之间需要频繁地交换信息和资源，通过协作来完成复杂的任务。例如，在智能制造系统中，多个机器人需要协调工作，共同完成一个生产任务。社会能力不仅包括简单的信息传递，还包括更复杂的行为，如协商、竞争、合作等。这种能力使得智能体能够在团队中发挥更大的作用，实现整体效能的最大化。

3. 灵活性（flexibility）

灵活性是指智能体能够适应环境变化并及时做出反应的特性。灵活性使智能体能够在动态环境中保持高效的任务执行能力。智能体通过感知环境的变化，执行基于规则和约束的计划来应对各种突发情况。例如，在应急响应系统中，智能体能够根据实时监测数据迅速调整救援策略，优化资源分配和行动计划。灵活性确保智能体在不确定性和复杂性较高的环境中有效运行，提高系统的鲁棒性与适应性。

4. 感知能力（perception ability）

感知能力是指智能体通过传感器感知环境中的信息，从物理世界、传感器或其他来源接收数据的能力。[①]感知能力是智能体进行决策和行动的基础。例如，机器人需要通过摄像头、雷达等传感器感知周围的环境，以确定自身位置和障碍物位置，从而规划路径并避开障碍物。在智能交通系统中，车辆通过传感器感知交通状况、道路信息和其他车辆的位置，从而优化行驶路线和速度。感知能力使得智能体能够实时获取环境信息，为后续决策和行动提供可靠的数据支持。

[①] 寿步. 人工智能中 agent 的中译正名及其法律意义[J]. 科技与法律（中英文），2022（3）：1-13.

5. 决策能力（decision-making ability）

决策能力是指智能体使用算法和决策过程来分析信息，确定实现目标的最佳行动方案的能力。决策能力使智能体能够在复杂的环境中自主地选择和做出合适的行动。例如，在金融交易系统中，智能体可以通过分析市场数据，预测市场趋势，做出买卖决策，以最大化投资收益。在自动驾驶系统中，智能体需要实时分析道路状况、交通规则和其他车辆的行为，做出安全的驾驶决策。决策能力能够确保智能体在各种环境中高效地完成任务，优化资源利用和任务执行。

6. 适应性（adaptability）

适应性是指智能体能够根据环境的变化进行学习和调整，从而提升自身能力的特性。适应性使得智能体能够在不断变化的环境中保持高效的任务执行能力。例如，智能体可以通过机器学习算法，从历史数据中学习模式和规律，优化自身的行为策略。在机器人技术中，机器人可以通过学习和训练，增强其操作技能和任务执行能力，从而在复杂的环境中表现出更高的灵活性和适应性。适应性使得智能体能够不断提高自身性能，适应新的环境和任务需求。

7. 反应性（reactivity）

反应性是指智能体能够识别外部环境的变化并做出适当反应的特性。反应性确保智能体能够及时应对环境中的突发情况。例如，在自动驾驶系统中，当前方出现障碍物时，智能体能够迅速做出反应，采取制动或避让措施，确保行车安全。再如，在智能家居系统中，智能体能够根据环境变化，如温度、湿度和光照强度的变化，自动调整家电设备的运行状态，为用户提供舒适的居住环境。反应性使得智能体能够在实时环境中高效运作，确保系统的安全性和可靠性。

8. 自发性（spontaneity）

自发性是指智能体具有对目标的能动性，能够自发地参与处理或协作活动。自发性使智能体能够主动寻找机会和资源来实现目标。例如，在市场营销中，智能体可以主动分析市场趋势和消费者行为，制订营销策略和推广计划。再如，在智能农业中，智能体可以根据土壤和气候条件，自发地优化灌溉和施肥方案，提升农业生产效率。自发性使得智能体能够主动应对环境变化和任务需求，提高系统的自主性和灵活性。

9. 驻留性（situatedness）

驻留性是指智能体能够在特定环境中长期存在，并持续感知和适应该环境的特性。[①]

[①] 刘俊祥.论人工智能赋值国家治理:方法、视角与维度[J].江苏行政学院学报，2021（1）：96-103.

驻留性使智能体能够在复杂多变的环境中保持高效的任务执行能力。例如，在环境监测系统中，智能体可以长期驻留在监测区域，实时收集和分析环境数据，提供科学决策支持。再如，在智能城市中，智能体可以持续感知与管理城市基础设施和资源，优化城市运行和服务。驻留性确保智能体能够在长期任务中持续高效运作，提供稳定可靠的服务。

10. 学习能力（learning ability）

学习能力是指智能体能够从经验中学习，不断提高自身的决策和行动能力的特性。学习能力使得智能体能够在长期任务执行过程中不断优化自身的表现。例如，智能体可以通过深度学习算法，从大量数据中学习复杂的模式和规律，提升其分类、预测和决策能力。再如，在智能教育系统中，智能体可以根据学生的学习行为和成绩，不断优化教学策略和内容，提供个性化的教育服务。学习能力使得智能体能够不断进化，适应新的任务和环境，提高系统的智能化水平。

二、智能体的理论视角

（一）智能体的认识论与方法论

智能体理论的发展展示了其认识论和方法论的显著进步。传统人工智能研究主要依赖于"计算-表征"框架，通过模拟人类大脑的运作来实现智能。这种方法在面对复杂和动态的环境时，往往显得力不从心。智能体理论引入"具身认知"这一概念，强调智能体不仅是信息处理器，更是能够与环境进行动态交互的存在。这种观点打破了传统的心身二元论，认为智能体的身体是其认知的一部分，是其与环境互动的基础。

1. 具身认知与智能体

具身认知（embodied cognition）是智能体研究中的一个重要理念，它强调智能行为不仅仅依赖于计算和表征，还需要考虑智能体的身体及其与环境的互动。[①]这一观点源自20世纪90年代的认知科学革命，它挑战了传统的"计算-表征"理论。具身认知认为，智能体的身体在认知过程中起到了至关重要的作用，它不仅是感知和行动的工具，还参与了认知过程本身。

具身认知的理念在机器人学和人工智能中得到了广泛应用。传统的人工智能系统往往依赖于预先编程的规则和数据进行操作，而具有具身认知能力的智能体通过与环境的互动，以及自主学习和适应，表现出更高的灵活性和适应性。例如，自主机器人通过传感器获取环境信息，并通过与环境的物理交互来进行决策和行动。这样的系统能够在复杂和动态的环境中表现出更高的鲁棒性和智能水平。

---

① 范文翔，赵瑞斌. 具身认知的知识观、学习观与教学观[J]. 电化教育研究，2020（7）：21-27，34.

2. 自主性与自适应性

智能体的自主性和自适应性是其在哲学视角下重要的方法论进步。自主性意味着智能体能够在没有外界干预的情况下独立运行,并根据自身的目标和计划进行决策和行动。这种自主性使得智能体能够应对复杂动态的环境,而不再仅仅依赖于人类预设的算法和规则。

自适应性是指智能体能够根据环境的变化进行学习和调整,从而提升自身的表现。在传统的人工智能系统中,智能体的行为往往是预先设定好的,缺乏灵活性和适应性。自适应智能体通过自主学习和经验积累,不断改进自身的行为策略,从而在不断变化的环境中保持高效运行。例如,自适应学习算法使得智能体能够从历史数据中学习模式和规律,优化决策过程。

总之,自主性和自适应性方法论的进步,使得智能体能够在复杂动态的环境中表现出更高的智能水平。传统的人工智能系统在面对未知和不确定性时往往表现不佳,而自主和自适应智能体能够通过实时学习和调整,主动应对环境变化,展示出更高的灵活性和鲁棒性。

3. 社会智能与多智能体系统

社会智能(social intelligence)也是智能体研究取得的重要进展。社会智能强调智能体之间的协作和互动,通过集体智能解决单个智能体难以应对的复杂任务。多智能体系统是社会智能的典型应用,在多智能体系统中,多个智能体通过协调和合作,共同完成任务。

多智能体系统中的智能体需要具备一定的社会能力,能够理解和遵守系统中的规则和规范,与其他智能体进行有效的互动。这种社会智能不仅提高了任务执行的效率,还使得智能体能够应对更大规模的更复杂的任务。例如,在智能交通系统中,多个自主车辆需要协调行动,避免碰撞和拥堵,实现交通流量的优化。

社会智能方法论的进步,使得智能体能够在复杂的社会系统中发挥更大的作用。通过多智能体系统,智能体不仅能够独立完成任务,还能够通过协作和共享资源,提高整体系统的效率和鲁棒性。社会智能的引入,使得智能体研究从单一智能体的研究扩展到多智能体的协作和互动,为智能体在复杂社会系统中的应用提供了新的思路。

(二)智能体的社会智能与协同能力

智能体的社会智能与协同能力是其在复杂社会系统中有效运行和解决问题的关键因素。社会智能不仅体现在智能体之间的互动上,还体现在智能体与人类之间的协同上。这种能力使得智能体能够在协作和竞争的环境中发挥作用,提高整体系统的效率和鲁棒性。这里将详细探讨智能体的社会智能与协同能力,以及其在不同领域的应用和重要性。

1.社会智能的定义与特性

社会智能是指智能体在社会环境中理解、适应和影响他人行为的能力。[①]它包括感知社会线索、理解社会情境、预测他人行为和进行有效沟通等方面。智能体的社会智能使其能够在多智能体系统中进行协作和互动,从而实现更复杂更高效的任务处理。智能体的社会智能具有以下几个特性。

(1)感知性

智能体能够感知和理解环境中的社会线索,包括其他智能体的行为、目标和意图,使智能体能够根据环境的变化调整自身的行为。

(2)沟通性

智能体能够与其他智能体和人类进行有效的沟通,传递信息和协作。这种沟通不仅包括语言交流,还包括非语言的信号和行为。

(3)预测性

智能体能够预测其他智能体和人类的行为,并制定合理的应对策略。这种预测性使智能体能够在复杂的社会情境中保持高效运行。

(4)协作性

智能体能够与其他智能体协作,共同完成复杂的任务。这种协作通常包括任务分配、资源共享和行动协调。

2.多智能体系统中的协同能力

多智能体系统是智能体社会智能的典型应用。在多智能体系统中,多个智能体通过协调和合作,解决单个智能体难以应对的问题。这种系统具有很强的灵活性和适应性,能够根据任务需求进行动态调整。在多智能体系统中,智能体的协同能力主要体现在以下几个方面。

(1)任务分解与分配

智能体能够将复杂的任务分解为多个子任务,并根据各自的能力和资源进行分配。这种任务分解与分配,使得多智能体系统能够高效完成大规模和复杂的任务。

(2)资源共享与优化

智能体能够共享和优化资源,确保资源的有效利用。在多智能体系统中,各智能体可以共享信息、数据和物理资源,从而提高系统的整体效率。

(3)行为协调与同步

智能体能够协调和同步各自的行为,确保系统的协调运行。例如,在协作机器人系统中,多个机器人需要协调行动,避免冲突和干扰,从而实现任务的顺利完成。

---

① 黄鸣奋.人工智能与文学创作的对接、渗透与比较[J].社会科学战线,2018(11):179-188.

(4) 动态适应与调整

智能体能够根据环境的变化和任务的进展，动态调整自身的行为和策略。这种动态适应与调整，使得多智能体系统能够在不确定的不断变化的环境中保持高效运行。

3. 智能体的社会智能与协同能力应用

(1) 自动化新闻生产

在智能传播领域，智能体的社会智能与协同能力在自动化新闻生产中发挥着关键作用。智能体可以通过自然语言处理技术和机器学习技术，自动生成新闻报道，快速响应突发事件，提供即时的信息更新。[1]多个智能体协同工作，可以覆盖更广泛的新闻领域，提供多角度和多层次的新闻报道。例如，一个智能体负责收集和整理数据，一个智能体负责撰写新闻稿，还有一个智能体进行编辑和校对工作。通过这种协同工作，新闻生产的效率和质量得到极大的提高。

(2) 个性化内容推荐

智能体在智能传播领域的另一个重要应用是个性化内容推荐。智能体通过分析用户的兴趣和行为，推送定制化的内容。这需要多个智能体协同工作。从数据收集、用户画像生成到内容推荐，每个环节都需要智能体之间的合作。例如，一个智能体负责实时监控用户的浏览行为，另一个智能体负责分析用户的兴趣点，并生成个性化的推荐列表。通过这种协同工作，智能体系统可以让用户获得更符合自身兴趣的内容，提高用户的参与度和满意度。

(3) 虚拟助手与互动

智能体在智能传播领域的用户互动中也发挥着重要的作用。智能客服和虚拟助手通过自然语言处理技术，能够与用户进行流畅的对话，回答问题，提供信息和服务。例如，在新闻平台上，虚拟助手可以帮助用户查找特定的新闻报道，回答有关新闻内容的问题，并根据用户的反馈调整推荐内容。这种互动不仅增强了用户体验，还增强了用户与平台之间的黏性。

(4) 舆情监测与分析

智能体在舆情监测和信息管理中发挥着重要作用。通过分析社交媒体和新闻平台上的海量数据，智能体可以实时监测舆情，识别热点话题和情感倾向，帮助企业和政府机构及时了解公众舆论，采取应对措施。例如，多个智能体协同工作，一个智能体负责收集和整理社交媒体上的数据，一个智能体负责情感分析，还有一个智能体进行数据可视化和报告生成。通过这种协同工作，智能体系统可以快速、准确地反映公众舆情，为决策提供支持。

(5) 广告定向投放

在广告定向投放方面，智能体的社会智能与协同能力也发挥着重要作用。智能体通过分析用户数据，预测用户行为，为广告主提供精准的广告投放策略。例如，一个

---

[1] 张梦，陈昌凤.智媒研究综述：人工智能在新闻业中的应用及其伦理反思[J].全球传媒学刊，2021（1）：63-92.

智能体负责收集用户的浏览历史和购物记录,一个智能体负责分析这些数据并生成用户画像,还有一个智能体根据用户画像和广告主的需求,制订广告投放计划。通过这种协同工作,智能体系统可以让广告主实现更精准的广告投放,提高广告的转化率和投资回报率。

(6) 挑战与未来发展

尽管智能体的社会智能与协同能力在智能传播领域取得了显著进展,但仍然面临一些挑战。首先,多智能体系统的设计和实现复杂度较高,需要解决智能体之间通信、协调和资源共享等问题。其次,智能体的社会智能需要在动态和不确定的环境中表现出高效和带有鲁棒性的行为,这对智能体的学习和适应能力提出了更高的要求。未来,随着人工智能和通信技术的不断发展,智能体的社会智能与协同能力将进一步提升。研究人员将致力于开发更高效的算法和技术,增强智能体的感知、学习和决策能力,提高多智能体系统的整体性能和可靠性。同时,智能体的社会智能应用范围也将不断扩大,涵盖更多的领域和场景,为智能传播领域带来更多的便利和创新。

(三) 智能体对传播过程、文化生产和文化消费的影响

1. 智能体对传播过程的影响

智能体在传播过程中的作用主要体现在自动化新闻写作、个性化内容推荐和虚拟助手等方面。通过这些应用,智能体大大提高了信息传播的效率和精准度。智能体能够通过自然语言处理技术和机器学习技术,自动生成新闻报道,快速响应突发事件,提供即时的信息更新,从而提高新闻生产的效率和信息的及时性与准确性。此外,智能体通过分析用户的兴趣和行为数据,生成个性化的推荐列表,推送定制化的内容,这使用户能够获得更加符合其兴趣的内容,提升用户参与度和满意度。在用户交互中,智能客服和虚拟助手通过自然语言处理技术,能够与用户进行流畅的对话,提供信息和服务,从而增强用户体验,增强用户与平台之间的黏性。

2. 智能体对文化生产的影响

智能体不仅在传播过程中发挥重要的作用,还深刻影响着文化生产。通过自动化和智能化技术,文化生产变得更加高效和多样化。智能体能够利用生成对抗网络等技术,自动生成各种类型的文化内容,包括音乐、绘画、文学作品等,从而提高文化生产的效率,并为创作者提供新的灵感和创作工具。智能体还可以通过分析用户的兴趣和偏好,推荐个性化的文化产品,流媒体平台通过智能体推荐算法为用户推荐符合其口味的影片和剧集,提升用户的观看体验。此外,智能体能够参与文化创作过程,与人类创作者共同创作,在电影制作、音乐创作等领域提供辅助创作建议和素材,提升创作效率和质量,为文化生产带来新的可能性和创新空间。

3.智能体对文化消费的影响

智能体在文化消费中的应用,不仅改变了用户获取和消费文化产品的方式,还带来了新的文化消费体验和模式。智能体通过虚拟现实(VR)和增强现实(AR)技术,为用户提供互动性和沉浸式的文化体验。比如,在博物馆和艺术展览中,智能体通过VR技术提供沉浸式导览和解说服务,提升用户的观展体验。智能体还通过社交媒体和网络平台,促进文化消费的社交化,通过分析用户的社交行为和兴趣,为其推荐适合的文化活动和产品,增强文化消费的社交属性。此外,智能体可以通过实时反馈机制,提供个性化的文化服务。比如,在在线教育和培训中,智能体根据学生的学习进度和反馈,提供个性化的学习内容和辅导,提高学生的学习效果。

尽管智能体在文化传播过程、文化生产和文化消费中带来了许多积极影响,但也面临文化同质化、隐私与数据安全、伦理与价值观等挑战,需要在应用过程中加以解决,以确保智能体技术在文化传播过程、文化生产和文化消费中的有效应用和道德应用。

三、智能传播中智能体发展的伦理与合约

作为万物之灵的人类既可以在事前将人类价值观融入智能体伦理设计,也可以通过法律、金融、技术等手段进行事后干预,综合利用多种手段共同防控风险。[1]随着智能体技术在智能传播领域的广泛应用,伦理与合约问题日益凸显。智能体在新闻生产、内容推荐、用户互动等方面的应用,虽然提高了传播效率和精准度,但也引发了一系列伦理和法律问题。隐私保护、数据安全、算法偏见、透明性和责任分配等,成为智能传播领域需要重点关注和解决的问题。这里将从人工智能伦理的规制与理论、智能体与人类互动中的合约伦理学两个方面,详细探讨智能传播中智能体发展的伦理与合约问题,并提出相应的解决方案和思路,以期为智能体技术在智能传播领域的应用提供更为完善的伦理和法律框架。

(一)人工智能伦理的规制与理论

1.隐私保护与数据安全

在智能传播领域,隐私保护与数据安全是人工智能伦理中的关键议题。智能体在智能传播过程中需要处理大量的用户数据。这些数据的收集、存储和使用需要严格遵守隐私保护法规。[2]例如,欧盟的《通用数据保护条例》(GDPR)对数据处理提出了严格的要

---

[1] 宋春艳,李伦.人工智能体的自主性与责任承担[J].自然辩证法通讯,2019(11):95-100.
[2] 吴丁娟,朱侯.二元态度下的网购消费者隐私悖论形成机制[J].情报杂志,2020(8):160-165,173.

求,确保用户数据在智能体系统中的安全性和隐私性。智能体开发者和运营者需要遵循这些法规,采取技术和管理措施,防止数据泄露和滥用。

在具体实践中,智能体系统需要通过多层次的安全措施来保护用户数据。这包括加密存储、匿名化处理、访问控制等技术手段,确保只有授权人员和系统可以访问敏感数据。同时,智能体系统应建立完善的数据使用政策,明确数据收集和使用的范围,确保用户的知情权。此外,定期进行数据安全评估和风险分析,发现并填补潜在的安全漏洞,也是智能体系统保障数据安全的重要环节。

隐私保护不仅要依赖于一定的技术手段,还需要法律和政策的有力支撑。各国应制定并完善相关法律法规,以规范和监督智能体系统的数据处理行为。例如,我国的《个人信息保护法》和《数据安全法》明确了数据保护的原则和要求,对个人信息的收集、存储、处理、使用、传输等环节进行了严格规范;欧盟的《通用数据保护条例》(GDPR)确定了用户对数据的知情权、访问权和删除权,树立了全球数据保护的标杆;美国的《加州消费者隐私法案》(CCPA)和正在推动的《美国数据隐私与保护法》(ADPPA)从消费者角度出发,对数据使用的透明度、用户同意以及违规后的法律责任做出具体规定。这些法律法规的实施,为智能体系统中的隐私保护提供了坚实的法律保障,切实维护了用户的数据权益,确保智能传播领域的合规与安全。

2.算法偏见与公平性

算法偏见与公平性是智能传播领域的重要伦理问题。智能体的推荐算法可能会在训练数据时带有社会中的某些偏见,从而在实际应用中产生歧视和不公平的结果。为了避免这种情况,智能体开发者需要在算法设计和数据选择上采取措施,确保系统的公平性。

首先,智能体系统在训练过程中应使用具有多样性和代表性的数据集,避免数据中的偏见对决策产生影响。例如,在内容推荐系统中,数据集应包括不同性别、种族、年龄等群体的行为数据,确保推荐结果的多样性和公正性。此外,开发者应定期评估和调整算法性能,发现并纠正可能存在的偏见问题。

其次,算法设计应注重公平性和透明性。智能体系统应通过公平性测试,确保其在不同用户群体中的表现一致,不因用户的特定属性而产生偏见。例如,可以使用公平性指标对算法进行评估,检测其在不同群体中的表现差异,并采取措施减小这些差异。通过透明的算法设计和公平性测试,智能体系统可以提高决策的公正性和可靠性。

最后,算法偏见问题的解决还需要社会和文化的支持。应通过教育和宣传,提高公众对算法偏见问题的认识,鼓励用户主动反馈和监督智能体系统的表现。同时,行业协会和研究机构应加强合作,制定算法公平性标准,探索最佳实践,推动算法公平性的普及和应用。

3.透明性与可解释性

透明性与可解释性是人工智能伦理中的另一个重要议题。智能体系统的决策过程往往复杂且难以解释,用户和监管者难以理解其决策依据。这种情况可能导致用户对智能体系统的不信任,甚至引发法律和伦理争议。为了提高透明性,智能体系统需要具备可解释性,即能够向用户和监管者清晰地解释其决策过程和依据。

在技术层面,开发者应设计可解释的算法,提供详细的决策报告。例如,使用可解释性模型,如决策树和线性回归,可以让用户直观地理解智能体系统的决策逻辑。此外,可以结合可视化技术,将复杂的决策过程和数据分析结果以图形化的方式展示,帮助用户更好地理解智能体系统的运行机制。

在实践中,智能体系统应向用户提供透明的决策依据和反馈机制。例如,在内容推荐系统中,用户应能够查看推荐的理由和依据,并能够对不满意的推荐结果进行反馈和纠正。这不仅提高了系统的透明性,还增强了用户的信任感和满意度。同时,监管机构应建立智能体系统的透明性标准,要求开发者公开算法模型和数据使用情况,确保智能体系统的透明运行。

此外,智能体系统的透明性和可解释性还需要法律和政策的支持。例如,GDPR规定数据主体有权了解和获取关于其个人数据的处理信息,这为智能体系统的透明性提供了法律保障。各国应制定相关法律法规,规范智能体系统的透明性要求,确保用户的知情权和监督权。

(二)智能体与人类互动中的合约伦理学

1.合约伦理学的背景及其重要性

在智能传播领域,智能体与人类的互动日益频繁,这种互动不仅包括人机协作,还涉及法律和伦理层面的合约关系。合约伦理学在此背景下应运而生。合约伦理学旨在探讨智能体与人类互动中的权利和义务,以及如何通过合约机制来规范这种互动,确保其公正性和合理性。随着智能体技术的不断进步,智能体在内容推荐、用户互动、数据分析等方面发挥着越来越重要的作用,这种复杂的互动关系需要通过合约伦理学来明确和规范。

2.智能体与人类合作中的合约关系

智能体在执行传播任务时,往往需要与人类用户或其他智能体进行合作。这种合作关系类似于传统的合约关系,双方需要明确各自的权利和义务,并遵守相应的规则和约定。例如,在内容推荐系统中,智能推荐算法需要与内容创作者和用户建立合约关系,明确各方在内容推荐过程中的职责和行为规范,以确保推荐的公平性和准确性。

在具体实践中,智能体与人类的合作需要制定详细的合约条款。这些条款应包括数据使用范围、隐私保护措施、责任归属、赔偿机制等内容。例如,内容推荐系统中的合约可以规定,智能体在推荐内容时需要遵守数据使用规则,不得滥用用户数据,同时需要明确内容创作者对推荐内容的监督权和纠正权,保障内容的公正性和准确性。

此外，合约条款还应涵盖智能体在不同场景下的具体操作规范。例如，在广告推荐系统中，合约可以规定智能体在选择和展示广告时，需要遵守的公平性和透明性原则，确保不同广告主和用户的利益不受侵害。通过详细的合约条款，可以在智能体与人类之间搭建清晰的合作框架，确保合作的顺利进行和各方的合法权益。

3.责任与问责机制

合约伦理学强调智能体在和人类互动时的责任与问责机制。智能体在执行任务时，有时会出现错误或造成损害，这就需要明确其责任归属和赔偿机制。例如，如果智能推荐系统推荐了不适当或有害的内容，导致用户受到伤害，那么，如何确定智能体开发者、运营者和内容提供者的责任，是一个重要的伦理和法律问题。

为了建立有效的责任与问责机制，合约中应详细规定各方的责任范围和问责程序。例如，智能推荐系统可以规定，如果系统推荐内容导致用户受到损害，开发者应负责算法的改进和调整，运营者应承担对用户的赔偿责任，内容提供者应负责删除或更正不适当的内容。通过明确的责任分担和问责程序，可以有效防止和解决智能体在执行任务过程中出现的各种问题，保障用户的权益。

此外，智能体系统应建立透明的问责机制，允许用户对系统的决策和行为进行监督和反馈。例如，用户可以通过投诉和反馈渠道，报告智能体系统的错误和不当行为，系统运营者应及时调查和处理用户的投诉，并向用户反馈处理结果。这样的问责机制不仅可以提高智能体系统的透明度和公正性，还可以增强用户的信任感和满意度。

4.信任与协作机制

合约伦理学还涉及智能体和人类互动时的信任与协作问题。智能体系统的设计和运行需要考虑用户的信任感，确保用户在使用过程中感到安全和可靠。例如，通过合约条款明确智能体系统的数据使用范围和保护措施，可以增强用户的信任感，促进人机协作的顺利进行。

为了建立信任与协作机制，智能体系统应提供透明和可解释的决策依据，让用户了解系统的工作原理和决策过程。例如，智能体系统可以通过可视化工具展示算法的运行过程和数据使用情况，让用户了解系统是如何做出推荐和决策的。此外，系统应提供用户友好的接口和操作指南，帮助用户熟悉和掌握系统的使用方法，增强用户对系统的信任感。

信任与协作机制还需要智能体系统尊重人类用户的意愿和决策权。智能体在执行任务时，应充分考虑用户的需求和偏好，通过个性化设置和推荐，满足用户的个性化需求。例如，智能推荐系统可以允许用户根据个人兴趣和偏好，调整推荐参数和筛选条件，提供个性化的推荐内容。通过这样的机制，可以提高用户的参与感和满意度，促进人机协作的顺利进行。

四、结语

通过对智能体定义、特性、理论视角、社会智能与协同能力及其在传播领域的应用的全面探讨，我们可以清晰地看到智能体技术在智能传播中的巨大潜力和广泛应用。智能体不仅能够通过自主性、灵活性和社会能力，在新闻生产、社交媒体管理和个性化内容推荐等方面实现高效的任务处理，还能够通过多智能体系统的协作，提升整体系统的鲁棒性和适应性。

然而，智能体技术的广泛应用也带来了伦理与合约方面的挑战，如隐私保护、数据安全和算法偏见等。从人工智能体技术的意义看，所有的研究都要立足于使人工智能体成为道德主体。[①]为确保智能体在智能传播领域的安全、可靠和公正应用，需要在技术、法律和伦理层面采取综合措施。开发透明、可解释的算法，建立完善的数据保护机制和问责制度，以及明确智能体与人类互动中的合约关系和责任分配，将是未来发展的关键方向。

智能体技术的不断进步，将为智能传播领域带来更多的创新和机遇。然而，研究人员、开发者和政策制定者需要共同努力，解决技术应用中的伦理和法律问题，确保智能体技术在为社会带来便利的同时，不损害用户权益和社会公正。通过科学研究和规范管理，我们有理由相信，智能体技术将在智能传播领域发挥更加重要的作用，推动信息传播效率和质量进一步提升。本节概括了智能体在智能传播中的多方面应用及其面临的挑战，希望为读者提供深入的启发，为读者未来的研究和实践提供参考和借鉴。

第二节　数字人永生：从镜像世界的数字衍生物到永恒生命

一、数字人的概念与起源

（一）数字人的定义与分类

数字人是现代科技与文化交织的产物。通过分析不同类型数字人的特征和应用，我们可以更好地理解其多样性和复杂性。

---

① 胡术恒，向玉琼.人工智能体道德判断的复杂性及解决思路——以"人机共生"为视角[J].江苏大学学报（社会科学版），2020（4）：16-28.

1. 数字人的基本定义

数字人是指以数字技术为基础创建的具有特定外貌和行为特征的虚拟形象。这些虚拟形象通常存在于虚拟世界中，借助计算机图形学，以及图像渲染、动作捕捉、深度学习、语音合成等技术生成，其具有与人类相似的特征和能力。[1]数字人具备一定的交互能力，可以通过多种形式与人类互动，模仿人类的行为和反应。

2. 数字人的分类标准

数字人的分类主要基于其技术实现方式和应用场景。根据数字人的技术实现方式，可以将其分为虚拟人、虚拟数字人和数字孪生三类。根据数字人的应用场景，可以将其分为娱乐型数字人、教育型数字人、商业型数字人、医疗型数字人等。

（1）虚拟人

虚拟人是数字人的一种，通常存在于虚拟世界中，通过计算机图形学和人工智能技术生成。它们的身份和行为是虚构的，但具有与人类相似的外貌和行为特征。虚拟人主要用于娱乐和媒体领域，如虚拟偶像、虚拟主播等。日本的"初音未来"和中国的"洛天依"都是典型的虚拟偶像，它们通过虚拟形象和合成声音进行表演和互动，拥有大量的粉丝和广泛的社会影响力。[2]

虚拟人不仅有逼真的视觉效果，还能够通过编程设定特定的个性和行为模式，模仿人类的言行举止。例如："初音未来"不仅是一位虚拟歌手，还参与了多个广告和代言项目，展现了虚拟人在商业领域的潜力；"洛天依"则通过直播平台与粉丝互动，增强了用户体验和参与感，进一步扩大了虚拟人的影响力和应用场景。

（2）虚拟数字人

虚拟数字人是虚拟人的一种高级形式，具有更高的智能化水平和交互性。它们不仅具有与人类相似的外貌和行为特征，还能够通过人工智能技术与人类进行复杂的互动。虚拟数字人被广泛应用于各个领域，如商业代言、教育培训、医疗辅助等。例如，虚拟代言人"Zoe"和超写实数字人"AYAYI"在商业代言中表现出色，展示了虚拟数字人的巨大潜力。[3]

虚拟数字人不仅在外貌上更加逼真，还能通过自然语言处理技术实现与人类的对话和互动。这使得它们在客服、教育和医疗等领域具有广阔的应用前景。例如，虚拟代言人"Zoe"能够根据用户需求提供个性化的产品推荐，而超写实数字人"AYAYI"则可以在医疗咨询中提供精准的诊断建议，展示了虚拟数字人的多样性和应用潜力。

（3）数字孪生

数字孪生是现实世界中人物的数字化复制品，其通过高度精确的建模和仿真技术创

---

[1] 黄鸣奋.超他者:中国电影里的人工智能想象[J].江西师范大学学报（哲学社会科学版），2019（4）：65-76.
[2] 魏丹.国内外"虚拟歌手"的音乐文化比较[J].音乐传播，2017（2）：120-122.
[3] 郭全中.虚拟数字人发展的现状、关键与未来[J].新闻与写作，2022（7）：56-64.

建。这些数字化复制品可以完全复制现实人物的外貌和行为,用于娱乐、教育和研究等领域。[1]例如,以已故明星邓丽君为原型的数字孪生,通过虚拟技术与现实歌手合作表演,为观众带来了跨时空的艺术体验。

数字孪生不仅在外貌上高度还原现实人物,还能够通过模拟现实中人物的行为和反应,提供逼真的互动体验。例如,邓丽君的数字孪生不仅在外貌上与真人无异,还能够通过语音合成技术演唱其经典曲目,带给观众身临其境的感受。数字孪生在教育和研究中也有重要的应用,如通过数字化复制历史人物,进行历史事件的再现和教学,提升学习效果和研究深度。

在分类标准中,技术实现方式和应用场景是关键因素。例如,虚拟人主要通过计算机图形学和人工智能技术实现,应用于娱乐和媒体领域;虚拟数字人通过更加复杂的人工智能技术实现,应用于教育、医疗和商业等领域;数字孪生则通过高度精确的建模和仿真技术实现,应用于研究和教学等领域。这些分类标准可以帮助我们更好地理解数字人的多样性和复杂性。

(二)数字人技术的历史发展

数字人技术的发展历程反映了科技进步的轨迹。从早期的赛博格概念到现代的虚拟偶像和虚拟主播,关键技术的不断突破推动了数字人的演进和应用拓展。

1.赛博格的起源

数字人技术的起源可以追溯到赛博格的提出。1985年,美国的唐娜·哈拉维(Donna J.Haraway)在《赛博格宣言》中将赛博格定义为无机物机器与生物体的结合体,如安装了假牙、假肢、心脏起搏器等的身体。这一概念模糊了人类与动物、有机体与机器、物质与非物质的界限,开启了对数字人技术的探索。

赛博格的提出不仅在哲学和文化层面引发了广泛讨论,还为未来数字人技术的发展提供了理论基础。赛博格的概念强调了人类与技术的结合,预测了未来技术在增强人类能力方面的巨大潜力。[2]这一概念在科幻文学和电影中得到了广泛应用,如《银翼杀手》和《攻壳机动队》等作品都展现了赛博格形象,激发了公众对未来技术的想象和期待。

2.早期的数字人技术

早期的数字人技术主要应用于影视娱乐行业,如"指环王"系列电影中的动作捕捉

---

[1] 谭雪芳.图形化身、数字孪生与具身性在场:身体-技术关系模式下的传播新视野[J].现代传播(中国传媒大学学报),2019(8):64-70.
[2] 苏涛,彭兰.反思与展望:赛博格时代的传播图景——2018年新媒体研究综述[J].国际新闻界,2019(1):41-57.

角色"咕噜",以及2007年首次出现的日本虚拟偶像"初音未来"。这些早期的数字人技术虽然在视觉效果上比较成功,但在交互性和智能化方面仍存在很大的局限性。

"指环王"系列电影中角色"咕噜"的动作捕捉技术是数字人技术的一个重要里程碑。通过将演员的表演转化为数字化的动画,制作团队打造了高度逼真的角色形象,开创了数字人在影视特效中的应用先河。2007年,日本公司Crypton Future Media开发的虚拟偶像"初音未来",通过语音合成技术和计算机图形学,创造了一个能够演唱和表演的虚拟形象,成为数字人在音乐和娱乐领域的重要代表。

3.虚拟偶像与虚拟主播的崛起

随着计算机图形学和人工智能技术的进步,虚拟偶像逐渐崛起,成为数字人技术的重要应用之一。虚拟偶像不仅在外貌和行为上接近人类,还具备一定的交互能力。比如"初音未来"和"洛天依"通过虚拟形象和合成声音进行表演,赢得了大量粉丝,推动了数字人技术的发展。虚拟偶像的成功不仅在于其逼真的形象和较强的表演能力,还在于其与粉丝互动的方式。通过社交媒体和直播平台,虚拟偶像能够与粉丝进行实时互动,增强了用户的参与感和忠诚度。例如,"初音未来"的虚拟演唱会不仅吸引了大量观众,还通过实时互动和定制化内容增强了粉丝的参与体验;"洛天依"则通过直播平台与粉丝互动,展示了虚拟偶像在新媒体时代的独特魅力。

虚拟主播是数字人技术的另一个重要应用,代表了数字人技术从娱乐领域向媒体和社交领域的拓展。2016年,全球第一位虚拟主播"绊爱"在YouTube上线,开启了虚拟主播时代。[①]虚拟主播通过计算机图形学和语音合成技术,实现了与观众的实时互动,极大地提升了用户体验。虚拟主播的成功不仅在于技术上的突破,还在于内容创作和用户互动方面的创新。"绊爱"作为虚拟主播,通过实时互动和个性化内容吸引了大量观众,展示了虚拟主播在新媒体时代的巨大潜力。虚拟主播不仅在娱乐领域表现出色,还在教育、新闻、商业等领域展现出广阔的应用前景。例如,虚拟主播可以在新闻直播中提供实时解说服务,在教育中提供个性化教学服务,在商业中提供产品推荐和客户服务。

4.人工智能技术的突破

近年来,人工智能技术的突破为数字人技术带来了新的发展机遇。深度学习、自然语言处理、语音识别等技术的进步,使得虚拟数字人具备了更高水平的智能化和交互性。人工智能技术的进步使得虚拟数字人在智能化和交互性方面实现了重大突破。通过深度学习和自然语言处理技术,虚拟数字人能够理解和响应用户的需求,提供个性化的服务和建议。例如,AI合成主播能够自动生成新闻内容,并与观众进行实时互动,提升了新闻传播的效率。虚拟助手通过语音识别技术,能够根据用户的需求提供个性化的服务,如智能客服、虚拟医生、虚拟教师等。

---

① 邵鹏,杨禹.AI虚拟主播与主持人具身传播[J].中国广播电视学刊,2020(6):71-74.

(三）数字人的社会与文化影响

数字人在现代社会中扮演着越来越重要的角色，其影响力并不局限于娱乐和媒体，还拓展到教育、医疗、商业等多个领域。通过分析数字人的社会与文化影响，可以更好地理解其对人类生活方式和社会结构的改变。

1.数字人在娱乐领域的影响

数字人在娱乐领域的应用最为广泛且影响深远。虚拟偶像和虚拟主播通过先进的技术和创意，吸引了大量粉丝，成为娱乐产业的重要组成部分。例如，虚拟偶像"初音未来"和"洛天依"不仅在音乐领域取得了巨大的成功，还通过演唱会和商品销售等形式创造了可观的经济效益。

2.数字人在媒体和传播中的作用

数字人也在媒体和传播领域发挥着重要的作用。虚拟主播通过实时互动和高度个性化的内容，提升了新闻传播的效率。例如，新华社推出的AI合成主播"新小萌"在重大新闻事件中进行了及时、准确的报道，展示了数字人技术在新闻传播中的潜力。[1]

3.数字人在教育和培训中的应用

在教育和培训领域，数字人也展现出巨大的应用潜力。虚拟教师和虚拟培训师可以提供个性化和互动性强的教育服务，提升学习效果。例如，虚拟教师可以根据学生的学习进度和需求，制订有针对性的教学计划，并通过虚拟现实技术为学生提供沉浸式学习体验。

虚拟教师的成功不仅在于技术上的突破，还在于教育内容和教学方法上的创新。通过虚拟现实技术，虚拟教师能够提供沉浸式的教学体验，提升学生的学习效果，增强学生的参与感。虚拟培训师则可以在企业培训中提供个性化的培训内容和互动式的培训方式，提升员工的学习效果和技能水平。

4.数字人在商业和营销中的应用

数字人在商业和营销领域也展现出巨大的应用潜力。虚拟代言人和虚拟客户服务可以通过人工智能技术提供个性化的产品推荐和客户服务，提升用户体验和品牌忠诚度。例如，虚拟代言人"Zoe"可以根据用户的需求和偏好，提供个性化的产品推荐和购买建议，提升用户的购物体验和满意度。

---

[1] 何强.人工智能在新闻领域应用的新突破——从全球首个"AI合成主播"谈起[J].新闻与写作，2019（5）：93-95.

二、数字世界中的虚拟衍生物

（一）虚拟数字人的技术基础

1. 计算机图形学

计算机图形学是虚拟数字人技术的基础。通过计算机图形学，虚拟数字人可以拥有逼真的外貌和动作。这一技术基础涵盖建模、渲染和动画等多个方面。

（1）建模技术

建模技术的利用是创建虚拟数字人的第一步。通过三维建模软件，设计师可以建构出虚拟数字人的骨骼结构和表面形态。常用的三维建模软件包括 Maya、Blender 和 ZBrush。这些软件允许设计师创建高度详细的三维模型，从而使虚拟数字人的外观更加逼真。

建模技术在创建外观时还能实现细节的雕刻和纹理的应用。例如，通过 ZBrush，设计师可以在虚拟数字人的皮肤上雕刻出细腻的毛孔和皱纹，使其看起来更加真实。再如，通过 Blender，设计师可以应用具有高分辨率的纹理贴图，模拟皮肤、衣物和其他材料的质感。这些技术的结合，使得虚拟数字人的外观能够达到以假乱真的水平。

（2）渲染技术

渲染技术是将三维模型转化为二维图像的过程。通过渲染，虚拟数字人的皮肤、衣物和其他细节可以在屏幕上呈现出来。实时渲染技术，如 Unreal Engine 和 Unity，使得虚拟数字人可以在各种应用场景中进行实时交互，这对于虚拟主播和虚拟偶像而言尤为重要。

渲染技术包括光照、材质和阴影等多个方面。通过精细的光照模型，虚拟数字人的皮肤可以呈现出细腻的光泽和反射效果。材质属性的设定，如透明度、折射率和表面粗糙度，使得虚拟数字人的外观更加真实。阴影效果的渲染则增强了画面的立体感和深度感。例如，Unreal Engine 5 通过 Nanite 和 Lumen 技术，实现了高度逼真的光照和几何细节，使得虚拟数字人的呈现达到了前所未有的逼真水平。

（3）动画技术

动画技术使虚拟数字人能够表现出逼真的动作和表情。通过关键帧动画和物理模拟，虚拟数字人的动作可以非常自然。近年来，运动捕捉技术的发展使得虚拟数字人的动作更加生动和真实。

关键帧动画通过在时间轴上设定关键帧，生成中间帧，实现流畅的动画效果。物理模拟则根据真实的物理规律，模拟虚拟数字人的动作和反应，如重力、惯性、碰撞等。运动捕捉技术通过捕捉真人演员的动作数据，并将其应用到虚拟数字人身上，使其动作更加自然和逼真。这些技术的结合，使得虚拟数字人在各种场景都能呈现高度真实的动态效果。

2.动作捕捉技术

动作捕捉技术是虚拟数字人实现动态表现的重要手段,能够使虚拟数字人的动作更加自然逼真。

（1）光学动作捕捉

光学动作捕捉是通过多个摄像头捕捉标记点的运动来记录动作数据。标记点通常放置在演员的身体上,通过这些点的运动轨迹,生成虚拟数字人的骨骼动画。这种技术常用于电影和游戏的制作。

光学动作捕捉的优点在于精度高、实时性强,能够捕捉到演员细微的动作和表情变化。例如,在电影《指环王》中,演员安迪·瑟金斯通过佩戴标记点,表演了角色"咕噜"的动作和表情,制作团队通过光学动作捕捉技术,将这些表演转化为高度逼真的动画效果。

（2）惯性动作捕捉

惯性动作捕捉使用惯性传感器来记录运动数据。传感器通常佩戴在演员的身体各个部位,通过记录加速度和角速度来计算动作。这种技术不依赖于摄像头,适用于室外和复杂环境中的动作捕捉。[①]

惯性动作捕捉的优势在于不受环境光线和空间限制,适用于大范围和户外场景。例如,演员在拍摄动作片时,可以佩戴惯性传感器进行表演,捕捉到的动作数据可以用于虚拟数字人的动画制作。尽管惯性动作捕捉在精度上可能略逊于光学动作捕捉,但其灵活性和便捷性使其在许多场景中得到了应用。

（3）面部动作捕捉

面部动作捕捉技术通过捕捉演员面部表情的变化,生成虚拟数字人的面部动画。这项技术通过安装在演员面部的摄像头和传感器,记录面部肌肉的细微运动,从而实现逼真的表情动画。

面部动作捕捉能够捕捉到演员丰富的面部表情细节,如微笑、皱眉、眨眼等,使虚拟数字人的面部动画更加生动和真实。例如,在电影《阿凡达》中,制作团队通过面部动作捕捉技术将演员所表演角色的丰富表情转化为高度逼真的CGI动画,增强了观众的沉浸感和情感共鸣。

3.深度学习和语音合成技术

深度学习和语音合成是虚拟数字人得以实现智能化和交互性的关键技术。这些技术使虚拟数字人不仅具有逼真的外观和自然的动作,还能与用户进行自然的交流和互动。

（1）深度学习技术

深度学习技术是虚拟数字人实现智能化的基础。通过训练神经网络,虚拟数字人可

---

① 程思琪,喻国明,杨嘉仪,等.虚拟数字人:一种体验性媒介——试析虚拟数字人的连接机制与媒介属性[J].新闻界,2022（7）:12-23.

以理解和响应用户的语言和行为。深度学习技术还能够用于生成虚拟数字人的动作和表情，使其能够在各种场景中表现出自然的行为。

深度学习技术通过大量的数据训练，使虚拟数字人具备了理解和生成自然语言的能力。例如，虚拟助手可以通过深度学习技术，理解用户的语音指令，并生成相应的回复。深度学习技术还可以用于生成逼真的动画效果，如通过生成对抗网络技术，虚拟数字人可以生成更加自然逼真的动作和表情。

(2) 语音合成技术

语音合成技术使虚拟数字人能够发出自然的声音。通过将文本转化为语音，虚拟数字人可以与用户对话。近年来，基于深度学习的语音合成技术，如 WaveNet 和 Tacotron，使得语音的自然度和情感表达能力大大提高。①

语音合成技术通过训练神经网络，生成高度自然的语音。例如，Google 的 WaveNet 技术通过深度神经网络，生成了接近于人类自然发音的语音，具有高度的情感表达能力。Tacotron 技术通过将文本转化为语音，生成了自然流畅的语音，使虚拟数字人能够进行逼真的对话和交流。

(3) 自然语言处理技术

自然语言处理技术使虚拟数字人能够理解和生成自然语言。通过自然语言处理，虚拟数字人可以理解用户的指令和问题，并生成相应的回答。这项技术在虚拟助手和客服机器人中得到了广泛应用。

自然语言处理技术通过分析和理解人类语言，使虚拟数字人具备了语言理解和生成能力。自然语言处理技术还可以用于情感分析，通过分析用户的语音和文本，识别用户的情感状态，生成相应的情感回复，增强用户的互动体验。

(二) 虚拟数字人的应用案例

1.虚拟偶像"初音未来"

"初音未来"作为世界上第一个得到广泛认可的虚拟偶像，通过合成声音和计算机图形学技术，实现了虚拟演唱会和多种形式的商业合作。

"初音未来"的声音由 Yamaha（雅马哈）的 Vocaloid 系列语音合成，其形象则由著名插画家 KEI 设计。通过计算机图形学和动画技术，初音未来在舞台上实现了逼真的表演。她能够演唱多种风格的歌曲，适应不同的音乐类型，吸引了广大受众。

"初音未来"的成功不仅在于技术创新，还在于广泛的商业应用。"初音未来"不仅发行了多张专辑，还通过虚拟演唱会、商品销售和品牌合作，创造了巨大的商业价值。她的虚拟演唱会在全球范围内举行，吸引了大量观众，证明了虚拟偶像的市场潜力。此外，"初音未来"还与多家知名品牌合作，推出了系列周边产品和联名商品，进一步扩大了其商业影响力。

---

① 陈鹏.当代中国语言产业发展的三次浪潮[J].语言战略研究，2017（5）：20-28.

"初音未来"在全球范围内拥有大量粉丝,成为虚拟偶像文化的代表。她不仅在音乐领域取得了巨大的成功,还通过各种形式的跨界合作,影响了游戏、动漫、电影等多个领域。"初音未来"的成功展示了虚拟偶像在智能传播中的潜力,通过技术创新和多元化的传播方式,它成为全球范围内的文化现象。

2.虚拟主播"绊爱"

"绊爱"是世界上第一个虚拟YouTuber,于2016年在YouTube上首次亮相。通过人工智能和动画技术,"绊爱"能够与观众实时互动,迅速积累了大量粉丝。

"绊爱"的形象和动画由3D建模和动作捕捉技术实现。通过人工智能技术,"绊爱"能够与观众实时互动,回答问题并参与讨论。这种实时互动增强了观众的参与感和忠诚度,使"绊爱"迅速走红。她不仅在YouTube上发布视频,还进行直播,与观众进行更为直接的互动。

"绊爱"通过YouTube频道和直播平台,获得了大量的广告收入和粉丝打赏。此外,她还与多个品牌合作,进行商品代言和推广,展示了虚拟主播的商业潜力。"绊爱"的成功证明了虚拟主播在智能传播中的独特优势,能够通过实时互动和个性化内容吸引观众,创造商业价值。

"绊爱"的成功开创了虚拟YouTuber的先河,也催生了许多虚拟主播。她不仅在日本国内影响巨大,还在全球范围内积累了大量粉丝,推动了虚拟主播文化的发展。通过虚拟形象和人工智能技术,"绊爱"展示了虚拟主播在智能传播中的巨大潜力,为智能传播未来的发展提供了新的方向。[1]

3.虚拟美妆达人"柳夜熙"

"柳夜熙"是中国首个虚拟美妆达人,通过短视频平台发布美妆教程和产品推荐,迅速走红。"柳夜熙"的形象由3D建模和动画技术实现。通过面部动作捕捉和语音合成技术,"柳夜熙"能够展示复杂的美妆技巧,并与观众进行互动。她的美妆教程不仅详细展示了化妆步骤,还通过虚拟形象增强了视觉效果,使观众能够更直观地学习化妆技巧。

"柳夜熙"通过短视频平台积累了大量粉丝,并与多个美妆品牌合作,进行产品推广和代言。她的成功展示了虚拟数字人在电商和品牌推广中的巨大潜力。"柳夜熙"的美妆教程不仅吸引了大量观众,还通过精准的产品推荐,推动了美妆产品的销售,创造了显著的商业价值。[2]

"柳夜熙"的出现改变了美妆行业的营销方式。通过虚拟形象,她能够展示复杂的美妆技巧,并与观众进行实时互动,增强了用户的参与感和信任度。"柳夜熙"的成功展示了虚拟数字人在智能传播中的独特优势。通过技术创新和互动传播,虚拟美妆达人在智能传播中发挥了重要作用。

---

[1] 陈一奔,宋钰.真实与虚拟的双重扮演——虚拟主播的演变、问题与展望[J].青年记者,2022(8):95-97.
[2] 沈嘉熠.想象的无界:虚拟角色与受众沉浸[J].人民论坛,2022(8):112-115.

（三）虚拟数字人面临的伦理与法律问题

这里我们探讨虚拟数字人面临的伦理与法律方面的挑战，包括隐私保护、数据安全、虚拟人权利等，并提出可能的解决方案和治理机制。

1.隐私保护

虚拟数字人在与用户互动的过程中，会收集和处理大量个人数据。这些数据包括用户的行为数据、对话记录和偏好信息，能够为个性化服务提供支持，但也存在隐私泄露的风险。如果这些数据被不法分子利用，就可能会对用户的个人隐私造成严重侵犯。因此，企业需要在数据收集和使用方面实现透明化，确保数据的合法使用。

保护用户数据的安全是虚拟数字人技术发展中的重要课题。数据加密、匿名化处理和访问控制是常见的数据安全保护措施。此外，建立完善的数据管理制度，确保数据的合法使用和存储，也是保障数据安全的重要手段。在虚拟数字人与用户互动的过程中，用户应当知晓自己的数据是如何被收集、存储和使用的。透明的数据使用政策和用户知情同意机制是保障用户隐私的重要措施。企业应当明确告知用户其数据将如何使用，并获得用户的明确同意，保障用户的知情权和选择权。

2.数据安全

虚拟数字人的数据安全问题不仅关系到用户的隐私保护，还涉及数据的完整性和可靠性。确保数据的安全传输和存储，防止数据被篡改或泄露，是虚拟数字人技术面临的重大挑战。在虚拟数字人和服务器的数据传输过程中，采用加密技术可以有效防止数据被窃取和篡改。常见的加密技术包括SSL/TLS协议和端到端加密，这些技术可以确保数据在传输过程中不被窃取和篡改，保证用户的数据安全。

数据存储安全包括物理安全和逻辑安全两个方面。物理安全主要指保护存储设备不被未经授权的人员访问，逻辑安全则包括数据加密和访问控制措施，确保只有授权人员可以访问和操作数据。定期进行数据备份和建立完善的数据恢复机制，可以在数据丢失或损坏时迅速恢复数据，确保虚拟数字人的正常运行和用户数据的完整性。通过这些措施，可以在发生数据故障时，及时恢复系统，减少对用户的影响，保障虚拟数字人的数据安全。

3.虚拟人权利

随着虚拟数字人的发展，虚拟人权利问题逐渐引起关注。虚拟数字人是否应享有类似于人类的权利，如名誉权和肖像权，成为人们讨论的热点。

虚拟数字人的名誉权涉及其形象和声誉的保护。未经授权使用虚拟数字人的形象或名义进行商业活动，可能侵犯其名誉权。因此，虚拟数字人的名誉权保护需要在法律上进行明确规定。①例如，未经授权使用"初音未来"的形象进行商业宣传，不仅会侵害其形象的独特性，还可能损害其品牌价值。

虚拟数字人的肖像权问题主要涉及其形象的版权和使用权。虚拟数字人的形象通常由设计师或公司设计，拥有版权，但在实际使用中，虚拟数字人的形象可能被他人未经授权使用，导致肖像权争议。法律需要明确虚拟数字人肖像的版权归属，保护原创设计者和企业的合法权益。

虚拟数字人的法律地位问题涉及其是否应被视为法律主体。如果虚拟数字人被视为法律主体，其将享有一定的权利和义务，如名誉权、肖像权、合同权利等。这需要在法律体系中进行明确规定和保障。

三、从虚拟衍生物到永恒生命

（一）数字永生的概念与实现

1. 数字永生的概念

数字永生是指通过数字技术将人的思想、记忆、人格特征等核心要素保存下来，使人类在数字世界中获得永生。这不仅包括简单的记忆保存，还涉及思想和情感的复制与再现。数字永生的核心在于通过先进的技术手段，超越生物学的限制，使人的存在形式从物理世界转向数字世界。②

数字永生的概念来源于人们对死亡的恐惧和对永生的渴望。在古代，人们通过建造金字塔、制作木乃伊等方式希望获得永生。而在现代，随着科学技术的进步，人们开始探索通过数字技术实现永生的可能性。数字永生不仅仅是对身体的复制，更重要的是对意识和人格的保存，使人类可以在虚拟世界中继续存在和发展。

2. 实现数字永生的技术和方法

（1）脑机接口技术

脑机接口（brain-computer interface，BCI）是实现数字永生的关键技术之一。通过脑机接口技术，可以将人类大脑中的信息直接传输到计算机中，实现人类与计算机的直接交流。脑机接口技术的发展，使得记录和传输大脑信息成为可能，为数字永生提供了技术基础。

脑机接口技术包括侵入式和非侵入式两种。侵入式脑机接口需要将电极植入大脑，通过直接读取神经信号，实现高精度的信息传输；非侵入式脑机接口则通过头皮电极等

---

① 李佳伦.网络虚拟人格保护的困境与前路[J].比较法研究，2017（3）：193-200.
② 曾一果，昂振.从"智人"到"数字人"：数字生命的概念嬗变与表征形态[J].传媒观察，2024（4）：63-70.

方式，间接读取脑电波，实现信息传输。尽管目前脑机接口技术在准确性和稳定性上还有待提高，但其在医疗康复、神经科学研究等领域已展现出巨大的潜力。

（2）记忆数字化

记忆数字化是指通过技术手段，将人类的记忆以数字形式保存下来。它的实现依赖于对大脑记忆机制的深入理解和对神经信号的精确捕捉。[①]通过记忆数字化，人类的思想和经验可以被完整地记录和保存，实现信息的跨时间传递。

记忆数字化的实现需要多种技术的配合，包括神经科学、人工智能、数据存储等。其中，神经科学技术提供了对大脑记忆机制的理解，人工智能技术用于处理和分析复杂的神经信号，数据存储技术则确保大量记忆信息的保存和管理。目前，记忆数字化尚处于初步探索阶段，但其发展前景非常广阔，未来有望在医疗、教育等领域发挥重要的作用。

（3）虚拟现实技术

虚拟现实（virtual reality，VR）技术为数字永生提供了一个沉浸式的数字环境，使得人类可以在虚拟世界中继续生活和互动。通过虚拟现实技术，数字化的人类意识可以在虚拟世界中进行感知和体验，与其他数字化存在进行交流和互动。

虚拟现实技术的发展，使得建构高度逼真的虚拟环境成为可能。通过高分辨率显示设备、逼真的三维建模和自然的人机交互技术，虚拟现实提供了可以与现实世界相关体验媲美的沉浸式体验。此外，虚拟现实技术与增强现实（AR）技术和混合现实（MR）技术的融合，使得虚拟世界与现实世界的边界进一步模糊，为数字永生的实现提供了更多的可能。

3.技术可行性和发展前景

尽管实现数字永生的技术尚未完全成熟，但已有许多研究和实验证明了其可行性。脑机接口技术在神经信号的读取和传输方面取得了重要进展，记忆数字化在神经科学和人工智能的结合下不断实现突破，虚拟现实技术则在沉浸式体验和人机交互方面表现出色。随着各项技术的进一步发展和融合，实现数字永生的技术基础将更加牢固。

数字永生的实现不仅是技术发展的结果，更是对人类存在形式的革命性变革。未来，数字永生技术有望在多个领域发挥重要作用。首先，在医疗领域，数字永生技术可以用于神经康复、精神疾病治疗等方面，提供全新的治疗手段。其次，在教育和文化保存方面，数字永生技术可以保存和传递人类的思想和经验，丰富知识库。最后，数字永生还将为人类探索新的存在形式和生活方式提供可能，开启全新的时代。

数字永生技术的发展不仅依赖于技术的进步，还需要社会成员的接受和适应。实现数字永生需要解决伦理道德、法律法规等方面的问题，确保技术的应用符合社会规范和人类价值观。通过科学教育和公众参与，可以逐步提高社会成员对数字永生的接受度，为技术的发展创造良好的社会环境。

---

① 黄鸣奋.跨物种交往:科幻电影创意视野中的记忆[J].江西师范大学学报（哲学社会科学版），2017（4）：70-78.

（二）数字永生的社会影响与挑战

数字永生技术的出现，必然会对社会产生深远的影响。接下来，我们将讨论数字永生可能带来的社会影响和挑战，包括伦理道德问题、身份认同的挑战、社会结构的变化等。

1.伦理道德问题

数字永生技术的出现，必然会引发一系列伦理道德问题。

首先，关于生命的本质问题。数字永生是真正意味着永生，还是仅仅为信息的复制，将成为伦理讨论的焦点。数字化的人类是仍然具有自我意识和独立性，还是仅仅为一种复杂的程序，将影响人们对生命意义的理解。

其次，关于身份认同的问题。数字永生可能导致身份的多重性和复杂性。一个人的意识被数字化后，其身份是否与原始的生物体一致，数字化意识的法律地位如何确定等，都需要伦理学和法律学的深入探讨。

最后，数字永生技术可能带来的社会不公平问题也不容忽视。只有少数人能够享受这一技术，可能会加剧社会的不平等，导致新的伦理困境。

2.身份认同的挑战

数字永生技术的应用，将对个人的身份认同带来深远影响。数字化的意识和记忆是否仍然具有与原始个体相同的身份，将成为一个复杂的问题。数字化意识与原始个体在情感、思想和行为上的一致性，决定了其身份认同的有效性。如果数字化意识不能完全复制原始个体的所有特征，其身份认同将受到质疑。

此外，数字化身份的多重性和可复制性，会让身份认同问题变得更加复杂。一个人的意识可以被多次复制并存储在不同的虚拟环境中，这将导致身份的多重性和混乱性。[1]如何在法律和伦理方面确认和保护这些数字化身份，成为数字永生技术应用面临的重要挑战。

3.社会结构的变化

数字永生技术的普及，将为社会结构带来深远的影响。

首先，数字永生将改变人类的生老病死过程，使得生命的周期发生根本性变化。这将对传统的家庭结构、社会保障体系和医疗系统带来巨大的冲击。数字永生可能导致人口结构的变化，老龄化问题可能得到缓解，但也可能带来新的社会问题。

其次，数字永生技术可能改变劳动和经济结构。数字化意识可以继续工作和学习，这将对劳动力市场和经济模式产生影响。一些传统的工作岗位可能被数字化意识取代，同时也可能产生新的工作机会和产业。

---

[1] 蓝江.生存的数字之影:数字资本主义的哲学批判[J].国外理论动态，2019（3）：8-17.

最后，数字永生技术对社会文化和价值观的影响也是深远的。人们对生命意义、死亡和永生的理解将发生变化，社会价值观和文化传统将面临新的挑战。如何在保持文化多样性和传统价值观的基础上，接受和适应数字永生技术，将是社会需要面对的重要课题。

（三）未来数字永生的展望

未来，随着技术的进步和社会的变化，数字永生技术将不断发展。接下来，我们将展望数字永生的发展趋势，预测技术进步和社会变化对数字永生的推动作用，并提出数字永生在未来社会中的可能应用和场景。

1. 技术进步的推动作用

数字永生技术的发展离不开技术的进步。随着脑机接口、人工智能、虚拟现实等技术的不断进步，数字永生的实现将有更大的可能。脑机接口技术的进步，将使人类大脑与计算机之间的交流更加顺畅和高效；人工智能技术的发展，将使数字化的意识和记忆更加智能和逼真；虚拟现实技术的成熟，将为数字永生提供更加沉浸式和更加真实的数字环境。

技术的进步不仅会推动数字永生的实现，还会提高其可操作性和用户体验。例如，未来的脑机接口可能不再需要进行侵入式手术，而是通过非侵入式设备实现高精度的脑信号读取；人工智能技术将使得数字化意识更加自然地与人类互动，提供更加个性化和智能化的服务；虚拟现实技术将提供更加逼真和沉浸式的体验，使数字永生的体验更加接近现实。

2. 社会变化的影响

随着社会的不断变化，数字永生技术的应用场景和需求也将发生变化。老龄化社会的数字永生技术需求可能会增加，以帮助老年人实现记忆和意识的保存和传承。同时，社会对精神健康和心理健康的关注，也将推动数字永生技术在治疗和康复领域的应用。

社会对科技的接受度和适应度，也将影响数字永生技术的发展和普及。随着人们对数字技术的逐渐熟悉和接受，数字永生技术将更加容易被社会接受和应用。通过科学教育和公众参与，可以提高社会成员对数字永生技术的认知度和接受度，促进其在更多领域应用和发展。

3. 未来的应用场景

未来，数字永生技术将在多个领域展现出广阔的应用前景。在医疗领域，数字永生技术可以用于神经康复、精神疾病治疗和记忆保存，提供全新的治疗手段和康复方法；在教育领域，数字永生技术可以保存和传递人类的思想和经验，丰富知识库，提供个性化的教育和培训；在文化保存和传承领域，数字永生技术可以保存文化遗产和个人记忆，促进文化的传承和发展。

此外，数字永生技术还将在娱乐、社交和商业等领域展现出广阔的应用前景。虚拟现实技术的进步，将使得数字永生的体验更加逼真和沉浸，为用户提供全新的娱乐和社交体验；数字化的意识和记忆，将为商业提供新的模式和机会，推动数字经济的发展。

四、结语

数字人作为现代科技与文化交织的产物，正在以惊人的速度影响着我们的生活。从虚拟偶像、虚拟主播到虚拟数字人和数字孪生，数字人在娱乐、教育、医疗和商业等领域展现出了巨大的潜力。通过计算机图形学，以及深度学习、语音合成等技术，这些虚拟形象不仅具备逼真的外貌和自然的行为，还能与人类进行复杂的互动，提升了信息传播的效率和用户体验。

然而，随着数字人技术的广泛应用，隐私保护、数据安全、虚拟人权利等伦理和法律问题也随之而来。这要求人们在推动技术进步的同时，建立完善的法律和治理机制，以确保数字人的安全、可靠和公平应用。隐私保护措施和透明的数据使用政策将成为数字人技术持续健康发展的关键。

未来，数字人技术将继续演进，数字永生的概念也逐渐从科幻走向现实。通过脑机接口、记忆数字化和虚拟现实等技术，人类在数字世界中获得"永生"的梦想正变得越来越可行。这不仅将为医疗、教育和文化传承等领域带来革命性变革，还将为人类探索新的存在形式和生活方式提供前所未有的机遇。

本节通过对数字人的定义、技术基础、应用案例及其社会影响的深入探讨，为读者提供了全面的理解视角。展望未来，数字人技术将在各个领域不断创新和发展，为人类带来更多的便利和可能性。在技术进步和社会接受的双重推动下，数字人将成为人类生活中不可或缺的一部分，开启一个充满无限可能的数字新时代。

第三节　元宇宙媒介：虚实结合与万物互联的终极智能媒介

一、元宇宙概念与媒介进化

（一）元宇宙的定义与起源

1. 概念的提出与演进

元宇宙的概念最早出现在美国数学家和计算机专家弗诺·文奇（Vernor Steffen

Vinge）教授1981年出版的小说《真名实姓》中，这部小说创造性地提出人们可以通过某种脑机接口进入虚拟世界并获得虚拟感官体验。1992年，美国科幻大师尼尔·斯蒂芬森（Neal Stephenson）在其科幻小说《雪崩》中首次提出了"metaverse"（元宇宙）概念。从词源上分析，元宇宙可以被分解为meta与universe，其中meta意为"更高、超越"，而universe可以理解为"整个世界、宇宙的总和"。这一概念的提出不仅激发了人们对虚拟世界的遐想，也为未来技术的发展指明了方向。①随着时间的推移，元宇宙概念逐渐从科幻小说中走向现实世界。21世纪初，随着计算机技术和互联网的快速发展，虚拟世界的建构成为可能。大量的科研人员和企业开始投入对虚拟现实、增强现实和混合现实等技术的研究和开发中，使得元宇宙从理论走向实践，成为一个可以实现的目标。

2.技术集成与实现

元宇宙并不是一项单独的技术，而是虚拟现实、增强现实、混合现实等多种技术的集成体。虚拟现实技术最早可以追溯到20世纪20年代美国工程师发明的第一个飞行模拟器。随着技术的发展，增强现实和混合现实技术逐渐成熟，使得元宇宙中的虚拟体验更加真实、更具沉浸感。元宇宙利用这些技术建构了一个超越现实的虚拟空间，让用户能够在其中进行交互、体验和创造。

元宇宙的核心特性在于其超越现实的虚拟环境，这一环境不仅仅是视觉和听觉的延伸，还包括触觉、嗅觉等多感官的沉浸式体验。用户通过佩戴虚拟现实设备或使用其他感官模拟装置，可以在元宇宙中体验到接近现实的感官反馈。例如，通过触觉反馈设备，用户可以在虚拟世界中感受到物体的质地和温度；通过嗅觉模拟装置，用户可以闻到虚拟环境中的气味。这种多感官的沉浸体验，使得元宇宙中的互动更加真实和生动。

此外，随着计算能力的提升和互联网的普及，实时高效的数据传输和处理成为可能。云计算和边缘计算技术的应用，使得大量数据的处理和存储更加便捷和高效，进一步提升了元宇宙的实现能力。

3.应用前景与未来发展

当前，虚拟现实、区块链、人工智能等技术的爆发式增长进一步推动了元宇宙的发展。元宇宙不仅仅是一个虚拟世界，它还在教育、医疗、游戏、文化和艺术等多个领域展现出了广阔的应用前景。

在教育领域，元宇宙可以为学生提供沉浸式学习环境。在医疗领域，虚拟现实技术可以用于远程手术和患者康复训练。在游戏领域，元宇宙为玩家提供了一个完全沉浸式的虚拟世界，玩家可以在其中自由探索、互动和创造。与传统游戏不同，元宇宙中的游戏不仅限于娱乐功能，还可以结合教育、社交等多种元素，提供更加丰富和多样的体验。

---

① 刘建明.科技大国"元宇宙"研究观点述评[J].中国广播电视学刊，2022（6）：11-17.

在文化和艺术领域，元宇宙为艺术家提供了一个全新的创作平台。艺术家可以利用虚拟现实技术，创作出超越现实的艺术作品，并通过元宇宙展示和销售。这不仅拓展了艺术的表现形式，也为艺术的传播和交流提供了新的途径。

未来，随着技术的不断进步，元宇宙有望成为人类生活中不可或缺的一部分，提供更加丰富和多样的体验。无论是在娱乐、教育、医疗领域还是在文化领域，元宇宙都将发挥重要作用，改变人们的生活方式和社会结构。元宇宙的发展不仅依赖于技术的进步，还需要社会、经济、文化等多方面的支持。未来，随着元宇宙技术的不断成熟和普及，它将在更多领域展现其潜力和价值，成为人类社会的重要组成部分。

4. 多感官体验与互动

用户通过使用虚拟现实设备或其他感官模拟装置，可以在元宇宙中体验到接近现实的感官反馈。用户可以在虚拟世界中进行社交、娱乐、学习和工作等多种活动，拥有虚拟现实相融合的体验。例如，在虚拟会议中，用户不仅可以通过视觉和听觉进行交流，还可以通过触觉感受到虚拟握手的力量，通过嗅觉感受虚拟环境中的气味。这种多感官的互动，不仅提高了虚拟体验的真实性，还增强了用户的参与感和沉浸感。

此外，元宇宙中的互动不仅限于人与人之间，还包括人与环境、人与物体之间的互动。例如，用户可以在虚拟世界中与智能虚拟助手进行互动，获得个性化的建议和服务；用户可以在虚拟购物中心，通过手势和语音与虚拟商品进行互动，了解商品的详细信息和使用体验。这种多样化的互动方式，使得元宇宙中的体验更加丰富和多样，满足了用户的不同需求和期望。

（二）元宇宙技术推动媒介变革

1. 人工智能与区块链的融合

人工智能和区块链是推动元宇宙发展的两大关键技术。人工智能技术在元宇宙中的应用包括智能虚拟助手、自动化内容生成和用户行为分析等。智能虚拟助手可以为用户在虚拟世界中导航，提供个性化的建议和服务。例如，当用户进入一个虚拟购物中心时，智能虚拟助手可以根据用户的兴趣和需求，推荐合适的商品和促销信息。此外，人工智能技术还可以用于自动化内容生成，如新闻报道、广告创意等，极大地提高了内容生产的效率和质量。

区块链技术则为元宇宙提供了安全、透明的交易和数据管理系统，确保用户的数据隐私和虚拟资产的安全。通过区块链技术，元宇宙中的交易和数据管理变得更加安全和透明。用户可以放心地在虚拟世界中进行交易、创建和管理数字资产，如虚拟房地产、数字货币等。区块链技术不仅可以用于保护用户的隐私，防止数据泄露和滥用，还可以确保交易的公正性和安全性，使用户在元宇宙中的活动更加可靠和可信。

此外，区块链技术还可以实现智能合约的功能。智能合约是一种自动执行的协议，能够自动执行交易条款，确保交易的安全和可靠。例如，在虚拟房地产交易中，买卖双方可以通过智能合约自动完成交易，避免了传统交易中的烦琐手续和潜在风险。这种技术不仅提高了交易的效率，还增强了用户的信任感和满意度。

2.沉浸式媒体技术的发展

随着虚拟现实技术的发展，元宇宙中的媒体呈现方式也发生了翻天覆地的变化。沉浸式媒体技术使得用户可以全方位感知和体验新闻事件。[①]例如，用户可以通过虚拟现实设备"进入"新闻现场，亲身体验事件的发生过程，从而增强新闻报道的真实性和互动性。通过360度全景视频和虚拟实景模拟，用户仿佛置身于新闻事件现场，可以感受到真实的环境和情景。

这种沉浸式新闻报道不仅提高了新闻的真实性和参与感，还增强了用户的关注度和互动性。例如，在报道重大事件时，用户可以通过虚拟现实设备来体验现场的细节，从而获得更加全面和深刻的信息。沉浸式媒体技术的应用，使得新闻传播变得更加生动和有吸引力，提高了用户的参与感和满意度。

此外，虚拟现实技术还可以用于制作虚拟演播室和虚拟主持人。虚拟演播室可以为新闻节目提供更加灵活和多样化的制作环境；虚拟主持人则可以根据用户的需求，提供个性化的新闻服务。这些技术的应用，不仅提高了新闻节目的制作效率和质量，还增强了用户的体验感和互动性。

3.对传统媒介的冲击与挑战

技术的进步不仅改变了媒介的传播方式，也对传统媒介带来了巨大的冲击。元宇宙中的虚拟世界和现实世界紧密结合，使得新闻报道、广告营销、社交互动等媒介形式更加多样化和个性化。传统媒介需要不断创新和调整自身策略，以适应元宇宙带来的新挑战和新机遇。

传统媒介在元宇宙的冲击下，必须寻找到新的生态位和生存模式。例如，传统报纸和杂志可以利用虚拟现实技术，制作沉浸式新闻报道和广告，提供更加丰富、更具互动性的内容。电视和广播则可以利用虚拟演播室和虚拟主持人，提升节目的制作效率和质量。此外，传统媒介还可以通过与元宇宙平台合作，开发新的传播渠道和用户群体，提高自身的影响力和竞争力。

在元宇宙中，媒体呈现方式突破了传统媒介的限制，为用户提供更加丰富、更具互动性的体验。例如，在元宇宙中，新闻报道不再仅仅是文字、图片和视频的组合，而是通过360度全景视频、虚拟实景模拟等方式，让用户仿佛置身于新闻事件现场，感受到

---

① 王红，刘素仁.沉浸与叙事：新媒体影像技术下的博物馆文化沉浸式体验设计研究[J].艺术百家，2018（4）：161-169.

真实的环境和情景。①这种沉浸式的新闻报道，不仅提高了新闻的真实性和参与感，还增强了用户的关注度和互动性。

此外，元宇宙中的广告形式也发生了根本性的变化。通过虚拟现实技术，广告可以变得更加生动有趣。例如，用户可以在虚拟现实环境中与广告互动，了解产品的详细信息，甚至可以在虚拟环境中试用产品。这种互动式广告不仅增强了广告的效果，还提高了用户的购买意愿和满意度。

（三）元宇宙中的媒介生态

1.媒介角色的重新定义

元宇宙的出现重塑了媒介的生态系统。传统媒介在元宇宙中需要找到新的生态位，以适应虚拟世界和现实世界的融合。媒介生态位的演进包括媒介角色的重新定义和传播方式的变革。在元宇宙中，媒体人的角色也发生了显著的变化。媒体人不仅需要掌握传统的新闻报道技能，还需要具备数字技术和虚拟现实的知识。例如，媒体人可以利用虚拟现实技术进行沉浸式报道，增强新闻的真实性和吸引力。同时，人工智能的应用使得新闻内容的自动生成和分发更加高效，媒体人需要适应这种新的工作模式。

在元宇宙中，媒体人不仅是信息的传递者，更是虚拟世界的建设者和管理者。媒体人需要了解和掌握虚拟现实技术，能够制作和呈现高质量的沉浸式内容。同时，媒体人还需要具备数据分析和人工智能技术的能力，能够利用智能算法和大数据分析，为用户提供个性化的内容和服务。这样一来，媒体人在元宇宙中的角色将更加多元化，不再局限于传统的新闻报道，而是成为虚拟世界中的"多面手"。

此外，媒体人还需要具备一定的编程和技术技能，能够设计和开发虚拟世界中的互动内容和应用。例如，新闻记者可以在虚拟现实平台创建沉浸式的新闻体验，让用户通过虚拟现实设备参与新闻事件的现场报道，感受新闻事件的全过程。

2.媒体内容生产与传播模式的变革

元宇宙带来了媒体内容生产与传播模式的变革。传统的内容生产方式逐渐被智能算法和用户生成内容取代。用户可以通过元宇宙中的虚拟平台自由创作和分享内容，这极大地丰富了媒介的多样性和互动性。此外，媒体传播的方式也从单向传播转变为多向互动，用户在元宇宙中既是内容的消费者，也是内容的创造者。

用户生成内容在元宇宙中的重要性愈发凸显。通过虚拟现实技术，用户可以轻松地在虚拟世界中创作和分享内容。例如，用户可以利用虚拟现实设备拍摄和编辑全景视频，产生虚拟现实体验，并将其上传到虚拟平台与其他用户共享。这种用户生成内容模式，

---

① 邓庭筠，李本乾.从5G到元宇宙：广电媒体的技术逻辑变革[J].中国广播电视学刊，2022（6）：26-29.

不仅丰富了元宇宙的内容生态,还增强了用户的参与感和互动性,使得媒介生态更加开放和多样化。①

此外,智能算法在内容生成和分发中的应用也极大地提高了内容生产的效率和质量。通过智能算法,媒体平台可以根据用户的兴趣和需求,自动生成和推荐个性化内容。例如,新闻平台可以利用智能算法,自动生成新闻报道,并根据用户的浏览历史和兴趣推荐相关的新闻内容。这种个性化的内容推荐,不仅提高了内容的精准度和相关性,还增强了用户的满意度和黏性。

3.开放与多样化的内容生态

元宇宙中的内容生态不仅包括专业媒体机构生产的内容,还包括大量用户生成内容。这种开放与多样化的内容生态,使得元宇宙中的信息和内容更加丰富多样,满足了用户的不同需求和兴趣。例如,在虚拟现实平台上,用户不仅可以观看专业媒体机构制作的新闻报道,还可以享受其他用户产出的虚拟现实体验,观看全景视频,收听互动故事。这种多样化的内容形式,不仅增强了用户的参与感和互动性,还促进了内容的多元化和创新。

此外,元宇宙中的内容生态还包括各种虚拟活动和体验。例如,用户可以参加虚拟音乐会、艺术展览和体育比赛,体验丰富多彩的虚拟生活。这种虚拟活动不仅丰富了用户的娱乐和休闲生活,还为内容创作者提供了更多的创作机会和灵感。例如,音乐爱好者可以在虚拟现实平台上举办一场虚拟音乐会,与其他用户分享自己的音乐创作;艺术家可以在虚拟现实平台上举办一场虚拟展览,展示自己的艺术作品和创意。这种虚拟活动和体验,不仅增强了用户的参与感和互动性,还促进了内容创作和传播的多样化和创新。

二、元宇宙中的媒介实践

(一)元宇宙中的广告与营销

1.虚拟现实广告的沉浸式体验

元宇宙中的广告形式也随着技术的发展发生了变化。虚拟现实广告通过虚拟现实技术和增强现实技术,为用户提供沉浸式广告体验。相较于传统的平面广告和视频广告,虚拟现实广告能够更好地吸引用户的注意力,并提供更强的互动性。

虚拟现实广告的互动性使其成为一种非常有效的营销工具。用户可以通过触摸、手

---

① 汪旭晖,郭一凡.用户生成内容如何影响多渠道零售商品牌权益——一个调节聚焦范式下的研究框架[J].中国流通经济,2017(11):85-94.

势、语音控制与广告互动，获得更深层次的体验。例如，在一则虚拟现实广告中，用户可以通过手势操作打开一辆虚拟汽车的车门，坐进驾驶座，体验汽车的内部设计和驾驶感受。这样的沉浸式体验不仅增强了广告的吸引力，还提高了用户的参与度和记忆度。

此外，虚拟现实广告还可以通过增强现实技术，将虚拟内容叠加到现实环境中，提供更加真实有趣的广告体验。例如，在一则增强现实广告中，用户可以通过手机摄像头看到一只虚拟宠物在现实环境中走动并与其互动。这种增强现实广告不仅增强了广告的趣味性，还提高了用户的参与感和互动性。

2.个性化广告推荐与数据分析

个性化广告推荐是元宇宙中广告营销的重要手段。通过收集和分析用户数据，如浏览记录、购买历史和社交网络活动，广告平台可以精准地推荐用户感兴趣的广告内容。个性化广告推荐不仅增强了广告的投放效果，还提高了用户的满意度。用户在浏览元宇宙中的内容时，看到的是与自己兴趣和需求相关的广告，而不是无关的信息。这种精准的广告投放方式，不仅增加了广告的点击率和转化率，还提升了用户的体验。

在元宇宙中，个性化广告推荐依赖于大数据和人工智能技术。广告平台通过分析用户的行为数据，了解用户的兴趣和需求，然后根据这些数据生成个性化的广告内容。例如，一个喜欢运动的用户可能会在元宇宙中看到更多关于运动装备和健身课程的广告，而一个喜欢时尚的用户则会看到更多关于时尚品牌和服装的广告。

个性化广告推荐的另一个优势是可以提高广告的投放效率和效果。通过精准的广告投放，广告主可以将广告内容推送给真正有需求的用户，从而提高广告的点击率和转化率，减少无效的广告投放成本。例如，广告主可以通过分析用户数据，确定哪些用户更有可能对自己的产品感兴趣，然后针对这些用户投放广告，从而提高广告的效果和转化率。

3.品牌在元宇宙中的定位和发展

在元宇宙中，品牌的定位和发展也需要适应新的环境和用户需求。品牌可以通过创建虚拟的品牌形象和场景，与用户进行互动和沟通。例如，品牌可以在元宇宙中举办虚拟的产品发布会、体验活动和促销活动，让用户在虚拟环境中体验品牌的产品和服务。这样的互动方式不仅提升了品牌的影响力，还提高了用户的参与感和忠诚度。

品牌在元宇宙中的发展，不仅需要利用先进的技术，还需要注重用户体验和互动。通过虚拟现实技术，品牌可以为用户提供更加沉浸式的体验，增强品牌的影响力和用户的忠诚度。例如，汽车品牌可以在元宇宙中创建虚拟的试驾场景，让用户在虚拟环境中试驾新款汽车，感受车辆的性能和驾驶体验。这样的体验不仅提高了用户对品牌的认知，还增强了他们的购买意愿。

此外，品牌还可以利用元宇宙中的社交平台，与用户进行互动和沟通。例如，品牌可以在元宇宙的虚拟商店中举办在线活动，与用户进行实时互动，解答用户的问题，收集用户的反馈。这样的互动不仅增加了品牌的曝光度，还增强了用户的参与感和忠诚度。

品牌在元宇宙中的定位和发展还需要考虑用户的需求和偏好。通过分析用户的数据，品牌可以了解用户的兴趣和需求，制定更加精准的营销策略。例如，一个时尚品牌可以通过分析用户的购买历史和社交网络活动，了解用户的时尚偏好，然后根据这些数据设计和推广新的时尚产品。这样的精准营销策略不仅提高了品牌的销售额，还增强了用户的满意度和忠诚度。

（二）元宇宙中的社交与互动

1.虚拟社交平台的全新体验

元宇宙中的虚拟社交平台，为用户提供了全新的社交体验。通过虚拟现实技术，用户可以在虚拟世界中与朋友、家人和同事进行互动，参加虚拟的聚会、会议和活动。这种新的社交方式，不仅打破了时间和空间的限制，还增强了用户的社交体验。[①]例如，用户可以通过虚拟现实设备，与身处不同城市的朋友一起参加虚拟的生日聚会，体验身临其境的互动和交流。

虚拟社交平台的发展，使得用户可以在虚拟环境中进行更加丰富多样的社交活动。例如，用户可以在虚拟的咖啡馆中与朋友聊天，在虚拟的会议室中与同事讨论工作，甚至可以在虚拟的游乐园中与家人一起玩耍。这些虚拟的社交活动，使得用户的社交体验更加真实生动。例如，虚拟世界中的咖啡馆不仅可以提供虚拟的咖啡和点心，还可以举办各种主题活动和社交游戏，让用户在轻松愉快的氛围中互动。

元宇宙中的社交平台并不局限于个人之间的互动，还可以拓展到更广泛的社区和社群。用户可以加入各种虚拟社区，与志同道合的人分享兴趣和经验。例如，摄影爱好者可以在虚拟摄影社区中分享作品和技巧，音乐爱好者可以在虚拟音乐社区中一起演奏和讨论音乐。这种社交方式不仅增强了用户的参与感，还丰富了用户的社交网络和生活体验。

2.多样化的社交功能

元宇宙中的社交功能并不局限于传统的聊天和信息分享，还包括虚拟环境中的互动和合作。例如，用户可以在虚拟的工作空间中，与同事一起完成项目，也可以在虚拟的游戏世界中，与朋友一起完成任务。这种多样化的社交功能，使得元宇宙中的社交更加丰富有趣。用户可以通过虚拟现实设备，进入虚拟办公室，与同事进行面对面的交流和合作，拥有身临其境的工作体验。

在元宇宙中，用户可以通过创建和管理自己的虚拟形象，在虚拟世界中展示自己的兴趣和个性。例如，用户可以选择不同的服装、发型和配饰，展示自己的个性和风格。这种个性化的展示，不仅增强了用户的自我表达能力，还促进了用户之间的互动和交流。

---

① 闫佳琦，陈瑞清，陈辉，等.元宇宙产业发展及其对传媒行业影响分析[J].新闻与写作，2022（1）：68-78.

用户也可以在虚拟世界中展示自己的艺术作品、运动成就或其他兴趣爱好，与其他用户分享和讨论，增强社交的多样性和趣味性。

此外，元宇宙中的虚拟身份管理功能，使用户可以更加自由灵活地表现自己。用户可以根据不同的场景和需求，创建多个虚拟身份，参与不同的社交活动。例如，用户可以在工作时间使用专业的虚拟形象参加商务会议，在休闲时间使用休闲的虚拟形象参加娱乐活动。这种灵活的身份管理方式，使用户可以更加自如地平衡工作和生活的关系，增强社交体验。

3.虚拟与现实的互动融合

元宇宙中的用户互动体验，并不局限于虚拟世界，还包括虚拟与现实之间的互动。用户可以通过虚拟现实设备，将现实世界中的活动和体验带入虚拟世界；反之亦然。例如，用户可以在现实世界中使用虚拟现实设备，参加虚拟会议或活动，也可以在虚拟世界中体验现实世界中的场景和事件。

这种虚拟与现实之间的互动，使用户的体验更加丰富多样。例如，用户可以在现实世界中的博物馆参观，通过虚拟现实设备，体验博物馆中的虚拟展览和互动活动，增强参观的乐趣。通过这种方式，用户不仅可以享受现实世界的真实体验，还可以通过虚拟现实技术，获得更多的信息和互动机会。

此外，虚拟与现实的互动融合还可以应用于教育和培训领域。学生可以通过虚拟现实设备，参加虚拟的实验课程和实习项目，获得真实的操作体验；企业可以通过虚拟现实技术，为员工提供虚拟的培训和演练，提高培训效果和效率。这种虚拟与现实的融合，不仅提高了学习和培训的效果，还增强了用户的参与感和互动性。

虚拟与现实的互动融合还可以应用于娱乐和休闲领域。例如，用户可以在虚拟世界中学习一项新技能，如绘画或编程，然后在现实世界中应用和展示这些技能，感受虚拟与现实结合的乐趣和成就感。通过这种方式，用户不仅可以在虚拟世界中享受学习和创造的乐趣，还可以将这些技能和体验带入现实生活，增强现实生活的丰富性和多样性。

三、元宇宙媒介面对的挑战与机遇

在数字化浪潮的推动下，元宇宙作为虚实结合与万物互联的终极智能媒介，正在逐渐走入我们的生活。元宇宙不仅仅是虚拟世界的一个概念，更是通过虚拟现实、增强现实、混合现实等技术集成，创造出的一个超越现实的虚拟空间。元宇宙中的虚拟形象——数字人，正在改变娱乐、教育、医疗、商业等诸多领域，展示出广阔的应用前景。

然而，元宇宙的快速发展也带来了许多伦理和法律方面的问题，如数据隐私、信息安全和虚拟人权利等。这需要人们在促进技术进步的同时，建立完善的法律框架和治理机制，以确保元宇宙技术的健康发展和应用。

（一）技术与伦理的双重挑战

1.数据隐私与信息安全问题

在元宇宙中，数据隐私与信息安全问题尤为突出。元宇宙依赖于大量的数据收集和处理，用户的个人隐私数据，包括身体参数、社会关系等，都会被系统记录和分析。对于这些数据的收集、存储与管理，需要进行严格的规范，以防数据泄露和滥用。一旦数据在传输过程中遭到黑客入侵或篡改，就可能引发灾难性后果，甚至引起现实世界的信息混乱。[1]例如，元宇宙中的金融交易、个人健康记录和社交互动数据都可能成为黑客攻击的目标。一旦这些数据被盗取或篡改，不仅会造成用户个人隐私的泄露，还可能对整个系统的信任度和稳定性造成严重影响。

为了解决数据隐私与信息安全问题，我们需要在技术和法律层面采取相关措施。在技术层面，需要采用先进的加密技术和安全协议，确保数据在传输和存储过程中的安全性；在法律层面，需要制定严格的数据保护法规，对数据的收集、存储、使用和共享进行明确的规范和限制，确保用户的数据隐私权得到有效保护。

2.虚拟现实中的伦理道德困境

虚拟现实技术在元宇宙中的应用带来了许多伦理道德方面的问题。例如，在虚拟世界中，用户可以体验各种无法在现实中实现的活动，这可能导致伦理道德失范。虚拟现实中的暴力、色情等内容也需要严格监管，以避免对用户特别是未成年人带来不良影响。在虚拟世界中，用户的行为和体验可以完全由技术控制，这给道德规范带来了新的挑战。

为了解决虚拟现实中的伦理道德问题，我们需要在技术和社会层面进行深入的研究和讨论。在技术层面，需要开发能够识别和过滤不良内容的系统，确保虚拟世界中的内容符合社会的道德和法律规范；在社会层面，需要开展广泛的伦理道德教育和宣传，提高用户的伦理道德意识和责任感，确保用户在虚拟世界中的行为符合社会的伦理道德标准。

3.技术依赖及其社会影响

元宇宙的普及可能会导致人们对技术的过度依赖，从而影响社会结构和人际关系。随着人们越来越多地参与虚拟世界的活动，现实世界中的社交互动可能会减少，导致孤立和疏离感。此外，技术的快速发展和应用还可能带来失业问题，因为许多传统岗位可能被自动化技术取代。例如，虚拟现实和人工智能技术的广泛应用，可能会导致大量传统岗位被替代，许多人可能面临失业和职业转型的压力。

---

[1] 刁雯，徐博昌.数字孪生技术的教育应用及其伦理风险研究[J].黑龙江高教研究，2024（10）：20-26.

为了解决技术依赖及其社会影响问题，我们需要在技术和社会层面采取相关措施。在技术层面，需要开发能够增强现实社交互动的系统，确保用户在参与虚拟世界活动的同时，能够保持与现实世界的联系和互动；在社会层面，需要加强职业培训和教育，提高人们的技术素养和适应能力，确保人们能够适应技术发展的变化，找到新的就业机会和发展方向。

（二）元宇宙经济与法律框架

1.数字资产与虚拟经济的发展

元宇宙不仅是一个虚拟空间，更是一个完整且成熟的经济体。在这个经济体中，个人和企业可以进行创造、投资和销售活动，并获得相应的回报。虚拟经济的发展包括数字资产的创造和交易，如虚拟货币、数字收藏品、虚拟房地产等。这些虚拟资产的价值在元宇宙中得到广泛认可和交易，为用户提供了新的经济机会和财富积累途径。[1]例如，虚拟房地产的买卖已经成为元宇宙中一种常见的经济活动，用户可以在虚拟世界中购买、开发和出售虚拟房地产，并获得丰厚的经济回报。

为了解决数字资产与虚拟经济发展中的问题，我们需要在技术和法律层面采取相关措施。在技术层面，需要开发能够保障数字资产安全的系统，确保用户的数字资产不受黑客攻击和盗窃；在法律层面，需要制定严格的数字资产保护法规，对数字资产的所有权、交易和使用进行明确的规范和限制，确保用户的数字资产权益得到有效保护。

2.元宇宙中的法律规范与监管

随着元宇宙的发展，法律规范和监管变得越来越重要。元宇宙中的许多活动都需要法律的支持和监管，如虚拟财产的所有权、数字资产的交易、安全和隐私保护等。为了确保元宇宙的健康发展，相关法律法规需要及时更新和完善，以适应新兴的技术和社会需求。例如，虚拟财产的所有权是元宇宙中重要的法律问题，用户在虚拟世界中创造和拥有的虚拟财产是否具有法律效力，如何维护用户的虚拟财产权益等，都是值得考虑的。

为了解决元宇宙中的法律规范与监管问题，我们需要在法律和政策层面采取相关措施。在法律层面，需要制定严格的虚拟财产保护法规，对虚拟财产的所有权、交易和使用进行明确的规范和限制，确保用户的虚拟财产权益得到有效保护；在政策层面，需要加强对虚拟财产交易和使用的监管，确保虚拟财产市场的公平、公正和透明。

---

[1] 朱国军，吴家豪，徐亦唐.数字资产超网络嵌入、生态场域资源拼凑与制造业服务模式创新——来自华为、海尔、京东、阿里的多案例研究[J].中国科技论坛，2024（9）：66-78.

3.知识产权与数字版权保护

在元宇宙中，知识产权和数字版权的保护也是一个重要的议题。随着用户生成内容的增加，如何保护创作者的权益，防止侵权行为，成为关键问题。区块链技术在这一领域展现出了巨大的潜力，其通过分布式账本和智能合约，可以实现数字版权的有效管理和保护。[①]例如，区块链技术可以为每个数字作品生成唯一的数字标识，确保作品的原创性和唯一性，防止盗版和抄袭。

为了解决知识产权与数字版权保护问题，我们需要在技术和法律层面采取相关措施。在技术层面，需要开发能够保障数字版权安全性和可靠性的系统，确保创作者的数字版权不被侵犯或盗用；在法律层面，需要制定严格的数字版权保护法规，对数字版权的所有权、交易和使用进行明确的规范和限制，确保创作者的数字版权权益得到有效保护。

（三）元宇宙媒介发展的战略与方向

1.融合媒介生态的创新路径

元宇宙的媒介生态融合了多种技术和媒介形式，形成了高度互动的沉浸式的传播环境。为了推动元宇宙媒介的发展，我们需要在技术和内容上不断创新。例如，利用虚拟现实和增强现实技术，开发更加丰富多样的内容形式，提升用户的体验。

为了实现融合媒介生态的创新路径，我们需要在技术和内容层面采取相关措施。在技术层面，需要开发能够增强用户体验的系统，确保用户在参与虚拟世界活动时，能够享受到高质量的内容和服务；在内容层面，需要开发能够满足用户需求的多样化内容，确保用户在虚拟世界中能够找到自己感兴趣的内容和活动。

2.新技术驱动下的媒介发展策略

元宇宙中的媒介发展离不开新技术的驱动。例如，人工智能、大数据和区块链技术的应用，可以提高内容的生产效率和传播效果。通过智能算法，可以实现个性化内容推荐和精准的广告投放，提升媒介的商业价值和用户满意度。例如，人工智能技术可以为用户提供个性化的内容推荐，让用户在虚拟世界中能够找到自己感兴趣的内容和活动。

为了实现新技术驱动下的媒介发展策略，我们需要在技术和应用层面采取相关措施。在技术层面，需要开发能够提升内容生产效率和传播效果的系统，确保内容能够高效地生产和传播；在应用层面，需要开发能够满足用户需求的多样化应用，确保用户在虚拟世界中能够找到自己感兴趣的内容和活动。

---

① 怀自杰.元宇宙中数字版权保护的挑战与应对[J].出版广角，2024（5）：56-59.

3.人工智能与人机协作的前景

人工智能在元宇宙中的应用前景广阔，不仅可以自动生成内容，还可以与人类进行协作，提供更加智能和高效的服务。①例如，虚拟助手和智能客服可以帮助用户解决问题，提高用户体验和满意度。同时，人工智能还可以在内容创作和数据分析中发挥重要作用，提升媒介的创新能力和竞争力。

为了将人工智能与人机协作的前景变成现实，我们需要在技术和应用层面采取相关措施。在技术层面，需要开发能够提升人机协作效率和效果的系统，确保人机协作能够高效地进行；在应用层面，需要开发能够满足用户多样化需求的应用，确保用户在虚拟世界中能够找到自己感兴趣的内容和活动。

四、结语

本节旨在探讨元宇宙的概念与起源、技术集成与实现以及其广阔的应用前景与未来发展。通过分析元宇宙中的多感官体验与互动，我们可以更好地理解这一新兴技术的发展潜力和面临的挑战。元宇宙不仅重新定义了媒介的角色和内容生产方式，还推动了人工智能与区块链等前沿技术的融合，为人们带来了全新的媒介生态。

元宇宙作为虚实结合与万物互联的终极智能媒介，正在以前所未有的速度重塑我们的世界。通过虚拟现实、增强现实和混合现实等前沿技术的集成，元宇宙不仅为我们带来了全新的沉浸式体验，还在娱乐、教育、医疗和商业等多个领域展现出了广阔的应用前景。从虚拟偶像和虚拟主播在娱乐领域的崭露头角，到智能化虚拟数字人在商业、教育和医疗中的广泛应用，元宇宙技术的潜力可以说是难以估量的。然而，随着元宇宙的发展，诸多伦理和法律问题也逐渐显现。数据隐私和信息安全问题、虚拟现实中的伦理困境以及技术依赖对社会的影响，都需要我们在享受技术红利的同时，审慎思考和应对。在此过程中，建立健全的法律框架和治理机制，确保技术应用符合社会规范和人类价值观，也显得尤为重要。未来，随着人工智能、区块链等技术的进一步发展，元宇宙将继续深化其在各个领域的应用，为人们提供更加丰富多样的体验。同时，技术的进步和社会的变化也将推动元宇宙媒介不断创新和发展。通过积极探索和实践，我们可以在元宇宙中找到新的机遇，开辟更广阔的发展空间。

本章小结

智能媒体技术的快速发展正在深刻重构信息传播与社会互动模式。本章围

---

① 王博.智能时代的职业演进趋势：人机协作与人才培养[J].上海交通大学学报（哲学社会科学版），2023（12）：39-55.

绕智能体与数字人两大核心概念展开,系统阐述了其技术演进脉络、应用场景及伦理挑战,勾勒了智能媒体的未来图景。智能体技术经历了从约翰·麦卡锡提出基础概念到多智能体系统成熟的演进阶段,现已具备自主性和社会能力等核心特性,并在灾难救援、智能制造等领域展现出超越单体的协作优势。现阶段的应用聚焦于新闻生产、社交平台和虚拟助手等。然而,算法偏见和自动化替代引发了人力结构震荡,使得社会急需建立数据加密与算法审计的双重保障机制。数字人技术则经历了从虚拟偶像到数字孪生的三阶段演进,计算机图形学和动作捕捉技术突破推动了数字人从二维形象到超写实数字人的跃迁,应用场景也扩展至教育、医疗等领域。典型案例如AI合成主播"新小萌"提高了新闻播报效能,邓丽君的数字孪生创造了跨时空的演艺模式。

然而,数字永生引发的身份伦理争议与深度伪造风险,需要通过数字水印技术与立法监管构建防护体系。面对技术的双刃剑效应,智能生态的治理框架应融合技术治理与合约伦理,一些法律法规如GDPR确立了数据隐私保护基线,可解释AI算法增强了决策透明度,责任追溯机制明确了人机协同中的权责边界。

未来的技术发展需要平衡效率与人文关怀的关系,在智能体价值观对齐、数字人身份认定等领域持续探索,构建人机共生的可持续发展生态。当前智能媒体已进入"技术—社会"深度咬合的新阶段,唯有通过跨学科协作与全球治理创新,才能驾驭技术革命浪潮,实现智能时代的社会价值增益。

思考与练习

1. 请结合智能体的定义和特性,分析智能体的自主性与社会能力如何影响其在智能传播领域的应用。

2. 请举例说明多智能体系统在提高任务处理效率和系统鲁棒性方面有哪些优势。

3. 请探讨智能体在新闻传播和社交媒体管理中的应用带来了哪些伦理和法律方面的问题,以及这些问题对用户隐私和数据安全的影响。

4. 请结合文中提到的虚拟偶像、虚拟教师和虚拟自媒体等案例,分析数字人技术在娱乐、教育和传媒等领域的应用前景。

5. 请分析元宇宙媒介的多感官体验和互动如何改变传统的新闻传播和广告营销方式,以及这种变化对用户体验和媒介生态的影响。

6. 请阐述数字永生技术的发展对社会伦理和法律框架提出了哪些挑战,以及这些挑战对个人身份认同和社会结构可能产生的影响。

推荐阅读文献

[1]宋美杰,林烨彬.欲语向谁何？逝者数字人的"复活算法"与人机共存[J].新闻与写作,2024（11）：34-47.

[2]孙玮,程博.智能体：迈向媒介的个体化——基于媒介学视域的分析[J].新闻记者,2024（10）：3-14.

[3]张昌盛.从具身智能到具身智能体[J].北京工业大学学报（社会科学版）,2024（6）：154-165.

[4]曾一果,昂振.从"智人"到"数字人"：数字生命的概念嬗变与表征形态[J].传媒观察,2024（4）：63-70.

[5]宋美杰,曲美伊.作为生存媒介的元宇宙：意识上传、身体再造与数字永生[J].东南学术,2023（3）：206-216.